本书的出版获得江苏师范大学经济学国家一流专业

全球供应链牛鞭效应对库存量和现金流的影响研究

苑希港　张晓青◎著

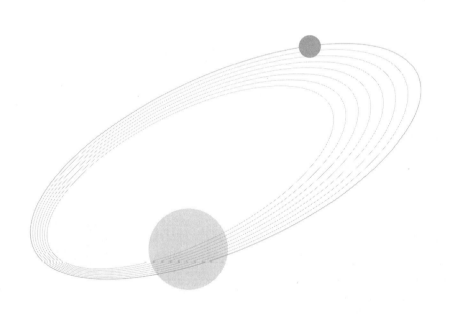

四川大学出版社
SICHUAN UNIVERSITY PRESS

图书在版编目（CIP）数据

全球供应链牛鞭效应对库存量和现金流的影响研究 /
苑希港，张晓青著. — 成都：四川大学出版社，2024.1
（经管数学应用丛书）
ISBN 978-7-5690-6697-5

Ⅰ. ①全… Ⅱ. ①苑… ②张… Ⅲ. ①企业管理—供
应链管理—研究—中国 Ⅳ. ①F279.23

中国国家版本馆CIP数据核字 (2024) 第037649号

书　　名：全球供应链牛鞭效应对库存量和现金流的影响研究
　　　　　Quanqiu Gongyinglian Niubian Xiaoying dui Kucunliang he Xianjinliu de Yingxiang Yanjiu
著　　者：苑希港　张晓青
丛 书 名：经管数学应用丛书

丛书策划：蒋　玙
选题策划：李思莹
责任编辑：唐　飞
责任校对：王　锋
装帧设计：墨创文化
责任印制：王　炜

出版发行：四川大学出版社有限责任公司
　　　　　地址：成都市一环路南一段24号（610065）
　　　　　电话：（028）85408311（发行部）、85400276（总编室）
　　　　　电子邮箱：scupress@vip.163.com
　　　　　网址：https://press.scu.edu.cn
印前制作：四川胜翔数码印务设计有限公司
印刷装订：成都金阳印务有限责任公司

成品尺寸：185mm×260mm
印　　张：15.75
字　　数：384千字

版　　次：2024年2月 第1版
印　　次：2024年2月 第1次印刷
定　　价：80.00元

扫码获取数字资源

四川大学出版社
微信公众号

本社图书如有印装质量问题，请联系发行部调换

前　言

供应链管理中存在一种顾客对产品的需求信息向上游节点企业传递过程中产生的放大和扭曲现象，这种现象被称为牛鞭效应，本书又称之为传统供应链中的牛鞭效应或需求牛鞭效应（Demand Bullwhip Effect，简称 BE）。类似地，随着顾客需求信息波动的不断增大，库存信息（Inventory Information）也会产生更大程度的放大和扭曲，这种现象也被称为库存牛鞭效应（Inventory Bullwhip Effect，简称 IBE）。更进一步说，随着需求信息和库存信息波动的不断放大和扭曲，节点企业的现金流（Cash Flow）也会出现剧烈的波动和扭曲，这种现象也被称为现金流牛鞭效应（Cash Flow Bullwhip Effect，简称 CFBE）。无论是需求信息的波动还是库存信息或者现金流的波动都会对供应链的管理产生巨大影响，上述这些现象会导致产品生产过多或不足、库存成本过高、收入水平下降、资金链断裂，从而导致企业决策失误、经营出现财务风险与面临破产等结果。因此，研究牛鞭效应、库存牛鞭效应以及现金流牛鞭效应产生的原因和导致的结果及影响，对企业更好地从事供应链的管理活动能够产生巨大的影响。

本书以 1997 年 H. H. Lee 等国内外学者提出的基于 $AR(1)$ 自相关随机过程为理论依据，对其工作进行横向和纵向拓展。本书主要的理论性拓展工作包括：首先，把传统的两级供应链拓展为两级供应链分销网络，分别建立以移动平均预测方法（MA）、指数平滑预测方法（ES）和均方误差预测方法（MMSE）为基础的牛鞭效应、库存牛鞭效应以及现金流牛鞭效应量化表达式，并对相关的影响因素进行分析；其次，把传统的两级供应链拓展为两级平行供应链系统，分别建立以移动平均预测方法、指数平滑预测方法以及均方误差预测方法为基础的牛鞭效应、库存牛鞭效应以及现金流牛鞭效应的量化表达式，并对相关的影响因素进行分析；然后，本书将研究对象扩展到逆向供应链中，分别建立以移动平均预测方法、指数平滑预测方法以及均方误差预测方法为基础的牛鞭效应、库存牛鞭效应以及现金流牛鞭效应的量化表达式，并对相关的影响因素进行分析；最后，利用 Extendsim 仿真软件分别建立基于三种不同预测方法的两级供应链分销网络牛鞭效应、库存牛鞭效应以及现金流牛鞭效应仿真模型。对影响牛鞭效应、库存牛鞭效应以及现金流牛鞭效应的相关系数、零售商备货期、平滑指数、预测时期数等参数进行仿真和模拟，得出了一些有意义的结论。根据以上研究思路，本书得出的主要结论包括以下几点：

第一，在两级供应链分销网络中，当每个节点企业运用移动平均预测方法、指数平滑预测方法以及均方误差预测方法预测顾客的市场需求时，牛鞭效应的主要影响因素包括来自顾客的需求相关系数，两个零售商的移动平均时期数，两个零售商的平滑指数，两个零售商的订货提前期，两个制造商的订货提前期等；库存牛鞭效应除了受以上因素影响，还要受到每个节点企业自身牛鞭效应的影响；同样地，现金流牛鞭效应还会受到其他相关因素的影响。

第二，在两级供应链分销网络中，当两个零售商的相关系数都为负数时，如果第一个零售商的相关系数高于第二个零售商的相关系数，那么第一个零售商的牛鞭效应、库存牛鞭效应以及现金流牛鞭效应都不存在；如果第二个零售商的相关系数高于第一个零售商的相关系数，那么第二个零售商的牛鞭效应、库存牛鞭效应以及现金流牛鞭效应都不存在。

第三，在两级供应链分销网络中，当每个节点企业运用移动平均预测方法、指数平滑预测方法以及均方误差预测方法预测顾客的市场需求时，各个节点企业应该通过降低移动平均预测时期数、降低平滑指数、降低订货提前期、降低单位产品的价格、提高库存周转次数等来降低自身的牛鞭效应，同时还应该进一步降低牛鞭效应带来的影响，这样才能使得节点企业更好地降低库存牛鞭效应以及现金流牛鞭效应。

第四，在考虑两个制造商和两个零售商构成的两级平行供应链网络系统中，当价格自敏感系数小于 7 时，在均方误差预测方法下，零售商的库存牛鞭效应会达到最低水平；相反，当价格自敏感系数大于 7 时，在移动平均预测方法下，零售商的库存牛鞭效应会达到最低水平；当价格自回归系数小于 0.8 时，在均方误差预测方法下，零售商的库存牛鞭效应达到最低水平。均方误差预测方法能够最大限度地降低订货提前期内的需求预测误差，零售商的库存牛鞭效应可以达到最低水平。同时，随着价格交叉敏感系数的增加，现金流牛鞭效应也不断增大。当相关系数小于 0.5 时，现金流牛鞭效应随着市场份额的增加而不断增大；当相关系数大于 0.5 时，现金流牛鞭效应随着市场份额的增加而不断降低。在需求模型中同时引入市场份额和价格交叉敏感系数可以进一步放大零售商的现金流牛鞭效应。一方面，当价格交叉敏感系数为非负常数时，协方差会增加零售商的现金流牛鞭效应；另一方面，协方差对零售商的现金流牛鞭效应有抑制作用。

第五，在考虑由一个回收商和一个再制造商构成的两级逆向供应链系统中，当回收商运用移动平均预测方法预测市场上废旧产品供应量时，自相关系数和移动平均时期数对牛鞭效应具有负相关关系，而订货提前期对牛鞭效应具有正相关关系。为了减少逆向供应链中的牛鞭效应，当自相关系数和订货提前期满足某些条件时，回收商应该采用均方误差预测方法预测市场上废旧产品的供应量；否则，回收商应该采用移动平均预测方法预测废旧产品的供应量。回收商的现金流牛鞭效应是订货提前期的增函数。随着订货提前期的增加，回收商的现金流牛鞭效应也不断增大。由此，回收商应该进一步减少订货提前期，从而降低回收商现金流的波动。为了减少逆向供应链中的现金流牛鞭效应，当自相关系数和订货提前期满足某些条件时，回收商应该采用均方误差预测方法预测市场上废旧产品的供应量；否则，回收商应该采用移动平均预测方法预测废旧产品的供应量。

第六，在考虑由一个制造商和两个零售商构成的两级供应链分销网络中，运用 Extendsim 仿真平台，构建了三类牛鞭效应仿真模型。通过数值仿真方法分析了移动平均时期数、订货提前期、平滑指数等因素对三类牛鞭效应产生的不同影响。为了降低牛鞭效应带来的不利影响，企业应该适当采用均方误差预测方法预测市场需求，有些情况下也可以运用移动平均预测方法预测市场需求。

第七，在考虑由一个供应商、两个制造商以及两个零售商构成的多级供应链分销网络中，运用 Extendsim 仿真平台，构建了三类牛鞭效应仿真模型。同样地，运用数值仿真方法分析了移动平均时期数、订货提前期、平滑指数等因素对三类牛鞭效应产生的不同影响。为了降低牛鞭效应带来的不利影响，一定条件下企业应该采用均方误差预测方法预测市场需求；同时，企业应该缩短订货提前期、适当调整平滑指数有效地降低三类牛鞭效应带来的不利影响。

由于笔者知识范围、学术水平和精力所限，书中难免存在不妥和错误之处，恳请广大读者批评指正！

编　者

2023 年 10 月

目　录

1 概述

1.1 研究背景

进入 21 世纪以来，随着经济全球化和信息化趋势的不断增加，全球经济一体化的步伐不断加快，竞争也更加激烈。与此同时，由于信息技术和生产技术的不断提高，产品的生命周期不断缩短，在这种情况下，单个企业间的竞争逐渐让位于供应链之间的竞争。现代企业要想维持住自己在竞争中的核心地位，保持自己的核心竞争能力，就必须重新审视自己的内在力量源泉和新的竞争点，供应链管理成为企业的最佳选择。供应链管理是指在满足服务水平的同时，为了使系统成本最小而把供应商、制造商、仓库和商店有效地结合在一起生产商品，并把正确数量的商品在正确的时间送至正确的地点的一套完整的管理体系和方法。供应链管理的目的是追求整个系统的成本最小和效率最高，有效的供应链管理是以市场需求为驱动力，从而协调供给与需求之间的关系。但是在供应链上，经常存在着诸如预测不准确、需求不明确、供给不稳定，因企业间合作性与协调性差而造成供应缺乏、生产与运输作业不均衡、库存居高不下、成本过高等现象。牛鞭效应正是供应链中各方成员试图调节供需关系时发生的，供应链上的一种需求变异放大和扭曲现象，是供应链上的信息流从最终客户端向原始供应商传递时，无法有效地实现信息共享，使得信息扭曲而逐级放大，导致需求信息出现越来越大的波动。最下游的客户端相当于鞭子的根部，而最上游的供应商相当于鞭子的梢部，在根部的一端只要有轻微的抖动，传递到末梢端就会出现很大的波动。在供应链上，这种效应越往上游，距离终端客户越远，变化就越大，影响也越大。如果这种信息扭曲和企业制造过程中的不确定性因素叠加在一起，将会导致巨大的经济损失。牛鞭效应对供应链中企业的影响是相当严重的，它会造成市场需求预测失误，过高或过低预测需求，导致供不应求或过多存货，造成巨大损失；它还会使企业的生产计划产生偏差，在设计工厂、仓库、配送中心和销售点的设施规模和网点布局的时候容易规划不善；它还有造成产品或服务质量降低、成本增加等危害。企业要想在当前如此激烈的竞争环境中立于不败之地，缓解牛鞭效应的影响显得尤为重要。针对牛鞭效应产生的诸多原因，缓解牛鞭效应的策略更是多种多样，采取有效措施对症下药，消除产生的原因都能在一定程度上取得良好的效果。

因此，在供应链管理中，市场需求在从下游节点企业向上游节点企业传递过程产生的放大和扭曲现象，被称为牛鞭效应或者是鞭梢效应。众所周知，需求信息的变化会引起企业库存量发生相应的变化，这种由供应链下游需求信息的不断波动所引起的企业库存量发生波动的现象，被称为库存量牛鞭效应。企业库存量的波动也会给企业的生产经营活动造成很重要的影响，一方面，库存量过多对企业的影响主要是占用较多的企业资金；另一方面，库存量过小对企业的影响是可能造成不能正常生产。同时，由于企业会不断地消耗库存商品，而企业又要不断地购进物资、补充库存，所以企业的库存量总是处于不断变化的状态之下，如何在保证生产的前提下，尽量减少库存积压，是库存控制的核心。当市场需求信息发生波动时，企业订货或生产的提前期也会相应地发生波动，继而会影响企业的保管费用、采购费用，以及企业的服务水平。由此，针对库存牛鞭效应产生的诸多原因，缓解库存量牛鞭效应的策略同样也是多种多样的，企业应该采取有效措施对症下药，消除产生的原因都能在一定程度上取得良好的效果。

进一步说，任何一个组织想要正常地运作，必须有现金作为后盾，资金是一切组织正常活动所需要的必备资源。有了资金的支持，一个公司可以迅速地扩张从而实现飞速发展。衡量一个企业持久盈利的重要表现就是不断地有真实的现金流入，这要比用权责发生制衡量企业的盈利性更好。一般情况下，应该通过研究和供应链存在密切关系的现金流来了解供应链的运作原理。从整个供应链角度来看，现金流和信息流一样在传递过程中也会出现放大和扭曲，这种现象被称为现金流牛鞭效应。现金流牛鞭效应和现金周转周期之间存在着非常密切的关系。一方面，如果现金周转周期比较短，现金从流出企业到流入企业的速度比较快，则现金流在供应链节点企业传递的过程中出现放大和扭曲的程度就会相对较小；另一方面，如果现金周转周期比较长，现金从流出企业到流入企业的速度比较慢，则现金流在供应链节点企业传递过程中出现放大和扭曲的程度就会相对较大。因此，要想降低现金流牛鞭效应，一个至关重要的因素就是降低现金流的波动性。

现金流波动过大的影响主要包括以下几个方面：①企业现金流运行本身的风险。根据权衡理论，企业存在最佳现金持有水平，超过最佳现金持有水平会引起企业的过度投资行为，从而对企业价值产生很多负面效应。如果现金流波动非常大，则要求企业持有相当多的现金，从而防止出现暂时性的现金短缺。如果现金流波动非常小，就会要求企业持有相对较少的现金。一个公司的现有资金不能满足自身的运营管理活动，就会使得公司的盈利能力减弱。因此，现金持有量过高或者过低都会引起现金流波动的风险。从这一点可以看出，在日常的生产经营活动中，企业应该运用现金周转模式、存货模式、最小成本化模式等相关的模型寻找企业最佳的现金持有量。通常情况下，一个公司的资金结构是指资金流入和资金流出相互之间的联系，这一点正好和企业正常的生命周期相呼应，如果企业的现金流结构不合理，最终导致的结果就是降低一个企业现金周转的效率，甚至会损害一个企业的最终价值。如果企业日常生产经营活动中的现金流非常少，甚至面临枯竭，那么企业只能依靠融资维持自身正常的生产经营活动，很可能会使企业的资金周转效率降低，最终导致企业的生产经营活动以失败而告终。企业财务危机的出现取决于企业现金流的波动，这对现金流动性提出了更高的要求，企业现金流波动性的变化会对企业的融资方式造成很大的影响。如果企业现金流出现很大的波动，就会增加企业运行的风险，从而使得股东的财富降低，最终会降低投资者对企业价值的评估。

②财务决策失误导致财务风险。现金流不仅是财务管理中一个非常常见的问题，而且也是一个与企业治理结构存在密切关系的财务风险管理问题。企业现金流的波动对国家政策不稳定性、外部市场环境不确定性、企业内部方法不确定性以及企业财务决策不确定性等造成一系列影响。同时，企业还应该分析现金流对财务风险造成影响的机理和传导过程。从某种意义上来说，企业的财务筹资政策、投资政策、收入分配政策和并购资金政策等基本政策之间是相互联系、相互制约又相互影响的关系。因此，企业应该更加重视自身的现金政策，从而减少现金波动对企业其他财务政策所造成的影响。企业大部分的财务政策都是以现金流为载体，如果企业的现金流出现较大波动，往往会造成企业的财务决策失误，最终会出现各种各样的财务风险，导致企业生产经营活动以失败而告终。③融资环境造成的风险。一家企业想要正常从事生产和经营活动必须得到足够的财力和物力支持。正常情况下，已经进入稳定生产经营活动的企业可以利用内部融资获得其正常生产经营所需的资金。如果企业运营活动中产生了现金不足的问题，则企业仅仅依靠内部融资活动不能得到更多的现金。这种情况下，企业应该考虑从外部得到现金，从而得到企业正常营业需要的现金，但是企业面对的生产活动千差万别。一般情况下，当一家企业正常营业所需资金不足时，企业就应该从外部融资，就会面临融资市场随机性带来的影响。当企业现金流出现较大波动时，如果企业的外部筹资成本过高或者企业很难获得外部现金，企业就会面临严重的现金周转困难，最终无法正常营业，导致破产。由此，现金流牛鞭效应产生的原因非常多，同样地，缓解现金流牛鞭效应的措施和策略也是多种多样的，企业也应该采取有效措施对症下药，消除产生的原因都能在一定程度上取得良好的效果。

对资源的有效利用和与环境的和谐相处一直都是人类经济社会发展过程中所面临的重要问题。传统经济是一种物质单向流动的直线型经济发展模式，即物质的流动是一个从资源到产品再到废弃物的过程。在这种经济发展模式下，生产制造型企业通过开采地球上的资源，并进行相应的生产加工过程来制造产品创造财富。终端消费者购买并消费产品后，会将产生的废弃物和污染物排放到生产环境中去。这种一次性和单一性利用资源的发展方式，不仅会极大地污染生态环境，也会造成资源的巨大损耗，以致资源需求巨大的问题始终无法解决。所以传统的经济发展模式早已不适应现代社会的发展要求。又由于我国人口众多、资源相对不足，并且经济增长方式尚未从根本上转变，因此，粗放型发展模式所带来的问题就显得尤为明显。因此，如何对废弃资源和废旧材料进行有效处理，从而实现人类经济社会发展和生态环境保护的双重目标被提上日程。我国于2005年下发《国务院关于加快发展循环经济的若干意见》，全面部署发展循环经济工作。2011年"中国循环经济发展战略研究"项目组初步拟定了我国循环经济总体发展的战略目标，计划在未来的50年内，将我国全面建设成人、自然、社会和谐统一，资源节约的循环型社会。同时，2011年实施的《废弃电器电子产品回收处理管理条例》也明确规定，电子类产品制造商有责任领导供应链下游的零售商和消费者开展废旧产品回收再利用的逆向物流工作。随着以上文件和政策的颁布和实施，为了大力推进生态文明建设、推动资源利用方式根本转变，逆向供应链管理理论应运而生。和正向供应链管理的思路不同，在逆向供应链管理过程中，主要是对废旧产品进行回收和再利用，废旧产品的回收信息在从回收商向再制造商传递过程中首先会不断地发生放大和扭曲，这种现象被称为逆向牛鞭效应；其次，回收量的波动也会引起库存量的波动，可以称为逆向库存量牛鞭效应；最后，回收量的波动还会引起企业现金流的波动，可以称为逆向现金流牛鞭效应。由此，在逆向供应链管理活动中，逆向牛鞭效应的存在会对从事废旧产品回收和再制造的企业产生非常多的不利影响，产生逆向牛鞭效应的原因也非常多，企业也应该采取有针对性的措施缓解其所带来的不利影响。

因此，基于以上分析，在传统供应链和两级平行供应链以及逆向供应链管理过程中，产品需求量的波动，会对企业的订货量、库存量、现金流产生非常大的影响。企业如何降低它们所产生的影响非常重要。在以上不同的供应链管理过程中，如何更好地量化需求信息的波动、库存信息的波动、现金流的波动是首先要解决的问题。其次，识别出有哪些因素能够对不同类型供应链中需求信息的波动、库存信息的波动、现金流的波动产生影响也是一个需要解决的问题。最后，如何降低需求信息、库存信息、现金流波动造成的影响也是一个急需解决的问题。这些问题正是本书将要解决的问题。

1.2　研究意义

1.2.1　理论意义

自从 1997 年 H. L. Lee 等人提出牛鞭效应的量化表达式并指出其存在的四个方面原因以来，引起了学术界的广泛关注，国内外学者们对其进行了非常深入的分析和探讨。对现存文献进行归纳分析，发现现有文献对牛鞭效应进行定性分析的比较多，而定量分析的文献比较少。在研究方法上，一些学者主要采用演绎法、归纳法、案例研究、实证研究以及数理分析等，很少有学者采用理论建模和数值仿真方法对牛鞭效应进行量化分析。在研究内容上，大多数相关文献都将牛鞭效应当作"黑箱子"来进行处理，更多地从定性方法上分析牛鞭效应和外部因素之间的相互关系，而很少有文献运用定量方法分析牛鞭效应产生的原因。

需求信息的波动可以引起企业现金流的波动，现金流的波动还可以运用现金周转周期进行衡量。从财务管理角度来说，现金周转周期可以作为衡量一个企业现金流动性的主要标准。从供应链管理角度来说，现金周转周期可以作为衡量供应链条上每个节点企业运营效率的重要指标。现金周转周期是一个非常重要的指标，它可以衡量从原材料的供应、制造过程到产品最终销售给顾客这一个完整的供应链过程。只有不断提高企业的财务业绩和经营效率，现金周转周期才能不断降低。同时，现金周转周期是假设在不增加成本或不降低销售量的前提下，降低现金周转的时间和次数。但是，上述假设存在很大的弊端，减少现金周转周期能降低账款的还款时间，降低企业的信贷资金，从而降低产品吸引客户的能力，从企业角度来说，能够降低产品的销售量，减少企业收入。同样，如果降低现金周转周期，会延长向供应商付款的期限，从而导致进货成本的提高。现金流的波动会引起现金流牛鞭效应，从而对企业的生产经营活动造成非常严重的危害。因此，企业应该加强日常的生产经营管理和协作，有效地降低现金流牛鞭效应，增强企业的竞争能力，从而取得更好的经济效益。正因为现金流牛鞭效应会造成非常严重的后果，应该加强理论研究从而找到现金流牛鞭效应产生的根源，只有这样，才能更好地指导企业的实践管理活动。

1.2.2　现实意义

由于供应链中牛鞭效应现象的存在，供应链上游的订单波动非常巨大，生产商面临巨大的需求波动，一般会增加库存水平来应对这种不确定性的需求，为了应对这种大的需求波动，生产商可能时而超负荷运转，时而会因库存量过高而闲置资源。当下游需求急剧下降时，上游各个节点依然按照之前预测的趋势安排订单和生产，最终造成供应链上各个节点企业产品的积压，造成资源严重浪费。当下游需求急剧增加时，上游各个节点企业为了应对这种急剧增加的需求，往往会加大订单量以取得更高的服务水平，上游生产商可能会因此而扩大生产能力，当完成生产能力扩大时，可能最终消费者的需求已经发生了变化，造成了投资的浪费。因此，有效地降低供应链的牛鞭效应，已经成为供应链效率提高、决定供应链竞争力的关键手段。基于此，研究供应链中的牛鞭效应具有非常重要的现实意义。

此外，企业需求信息的波动也会引起现金流产生非常大的波动。企业可以通过现金周转周期对现金流的波动性进行衡量。从某种意义上来说，现金周转周期能够影响很多公司流动现金的利用能力。现金周转周期可以作为衡量企业经营效率高低的一个重要因素，也被认为是一家企业资金使用效率高低的重要标尺。一方面，若现金周转周期比较低，则表明企业的资金使用效率比较高，企业的运营成本比较低；另一方面，若现金周转周期比较高，则表明企业的资金使用效率比较低，企业的运营成本比较高。甚至说，现金周转周期能够评价企业运营效率是否正常。企业现金的流动性可以从两个方面进行考察，包括静态方面和动态方面。静态方面是基于资产负债表上给出的时间点，主要涉及传统的比率指标，这些指标可以衡量一家企业能否通过现金流动来抵偿债务。虽然这种方法通常用于衡量企业资金的流动能力，但是许多学者指出这些财务比率分析的静态性质不能充分地反映企业资金流动的能力。

从供应链管理角度看，最近几年由于组织从单一的功能体向集成功能体的转变使得供应链管理越来越重要。从这一点来看，现金周转周期对提高供应链管理的效率非常有帮助，因为从原材料的供应、产品的制造、产品的流动和产品的配送以及最终送达消费者手中，现金周转周期贯穿于整个的供应链条中。供应链管理为业务流程的改进和重组提供了一个崭新的机会。在供应链中，现金周转周期是一个综合性指标，可以用来衡量整个供应链管理的性能和供应链管理的效率。一些小的电子产品零件企业可以向一些在软件行业中的领头企业进行学习，通过深入学习这些小的企业可以深入地了解现金流对一家企业生存和发展所带来的好处。虽然提高一家企业运行效率和经营效率的方法是进行供应链管理，但有极少数的企业能够把供应链管理作为提高企业财务业绩的一个着眼点。从以上分析可以看出，研究供应链中的现金流牛鞭效应也具有非常重要的现实意义。

1.2.3 本书的创新点

根据前文的论述，本书的创新点主要表现在以下几个方面：

（1）把传统的两级供应链拓展为两级供应链分销网络，建立以移动平均预测方法、指数平滑预测方法以及均方误差预测方法为基础的牛鞭效应、库存牛鞭效应以及现金流牛鞭效应的量化模型；利用 Extendsim 仿真软件分别建立基于不同预测方法的两级和多级供应链分销网络牛鞭效应、库存牛鞭效应以及现金流牛鞭效应仿真模型，比较不同预测方法下各个不同因素对牛鞭效应、库存牛鞭效应以及现金流牛鞭效应会产生怎样的影响；分析和探讨如何更好地降低这三类牛鞭效应对企业生产和经营活动所产生的影响。

（2）把传统的两级供应链拓展为考虑链与链竞争的两级平行供应链系统，建立以移动平均预测方法、指数平滑预测方法以及均方误差预测方法为基础的牛鞭效应、库存牛鞭效应以及现金流牛鞭效应的量化模型；利用 Extendsim 仿真软件分别建立基于不同预测方法的两平行供应链系统牛鞭效应、库存牛鞭效应以及现金流牛鞭效应仿真模型，比较不同预测方法下各个不同因素对牛鞭效应、库存牛鞭效应以及现金流牛鞭效应会产生怎样的影响；分析和探讨如何更好地降低这三类牛鞭效应对企业生产和经营活动所产生的影响。

（3）以前向供应链中三类牛鞭效应的相关研究为基础，创新性地将研究对象拓展为由回收商和再制造商构成的逆向供应链，建立以移动平均预测方法、指数平滑预测方法以及均方误差预测方法为基础的逆向牛鞭效应、逆向库存牛鞭效应以及逆向现金流牛鞭效应的量化模型；利用 Extendsim 仿真软件分别建立基于不同预测方法的逆向牛鞭效应、逆向库存牛鞭效应以及逆向现金流牛鞭效应的仿真模型，比较不同预测方法下各个不同因素对逆向牛鞭效应、逆向库存牛鞭效应以及逆向现金流牛鞭效应会产生怎样的影响；分析和探讨如何更好地降低这三类逆向牛鞭效应对企业生产和经营活动所产生的影响。

1.3 研究问题、研究内容和研究目标

1.3.1 研究问题

供应链中需求信息的波动和放大会引起订货量信息的波动和放大，也会引起库存信息的波动和放大，还会引起现金流的波动和放大。这些都会造成预测不准确、需求不明确、供给不稳定，因企业间合作性与协调性差而造成供应缺乏、生产与运输作业不均衡、库存居高不下、成本过高等现象。牛鞭效应正是供应链中各方成员试图调节供需关系时发生的，供应链上的一种需求变异放大和扭曲现象，是供应链上的信息流从最终客户端向原始供应商传递时，无法有效地实现信息的共享，使得信息扭曲而逐级放大，导致需求信息出现越来越大的波动。因此，非常有必要分析供应链和逆向供应链中三类牛鞭效应的量化模型，比较不同预测方法下各个不同因素对三类牛鞭效应会产生怎样的影响，分析和探讨如何更好地降低三类牛鞭效应对企业生产和经营活动所产生的影响。

1.3.2 研究内容

（1）传统供应链中的牛鞭效应、库存牛鞭效应以及现金流牛鞭效应如何量化，不同预测方法对三类牛鞭效应会产生怎样的影响？

在两级供应链分销网络中，建立以移动平均预测方法、指数平滑预测方法以及均方误差预测方法为基础的牛鞭效应、库存牛鞭效应以及现金流牛鞭效应的量化模型；利用 Extendsim 仿真软件分别建立基于不同预测方法的两级供应链分销网络牛鞭效应、库存牛鞭效应以及现金流牛鞭效应仿真模型，比较不同预测方法下各个不同因素对牛鞭效应和库存牛鞭效应以及现金流牛鞭效应会产生怎样的影响；分析和探讨如何更好地降低这三类牛鞭效应对企业生产和经营活动所产生的影响。

（2）两平行供应链系统中的牛鞭效应、库存牛鞭效应以及现金流牛鞭效应如何量化，不同预测方法对三类牛鞭效应会产生怎样的影响？

在由两个制造商和两个零售商构成的两平行供应链系统中，建立以移动平均预测方法和指数平滑预测方法以及均方误差预测方法为基础的牛鞭效应、库存牛鞭效应以及现金流牛鞭效应的量化模型；利用 Extendsim 仿真软件分别建立基于不同预测方法的两平行供应链系统牛鞭效应、库存牛鞭效应以及现金流牛鞭效应仿真模型，比较不同预测方法下各个不同因素对牛鞭效应、库存牛鞭效应以及现金流牛鞭效应会产生怎样的影响；分析和探讨如何更好地降低这三类牛鞭效应对企业生产和经营活动所产生的影响。

（3）逆向供应链中的牛鞭效应、库存牛鞭效应以及现金流牛鞭效应如何量化，不同预测方法对三类牛鞭效应会产生怎样的影响？

在由回收商和再制造商构成的逆向供应链中，建立以移动平均预测方法、指数平滑预测方法以及均方误差预测方法为基础的逆向牛鞭效应、逆向库存牛鞭效应以及逆向现金流牛鞭效应的量化模型；利用 Extendsim 仿真软件分别建立基于不同预测方法的逆向牛鞭效应、逆向库存牛鞭效应以及逆向现金流牛鞭效应的仿真模型，比较不同预测方法下各个不同因素对逆向牛鞭效应、逆向库存牛鞭效应以及逆向现金流牛鞭效应会产生怎样的影响；分析和探讨如何更好地降低这三类逆向牛鞭效应对企业生产和经营活动所产生的影响。

1.3.3 研究目标

本书首先基于移动平均预测方法、指数平滑预测方法以及均方误差预测方法构建传统供应链中的牛鞭效应、库存牛鞭效应以及现金流牛鞭效应量化模型，并分析不同因素对三类牛鞭效应产生的不同影响；其次，基于移动平均预测方法、指数平滑预测方法以及均方误差预测方法构建两平行供应链中的牛鞭效应、库存牛鞭效应以及现金流牛鞭效应的量化模型，并分析不同因素对三类牛鞭效应产生的不同影响；最后，基于移动平均预测方法、指数平滑预测方法以及均方误差预测方法构建逆向供应链中的逆向牛鞭效应、逆向库存牛鞭效应以及逆向现金流牛鞭效应的量化模型，并分析不同因素对三类逆向牛鞭效应产生的不同影响，从而有效拓展牛鞭效应研究的理论边界和研究深度，为我国企业更好地降低牛鞭效应产生的影响提供决策参考。

1.4　章节安排和研究框架

1.4.1　章节安排

基于以上分析，本书的具体章节安排如下：

第 1 章为概述。本章主要介绍了牛鞭效应问题产生的相关理论背景和实际背景、本书的研究内容和框架、本书的研究目的和意义等。

第 2 章为相关理论综述。本章主要分析供应链分销网络中牛鞭效应形成的原因和机理，基于系统论的角度考虑，将供应链分销网络中牛鞭效应产生的原因归结为供应链分销网络的外部因素和内部因素两个方面。其中，外部因素包括不同的需求预测方法、不同行业的特征和不同的法律法规政策等方面，内部因素包括供应链分销网络的组织结构和层次结构两个方面。同时分别从以下几个角度来总结和梳理现有相关的研究成果：首先，说明牛鞭效应、库存牛鞭效应以及现金流牛鞭效应的含义；其次，指出牛鞭效应、库存牛鞭效应以及现金流牛鞭效应探讨的必要性；最后，分别从基于不同预测方法、基于传统理论、基于控制理论、基于行为运作理论、基于系统动力学和现金流理论等几个方面阐释和说明国内外相关的研究现状。基于以上分析，指出当前相关研究的不足。本书主要从供应链分销网络的组织结构和供应链分销网络的决策方式（基于多种不同预测方法的影响）两个方面阐述零售商服从一阶自相关 $AR(1)$ 时，供应链分销网络中牛鞭效应、库存牛鞭效应以及现金流牛鞭效应的不同量化模型。

第 3 章构建了基于移动平均预测方法的供应链分销网络牛鞭效应。本章首先在 H. L. Lee 提出的市场顾客需求为 $AR(1)$ 自相关需求模式，零售商采用移动平均预测方法和订货点订货策略时，研究两级供应链分销网络中牛鞭效应的量化模型，进一步构建库存牛鞭效应的量化模型，最后建立两级供应链分销网络现金流牛鞭效应的量化模型对其影响因素进行分析。将以上建立的模型作为基础，构建由一个制造商、一个分销商以及两个零售商构成的多级供应链分销网络牛鞭效应的量化模型，进而建立库存牛鞭效应的量化模型，最后建立现金流牛鞭效应的量化模型分析相关参数对其带来的效应。

第 4 章构建了基于指数平滑预测方法的供应链分销网络牛鞭效应。本章首先在 Chen 提出的市场顾客需求为 $AR(1)$ 自相关需求模式，零售商采用指数平滑预测方法和订货点订货策略时，研究两级供应链分销网络中牛鞭效应的量化模型，进一步构建库存牛鞭效应的量化模型，最后建立两级供应链分销网络现金流牛鞭效应的量化模型对其影响因素进行分析。将以上建立的模型作为基础，构建由一个制造商、一个分销商以及两个零售商构成的多级供应链分销网络牛鞭效应的量化模型，进而建立库存牛鞭效应的量化模型，最后建立现金流牛鞭效应的量化模型分析相关参数对其带来的效应。

第 5 章构建了基于均方误差预测方法的供应链分销网络牛鞭效应。本章首先在 Liu 提出的市场顾客需求为 $AR(1)$ 自相关需求模式，零售商采用均方误差预测方法和订货点订货策略时，研究两级供应链分销网络中牛鞭效应的量化模型，进一步构建库存牛鞭效应的量化模型，最后建立两级供应链分销网络现金流牛鞭效应的量化模型对其影响因素进行分析。将以上建立的模型作为基础，构建由一个制造商、一个分销商以及两个零售商构成的多级供应链分销网络牛鞭效应的量化模型，进而建立库存牛鞭效应的量化模型，最后建立现金流牛鞭效应的量化模型并分析相关参数对其带来的效应。

第6章研究了包含两个制造商和两个零售商构成的平行供应链网络中，不同预测方法和市场竞争程度对牛鞭效应、库存牛鞭效应以及现金流牛鞭效应产生的影响。首先，本章基于牛鞭效应以库存量为中介和手段，建立了库存牛鞭效应量化模型，分析了价格自敏感系数、交叉价格敏感系数、不同预测方法和市场份额对库存牛鞭效应产生的影响，进一步分析了不同预测方法和市场份额对库存牛鞭效应的影响。其次，分析和探讨了价格交叉敏感系数和市场份额对两级平行供应链网络系统中现金流牛鞭效应的影响。最后，建立了两个零售商的三类牛鞭效应量化模型，分析了价格自敏感系数和市场份额对现金流牛鞭效应的影响，以及竞争效应和市场份额对现金流牛鞭效应影响的条件。

第7章研究了由一个回收商和一个再制造商构成的两级逆向供应链中不同预测方法对牛鞭效应、库存牛鞭效应以及现金流牛鞭效应的影响。首先，本章给出了逆向供应链中牛鞭效应的量化模型，分析了自相关系数、订货提前期、移动平均时期数等因素对牛鞭效应的影响。其次，给出了逆向供应链中库存牛鞭效应的量化模型，分析了自相关系数、订货提前期、移动平均时期数、平滑系数等因素对库存牛鞭效应的影响。最后，给出了逆向供应链中现金流牛鞭效应的量化模型，分析了自相关系数、订货提前期、移动平均时期数等因素对牛鞭效应的影响。

第8章构建了基于不同预测方法的两级供应链分销网络牛鞭效应仿真分析。首先，本章在第3章、第4章和第5章的基础上利用Extendsim仿真软件分别建立基于移动平均预测方法、指数平滑预测方法以及均方误差预测方法的两级供应链分销网络牛鞭效应、库存牛鞭效应以及现金流牛鞭效应仿真模型。其次，对需求相关系数、零售商备货期、平滑指数、预测时期数等参数对两级供应链分销网络三类牛鞭效应的影响进行了非常系统的仿真和模拟，证实了理论分析中所得出的重要结论。最后，运用仿真模型，比较了两个零售商分别采用不同预测方法时两级供应链分销网络牛鞭效应、库存牛鞭效应以及现金流牛鞭效应，并得出了一些非常有意义的结论。

第9章构建了基于不同预测方法的多级供应链分销网络牛鞭效应仿真分析。首先，本章利用Extendsim仿真平台分别构建基于移动平均预测方法、指数平滑预测方法以及均方误差预测方法的多级供应链分销网络牛鞭效应、库存牛鞭效应以及现金流牛鞭效应仿真模型。其次，对需求相关系数、零售商备货期、平滑指数、预测时期数等参数对多级供应链分销网络三类牛鞭效应的影响进行了非常系统的仿真和模拟。最后，运用仿真模型，比较了两个零售商分别采用不同预测方法时多级供应链分销网络牛鞭效应、库存牛鞭效应以及现金流牛鞭效应，并得出了一些非常有意义的结论。

第10章首先在分析新能源汽车产品特点的基础上，定义了新能源汽车产品供应链，并结合供应链牛鞭效应的定义，对新能源汽车产品市场中的牛鞭效应进行了界定。其次，研究了新能源汽车产品市场中牛鞭效应的量化形式和牛鞭效应的危害。最后，对新能源汽车市场中牛鞭效应的成因进行了分析，并提出了降低措施。本章揭示了新能源汽车市场中也存在着牛鞭效应。结合新能源汽车的特点和前面章节中关于供应链牛鞭效应的理论研究，本章分析了新能源汽车市场牛鞭效应产生的主要原因有：对新能源汽车的需求预测、新能源汽车生产周期影响、批量运输、价格波动、定量供应和短缺博弈等。为了减少牛鞭效应的影响，本章建立了一个控制新能源汽车市场牛鞭效应的协调运作框架结构。通过避免多次需求预测调整、打破订货批量实现联盟合作、稳定价格、控制短缺博弈等相关措施能够有效地降低牛鞭效应的不利影响。

第 11 章主要对本书所做的工作进行总结，并对未来的研究方向进行了展望。

1.4.2 研究框架

本书采用由浅到深、逐层递进、横向和纵向扩展的研究方式，具体如图 1-1 所示。

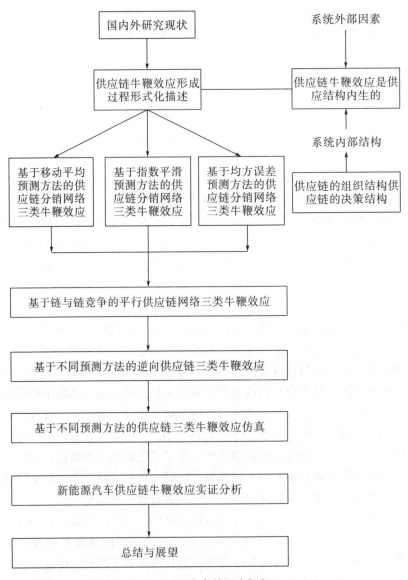

图 1-1 本书的研究框架

本书主要可以分为以下几个部分：

第一部分描述了供应链牛鞭效应产生的理论背景和现实背景，从社会实践角度提出了本书将要研究的主要问题。

第二部分通过归纳、总结、分析及评述供应链中牛鞭效应的相关概念及特征、结构特征、不同预测方法、行为运作管理、控制论等相关理论和方法的研究成果，把握供应链牛鞭效应研究领域的发展动向，并从理论研究角度提出了本书研究内容的价值所在。

第三部分考虑了由单个制造商和两个零售商构成的两级供应链网络，在移动平均、指数平滑、均方误差三种不同预测方法的情形下，构建了牛鞭效应、库存牛鞭效应以及现金流牛鞭效应量化表达式，进一步分析和探讨了移动平均时期数、平滑指数、订货提前期等因素对三类牛鞭效应产生的不同影响。

第四部分考虑了由两个制造商和两个零售商构成的两级平行供应链系统，在移动平均、指数平滑、均方误差三种不同预测方法和链与链竞争的情形下，构建了牛鞭效应、库存牛鞭效应以及现金流牛鞭效应量化表达式，进一步分析和探讨了不同预测方法和链与链竞争分别对三类牛鞭效应产生的不同影响。

第五部分考虑了由单个回收商和单个再制造商构成的两级逆向供应链系统，在移动平均、指数平滑、均方误差三种不同预测方法的情形下，构建了逆向牛鞭效应、库存牛鞭效应以及现金流牛鞭效应量化表达式，进一步分析和探讨了不同预测方法对两级逆向供应链中三类牛鞭效应产生的不同影响。

第六部分运用Extendsim仿真平台构建了两级和多级供应链网络中的三类牛鞭效应仿真模型，运用数值仿真方法分析和探讨了不同预测方法对三类牛鞭效应产生的不同影响。

第七部分首先在分析新能源汽车特点基础上，定义了新能源汽车供应链，结合供应链牛鞭效应的定义，对新能源汽车市场中的牛鞭效应进行了界定。其次，研究了新能源汽车市场中牛鞭效应的量化形式和危害。最后，对新能源汽车市场中牛鞭效应的成因进行了分析，并提出了降低的措施。

第八部分对全书的研究成果进行了简要总结，并指出了今后的研究方向。

2 相关理论和文献综述

本章首先对开展相关研究所需要概念进行说明，介绍三种不同预测方法的相关概念和应用。其次，说明以制造商为核心企业、以分销商为核心企业以及以零售商为核心企业的供应链分销网络组织结构的形成机理。然后，分析牛鞭效应、库存牛鞭效应以及现金流牛鞭效应之间的关系。最后，对国内外相关的文献进行综述，发现其不足之处。

2.1 不同预测方法

预测方法的实质是根据过去已有的数据，运用一定技术去预测未来相关的数据，这是一种从已知推断未知的方法。本书从理论上推导两级供应链分销网络和多级供应链分销网络中三类牛鞭效应的量化模型，能够从理论推导方面得出各个因素对三类牛鞭效应能够产生怎样的影响，为更好地控制三类牛鞭效应提供理论支撑。因此，基于以上研究目的，本书主要运用以下三种预测方法，分别为移动平均预测方法、指数平滑预测方法和均方误差预测方法。本部分对这三种预测方法的含义和各自的优缺点做一个比较详细的说明和论述。

移动平均预测方法（Moving Average Technique，简称 MA）是在不同子集中通过创建一系列平均值而构成完整的数据集，从前往后逐次推移按照次序运算，从而得到拥有几项的平均值，以这些平均值为基础对某些现象从事预测活动。移动平均预测方法主要运用于对近期相关数据和资料的预测。当一个时间序列数据变化非常平稳且也不存在非常明显的季节变化时，移动平均预测方法非常有用。

指数平滑预测方法（Exponential Smoothing Technique，简称 ES）是一种广泛应用于经验技术平滑时间序列数据，特别是对于递归性多达三次和指数为增函数时，这些技术有着广泛的应用，但是不能严格地说明每一种情况。同时，指数平滑预测方法预测到的数据在过去一定时间内的状态，在一定程度上能够持续发展到未来的某个时间，因此，应该把较大的权重赋予最近的数据。指数平滑预测方法最重要的是运用在对短期以及中期的经济增长趋向的预测中，在所有方法中，指数平滑预测方法是运用最为广泛的一种方法。指数平滑预测方法既考虑了移动平均预测方法的长处，又结合了以前期间的历史记录。这种方法的核心是根据历史记录的越来越远，给予以前收敛数值是零值的权重。

均方误差预测方法（Mean Squared Error Technique，简称 MSE）主要用来找到距离中心回归线的一组点，经过运算这组点与中心回归线两者间数值的平方数，才能最终得到两组数据间的误差，这样做的主要目的是能够有效消除负值带来的影响。MSE 预测方法的评价基准是平方差最小，这种现象也可以说明得到的估计值和实际值非常接近。一般来说，当遇到相同精度的衡量标准时，存在另外一个表达误差的方式，也被称为标准误差。它能够用来说明任何一个数组误差的平方根。假设有 n 个测量值的误差项为 ε_1，ε_2，…，ε_n，则标准误差 δ 表示为 $\delta = \sqrt{\dfrac{\varepsilon_1^2 + \varepsilon_2^2 + \cdots + \varepsilon_n^2}{n}} = \sqrt{\dfrac{\sum \varepsilon_i^n}{n}}$。通常情况下，均方误差预测方法的含义为任意数组的估计值和真实值，两者做差后得到的平均值应该简写成 MSE。均方误差预测方法能够评估一组数据集的变化范围和影响情况，如果均方误差预测方法的取值非常小，则可以理解为这组数据集有非常高的准确性。

2.2　供应链分销网络组织结构

随着经济和技术的不断发展，传统的供应链结构也发生了巨大变化，供应链中节点的数量越来越多，节点企业之间的距离越来越远。供应链逐渐发展成为一种网络结构，被称为供应链分销网络，节点企业的数量是代表供应链分销网络结构的一个关键因素。因此，供应链分销网络可以定义为由不同节点企业排列而成的网状结构。由于每个节点企业的大小和功能以及控制力的不同，从而形成了不同形状的分销网络，包括以制造商为核心的供应链分销网络、以零售商为核心的供应链分销网络以及以分销商为核心的供应链分销网络等形式。一般来说，供应链分销网络中有三个因素会对牛鞭效应、库存牛鞭效应以及现金流牛鞭效应产生影响，分别为层级的数量、每层上节点企业的数量以及节点企业的位置。

供应链中各个节点企业的排列方式不同会形成不同的网络结构形式，这会对牛鞭效应、库存牛鞭效应以及现金流牛鞭效应产生很大的影响。Geary 等（2006）研究了供应链分销网络中的阶层数量对牛鞭效应的影响。而 Wangphanich 等（2010）运用系统仿真方法研究了节点企业数量对牛鞭效应的影响。一般情况下，由于核心企业的性质不同，供应链分销网络组织结构可以分为以制造商为核心企业的分销网络组织结构、以零售商为核心企业的分销网络组织结构以及以分销商为核心企业的分销网络组织结构。

以制造商为核心企业的分销网络组织结构如图 2-1 所示。在以制造商为核心企业的分销网络组织结构中，主要由多个供应商、一个核心制造商、多个分销商、多个零售商以及多个顾客构成。在这种分销网络组织结构中，制造商凭借强大的规模优势和技术优势占据着核心位置，能够控制产品生产全过程，各个原材料供应商为核心制造商提供生产过程中各种各样的原材料，分销商把核心制造商生产的产品转运到各个零售商处，零售商在把产品销售到顾客手中。这种组织结构形式主要存在于大型的机械制造行业和重工业等行业中。

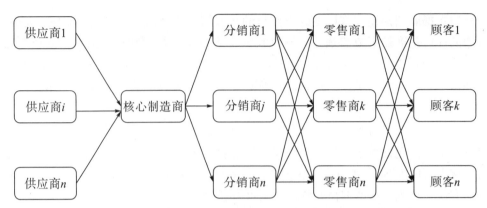

图 2-1 以制造商为核心企业的供应链分销网络组织结构

以分销商为核心企业的分销网络组织结构如图 2-2 所示。在以分销商为核心企业的供应链分销网络组织结构中，主要由多个生产商、一个分销商以及多个销售商等节点企业构成。在这种供应链分销网络组织结构中，分销商能够凭借自身强大的分销渠道优势处于核心位置，各个供应商为制造商提供生产过程中所需要的各种原材料，制造商把生产的产品通过核心分销商的渠道销售出去，核心分销商再把产品转运到各个零售商处，零售商在把产品销售到顾客手中，这样就形成了一个以分销商为核心企业的供应链分销网络组织结构。

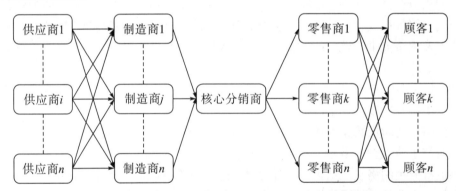

图 2-2 以分销商为核心企业的供应链分销网络组织结构

以零售商为核心企业的分销网络组织结构如图 2-3 所示。在以零售商为核心企业的分销网络组织结构中，主要由多个供应商、多个制造商、多个分销商、一个核心零售商以及多个顾客构成。在这种供应链分销网络组织结构中，零售商能够凭借自身强大的销售渠道优势处于核心地位，各个供应商为制造商提供各种原材料，制造商把生产的产品通过各个分销商的渠道运送给核心零售商，核心零售商再把产品销售到顾客手中。例如，家乐福以及其他许多零售行业，许多供应商能够将原料运送给制造商，制造商生产出产品通过分销商运送给各个大型的零售超市，大型的零售超市再把产品销售给顾客，由于各个大型的零售超市更加接近下游的顾客，所以更容易了解顾客的需求和产品市场的变化。大型的零售超市凭借自身的销售渠道占据供应链中的核心地位。

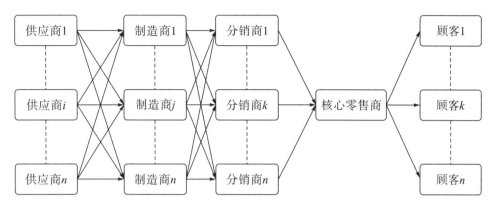

图 2-3 以零售商为核心企业的供应链分销网络组织结构

2.3 牛鞭效应、库存牛鞭效应及现金流牛鞭效应

2.3.1 牛鞭效应

在某一个由许多节点企业构成的系统中，某一端的节点企业发生非常小的波动，经过某些中间介质传播后，能够对末端企业带来很大影响，这种现象就是大家熟悉的"牛鞭效应""蝴蝶效应"或者"长鞭效应"（Lee 等，1997）。牛鞭效应在国外也被称为 Bullwhip Effect，可以描述成当供应链下游顾客的需求发生较小波动时，使得零售商的需求发生较大的波动，消费者的需求往供应链上游传递，最终到达供应商处就会产生非常大的波动和扭曲。

被理论界和实物界广泛认可的一个牛鞭效应概念是 H. L. Lee 给出的，是指供应链中节点企业向上游企业提交订货单时，订货量的波动大于需求量的波动，即 $Var(q_t)/Var(d_t)$ 称为 Bullwhip Effect，简称 BE。Forrester 利用系统仿真模型，第一次证实了顾客的需求信息在向上游节点企业传递过程中出现的不断放大、信息扭曲及失真现象，并运用实际例子证实了这种现象的存在。

在现实的生产经营活动中，牛鞭效应也普遍存在。宝洁公司的员工在检查最终消费者的订货单时发现，该产品的销售数量非常稳定，波动非常小。但在研究零售商的货单时，了解到其货单的波动非常高，零售商指出自己以消费者的订货量向上游供应商订货。后来，宝洁公司对该现象进行深入研究后发现，零售商主要是根据过去的销售量确定一个比较合适的订货量，同时零售商能够保障货物供应的准确性，订单数量必须要大于消费者的实际需要量，以此类推，中游的分销商也会思考同样的问题，最终顾客对货物的需求信息便能够产生逐级的放大和扭曲。

在国际供应链管理大会上，有些专家指出，在欧洲日用百货公司的生产、供应和销售环节存在一些非常奇怪的现象：从港口接收到原材料，进入生产、处理、运输和分配到消费者手中要花费将近 150 天，虽然商品从供应地运输到消费者手中要花费这么长工夫，但是消费者却没有感觉到要经过这么长的时间，而且所有的这些中间环节都是根据他们最初的要求设计和运转的。有些经营者对数据做了一些对比和分析，令他们非常吃惊的是，产品的生产时间仅仅用了不到两个小时。为什么产品从生产到加工、配送、分销、零售到达消费者手中用的时间如此之长，而真正最有价值的是产品的生产环节仅仅用了不到两个小时，其他的绝大部分环节被浪费掉了呢？与会学者做出了这样的解释：在整个产品供应链中，每个公司的订购单都能出现信息的放大和扭曲，消费者的需求信息从零售商、批发商、分销商、制造商到最终的供应商传递过程中会发生非常大的扭曲。另外，如惠普公司、通用公司、联邦快递公司、福特公司等，也出现了消费者需求信息被放大和扭曲的现象。此外，其他学者也指出在汽车行业、电子产品行业、家电零售行业、快递行业以及加工运输行业等的产业供应链中也存在非常明显的牛鞭效应。Sterman 教授指出，牛鞭效应是供应链最底层消费者的需求信息如果发生细微变化，就会使得供应链上游各个节点企业的订货量发生急剧的变动。这种现象非常类似挥动鞭子时，用力轻轻摆动鞭子的上端，则结果会使得鞭梢出现非常大的波动。

2.3.2 库存牛鞭效应

在供应链中，位置越往上的节点企业所面临的需求信息波动越大，换句话说，位置越靠上的节点企业牛鞭效应越明显。基于以上分析，本节我们指出，供应链上各个节点企业的库存信息类似于需求信息，在向上流动的时候会出现扩大并且位置越往上的节点企业所面临的库存信息的波动越大，这种现象称为库存牛鞭效应（Inventory Bullwhip Effect，简称 IBE）（Tangsucheeva 等，2013）。

本节中，我们主要为了考察牛鞭效应如何影响库存量，提出了库存牛鞭效应。库存牛鞭效应的存在会导致系统整体效能越来越低下，从而导致供应链上节点企业的原材料供应过量、产品生产过剩、库存成本提高、需求波动和运输成本增加。库存牛鞭效应所带来的影响如下。

2.3.2.1 库存水平过高

供应链中库存牛鞭效应的存在说明供应链管理没有达到最优水平，供应链上节点企业之间从事无效率的工作，最终会带来负面影响。库存牛鞭效应会使供应链最末端顾客的库存信息往供应链上游节点企业流动中出现扩大，从而带来库存信息失真。由于这种信息被无限地放大和扭曲，供应链上游企业常常会设定一个比下游企业还要高的存储水平，最终人为地使得库存成本不断增加，造成库存产品过多积压、资金占用成本提高、销售利润下降，从而使供应链上节点企业的竞争力不断下降，最终使整个供应链运作效率不断下降。

2.3.2.2 决策失误导致收入水平下降

库存牛鞭效应会导致库存信息的放大和扭曲，最终库存信息会失真。供应链上的库存信息流从供应链下游向上游逐层进行传递。上游供应商会根据制造商的订单供应原材料，制造商会根据分销商的订单进行产品的生产和加工，分销商也会根据最终销售商的订购单进行配送。由于顾客需求信息的不断放大，上游节点企业的生产决策出现不准确性，为了防止出现暂时性缺货，制造商会多生产产品，造成决策失误，导致制造商产品生产过剩，引起资金占用，产品损坏，收入水平不断下降，竞争能力不断降低，最终导致企业资不抵债，出现企业倒闭，供应链条崩溃。

2.3.2.3 企业服务水平降低

随着科学技术的飞速发展，最终市场上顾客的需求也不断地向不同方向进行扩展，因为一家企业产能的不断增大，产品库存积压过大，产品更新换代速度远远赶不上消费者需求的变化速度，致使商品样式逐渐落后，最终使得企业制造的商品不能跟上消费者需求的变化，使企业服务水平逐渐下降。此外，由于节点企业产品库存水平提高，产品积压过多，使产品市场销售渠道不畅通，造成节点企业运输线路阻塞，不能及时把产品配送到顾客手中。尤其是对于一些鲜活鱼类、海鲜、新鲜蔬菜等产品，如果不能运送到顾客手中，就会造成产品腐烂变质，使顾客花了钱，但拿不到产品，不能享受到高质量的服务，从而使节点企业失去顾客，逐渐失去需求市场，造成企业销售水平下降，企业竞争能力下降。

2.3.3 现金流牛鞭效应

在本节中我们指出，在供应链系统中，每个节点企业的现金流在向上传递过程中也能发生扭曲和放大，并且位置越往上的节点企业所面临的现金流波动越大，称为现金流牛鞭效应（Cash Flow Bullwhip Effect，简称 CFBE）。本节提出现金流牛鞭效应的目的是说明牛鞭效应和库存牛鞭效应对现金流的影响。特别是在经济衰退情形下，许多大型上市公司会把现金作为一项重要资产进行管理。本部分根据财务管理中现金周转周期的概念，推导出现金流牛鞭效应的量化模型。现金周转周期表示如下：

$$现金周转周期＝应收账款平均周转天数＋存货平均周转天数－应付账款平均周转天数$$

$$(2.3.1)$$

表 2-1 给出了一些学者对现金周转周期含义的理解。

表 2-1 现金周转周期的含义

学者	现金周转周期的定义
Stewart（1995）	平均一美元从投入购买原材料到把产品出售给客户，从客户手中收回一美元的整个过程所需要的时间
Moss 和 Stine（1993）	应付账款和应收账款之间转换的时间
Gallinger（1997）	现金周转周期是衡量一个公司获得财政支持，从而确保其正常运转的时间
Soenen（1993） Schilling（1996） Lancaster（1998）	应收账款平均周转天数＋存货平均周转天数－应付账款平均周转天数

从表 2-1 可以看出，无论从财务管理角度还是从供应链管理角度，现金周转周期都是一个非常重要的衡量指标。从财务管理角度可以看出，现金周转周期能成为衡量企业现金流动性的常用指标。从供应链管理角度来说，现金周转周期可以作为衡量供应链

条上每个节点企业运营效率的重要指标。现金周转周期是一个非常重要的指标，它可以作为衡量从原材料供应、制造过程到产品最终销售给顾客整个供应链过程运营效率的标准（Farris 和 Hutchison，2002）。

本书采用 Stewart（1995）给出的定义，现金周转周期是指在企业的生产经营活动中从支出现金到回收现金所使用的平均时间。它是财务管理中一个非常重要的指标，可以从企业的财务报表中获取（Lambert 和 Pohlen，2001）。从式（2.3.1）中可以看出，只有提高企业的财务业绩和经营效率，现金周转周期才能不断降低。但是，现金周转周期的降低会使应收账款的还款期限缩短，减少了企业的信贷资金，从而降低了产品吸引客户的能力。同样，如果降低现金周转周期，会延长向供应商的付款期限，从而导致进货成本不断提高。

从财务管理方面看，现金周转周期能够成为影响一家企业现金利用效率的重要因素（Stewart，1995）。一方面，如果现金周转周期比较低，表明企业的资金使用效率比较高，企业的运营成本比较低；另一方面，如果现金周转周期比较高，表明企业的资金使用效率比较低，企业的运营成本比较高。更进一步说，现金周转周期能够成为衡量企业资金使用效率和流动强度的重要尺度（Gallinger，1997；Lancaster，1998）。企业现金的流动性可以从两个方面进行考察，分别包括静态方面和动态方面。静态方面通常涉及传统的比率指标，这些指标可以衡量一家企业能否通过现金流动来抵偿债务。虽然这种方法通常用于衡量企业资金的流动能力，但是许多学者指出这些财务比率分析的静态性质不能充分地反映企业资金的流动能力（Soenen，1993；Emery，1984）。

就企业而言，最恰当的现金流动量应该表示为达到企业现金流动性基准和提高企业现金流动性范围，这两种情况之间得到一个合理的抉择。现金周转周期表示为 365 天和现金周转次数的比值。很明显，现金周转周期和现金周转次数之间有着明确的数量关系，如果现金周转周期越长，则现金周转次数越小，企业资金的流动性越差；反之，如果现金周转周期越短，则现金周转次数越大，企业资金的流动性越好（Schilling，1996）。企业的现金周转周期越长，则企业需要更多资金支持其正常运转（Soenen，1993；Moss 和 Stine，1993）。在供应链中，现金周转周期是一个综合性指标，用来衡量整个供应链管理的性能和效率。

现金周转周期对改善企业的财务状况、提高企业的运营效率都具有十分重要的意义，如何衡量现金周转周期显得非常重要。本书采用 Soenen（1993），Schilling（1996）和 Lancaster 等（1998）学者给出的计算公式［式（2.3.1）］。从该公式可以看出，一家企业能够运用很多方式使现金周转周期降低：①降低平均库存水平；②降低应收账款平均天数；③提高应付账款平均天数。然而，Tsai（2008）运用一阶自回归模型测算供应链中的现金流风险，结果表明，如果现金周转周期太低，会带来很高的现金流风险。这个结论也可以通过式（2.3.1）得到，当假设其他条件不变时，随着库存水平的提高，现金周转周期不断增加。Disney 和 Towill（2003）指出，随着订货提前期的不断增加，库存的波动水平也不断增加。

2.4 国内外研究现状

早期关于牛鞭效应的研究成果主要讨论牛鞭效应的定义、原因和降低的措施。Forrester（1961）运用系统动力学方法发现一种顾客需求在向上游节点企业传递过程中产生的放大和扭曲现象，从而证实了这种现象确实存在。1989 年，Sterman 通过"啤酒游戏"实验，解释了什么叫作牛鞭效应。假设顾客需求服从一阶自相关过程 $AR(1)$ 并运用移动平均预测方法（MA），Lee 等（1997）给出了牛鞭效应的量化模型并探讨顾客订单波动、供求博弈、订单短缺、价格波动等因素对牛鞭效应产生的影响。在现实生活中，有许多实例也证明了牛鞭效应的存在。例如，宝洁公司处理消费者的需求订单时发现来自消费者的订单夸大了消费者的真实需求；惠普公司也看到接收的有关打印机订单不能反映客户的真实需求（Baganha，1998）。无论是理论探讨还是实际企业经营管理的案例，都能够证明牛鞭效应广泛存在于现实生活中。近年来，关于牛鞭效应研究的相关成果可以从如下几个方面来论述。

2.4.1 基于不同预测方法的供应链牛鞭效应研究

牛鞭效应产生的一个重要原因是供应链中各个节点企业之间的信息分割导致供应链终端客户的订单信息在向上传递过程中出现放大和扭曲。减弱牛鞭效应的一个重要方法是供应链上游的节点企业应该使用更加准确的预测方法预测供应链末端客户的订单信息，减少信息的放大和扭曲。

基于不同预测方法的牛鞭效应相关研究主要有：Ryan 和 Simchi-Levi（2000）运用指数平滑预测方法（ES）分析了两级供应链中的牛鞭效应现象。他们指出，当零售商运用 ES 预测方法预测顾客需求时，供应链中会存在牛鞭效应，并和零售商运用移动平均预测方法预测市场需求时的结果进行了对比分析。Kim 和 Ryan（2003）假设零售商不能确切地知道顾客的需求，基于移动平均预测方法提出一个库存模型。Holland 和 Sodhi（2004）都是基于指数平滑预测方法提出价格的波动会产生牛鞭效应。Chatfield 等（2004）运用仿真模型测试随机交货周期和需求信息的波动对牛鞭效应产生的影响。Zhang（2004，2005）运用均方误差预测方法（MSE）研究了供应链中的牛鞭效应，并和移动平均预测方法、指数平滑预测方法下的结果进行了对比分析。

Croson 等（2005）提出运用集中控制方法可以降低牛鞭效应。Ingalls 等（2006）尝试运用控制方法集中控制库存和订货策略，以达到降低牛鞭效应的目的。Hosoda 等（2006）运用均方误差预测方法研究需求信息和库存信息的波动问题。Liu 和 Wang（2008），Liao 和 Xu（2007）分别运用指数平滑预测方法和均方误差预测方法研究多级供应链中的牛鞭效应问题。Wright 和 Yuan（2008）以及 Bayraktar 等（2008）运用指数平滑预测方法分析家电行业供应链中的牛鞭效应问题。刘红等（2008）假设市场需求信息服从 $ARMA(1,1)$ 的随机过程得到了多级供应链中牛鞭效应的数学表达式和仿真模型。Holland 等（2004）通过仿真方法分析和讨论了批量订货及订货误差对牛鞭效应的影响。Chatfield 等（2004）分析了需求信息共享对信息波动会产生怎样的影响。减弱需求信息放大和扭曲的一个主要方法就是尽量使供应链各级成员之间的信息得到最大限度的共享。

20 世纪 90 年代以来，Lee（1997）详细解释了牛鞭效应的表现形式，并且运用控制论证实了牛鞭效应主要是由信息失真所造成的。之后，Lee（1997）定量地分析了牛鞭效应产生的 4 个方面因素，进而分析得出了降低牛鞭效应的方法。刘红等（2007）以 Lee 的研究为基础，推导和分析了不同需求预测方法下牛鞭效应的数学表达式，并比较了相关因素的影响。Chen 等（2000）也分析了不同预测方法对牛鞭效应产生的影响。Chen 等（2000）研究了移动平均预测方法（MA）下牛鞭效应的边界问题。Chen 等（2004）分析了指数平滑预测方法对牛鞭效应的影响，并和 MA 预测方法下的牛鞭效应进行了对比分析。Zhang（2004）说明 MA 预测方法和 ES 预测方法并不是最佳预测方法，相对而言，MSE 预测方法以误差最小作为一个基本准则，在 Chen 等人研究的基础上说明了均方误差预测方法对牛鞭效应产生的不同影响。Hosoda 等（2006）同时研究了均方误差预测方法下（MSE）的牛鞭效应和库存方差的变化情况。Kim 和 Ryan（2003）分析了指数平滑预测方法下（ES）零售商的期望库存和缺货损失成本。廖诺等（2007）指出了共享需求信息是减弱牛鞭效应的一种非常有效的方法。刘红等（2008）假设市场消费者的需求信息服从 $ARMA(1，1)$ 随机过程，推导出牛鞭效应的数学表达式，并比较分析了相关因素对牛鞭效应所产生的不同影响。Holland 等（2004）分析了订货量和库存误差对牛鞭效应所产生的不同影响。Chatfield 等（2004）的研究则侧重于随机备货期、信息量以及信息共享对牛鞭效应产生的影响。Gaalman 等（2006）侧重于库存策略对牛鞭效应产生的影响。

近年来，Sodhi 和 Tang（2011）提出了"核心牛鞭效应"的概念，指出在任何供应链中由于节点企业的位置不同，牛鞭效应的程度也不尽相同。Hussain 等（2012）对比分析了移动平均预测方法和指数平滑预测方法下牛鞭效应的不同。Trapero 等（2012）集中于探讨零售商共享销售信息对供应商预测准确性的影响。Akkermans 和 Voss（2013）研究和探讨了服务供应链中的牛鞭效应问题，并探讨了服务供应链中牛鞭效应所产生的负面影响，还采取正确措施降低了牛鞭效应带来的负面影响。Jaipuria 和 Mahapatra（2014）指出只有通过运用不同方法才能控制和降低牛鞭效应产生的严重影响。Amin 和 Karim（2013）提出制造商通过提高回收比例能够有效降低牛鞭效应。Francesco 等（2015）提出利用控制方法并结合不同决策规则，以降低牛鞭效应并保持库存竞争性能。由于供应链是由各个节点企业构成的一个非常复杂的系统，每个节点企业的决策行为都会对整个供应链系统产生不同的影响，因此，Haines 等（2017）提出了一个具有适应性和学习性的牛鞭效应量化模型，用于识别决策主体的行为，从而有效地降低和控制牛鞭效应。基于 $AR(1)$ 自相关需求过程，Ma 等（2017）研究了两级供应链网络中市场份额对牛鞭效应的影响。

2.4.2　基于传统理论的供应链牛鞭效应研究

传统理论已经说明了人们在进行实践活动时是理性的。换句话说，传统理论都认为人们在进行社会实践活动时都是用最小的投入得到最大的产出。完全理性人的基本特征包括完全性、有限选择性以及自身经济利益性。从 20 世纪 60 年代起，Forrester（1969）利用系统仿真方法，最早指出了牛鞭效应的存在，并用实际例子证实了这种现象的存在。同时指出，降低节点企业的数量可以降低需求信息扩大对各个企业的影响。Burbidge（1984）从整个行业角度对需求信息扩大的机制和原因进行了非常详细的分析。他指出，关键节点企业的价值、生产活动的间断性以及其他一些关键因素造成了顾客需求信息的放大和扭曲。

学术界一般认为对牛鞭效应做出全面分析的是 H. L. Lee。他指出，供应链成员之间的行为引起了牛鞭效应的变化，同时探讨了引起牛鞭效应的四个方面原因。零售商经常用过去的需求信息预测顾客未来的需求，零售商大部分时间都是处理接收到的订单，根据需求信息和订单信息准备足够的库存产品及时满足下游节点企业的需求。当产品需求超过供给时，就出现产品的配给不均衡。价格促销是制造商之间销售产品时常用的手段，同时还要注意配给和价格波动的影响代表了这些企业对市场做出反应的能力。他还指出，这四种因素会使供应链成员产生理性行为，从而使供应链产生牛鞭效应。这些因素的相互组合会影响市场运动的机制，因此供应链成员应该意识到这些因素的影响程度，从而采取相应措施，加强供应链成员之间的协调，促进整个供应链条更加健康地发展。从以上分析可以看出，Forrester 假设了供应链中的成员存在完全的非理性行为。在 Sterman 的研究中，假设供应链中的成员缺乏完全的理性对需求信息的反馈非常容易形成错误的理解。Lee 认为，供应链中的节点企业则绝对理性化和追求自身利益最大化。最后，Lee 构建每种情况下的量化表达式并探讨相关的解决措施。

之后，大部分学者都是以 Lee 的相关研究为基础，并围绕 Lee 指出的引起牛鞭效应四个方面的主要因素进行了补充和说明。Cachon（1999）和 Lariviere（1999）在 Lee 的基础上研究了供应量受限制时牛鞭效应的表现形式。Kelle（1999）在 Lee 的基础上进一步研究了订单批处理问题，并提出过高的订货成本会加剧牛鞭效应。Disney（2003）分析了集成供应链中需求信息放大的问题。Kim（2006）通过建立数学模型证明了无论是确定性订货提前期还是随机性订货提前期都会使牛鞭效应逐渐恶化。Zhang（2010）运用仿真模型证实了需求信息和价格波动都会引起牛鞭效应。张钦（2001）运用数学模型把 Lee 的模型拓展到 $ARIMA(0，1，1)$ 需求形式中，分析了该种需求模式下的牛鞭效应问题。石小法（2002）证实了由于制造商的多重预测才能引起的牛鞭效应问题。路应金（2006）运用仿真模型分析了供应链中牛鞭效应的机理，并指出牛鞭效应是系统内部各个节点企业之间非规则运动引起的。

以上文献大多以两级供应链结构作为研究对象，由于供应链网络结构的复杂性，上述这种简单的两级供应链结构建模假设已经过时。一些学者开始分析两级供应链网络中的牛鞭效应问题（Zhang 和 Zhao，2010；Zhang 和 Yuan，2016；Yuan 和 Zhu，2016）。然而，这些研究大多假设顾客需求遵循 $AR(1)$ 自相关回归过程，主要讨论如何有效地降低牛鞭效应的影响。Zhang 和 Yuan（2016）提出，在闭环供应链网络中，当企业使用移动平均预测技术预测顾客需求时，以旧换新政策能够有效地减少牛鞭效应，从而有效地提高企业的盈利能力。Yuan 和 Zhu（2016）考虑了由单个制造商和两个零售商构成的两级供应链网络中牛鞭效应的三个量化模型，此外，他们也比较了不同预测技术对牛鞭效应的不同影响。Zhang 和 Zhang（2020）提出了一种模糊鲁棒控制（FRC）方法用于缓解具有交货期不确定性的闭环供应链中的牛鞭效应问题，提出了一种新的 FRC 控制方法，实现了具有交货期不确定性闭环供应链的鲁棒稳定性。

除了基于传统完全理性人的假设研究供应链中的牛鞭效应，其他学者从博弈论和信息经济学角度分析牛鞭效应形成的原因。万杰（2002）从博弈论角度研究和量化线性分配机制对需求信息放大产生的影响。唐宏祥（2004）通过信号博弈分析和探讨节点企业共享需求信息的机制，结果表明节点企业共享需求信息的决定因素是有分离均衡发生。Cachon（1999）和博烨（2002）从委托代理理论角度说明供应链自身的结构形式引起了牛鞭效应。何红渠（2005）也是运用委托代理理论论证了一般企业和供应链中节点企业之间的相同之处，并指出在需求信息完全共享情况下，零售商作为委托人，制造商作为代理人能够实现供应链中各个节点企业之间的最佳代理安排，从而减少牛鞭效应的影响，并能实现供应链整体利润最大化。

2.4.3　基于控制论的供应链牛鞭效应研究

在网络化生产形式下，顾客的个性化需求引起需求的随机性。如何有效控制不确定性需求引起的生产、销售、库存、订货等波动问题已经成为供应链运作的核心问题。在这种情况下，设计合理的生产、销售、库存与 H_∞ 鲁棒控制策略可以有效地减弱牛鞭效应带来的影响。对于供应链牛鞭效应的控制问题，许多经济学家已经意识到库存的波动性和现金周转周期之间存在着密切的联系。Holt 等（1960）提出一个 HMMS 模型，此模型是之后许多学者运用控制论研究牛鞭效应的理论基础，同时表明，平滑指数（生产时间序列方差小于需求时间序列方差）与最小化成本之间具有很强的相关性。尤其是当面对随机需求或季节性销售时，平滑指数预测方法可以有效地满足生产成本尽量降低的要求。在分布系统情形下，HMMS 模型权衡了从零售商预测补货订单和从批发商进货订单两者之间的相关关系。Blinder（1981）的实验结果和 Holt 等（1960）得到的结论不同，假设零售商采用（S，S）订货策略，Blinder（1981a，b）指出通过控制库存可以有效地控制牛鞭效应。

早期的相关研究主要侧重于控制库存，从而使库存更加稳定可靠。Abel（1985）提出了一个控制模型，在模型中节点企业必须决定每个生产周期内生产多少以及以什么样的价格出售其产品等问题。假设节点企业有一年的生产滞后期，运用初始库存的导数测量生产是否稳定，进一步说明如果导数位于−1 到 0 之间，则表明库存是一个相对稳定的状态。同时，通过设计实验来说明需求信号处理和订单批处理可能会导致生产/分销供应链系统的牛鞭效应问题，以及如何通过控制这些因素来控制牛鞭效应。值得强调的是，Abel（1985）和 Kahn（1985）只是考虑价格和生产成本，同时 Abel 的结果并没有考虑公司运作成本的结构。Abel 构建的是静态模型，Kahn 考虑了生产和库存需求方面的动态变化。Disney 提出了供应商库存管理策略（VMI）结合，可以有效地控制牛鞭效应引起的严重影响。

供应商库存管理策略又被称为消费者同步反应、快速补货（Cachon 和 Fisher，1997）、预测补货（Holmstrom 等，2000）、集中库存管理（Lee 等，1997a）。之后，基于计算机仿真结果，越来越多的文献认为在供应商实施库存管理策略的基础上，供应链上的其他节点企业也应该实施信息共享才能有效地降低牛鞭效应所产生的影响，例如Mason Jones（1997）和Towill（1997），Lambrecht等（1999a，1999b），Van Ackere等（1993），Waller（1999），Kaminsky（1998），Chen（2000），Lee（2000）。Towill（1997）通过运用L变换模式对供应链动力学模型中的需求预测、订单决定和库存更新进行了定量描述。Baganha等（1998）分析和探讨通过设计恰当的库存控制策略可以有效地控制需求信息的放大。Levine（1997）指出传统的路由算法依赖于分层选址方案，并通过链接路由表的路由器进行信息的控制，但是这种结构在网络拓扑结构变化的情况下就会失去优势。Rubin（1987）指出在一个系统网络中路由表和一个过时的信息表进行联系，这种信息传递的速度非常慢。Leiner（1987）在Rubin等工作的基础上提出了一个新的路由协议，可以形成一个动态观测网络并能够自主地选择稳定的路线。在这个协议中，主机启动器路由发现需求线路时需要发送数据，从而形成一个带有先后反馈系统的预测控制器，并运用到库存控制中能够运用这种控制器控制最小的安全库存水平，从而使节点企业可以有效地控制牛鞭效应产生的影响。Riddals和Beneft（2005）设计出一个比例分配的控制器系统，有效地控制多级供应链中的牛鞭效应问题。

在竞争激烈的市场环境中，如果一家企业不能有效地管理供应链系统就不能在竞争中立于不败之地。因此，供应链上的各个节点企业应该加强库存控制，降低没有效率的消耗，减少无用的库存，只有这样才能提高运作效率。诸如敏捷制造（Gunasekaran，1999）、及时生产（Monden，1993）等供应链管理思想也随之出现。Cachon等（1999）提出加强企业之间的协作能够有效地减少信息放大和扭曲带来的影响。同时，基于传统组织内部的控制和内部集成思想，从供应链整体角度出发提出的管理控制系统思想受到了许多学者的青睐。Frohlich等（2001）分析了通过控制系统能有效地指导供应链管理的实践活动，构建集成合作系统，从而有效地降低顾客需求信息的放大。Zhang和Dilts（2004）指出在顾客需求信息发生剧烈变化的情况下，通过企业间的库存协作能够有效降低牛鞭效应。

黄小原等（2003）分析市场上的消费者需求信息扭曲最高时的 H_∞ 控制，从而能够有效降低牛鞭效应。达庆利等（2003）主要对牛鞭效应形成的原因和对策等方面的研究进行了梳理。刘春玲等（2007）研究了集群式供应链系统中的牛鞭效应问题，构建了多个供应链之间的库存合作数学模型，指出了最优库存策略。封云等（2008）分析了基于O-S反馈控制的库存量化模型，并指出调节相关参数可以有效降低牛鞭效应。王冬冬等（2007）基于需求信息视角构建了随机性Petri网下的牛鞭效应量化模型。郑国华等（2007）分析了需求信息放大的原因，并指出运用线性回归预测可以降低牛鞭效应。徐家旺等（2006）构建了随机需求下的多目标鲁棒运作模型，可以有效实现节点企业目标利润的最大化。代宏砚等（2013）构建了库存信息随机情况下的多级供应链中的需求信息放大的数学表达式，分析了库存波动对牛鞭效应带来的影响。Mohan（2011）分析了由于外部需求特性导致的核心牛鞭效应问题（Core bullwhip effect）。Dai（2012）分析了库存信息的质量对牛鞭效应产生的影响。

2.4.4 基于行为运作理论的供应链牛鞭效应研究

早期对牛鞭效应的研究大都建立在完全理性人假设基础上。近年来，越来越多的学者认为完全理性人假设有其固有的局限性。尤其是完全理性人假设在社会实践活动中的个体从事任何经济活动时，都是以自身经济利益最大化为出发点，这一点在很多情况下是不成立的。换句话说，在大多数情况下人的行为会受到主观意识的影响，即社会实践活动中的人不是完全理性的。近年来，越来越多的学者开始放松完全理性人的假设。在供应链管理研究中考虑到个人主观意识的影响，从而兴起了一门新的理论——行为运作理论，为深入研究牛鞭效应产生的原因和影响打开了新的思路。

20 世纪早期，许多学者对运作管理进行了较为深入的分析和探讨。随着周围环境的不断发展，运作管理本身的特征（网络结构、信息系统、精益生产、能力规划、库存模型、预测方法、项目管理等）以及其他一些方法的变化导致时间管理的内涵也出现了改变。与此同时，只有一点没有改变，无论是制造业还是服务业以及供应链管理中，人是所有这些系统中一个关键的从未发生改变的变量。正如 Stock（1998）所指出的，"任何一个系统性能的优劣最终都取决于人在组织中所起的作用，如果一个人能够运用正确的管理原则、把握系统的运作节奏，这个系统才会高效运转"。人的行为在运作管理中的重要性表明，人们可能会对系统如何有效运作、对外界事物做出反应等方面具有重要影响。

在研究的早期，许多行为运作管理（简称 BOM）中相关模型都假设作为决策者、实践者等多重身份并参与运作系统的代理商是一个完全理性人。进一步说，这个模型都假设人们可以区分信号和噪声，并且人们会对有用的信息做出反应而去掉无用的信息。人们的偏好是一致的，他们的决策过程包含所有相关变量的选择和替代变量的选取都不受人们认知或情感的影响。根据这些假设，为了使系统能够有效运作，其中一个重要的方法是利用金钱或者物质激励。同时，这些早期研究指出，任何非理性行为都是无效刺激，公平、互利（Fehr 和 Gachter，2000；Fehr 和 Schmidt，1999）等激励方式在传统行为运作管理中不会加以运用。随着时间的推移，像经济学、金融、会计、法律、市场营销等学科越来越多地考虑人们的行为和认知规律，但是人们自身的行为对系统运作管理的影响却没有被行为运作管理研究人员所重视。后来，由于越来越多的学者运用实验方法研究牛鞭效应，行为运作管理开始逐渐考虑人的行为对系统运作管理的影响。很多专家开始从行为运作角度分析供应链中需求信息放大的原因、影响因素以及带来的结果等（Croson，2002；Sterman，1989）。

本节引入 Gino（2008）关于行为运作管理的定义：它运用社会心理学和认知心理学的相关理论，行为运作的研究主题是人的行为和认知，这些行为会影响人们对系统的设计和管理，也指导人们有效地改善系统的效率，使整个系统有效地运作。行为运作管理和传统运营管理在系统设计、系统管理以及系统改进方面都有相同的目标，但是两者研究的重点不同。在传统的运作管理中，人们的行为常常被忽视或者往往作为一个附加效应出现。例如，范式模型研究都假设一个理性的决策者往往会做出非常正确的选择。相比之下，行为运作管理是否会影响人们对待事物的看法以及是否影响人们日常的决策行为活动等问题都进行了比较详细的研究。

国内外对行为运作管理的相关研究已经有一段时间并取得了卓越的研究成果。Huber 和 Brown（1991）指出，通过行为实验研究对于深刻认识供应链中牛鞭效应产生的原因具有重大意义。之后，Bendoly（2006）对行为运作管理理论中的行为实验研究进行了文献回顾和总结，并分析了在行为运作中采用实验研究方法的优势与不足，指明了实验研究未来的发展方向。Loch（2005）概括了一系列运作管理问题，并探讨了如何在理论分析模型中考虑更符合实际的行为因素。他们将考察的行为归因为个体、决策、社会偏好和文化。Gino（2008）指出了行为运作领域未来的研究方向。Bendoly（2010）对与行为运作相关的主体知识做了回顾，突出强调在认知心理学、社会心理学、群动态和系统动态等研究领域与运作管理研究相关的理论与现象，并把行为运作理论引入供应链中，主要是为了研究供应链中牛鞭效应的成因问题。最早从个体行为角度分析需求信息放大现象的学者是 Forrester。之后，Sterman 利用实验探讨了需求信息放大的起因问题。Sterman 指出，提高供应链绩效的关键在于参与者管理系统的行为方式，而不在于外部环境。即使是再准确的预测方法，也不能阻止管理者忽视供应链而做出过量订货决策。因此，有必要进一步探讨引起牛鞭效应的行为因素，而近年来兴起的行为运作提供了新的研究方法。行为运作理论指出导致牛鞭效应的因素包括个体决策偏差和信任。

2.4.4.1 个体决策偏差对牛鞭效应的影响

个体决策偏差理论主要研究人们决策过程中的偏好，涉及决策者的思想、决策、推理、动机和情绪等。Carter（2007）对供应链管理中人们的判断和决策偏差做了一个较为详细的分类和总结。个体决策偏差对牛鞭效应的影响主要表现在过度自信、有限理性以及其他方面。过度自信对牛鞭效应的影响主要表现在参与者对需求信息的处理上。Croson（2006）在 Sterman 的实验基础上假设需求保持不变，完全消除了 Lee 提出的四个运作管理因素。但发现，在消除传统运作管理方面的因素且所有参与者知晓需求信息情况下，牛鞭效应仍然存在。Oliva（2005）在应用"啤酒实验"研究牛鞭效应中的过度反应行为时，也证实对补给线中的低估导致了牛鞭效应的发生。Niranjan（2011）对低估补给线理论做出了比较详尽的说明。在供应链中，供需任何一方的有限理性及其相关的行为将给另外一方的决策过程带来干扰。当供应链中的成员尝试降低其他成员因决策失误带来的影响，甚至改正其他人的决策错误时，牛鞭效应就会顺势产生。Su（2008）对有限理性做了有益的探索，应用最优反应模型对有限理性进行建模。最优反应模型认为人们的决策并不一直都是最优的而是表现出随机性，人们会较多选择产生高收益的方案而较少选择产生低收益的方案。Niranjan（2011）也发现了参与者在订货决策中的这种行为称之为修正行为（Correction Behavior）。Wu（2006）通过实验研究学习和交流对减缓牛鞭效应的影响时，也证实决策者的有限理性会对牛鞭效应的形成产生影响。

2.4.4.2 信任对牛鞭效应的影响

信任常常被定义为承担风险的意愿。Ozer（2011）运用实验方法分析和说明了供应商和制造商两者之间的信任才促成了两者的合作。供应链中一方缺乏对另一方的足够信任，使零售商对批发商是否具有足够理性做出正确的决策充满不确定性，而这种不确定性导致零售商过量订货以应对发生缺货的风险。Kaboli（2012）运用实验方法在一个三级供应链环境中探讨了信任与订货决策指标（订购量和订货间隔期）的关系，并考虑了两种类型的信任：对上游批发商的信任和对下游顾客的信任。Croson（2004）认为缺乏信任导致的协调风险是造成牛鞭效应的行为成因。Wu（2006）通过实验发现，虽然学习可以促进人对系统的理解，但是只有通过交流这些知识才能对供应链产生影响。

2.4.5 基于系统动力学和现金流的供应链牛鞭效应研究

20 世纪 50 年代早期，Forrester 把控制论运用到社会和经济系统。70 年代早期，系统仿真进一步成长为认识人类社会复杂体系的方法。这种方法集中运用系统动力学去理解复杂系统的动态行为。系统动力学模型能够精确地仿真个体的行为，从而得出一些有意义的结论，系统动力学也能利用系统结构构建系统各个要素之间的相互关系。这种情形下，仿真模型构建者应该考虑系统的内生变量、外生变量以及结构之间的相互关系。关于供应链系统的仿真问题，一般认为生产的波动会高于需求的波动，随着供应链中节点企业的位置越靠前，这种消费者的需求发生变化的可能性就越大。Lee 等（1997），Chen 等（2000）对牛鞭效应进行量化分析。Metters（1997），Fransoo 等（2000），Bray 和 Mendelson 等（2012）通过实证分析，证实了牛鞭效应确实存在于现实的企业运营管理活动中。Chen 和 Lee（2012）的研究表明，产品聚合和时间聚合有效地掩饰了牛鞭效应的影响。

很早有学者运用系统动力学理论研究供应链中的牛鞭效应现象。Forrester 建立了由供应商、生产商和零售商以及消费者组成的供应链仿真系统。研究表明，需求信息向上游流动时会扩大，当上游的供应商获得订单时，消费者的需求扩大了接近 8 倍。Holweg 和 Bicheno（2002）以及 Hieber 和 Hartel（2003）开发了基于仿真方法的"啤酒游戏"实验，并提出这种仿真方法能够使供应链的整体性能得到很大的改进。马新安等（2002）指出，由于时滞现象会出现牛鞭效应，所以运用自动控制原理分析牛鞭效应产生的原因。刘希龙等（2006）建立了供应网络仿真系统，结果表明，组织结构能够有效地促进整体效率的提高。Paik 和 Bagchi（2007）指出了供应链中牛鞭效应研究的重要意义，为了运行一个多影响因素试验，使用了三个不同层次的九个变量。三个层次包括库存、WIP 调节控制器和制造商的生产能力以及不同的延迟水平。Alonso 等（2010）运用系统动力学方法分析了 JIT 订货策略对企业利润产生的影响。消费者需求的放大性会引起库存积压和利润下降。Gupta 等（2010）探讨了准时制库存模式下的库存和产能等问题。Anderson 等（2011）运用系统仿真分析了机床供应链的牛鞭效应现象。万振等（2012）的研究证实了逆向物流能够降低牛鞭效应，进一步说明逆向物流的回收比率越高，则逆向物流对牛鞭效应的降低效果也就越显著。Turrisi 等（2013）研究了在一个两级供应链中逆向物流对订货和库存波动的影响，并提出了一个新的订货策略，能够有效地抑制库存的波动。

Cannella 等（2013）扩展了牛鞭效应仿真系统方法，他们依据客户服务水平和内部流程改进提出了新的仿真方法。张玉春等（2014）运用系统仿真方法建立了三级闭环供应链系统，分析和探讨了回收率会对整体带来哪些经济效益。张争艳等（2014）从库存方面分析了牛鞭效应发生的原因，指出通过降低订货提前期可以有效降低牛鞭效应。Udenio 等（2015）构建了一个系统动力学模型，系统地考虑了供应链的结构、运作以及系统参数之间的相互关系，最终得出牛鞭效应是系统要素相互影响的结果。Ma 和 Bao（2017）研究了由一个供应商（美的）和两个零售商（国美和苏宁）构成的两级节能空调供应链系统中的牛鞭效应问题，并通过仿真分析了产品市场价格、市场份额、需求时期以及订货提前期等相关要素对牛鞭效应的影响。

供应链本质上是动态的，包括信息、库存和现金等方面的要素。牛鞭效应出现的原因主要包括缺乏协调、信息扭曲、信息传递延迟等方面。牛鞭效应能够引起库存信息的波动，从而形成库存牛鞭效应。它会导致过高的库存水平、不确定的生产计划、低下的生产能力、无效的运输和不准确的需求预测等。更进一步说，以上两种现象不仅会导致供应链效率的低下，也会对现金流造成重大影响。衡量现金流波动的一个重要指标是现金周转周期，牛鞭效应是由于需求信息的放大造成的，供应链上各个节点企业的现金流也会发生放大和扭曲，这种现象可以称为现金流牛鞭效应（Cash Flow Bullwhip Effect，简称 CFBE）。现金流牛鞭效应的含义可以看作是由现金周转周期发展而来的。

现金周转周期是指平均每天一元现金从购买原材料后经过多个环节最终到达客户手中所经过的时间。如果现金周转周期比较长，表明企业的资金流动性比较差；反之，如果现金周转周期比较短，表明企业的资金流动性比较好。当企业库存比较高时，表明企业产品的周转周期比较长，导致现金周转周期比较长；反之，当企业库存比较低时，表明企业产品的周期比较短，导致现金周转周期比较短。而企业产品的库存量和牛鞭效应存在密切关系，因此，可以通过库存建立牛鞭效应和现金流之间的相关关系。现金周转周期的计算公式如下：

$$现金周转周期 = \frac{平均库存}{商品单价/365} + \frac{平均应收账款}{平均收入/365} + \frac{平均应付账款}{商品单价/365} \tag{2.4.1}$$

Tsai（2008）运用一阶自相关 $AR(1)$ 模型，研究了一个供应链中现金流的风险问题，结果表明，在实践活动中，运用降低现金周转周期的方法能够导致更高的现金流风险。Banomyon（2005）的相关研究中给出了相反的结果。从式（2.4.1）可以看出，当其他因素不发生变化时，现金周转周期的增加能够导致平均库存的增加。Disney 和 Towil（2003）研究发现，订货提前期的增加能够导致牛鞭效应的增加，从而导致半均库存水平的增加。Chen 等（2000）也得到相同的结论。Rattachut 和 Tangsucheeva 等（2013）指出牛鞭效应能够引起库存的波动，从而导致现金流的波动。以一个两级供应链为基础提出一个数学和仿真模型，从而分析牛鞭效应、库存牛鞭效应以及现金流牛鞭效应的关系。研究结果发现，随着订货提前期增加，供应链节点企业的库存波动会增加，从而导致现金流波动增加，现金流牛鞭效应也会相应地增加。Tangsucheeva 等（2013）指出，现金流牛鞭效应是从现金周转周期变化衍生出来的。他们使用了经典的 OUT 订购策略，同时也指出，库存管理人员应该考虑补货策略和订购参数，这些参数不仅对订购单有直接影响，而且也能对现金周转周期的变化产生重大影响。Marziye 等

（2017）指出，现金流牛鞭效应能够导致供应链管理的效率逐渐降低，他们以 OUT 订货策略为基础，拓展和延伸了"啤酒分销游戏"仿真模型，构建了新的集中模式和分散模式下多级供应链仿真模型。实验结果表明，当各级成员运用 OUT 补货策略时，供应链系统中仍然存在现金流牛鞭效应。集中和分散供应链中的现金流牛鞭效应主要是由配给和短缺博弈所引起的。此外，当各级成员不共享订货信息时，和上游成员的行为相比较，下游成员的行为更有利于降低现金流牛鞭效应。从以上相关研究可以看出，现有大部分文献集中说明牛鞭效应的发生和形成原因，以及如何降低牛鞭效应。

后来著名的供应链管理专家 Lee（1997）指出供应链中各个节点企业存在牛鞭效应的四个方面的主要原因。Jones 和 Towill（2000）指出牛鞭效应对供应链产生的随机性影响被称为系统的随机性。这种随机性包括供应方的随机性、生产周期的随机性、控制过程的随机性以及需求方的随机性。另外，他们发现预测的误差会导致供应的短缺，结果不仅影响销售价格的损失，而且会使最终端的消费者丧失信息，更进一步说会影响零售商将来的销售价格。

2.4.6 基于废旧产品回收的供应链运作管理和策略研究

对于逆向供应链决策研究主要从逆向供应链的定价问题、合同关系和成员合作关系等方面进行讨论。首先，关于逆向供应链研究中的定价问题主要有：Corbett 和 De Groote（2000）研究了逆向供应链系统中的最优定价问题。Savaskan 等（2004）研究了回收渠道对逆向供应链中成员最优定价的影响。顾巧论等（2005，2007）分析了需求确定和不确定条件下逆向供应链的定价问题。王玉燕（2006）分析了供应链及逆向供应链的定价策略和协调机制问题。孔令丞（2012）利用合同理论方法，借鉴类似于回购合同的假设，研究了制造商和零售商的最优定价问题。李锦飞、刘坪（2013）运用博弈论和委托代理理论分析了政府不参与逆向供应链运作、政府对制造商实施奖惩措施和政府对零售商实施奖惩措施三种情形下逆向供应链各个主体的定价策略。陈志刚等（2014）在分析再制造商信息泄露产生机理的基础上给出了再制造商和第三方回收商的最优定价策略。王喜刚（2016）基于社会福利最大化的视角，分析了逆向供应链的回收价格和补贴的激励效应。其次，关于逆向供应链研究中的合同关系主要有：Tsay 等（1998）认为在逆向供应链中的合同内容包括退回或回购政策、购买承诺、数量柔性以及质量等。Puterman 和 Glenn（2002）提出了与具有悲观倾向的零售商签订退回保证合同可以提高订购数量。Guide Jr 和 Van Wassenhove（2001）在履行合同时发现，通过激励机制可以促使废旧产品再处理、再制造，实现资源的循环利用。葛静燕（2006）提出信息不对称时，在逆向供应链系统中签订共同合同对决策系统进行协调，并分析了对成员企业的绩效影响。顾巧论和陈秋双（2007）分析了信息不对称情形下，逆向供应链系统中提供回收合同来实现对制造商激励的目的。包晓英等（2008）利用委托—代理理论，对回收商的最佳反应进行了分析。黄凌等（2008）在再制造逆向供应链系统中，考虑回收处理随机性，在 JIT 机制下探讨了制造商如何利用奖惩契约来实现成员企业及系统的最优决策。李枫（2009）在信息不对称情形下，通过委托—代理理论提出两个最优定价合同，得出定价合同可以保证市场稳定性。最后，关于逆向供应链研究中的成员合作关系的主要有：Savaskan（2004，2006）针对零售商竞争和双头垄断两种市场结构，研究了逆向供应链博弈模型及合作机制。顾巧论（2006）针对废旧产品质量不确定性，构建了成员企业的合作博弈模型，分析得到了系统的最优回收价格。王玉燕（2006）研究了逆向供应链中非合作博弈和合作博弈的均衡解。钟磊钢（2007）构建了逆向供应链系统中供应商与零售商之间的合作博弈模型，得到了最优决策。孙多青等（2008）设计了多零售商参与的逆向供应链激励机制。汪翼（2009）针对制造商责任制和分销商责任制情形，构建了不同情形下逆向供应链决策模型，并得到了成员企业的最优决策和最优收益。

以上文献都是在对称信息情形下分析和探讨逆向供应链中的定价、合同设计等主要问题。关于信息不对称下逆向供应链的决策研究，目前国内外学者大多针对需求信息和成本信息的不对称情形。例如，Gander 等（1998）和 Lau 等（2006）分析了生产成本信息不完全下制造商的投资并进行优化问题。Corbctt 等（2000）针对零售商成本信息不完全情形，探讨了其最优订货决策问题。Yue 等（2007）和 Esmaeili 等（2010）构建了需求信息不完全时，逆向供应链博弈模型，探讨了成本共担契约对逆向供应链的协调。张翠华等（2004）分析了销售商质量评价参数不完全时，供应商质量预防决策策略。Yu 等（2011）针对零售价格信息不完全情形，研究了回购契约对零售商订货的影响。刘枚莲和王媛媛（2016）针对废旧电子产品回收质量的不确定性，研究了废旧电子产品三级逆向供应链系统的定价模型。此外，有些文献也探讨了信息不完全下逆向供应链的协调问题。例如，唐元宁等（2008）分析了市场需求量不确定条件下的协调契约问题。包晓英和浦云（2008）认为由于信息不对称的存在，制造商无法观测到零售商的回收努力行为，因此会产生败德行为，影响逆向供应链的协调。李枫、孙浩和达庆利（2009）在不完全信息下，运用信号甄别方法及激励相容约束得到了两个最优定价合同。贡文伟等（2011，2012）构建了不对称信息下逆向供应链博弈模型，得到制造商提供给零售商的契约设计策略。马本江（2014）针对回收能力信息不完全、回收努力水平信息不完全、回收能力和回收努力水平信息均不完全三种情形，设计了逆向供应链的协调契约，得到了不同情形下的最优契约。李芳和单大亚（2016）研究了信息不对称情形下回收商的回收运营能力连续类型的激励契约模型。

通过查找和阅读以上文献，本书总结现有研究存在以下几个方面的不足：

（1）现有大部分文献的研究对象都是集中于由制造商和零售商构成的两级供应链或者由供应商、制造商以及零售商构成的多级供应链，很少有学者把供应链的结构进行纵向拓展，研究由制造商和两个零售商构成的两级供应链分销网络或者由供应商、多个生产商以及多个零售商构成的多级供应链分销网络。目前大部分学者主要研究两级供应链中的牛鞭效应问题，很少有学者探讨多级供应链或者多级供应链分销网络中的牛鞭效应问题。

（2）现有大部分文献都是探讨牛鞭效应的存在和引起牛鞭效应的原因等问题，极少有学者探讨两级供应链分销网络或是多级供应链分销网络中的需求信息放大对库存信息和现金流的影响。

（3）现有大部分文献都是探讨逆向供应链中的回收渠道选择、废旧产品回收定价、公平关切行为、环境责任行为等问题，但是极少有学者探讨逆向供应链中的废旧产品供应量的波动对上游企业回收量所产生的影响，也极少有文献探讨废旧产品供应量对现金流所产生的不同影响。

根据前文的论述，本书的创新点主要表现在以下几个方面：

（1）把传统的两级供应链拓展为两级供应链分销网络，建立以移动平均预测方法、指数平滑预测方法以及均方误差预测方法为基础的牛鞭效应、库存牛鞭效应以及现金流牛鞭效应的量化模型；把传统的多级供应链拓展为多级供应链分销网络，建立以移动平均预测方法、指数平滑预测方法以及均方误差预测方法为基础的牛鞭效应、库存牛鞭效应以及现金流牛鞭效应的量化模型；利用 Extendsim 仿真软件分别建立基于不同预测方法的两级和多级供应链分销网络牛鞭效应、库存牛鞭效应以及现金流牛鞭效应仿真模型，比较不同预测方法下各个不同因素对牛鞭效应、库存牛鞭效应以及现金流牛鞭效应会产生怎样的影响；分析和探讨如何更好地降低这三类牛鞭效应对企业生产和经营活动所产生的影响。

（2）以前向供应链中三类牛鞭效应的相关研究为基础，创新性地将研究对象拓展为由回收商和再制造商构成的逆向供应链，建立以移动平均预测方法、指数平滑预测方法以及均方误差预测方法为基础的逆向牛鞭效应、逆向库存牛鞭效应以及逆向现金流牛鞭效应的量化模型；利用 Extendsim 仿真软件分别建立基于不同预测方法的逆向牛鞭效应、逆向库存牛鞭效应以及逆向现金流牛鞭效应的仿真模型，比较不同预测方法下各个不同因素对逆向牛鞭效应、逆向库存牛鞭效应以及逆向现金流牛鞭效应会产生怎样的影响；分析和探讨如何更好地降低这三类逆向牛鞭效应对企业生产和经营活动所产生的影响。

3 基于移动平均预测方法的
供应链分销网络牛鞭效应

3.1 基于移动平均预测方法的两级供应链分销网络牛鞭效应

3.1.1 牛鞭效应数学模型

在供应链管理中，首次提出牛鞭效应量化模型的是 Lee（1997）。他指出，供应链中的牛鞭效应可以表示为，供应链中某一个节点企业向上游企业订货量的方差和自身需求量方差的比值。本节基于前人的研究成果，把现有两级供应链结构模式进行纵向拓展，研究由一个制造商和两个零售商构成的两级供应链分销网络中的牛鞭效应问题。首先，本部分提出弱牛鞭效应和强牛鞭效应的定义如下：

定义 3.1：如果满足公式（3.1.1），则两级供应链分销网络中存在弱牛鞭效应，$i \in \{1, 2\}$。

$$\frac{Var(q_t)}{Var(d_{i,t_1})} > 1 \tag{3.1.1}$$

定义 3.2：如果同时满足公式（3.1.1）和公式（3.1.2），则两级供应链分销网络中存在强牛鞭效应。

$$\frac{Var(q_t)}{Var(d_{1,t_1} + d_{2,t_2})} > 1 \tag{3.1.2}$$

推论：如果两级供应链分销网络中存在强牛鞭效应，则必然存在弱牛鞭效应，也就是说，如果公式（3.1.2）存在，则公式（3.1.3）必然存在。

$$\frac{Var(q_t)}{Var(d_{1,t_1})} > 1, \frac{Var(q_t)}{Var(d_{2,t_2})} > 1 \tag{3.1.3}$$

假设两个零售商作为上游制造商的顾客，从 t_1 时期期末，零售商 1 向制造商的订购单数量为 q_{1,t_1}；同样，从 t_2 时期期末，零售商 2 向制造商的订购单数量为 q_{2,t_2}。两个零售商的订货提前期固定，长度分别为 l_1 和 l_2，因此，制造商在时期 $l_1 + t_1 + 1$ 期初和时期 $l_2 + t_2 + 1$ 期初收到来自两个零售商的订货单。零售商 1 和零售商 2 预测来自顾客的需求量分别为 d_{1,t_1} 和 d_{2,t_2}，并且两个零售商都有足够的库存，在任何情况下都能满足顾客的需求；同时，假设顾客的需求量相互独立。

两个零售商面临的来自顾客的市场需求量分别服从一阶自相关函数 $AR(1)$ 形式，分别可以表示为：

$$d_{1,t_1} = \mu_1 + \rho_1 d_{1,t_1-1} + \varepsilon_{1,t_1}, \quad d_{2,t_2} = \mu_2 + \rho_2 d_{2,t_2-1} + \varepsilon_{2,t_2} \qquad (3.1.4)$$

在公式（3.1.4）中，μ_1 和 μ_2 是非负常数，ρ_1 和 ρ_2 分别是自相关系数满足 $|\rho_1| < 1$ 和 $|\rho_2| < 1$，并且 ε_{1,t_1} 和 ε_{2,t_2} 分别是随机扰动项，服从均值为 0，方差分别为 δ_1^2 和 δ_2^2 的正态分布。基于以上分析和假设条件可以得到：

$$E(d_{1,t_1}) = \frac{\mu_1}{1-\rho_1}, \quad Var(d_{1,t_1}) = \frac{\delta_1^2}{1-\rho_1^2}; \quad E(d_{2,t_2}) = \frac{\mu_2}{1-\rho_2}, \quad Var(d_{2,t_2}) = \frac{\delta_2^2}{1-\rho_2^2}$$
$$(3.1.5)$$

假设总的订货量为 q_t，零售商 1 和零售商 2 的订货量分别是 q_{1,t_1} 和 q_{2,t_2}，则：

$$q_t = q_{1,t_1} + q_{2,t_2} \quad q_{1,t_1} = S_{1,t_1} - S_{1,t_1-1} + d_{1,t_1-1}, \quad q_{2,t_2} = S_{2,t_2} - S_{2,t_2-1} + d_{2,t_2-1}$$
$$(3.1.6)$$

在公式（3.1.6）中，S_{1,t_1} 和 S_{2,t_2} 分别是两个零售商的最高库存量，可以分别表示为：

$$S_{1,t_1} = \hat{d}_{1,t_1}^{l_1} + z_1 \hat{\delta}_{1,t_1}^{l_1}, \quad S_{2,t_2} = \hat{d}_{2,t_2}^{l_2} + z_2 \hat{\delta}_{2,t_2}^{l_2} \qquad (3.1.7)$$

在公式（3.1.7）中，$\hat{d}_{1,t_1}^{l_1}$ 和 $\hat{d}_{2,t_2}^{l_2}$ 分别是运用移动平均预测方法得到的需求量的估计值，z_1 和 z_2 分别是服务因子，$\hat{\delta}_{1,t_1}^{l_1}$ 和 $\hat{\delta}_{2,t_2}^{l_2}$ 分别是两个零售商在 l_1 和 l_2 时期需求标准差的估计值。根据 Zhang（2005）所做的工作，本书假设 $z_1 = z_2 = 0$，则可以得到公式（3.1.8）和公式（3.1.9）：

$$S_{1,t_1} = \hat{d}_{1,t_1}^{l_1}, \quad S_{2,t_2} = \hat{d}_{2,t_2}^{l_2} \qquad (3.1.8)$$

$$q_{1,t_1} = \hat{d}_{1,t_1}^{l_1} - \hat{d}_{1,t_1-1}^{l_1} + d_{1,t_1-1}, \quad q_{2,t_2} = \hat{d}_{2,t_2}^{l_2} - \hat{d}_{2,t_2-1}^{l_2} + d_{2,t_2-1} \qquad (3.1.9)$$

基于以上分析，当两个零售商分别运用移动平均预测方法预测市场顾客的需求时，可以得到两个零售商对于市场顾客需求的估计值分别为：

$$\hat{d}_{1,t_1}^{l_1} = l_1 \left(\frac{\sum_{i=1}^{p_1} d_{1,t_1-i}}{p_1} \right), \quad \hat{d}_{2,t_2}^{l_2} = l_2 \left(\frac{\sum_{i=1}^{p_2} d_{2,t_2-i}}{p_2} \right) \qquad (3.1.10)$$

根据公式（3.1.6）可以得到公式（3.1.11）和公式（3.1.12）：

$$q_{1,t_1} = \hat{d}_{1,t_1}^{l_1} - \hat{d}_{1,t_1-1}^{l_1} + d_{1,t_1-1} = l_1 \left(\frac{d_{1,t_1-1} - d_{1,t_1-p_1-1}}{p_1} \right) + d_{1,t_1-1}$$

$$= \left(1 + \frac{l_1}{p_1} \right) d_{1,t_1-1} - \left(\frac{l_1}{p_1} \right) d_{1,t_1-p_1-1} \qquad (3.1.11)$$

$$q_{2,t_2} = \hat{d}_{2,t_2}^{l_2} - \hat{d}_{2,t_2-1}^{l_2} + d_{2,t_2} = l_2 \left(\frac{d_{2,t_2-1} - d_{2,t_2-p_2-1}}{p_2} \right) + d_{2,t_2-1}$$

$$= \left(1 + \frac{l_2}{p_2} \right) d_{2,t_2-1} - \left(\frac{l_2}{p_2} \right) d_{2,t_2-p_2-1} \qquad (3.1.12)$$

基于以上分析可以得到：

$$Var(q_t) = Var(q_{1,t_1} + q_{2,t_2}) = \left(1 + \frac{l_1}{p_1} \right)^2 Var(d_{1,t_1-1}) + \left(\frac{l_1}{p_1} \right)^2 Var(d_{1,t_1-p_1-1}) +$$

$$\left(1+\frac{l_2}{p_2}\right)^2 Var(d_{2,t_2-1}) + \left(\frac{l_2}{p_2}\right)^2 Var(d_{2,t_2-p_2-1}) -$$

$$2\left(1+\frac{l_1}{p_1}\right)\left(\frac{l_1}{p_1}\right)Cov(d_{1,t_1-1}, d_{1,t_1-p_1-1}) +$$

$$2\left(1+\frac{l_1}{p_1}\right)\left(1+\frac{l_2}{p_2}\right)Cov(d_{1,t_1-1}, d_{2,t_2-1}) -$$

$$2\left(1+\frac{l_1}{p_1}\right)\left(\frac{l_2}{p_2}\right)Cov(d_{1,t_1-1}, d_{2,t_2-p_2-1}) -$$

$$2\left(\frac{l_1}{p_1}\right)\left(1+\frac{l_2}{p_2}\right)Cov(d_{1,t_1-p_1-1}, d_{2,t_2-1}) +$$

$$2\left(\frac{l_1}{p_1}\right)\left(\frac{l_2}{p_2}\right)Cov(d_{1,t_1-p_1-1}, d_{2,t_2-p_2-1}) -$$

$$2\left(1+\frac{l_2}{p_2}\right)\left(\frac{l_2}{p_2}\right)Cov(d_{2,t_2-1}, d_{2,t_2-p_2-1})$$

$$= \left(1+\frac{l_1}{p_1}\right)^2 Var(d_{1,t_1-1}) + \left(\frac{l_1}{p_1}\right)^2 Var(d_{1,t_1-p_1-1}) +$$

$$\left(1+\frac{l_2}{p_2}\right)^2 Var(d_{2,t_2-1}) + \left(\frac{l_2}{p_2}\right)^2 Var(d_{2,t_2-p_2-1}) -$$

$$2\left(1+\frac{l_1}{p_1}\right)\left(\frac{l_1}{p_1}\right)\frac{\delta_1^2 \rho_1^{p_1}}{1-\rho_1^2} - 2\left(1+\frac{l_2}{p_2}\right)\left(\frac{l_2}{p_2}\right)\frac{\delta_2^2 \rho_2^{p_2}}{1-\rho_2^2}$$

$$= \left(1+\frac{l_1}{p_1}\right)^2 Var(d_{1,t_1}) + \left(\frac{l_1}{p_1}\right)^2 Var(d_{1,t_1}) +$$

$$\left(1+\frac{l_2}{p_2}\right)^2 Var(d_{2,t_2}) + \left(\frac{l_2}{p_2}\right)^2 Var(d_{2,t_2}) -$$

$$2\left(1+\frac{l_1}{p_1}\right)\left(\frac{l_1}{p_1}\right)\rho_1^{p_1} Var(d_{1,t_1}) - 2\left(1+\frac{l_2}{p_2}\right)\left(\frac{l_2}{p_2}\right)\rho_2^{p_2} Var(d_{2,t_2})$$

$$> Var(d_{1,t_1}) + Var(d_{2,t_2}) \tag{3.1.13}$$

必须指出，在公式（3.1.13）中可以证明：

$$Cov(d_{1,t_1-1}, d_{1,t_1-p_1-1}) = \frac{\delta_1^2 \rho_1^{p_1}}{1-\rho_1^2}, \ Cov(d_{2,t_2-1}, d_{2,t_2-p_2-1}) = \frac{\delta_2^2 \rho_2^{p_2}}{1-\rho_2^2} \tag{3.1.14}$$

由于零售商相关的需求相互独立，则可以得到：

$$Cov(d_{1,t_1-1}, d_{2,t_2-1}) = Cov(d_{1,t_1-1}, d_{2,t_2-l_2-1}) = Cov(d_{1,t_1-l_1-1}, d_{2,t_2-1})$$

$$= Cov(d_{1,t_1-l_1-1}, d_{2,t_2-l_2-1}) = 0$$

因此，可以得到：

$$Var(q_t) > Var(d_{1,t_1}) + Var(d_{2,t_2}) \Leftrightarrow \frac{Var(q_t)}{Var(d_{1,t_1}+d_{2,t_2})} > 1 \tag{3.1.15}$$

定理 1： 在移动平均预测法下，两级供应链分销网络中存在强牛鞭效应。

基于公式（3.1.12）可以得到：

$$Var(d_{1,1}) = Var(d_{1,2}) = \cdots = Var(d_{1,t_1}) = \frac{\delta_1^2}{1-\rho_1^2}$$

$$Var(d_{2,1}) = Var(d_{2,2}) = \cdots = Var(d_{2,t_2}) = \frac{\delta_2^2}{1-\rho_2^2}$$

根据公式（3.1.13）可以得到公式（3.1.16）～公式（3.1.18）：

$$\frac{Var(q_t)}{Var(d_{1,t_1})} = 2 + \left(\frac{2l_2}{p_2} + \frac{2l_2^2}{p_2^2}\right)(1-\rho_2^{p_2}) + \left(\frac{2l_1}{p_1} + \frac{2l_1^2}{p_1^2}\right)(1-\rho_1^{p_1})\left[\frac{\delta_1^2(1-\rho_2^2)}{\delta_2^2(1-\rho_1^2)}\right] > 2$$

$$\text{(3.1.16)}$$

$$\frac{Var(q_t)}{Var(d_{2,t_2})} = 2 + \left(\frac{2l_1}{p_1} + \frac{2l_1^2}{p_1^2}\right)(1-\rho_1^{p_1}) + \left(\frac{2l_2}{p_2} + \frac{2l_2^2}{p_2^2}\right)(1-\rho_2^{p_2})\left[\frac{\delta_2^2(1-\rho_1^2)}{\delta_1^2(1-\rho_2^2)}\right] > 2$$

$$\text{(3.1.17)}$$

$$\frac{Var(q_t)}{Var(d_{1,t_1}+d_{2,t_2})} = \left[\left(1+\frac{l_1}{p_1}\right)^2 + \left(\frac{l_1}{p_1}\right)^2 - 2\left(1+\frac{l_1}{p_1}\right)\left(\frac{l_1}{p_1}\right)\rho_1^{p_1}\right]\frac{Var(d_{1,t_1})}{Var(d_{1,t_1}+d_{2,t_2})} +$$
$$\left[\left(1+\frac{l_2}{p_2}\right)^2 + \left(\frac{l_2}{p_2}\right)^2 - 2\left(1+\frac{l_2}{p_2}\right)\left(\frac{l_2}{p_2}\right)\rho_2^{p_2}\right]\frac{Var(d_{2,t_2})}{Var(d_{1,t_1}+d_{2,t_2})} +$$
$$> Var(d_{1,t_1}+d_{2,t_2})$$

$$\text{(3.1.18)}$$

式中，p_1 和 p_2 为大于 1 的正整数，$0<\rho<1$。

3.1.2 影响因素分析

根据公式（3.1.16）～公式（3.1.18）可以对影响制造商和两个零售商牛鞭效应的相关因素进行分析，从而在实践活动中有效地控制相关因素，进一步有效地减弱和控制牛鞭效应带来的影响。根据公式（3.1.16），应仿真两个零售商的订货提前期 l_1 和 l_2，零售商 1 的移动平均时期数 p_1，零售商 2 的移动平均时期数 p_2，两个零售商需求相关系数 ρ_1 和 ρ_2 等因素对制造商牛鞭效应的影响；根据公式（3.1.17），应仿真以上因素对零售商 1 牛鞭效的影响；根据公式（3.1.18），应仿真以上因素对零售商 2 牛鞭效应的影响。

根据公式（3.1.18）可以得到：

$$\frac{Var(q_t)}{Var(d_1+d_2)} = \frac{\delta_1^2(1-\rho_2^2)}{\delta_1^2(1-\rho_2^2)+\delta_2^2(1-\rho_1^2)}\left[\frac{(p_1+l_1)^2+l_1^2-2(p_1+l_1)l_1\rho_1^{p_1}}{p_1^2}\right] +$$
$$\frac{\delta_2^2(1-\rho_1^2)}{\delta_1^2(1-\rho_2^2)+\delta_2^2(1-\rho_1^2)}\left[\frac{(p_2+l_2)^2+l_2^2-2(p_2+l_2)l_2\rho_2^{p_2}}{p_2^2}\right]$$

$$\text{(3.1.19)}$$

对公式（3.1.19）中的 l_1 和 l_2 求导可以得到公式（3.1.20）和公式（3.1.21）：

$$\frac{\partial\left[\frac{Var(q_t)}{Var(d_1+d_2)}\right]}{\partial l_1} = \frac{2\delta_1^2(1-\rho_2^2)}{\delta_1^2(1-\rho_2^2)+\delta_2^2(1-\rho_1^2)}\left[\frac{(p_1+2l_1)(1-\rho_1^{p_1})}{p_1^2}\right] > 0$$

$$\text{(3.1.20)}$$

$$\frac{\partial\left[\frac{Var(q_t)}{Var(d_1+d_2)}\right]}{\partial l_2} = \frac{2\delta_2^2(1-\rho_1^2)}{\delta_1^2(1-\rho_2^2)+\delta_2^2(1-\rho_1^2)}\left[\frac{(p_2+2l_2)(1-\rho_2^{p_2})}{p_2^2}\right] > 0$$

$$\text{(3.1.21)}$$

当两个零售商的相关系数是 $\rho_1 \in (0, 1)$，$\rho_2 \in (0, 1)$ 时，对公式（3.1.19）中的 ρ_1 和 ρ_2 求导可以得到公式（3.1.22）和公式（3.1.23）：

$$\frac{\partial \left[\frac{Var(q_t)}{Var(d_1 + d_2)} \right]}{\partial \rho_1} = -\frac{2\rho_1 \delta_1^4 (1 - \rho_2^2)}{\left[\delta_1^2 (1 - \rho_2^2) + \delta_2^2 (1 - \rho_1^2) \right]^2} \left[\frac{2(p_1 + l_1) l_1 p_1 \rho_1^{p_1 - 1}}{p_1^2} \right] < 0$$

(3.1.22)

$$\frac{\partial \left[\frac{Var(q_t)}{Var(d_1 + d_2)} \right]}{\partial \rho_2} = -\frac{2\rho_2 \delta_2^4 (1 - \rho_1^2)}{\left[\delta_1^2 (1 - \rho_2^2) + \delta_2^2 (1 - \rho_1^2) \right]^2} \left[\frac{2(p_2 + l_2) l_2 p_2 \rho_2^{p_2 - 1}}{p_2^2} \right] < 0$$

(3.1.23)

对公式（3.1.19）中的 p_1 和 p_2 求导可以得到公式（3.1.24）和公式（3.1.25）：

$$\frac{\partial \left[\frac{Var(q_t)}{Var(d_1 + d_2)} \right]}{\partial p_1} = \frac{\delta_1^2 (1 - \rho_2^2)}{\delta_1^2 (1 - \rho_2^2) + \delta_2^2 (1 - \rho_1^2)} \cdot$$

$$\left\{ \frac{\left[(2p_1 + 2l_1) - \left[2l_1 (\rho_1^{p_1} + (p_1 + l_1) \rho_1^{p_1} \ln \rho_1) \right] \right] p_1^2 - 2p_1 \left[(p_1 + l_1)^2 + l_1^2 - 2(p_1 + l_1) l_1 \rho_1^{p_1} \right]}{p_1^2} \right\} > 0$$

(3.1.24)

$$\frac{\partial \left[\frac{Var(q_t)}{Var(d_1 + d_2)} \right]}{\partial p_2} = \frac{\delta_2^2 (1 - \rho_2^2)}{\delta_1^2 (1 - \rho_2^2) + \delta_2^2 (1 - \rho_1^2)} \cdot$$

$$\left\{ \frac{\left[(2p_2 + 2l_2) - \left[2l_2 (\rho_2^{p_2} + (p_2 + l_2) \rho_2^{p_2} \ln \rho_2) \right] \right] p_2^2 - 2p_2 \left[(p_2 + l_2)^2 + l_2^2 - 2(p_2 + l_2) l_2 \rho_2^{p_2} \right]}{p_2^2} \right\} > 0$$

(3.1.25)

从以上公式可以看出：当两个零售商的订货提前期增大时，制造商的牛鞭效应也会增大；当零售商1的相关系数和零售商2的相关系数分别为 $\rho_1 \in (0, 1)$ 和 $\rho_2 \in (0, 1)$ 时，随着相关系数逐渐增大，则制造商的牛鞭效应逐渐减小；当零售商1和零售商2的相关系数分别为 $\rho_1 \in (-1, 0)$ 和 $\rho_2 \in (-1, 0)$ 时，随着相关系数逐渐增大，则制造商的牛鞭效应也逐渐增大；当两个零售商的移动平均预测时期数逐渐增大时，则制造商的牛鞭效应也逐渐增大。

从公式（3.1.17）中可以看出：对零售商1的牛鞭效应产生影响的因素不仅包括自身的订货提前期、移动平均预测时期数和相关系数，还包括零售商2的订货提前期、移动平均预测时期数和相关系数。基于以上分析，对公式（3.1.17）中的 l_1 和 l_2 求导可以得到公式（3.1.26）和公式（3.1.27）：

$$\frac{\partial \left[\frac{Var(q_t)}{Var(d_{1,t_1})} \right]}{\partial l_1} = (1 - \rho_1^{p_1}) \left(\frac{2}{p_1} + \frac{4l_1}{p_1^2} \right) \left[\frac{\delta_1^2 (1 - \rho_2^2)}{\delta_2^2 (1 - \rho_1^2)} \right] > 0 \qquad (3.1.26)$$

$$\frac{\partial \left[\frac{Var(q_t)}{Var(d_{1,t_1})} \right]}{\partial l_2} = (1 - \rho_2^{p_2}) \left(\frac{2}{p_2} + \frac{4l_2}{p_2^2} \right) > 0 \qquad (3.1.27)$$

对公式（3.1.16）中的 ρ_1 和 ρ_2 求导可以得到公式（3.1.28）和公式（3.1.29）：

$$\frac{\partial\left[\dfrac{Var(q_t)}{Var(d_{1,t_1})}\right]}{\partial\rho_1} = -p_1\rho_1^{p_1-1}\left(\frac{2l_1}{p_1}+\frac{2l_1^2}{p_1^2}\right)\left(\frac{\delta_1^2}{\delta_2^2}\right)\left[\frac{2\rho_1(1-\rho_2^2)}{(1-\rho_1^2)^2}\right] \qquad (3.1.28)$$

$$\frac{\partial\left[\dfrac{Var(q_t)}{Var(d_{1,t_1})}\right]}{\partial\rho_2} = -(p_2\rho_2^{p_2-1})\left(\frac{2l_2}{p_2}+\frac{2l_2^2}{p_2^2}\right)-(1-\rho_1^{p_1})\left(\frac{2l_1}{p_1}+\frac{2l_2^2}{p_1^2}\right)\left[\frac{2\rho_2\delta_1^2}{\delta_2^2(1-\rho_1^2)}\right]$$
$$\qquad (3.1.29)$$

对公式（3.1.16）中的 p_1 和 p_2 求导可以得到公式（3.1.30）和公式（3.1.31）：

$$\frac{\partial\left[\dfrac{Var(q_t)}{Var(d_{1,t_1})}\right]}{\partial p_1} = \frac{\delta_1^2(1-\rho_2^2)}{\delta_2^2(1-\rho_1^2)}\left[\left(-\frac{2l_1}{p_1^2}-\frac{4l_1^2}{p_1^3}\right)(1-\rho_1^{p_1})-\rho_1^{p_1}\ln\rho_1\left(\frac{2l_1}{p_1}+\frac{2l_1^2}{p_1^2}\right)\right]>0$$
$$\qquad (3.1.30)$$

$$\frac{\partial\left[\dfrac{Var(q_t)}{Var(d_{1,t_1})}\right]}{\partial p_2} = \left[\left(-\frac{2l_2}{p_2^2}-\frac{4l_2^2}{p_2^3}\right)(1-\rho_2^{p_2})-\rho_2^{p_2}\ln\rho_2\left(\frac{2l_2}{p_2}+\frac{2l_2^2}{p_2^2}\right)\right]>0$$
$$\qquad (3.1.31)$$

从公式（3.1.26）~公式（3.1.31）可以看出：当零售商 1 的 l_1 增大时，自身的牛鞭效应也增大；当零售商 2 的 l_2 增大时，自身的牛鞭效应也增大；当两个零售商的相关系数分别为 $\rho_1\in(0,1)$ 和 $\rho_2\in(0,1)$ 时，随着相关系数逐渐增大，则零售商 1 的牛鞭效应逐渐减小；当两个零售商的相关系数分别为 $\rho_1\in(-1,0)$ 和 $\rho_2\in(-1,0)$ 时，随着相关系数逐渐增大，则零售商 1 的牛鞭效应也逐渐增大；当两个零售商的移动平均预测时期数逐渐增大时，则零售商 1 的牛鞭效应也逐渐增大。

从公式（3.1.17）中可以看出：对零售商 2 的牛鞭效应产生影响的因素不仅包括自身的订货提前期、移动平均预测时期数和相关系数，还包括零售商 1 的订货提前期、移动平均预测时期数和相关系数。基于以上分析，对公式（3.1.17）中的 l_1 和 l_2 求导可以得到公式（3.1.32）和公式（3.1.33）：

$$\frac{\partial\left[\dfrac{Var(q_t)}{Var(d_{2,t_2})}\right]}{\partial l_1} = (1-\rho_1^{p_1})\left(\frac{2}{p_1}+\frac{4l_1}{p_1^2}\right)>0 \qquad (3.1.32)$$

$$\frac{\partial\left[\dfrac{Var(q_t)}{Var(d_{2,t_2})}\right]}{\partial l_2} = (1-\rho_2^{p_2})\left(\frac{2}{p_2}+\frac{4l_2}{p_2^2}\right)\left[\frac{\delta_2^2(1-\rho_1^2)}{\delta_1^2(1-\rho_2^2)}\right]>0 \qquad (3.1.33)$$

对公式（3.1.17）中的 ρ_1 和 ρ_2 求导可以得到公式（3.1.34）和公式（3.1.35）：

$$\frac{\partial\left[\dfrac{Var(q_t)}{Var(d_{2,t_2})}\right]}{\partial\rho_1} = \left(\frac{2l_1}{p_1}+\frac{2l_1^2}{p_1^2}\right)(-p_1\rho_1^{p_1-1})+\left(\frac{2l_2}{p_2}+\frac{2l_2^2}{p_2^2}\right)(1-\rho_2^{p_2})\left[\frac{-2\rho_1\delta_2^2}{\delta_1^2(1-\rho_2^2)}\right]$$
$$\qquad (3.1.34)$$

$$\frac{\partial\left[\dfrac{Var(q_t)}{Var(d_{2,t_2})}\right]}{\partial\rho_2} = -p_2\rho_2^{p_2-1}\left(\frac{2l_2}{p_2}+\frac{2l_2^2}{p_2^2}\right)\left(\frac{\delta_2^2}{\delta_1^2}\right)\left[\frac{2\rho_2(1-\rho_1^2)}{(1-\rho_2^2)^2}\right] \qquad (3.1.35)$$

对公式（3.1.17）中的 p_1 和 p_2 求导可以得到公式（3.1.36）和公式（3.1.37）：

$$\frac{\partial\left[\frac{Var(q_t)}{Var(d_{2,t_2})}\right]}{\partial p_1} = \left[\left(-\frac{2l_1}{p_1^2}-\frac{4l_1^2}{p_1^3}\right)(1-\rho_1^{p_1})-\rho_1^{p_1}\ln\rho_1\left(\frac{2l_1}{p_1}+\frac{2l_1^2}{p_1^2}\right)\right]>0$$

$$(3.1.36)$$

$$\frac{\partial\left[\frac{Var(q_t)}{Var(d_{2,t_2})}\right]}{\partial p_2} = \frac{\delta_2^2(1-\rho_1^2)}{\delta_1^2(1-\rho_2^2)}\left[\left(-\frac{2l_2}{p_2^2}-\frac{4l_2^2}{p_2^3}\right)(1-\rho_2^{p_2})-\rho_2^{p_2}\ln\rho_2\left(\frac{2l_2}{p_2}+\frac{2l_2^2}{p_2^2}\right)\right]>0$$

$$(3.1.37)$$

从公式（3.1.32）～公式（3.1.37）可以看出：当零售商 1 的 l_1 增大时，零售商 2 的牛鞭效应也会增大；当零售商 2 的 l_2 增大时，零售商 2 的牛鞭效应也会增大；当两个零售商的相关系数分别为 $\rho_1\in(0,1)$ 和 $\rho_2\in(0,1)$ 时，随着相关系数逐渐增大，则零售商 2 的牛鞭效应逐渐减小；当两个零售商的相关系数分别为 $\rho_1\in(-1,0)$ 和 $\rho_2\in(-1,0)$ 时，随着相关系数逐渐增大，则零售商 1 的牛鞭效应也逐渐增大；当两个零售商的移动平均预测时期数逐渐增大时，则零售商 2 的牛鞭效应也逐渐增大。

3.2　基于移动平均预测方法的两级供应链分销网络库存牛鞭效应

3.2.1　库存牛鞭效应数学模型

基于以上分析，本节继续考察由制造商和零售商构成的两级供应链分销网络。零售商是制造商的唯一买方，双方都只交易同种类型的货物，双方的交易出现在一个 $(-\infty,\cdots,-1,0,1,\cdots,+\infty)$ 的无限离散时期内，以上章节已经说明了需求量、订货量以及库存量之间的关系。本节为了分析牛鞭效应如何影响库存，提出了库存牛鞭效应，由于两级供应链分销网络中包括三个节点企业，所以有三个库存牛鞭效应量化模型。

本部分应该假定，制造商在 t 时期库存量为 I_t，可以等于：

$$I_t = I_{\text{int}} - \sum_{i_1=1}^{t}d_{1,t_1} + \sum_{i_1=1}^{t}q_{1,i_1-l_1} - \sum_{i_2=1}^{t}d_{1,i_2} + \sum_{i_2=1}^{t}q_{1,i_2-l_2} \quad (3.2.1)$$

在公式（3.2.1）中，I_{int} 是制造商期初的库存水平。从上节的相关公式中可以得到：

$$\begin{cases} \sum_{i_1=1}^{t}q_{1,i_1-l_1} = S_{1,t_1-l_1} + \sum_{i_1=1}^{t_1-1-p_1}d_{1,i_1}, S_{1,t_1}=0, d_{1,t_1}=0 \\ \sum_{i_2=1}^{t}q_{1,i_2-l_2} = S_{2,t_2-l_2} + \sum_{i_2=1}^{t_2-1-p_2}d_{2,i_2}, S_{2,t_1}=0, d_{2,t_1}=0 \end{cases} \quad (3.2.2)$$

根据公式（3.2.2）可以得到：

$$I_t = I_{\text{int}} + S_{1,t_1-l_1} - \sum_{i_1=t_1-l_1}^{t_1} d_{1,i_1} + S_{2,t_2-l_2} - \sum_{i_2=t_2-l_2}^{t_2} d_{2,i_2} \qquad (3.2.3)$$

由于

$$S_{1,t_1-1} = S_{1,t_1} - q_{1,t_1} + d_{1,t_1-1}, \quad q_{1,t_1-p_1} = S_{1,t_1-l_1} - S_{1,t_1-l_1-1} + d_{1,t_1-l_1-1},$$

$$S_{1,t_1-l_1} = q_{1,t_1-l_1} + S_{1,t_1-l_1-1} - d_{1,t_1-l_1-1}$$

$$S_{2,t_2-1} = S_{2,t_2} - q_{2,t_2} + d_{2,t_2-1}, \quad q_{2,t_2-p_2} = S_{2,t_2-l_2} - S_{2,t_2-l_2-1} + d_{2,t_2-l_2-1},$$

$$S_{2,t_2-l_2} = q_{2,t_2-l_2} + S_{2,t_2-l_2-1} - d_{2,t_2-l_2-1}$$

可以得到：

$$I_t = I_{\text{int}} + q_{1,t_1-l_1} + S_{1,t_1-l_1-1} - d_{1,t_1-l_1-1} - \sum_{i_1=t_1-l_1}^{t_1} d_{1,i_1} + q_{2,t_2-l_2} +$$

$$S_{2,t_2-l_2-1} - d_{2,t_2-l_2-1} - \sum_{i_2=t_2-l_2}^{t_2} d_{2,i_2}$$

$$= I_{\text{int}} + q_{t_1-l_1} + S_{t_1-l_1-1} - \sum_{i_1=t_1-l_1-1}^{t_1} d_{i_1} + q_{t_2-l_2} + S_{t_2-l_2-1} - \sum_{i_1=t_2-l_2-1}^{t_2} d_{i_2}$$

$$= I_{\text{int}} + q_{1,t_1-l_1} + S_{1,t_1-l_1-1} - d_{1,t_1} - \sum_{i_1=l_1}^{l_1+1} d_{1,t_1-i_1} +$$

$$q_{2,t_2-l_2} + S_{2,t_2-l_2-1} - d_{2,t_2} - \sum_{i_2=l_2}^{l_2+1} d_{2,t_2-i_2} \qquad (3.2.4)$$

可以推导出两级供应链分销网络中零售商 1 的库存牛鞭效应的量化模型为：

$$\frac{Var(I_{t_1})}{Var(d_1)} = \frac{Var(q_t)}{Var(d_1)} + f(l_1,\rho_1,p_1) + g(z_1,\hat{\delta}_1^{l_1},d_1) + f(l_2,\rho_2,p_2)\frac{Var(d_2)}{Var(d_1)} +$$

$$g\left(\frac{(z_2,\hat{\delta}_2^{l_2},d_2)}{Var(d_1)Var(d_2)}\right) \qquad (3.2.5)$$

还可以推导出两级供应链分销网络中零售商 2 的库存牛鞭效应的量化模型为：

$$\frac{Var(I_{t_2})}{Var(d_2)} = \frac{Var(q_t)}{Var(d_2)} + f(l_2,\rho_2,p_2) + g(z_2,\hat{\delta}_2^{l_2},d_2) + f(l_1,\rho_1,p_1)\frac{Var(d_1)}{Var(d_2)} +$$

$$g\left(\frac{(z_1,\hat{\delta}_1^{l_1},d_1)}{Var(d_1)Var(d_2)}\right) \qquad (3.2.6)$$

基于以上分析，同时还可以推导出两级供应链分销网络中制造商库存牛鞭效应的量化模型为：

$$\frac{Var(I_{t_1})}{Var(d_1+d_2)} = \frac{Var(q_t)}{Var(d_1+d_2)} + f(l_1,\rho_1,p_1)\frac{Var(d_1)}{Var(d_1+d_2)} + g\left(\frac{(z_1,\hat{\delta}_1^{l_1},d_1)}{Var(d_1)Var(d_1+d_2)}\right) +$$

$$f(l_2,\rho_2,p_2)\frac{Var(d_2)}{Var(d_1+d_2)} + g\left(\frac{(z_2,\hat{\delta}_2^{l_2},d_2)}{Var(d_2)Var(d_1+d_2)}\right) \qquad (3.2.7)$$

从公式（3.2.6）～公式（3.2.8）中可以得到以下几个重要结论：零售商 1 的库存牛鞭效应是零售商 1 牛鞭效应 $Var(q_t)/Var(d_1)$、订货提前期、移动平均预测时期数和自身相关系数的函数，零售商 2 的库存牛鞭效应是零售商 2 牛鞭效应 $Var(q_t)/$

$Var(d_2)$、订货提前期、移动平均预测时期数和自身相关系数的函数，制造商的库存牛鞭效应是自身牛鞭效应 $Var(q_t)/Var(d_1+d_2)$、两个零售商的订货提前期、两个零售商的移动平均预测时期数和两个零售商相关系数的函数。

3.2.2　影响因素分析

本节主要分析，当下游两个零售商运用移动平均预测方法预测顾客的市场需求时，在两级供应链分销网络中，许多相关因素如何影响各个节点企业的库存牛鞭效应。从第一节中可以看出：零售商 1 库存牛鞭效应的变化取决于零售商 1 自身的牛鞭效应 $Var(q_{t_1})/Var(d_1)$、订货提前期 l_1、移动平均预测时期数 p_1、顾客需求相关系数 ρ_1 和 $Var(d_2)/Var(d_1)$ 的变化，如图 3-1 和图 3-2 所示；零售商 2 库存牛鞭效应的变化取决于零售商 2 自身的牛鞭效应 $Var(q_{t_2})/Var(d_2)$、订货提前期 l_2、移动平均预测时期数 p_2、顾客需求相关系数 ρ_2 和 $Var(d_1)/Var(d_2)$ 的变化，如图 3-3 和图 3-4 所示。上游制造商库存牛鞭效应的变化取决于制造商自身的牛鞭效应、两个零售商的订货提前期 l_1 和 l_2、两个零售商的移动平均时期数 p_1 和 p_2、顾客需求相关系数 ρ_1 和 ρ_2 的变化，如图 3-5 和图 3-6 所示。

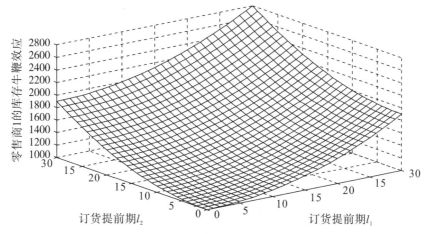

图 3-1　l_1 和 l_2 对零售商 1 库存牛鞭效应的影响

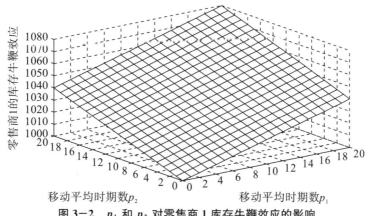

图 3-2　p_1 和 p_2 对零售商 1 库存牛鞭效应的影响

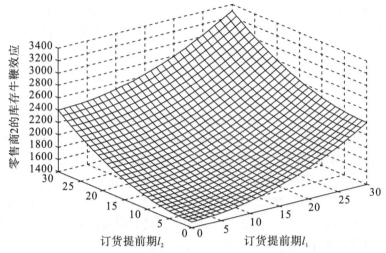

图 3-3 l_1 和 l_2 对零售商 2 库存牛鞭效应的影响

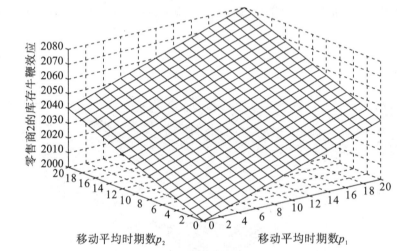

图 3-4 p_1 和 p_2 对零售商 2 库存牛鞭效应的影响

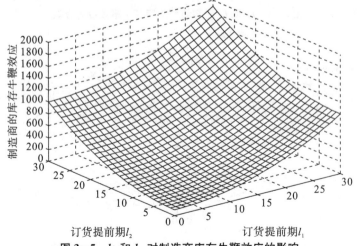

图 3-5 l_1 和 l_2 对制造商库存牛鞭效应的影响

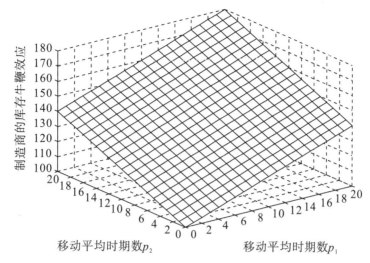

图 3-6　p_1 和 p_2 对制造商库存牛鞭效应的影响

从以上仿真图形中可以得出：图 3-1 中，零售商 1 的库存牛鞭效应是两个零售商 l_1 和 l_2 订货提前期的增函数；图 3-2 中，零售商 1 的库存牛鞭效应是两个零售商 l_1 和 l_2 移动平均时期数的增函数；图 3-3 和图 3-4 中，零售商 2 的库存牛鞭效应是两个零售商 l_1 和 l_2 的订货提前期和移动平均时期数的增函数；图 3-5 和图 3-6 中，两个零售商 l_1 和 l_2 的订货提前期和制造商的库存牛鞭效应是同向变化的，随着订货提前期的不断增大，制造商的库存牛鞭效应也不断增大；图 3-6 中，随着零售商 2 移动平均时期数的不断增大，制造商的库存牛鞭效应反而不断减小。

3.3　基于移动平均预测方法的两级供应链分销网络现金流牛鞭效应

3.3.1　现金流牛鞭效应数学模型

随着零售商所面临的顾客需求量的不断增大，零售商自身的牛鞭效应也不断增大，零售商的库存牛鞭效应也不断增大，结果使得零售商现金流的波动也不断增大。本节主要分析和探讨节点企业库存的波动如何影响现金流的波动。本部分首先假设在一个两级供应链分销网络系统中，制造商和两个零售商之间全部通过信用卡进行交易，所有销售活动形成的账款都通过应收账款收回。基于以上假设，借助于财务管理中的现金周转周期。

现金周转周期可以表示如下：

现金周转周期＝库存周转周期＋应收账款周转周期－应付账款周转周期

也可以改写为：

$$CCC = ICD + ARCD - APCD \qquad (3.3.1)$$

公式（3.3.1）中，ICD 表示库存周转周期，$ARCD$ 表示应收账款周转周期，$APCD$ 表示应付账款周转周期。库存周转周期可以表示如下：

库存周转周期＝365×（单位产品的销售价格×平均库存水平）/（单位产品的成本×市场的平均需求量）

则公式（3.3.1）可以表示为：

$$ICD = \frac{AIL}{CS/365} = 365\left(\frac{S}{C}\right)\left(\frac{AIL}{D}\right) \tag{3.3.2}$$

在公式（3.3.2）中，AIL 表示平均库存水平，C 表示单位产品的成本，D 表示市场的平均需求量，S 表示单位产品的销售价格。根据以上的有关条件，D 既包括零售商 1 所面临的来自顾客的需求 d_1，也包括零售商 2 所面临的来自顾客的需求 d_2。因此可以得到，$D = d_1 + d_2$。

在公式（3.3.1）中，应收账款周转周期可以表示如下。

（1）当 $D \leqslant AIL$ 时：

$$应收账款周转周期＝365×企业的收账政策$$

也可以改写为：

$$ARCD = 365 \times B \tag{3.3.3}$$

（2）当 $D > AIL$ 时：

应收账款周转周期＝（365×企业的收账政策×平均库存水平）/市场的平均需求量

也可以改写为：

$$ARCD = (365 \times B \times AIL)/D \tag{3.3.4}$$

在公式（3.3.4）中，应付账款周转周期可以表示如下：

应付账款周转周期＝（365×企业的付款方式×订货量）/市场的平均需求量

也可以改写为：

$$APCD = (365 \times N \times Q)/D \tag{3.3.5}$$

在公式（3.3.5）中，N 表示企业的付款方式，$0 \leqslant N \leqslant 1$，本节假设 $N = 1$，Q 表示订货量。

基于以上分析，由于企业的库存水平、市场的需求和订货都是随机变量，因此，Mood 等人在 1974 年提出了任意两个随机变量相除的方差可以表示如下：

$$Var\left(\frac{x}{y}\right) = \left(\frac{E(x)}{E(y)}\right)^2 \left[\frac{Var(x)}{E(x)^2} + \frac{Var(y)}{E(y)^2}\right] \tag{3.3.6}$$

基于以上分析，可以得到两级供应链分销网络中每个节点企业的现金流牛鞭效应如下：

（1）当 $D \leqslant AIL$ 时：

$$\frac{Var(CFBE)}{Var(D)} = \left(\frac{365^2}{Var(D)}\right)\left(\frac{S}{C}\right)^2 Var\left(\frac{AIL}{D}\right) + \left(\frac{365^2}{Var(D)}\right) \times N^2 \times Var\left(\frac{Q}{D}\right) \tag{3.3.7}$$

根据 Mood 等人的工作，可以得到：

$$\frac{Var(CFBE)}{Var(D)} = \left(\frac{365^2}{Var(D)}\right)\left(\frac{S}{C}\right)^2 \left(\frac{E(AIL)}{E(D)}\right)^2 \left[\frac{Var(AIL)}{E(AIL)^2} + \frac{Var(D)}{E(D)^2}\right] +$$
$$\left(\frac{365^2}{Var(D)}\right) \times N^2 \times \left(\frac{E(Q)}{E(D)}\right)^2 \left[\frac{Var(Q)}{E(Q)^2} + \frac{Var(D)}{E(D)^2}\right] \tag{3.3.8}$$

公式（3.3.8）也可以改写为：

$$\frac{Var(CFBE)}{Var(D)} = \left(\frac{365^2}{E(D)^2}\right)\left(\frac{S}{C}\right)^2\left[\frac{Var(I)}{Var(D)} + \frac{E(I)^2}{E(D)^2}\right] + \left(\frac{365^2}{E(D)^2}\right)\left[\frac{Var(Q)}{Var(D)} + \frac{E(Q)^2}{E(D)^2}\right]$$

$$(3.3.9)$$

（2）当 $D > AIL$ 时：

$$\frac{Var(CFBE)}{Var(D)} = \left(\frac{365^2}{Var(D)}\right)\left(\frac{S}{C}\right)^2 Var\left(\frac{AIL}{D}\right) + \left(\frac{365^2}{Var(D)}\right) \times B^2 \times Var\left(\frac{AIL}{D}\right) +$$

$$\left(\frac{365^2}{Var(D)}\right) \times N^2 \times Var\left(\frac{Q}{D}\right)$$

$$(3.3.10)$$

公式（3.3.10）可以改写为：

$$\frac{Var(CFBE)}{Var(D)} = \left(\frac{365^2}{Var(D)}\right)\left(\frac{S}{C}\right)^2\left(\frac{E(AIL)}{E(D)}\right)^2\left[\frac{Var(AIL)}{E(AIL)^2} + \frac{Var(D)}{E(D)^2}\right] +$$

$$\left(\frac{365^2}{Var(D)}\right) \times B^2 \times \left(\frac{E(AIL)}{E(D)}\right)\left[\frac{Var(AIL)}{E(AIL)^2} + \frac{Var(D)}{E(D)^2}\right] +$$

$$\left(\frac{365^2}{Var(D)}\right) \times N^2 \times \left(\frac{E(Q)}{E(D)}\right)^2\left[\frac{Var(Q)}{E(D)^2} + \frac{Var(D)}{E(D^2)}\right]$$

$$(3.3.11)$$

根据公式（3.3.10）和公式（3.3.11）可以分别得到两种不同情况下，两级供应链分销网络中各个节点企业现金流牛鞭效应的量化模型。

（1）当 $D \leqslant AIL$ 时：

根据以上分析可以得到零售商 1 的现金流牛鞭效应量化模型如下：

$$\frac{Var(CFBE)}{Var(d_1)} = \left(\frac{365^2}{E(d_1)^2}\right)\left(\frac{S}{C}\right)^2\left[\frac{Var(q_1)}{Var(d_1)} + f(l_1^1, l_1^2, p_1, \rho_1) + g(z_1, \delta_1^{l_1}, d_1) + \right.$$

$$\left. f(l_2^1, l_2^2, p_2, \rho_2)\left(\frac{Var(d_2)}{Var(d_1)}\right) + g\left(\frac{(z_2, \delta_2^{l_2}, d_2)}{Var(d_1)Var(d_2)}\right) + \frac{E(I_1)^2}{E(d_1)^2}\right] +$$

$$\left(\frac{365^2}{E(d_1)^2}\right)\left[\frac{Var(q_1)}{Var(d_1)} + \frac{E(q_1)^2}{E(d_1)^2}\right]$$

$$(3.3.12)$$

同时，也可以得到零售商 2 的现金流牛鞭效应量化模型如下：

$$\frac{Var(CFBE)}{Var(d_2)} = \left(\frac{365^2}{E(d_2)^2}\right)\left(\frac{S}{C}\right)^2\left[\frac{Var(q_1)}{Var(d_2)} + f(l_2^1, l_2^2, p_2, \rho_2) + g(z_2, \delta_2^{l_2}, d_2) + \right.$$

$$\left. f(l_1^1, l_1^2, p_1, \rho_1)\left(\frac{Var(d_1)}{Var(d_2)}\right) + g\left(\frac{(z_1, \delta_1^{l_1}, d_1)}{Var(d_1)Var(d_2)}\right) + \frac{E(I_2)^2}{E(d_2)^2}\right] +$$

$$\left(\frac{365^0}{E(d_2)^2}\right)\left[\frac{Var(q_1)}{Var(d_2)} + \frac{E(q_1)^2}{E(d_2)^2}\right]$$

$$(3.3.13)$$

根据以上分析，可以推导出制造商的现金流牛鞭效应量化模型如下：

$$\frac{Var(CFBE)}{Var(d_1 + d_2)} = \left(\frac{365^2}{E(d_1 + d_2)^2}\right)\left(\frac{S}{C}\right)^2\left[\frac{Var(q)}{Var(d_1 + d_2)} + f(l_1^1, l_1^2, p_1, \rho_1)\left(\frac{Var(d_1)}{Var(d_1 + d_2)}\right) + \right.$$

$$g\left(\frac{z_1, \delta_1^{l_1}, \delta_1^{l_1^2}, d_1}{Var(d_1)Var(d_1 + d_2)}\right) + f(l_2^1, l_2^2, p_2, \rho_2)\left(\frac{Var(d_2)}{Var(d_1 + d_2)}\right) +$$

$$g\left(\frac{(z_2, \delta_2^{l_2^1}, \delta_2^{l_2^2} d_1)}{Var(d_2)Var(d_1 + d_2)}\right) + \frac{E(I)^2}{E(d_1 + d_2)^2}\right] +$$

$$\frac{365^2}{E\ (d_1+d_2)^2}\left[\frac{Var(q)}{Var(d_1+d_2)}+\frac{E\ (q)^2}{E\ (d_1+d_2)^2}\right] \tag{3.3.14}$$

（2）当 $D>AIL$ 时：

根据以上分析可以得到零售商 1 的现金流牛鞭效应的量化模型如下：

$$\frac{Var(CFBE)}{Var(d_1)}=\left[\left(\frac{365^2}{Var(d_1)}\right)\left(\frac{S}{C}\right)^2+\left(\frac{365^2}{Var(d_1)}\right)\times B^2\right]\left[\frac{Var(q_1)}{Var(d_1)}+f(l_1^1,l_1^2,p_1,\rho_1)+\right.$$
$$g(z_1,\delta_{1^1},\delta_{1^1},d_1)+f(l_2^1,l_2^2,p_2,\rho_2)\left(\frac{Var(d_2)}{Var(d_1)}\right)+$$
$$\left.g\left(\frac{(z_2,\delta_{2^2}^{l_2^1},d_2)}{Var(d_1)Var(d_2)}\right)\right]+\left(\frac{365^2}{Var(d_1)}\right)\times N^2\times Var\left(\frac{q_1}{d_1}\right) \tag{3.3.15}$$

同时，也可以得到零售商 2 的现金流牛鞭效应量化模型如下：

$$\frac{Var(CFBE)}{Var(d_2)}=\left[\left(\frac{365^2}{Var(d_2)}\right)\left(\frac{S}{C}\right)^2+\left(\frac{365^2}{Var(d_2)}\right)\times B^2\right]\left[\frac{Var(q_2)}{Var(d_2)}+f(l_1^1,l_1^2,p_2,\rho_2)+\right.$$
$$g(z_2,\delta_{2^1}^{l_2^2},d_2)+f(l_1^1,l_1^2,p_1,\rho_1)\left(\frac{Var(d_1)}{Var(d_2)}\right)+$$
$$\left.g\left(\frac{(z_1,\delta_{1^1}^{l_1^1},d_1)}{Var(d_1)Var(d_2)}\right)\right]+\left(\frac{365^2}{Var(d_2)}\right)\times N^2\times Var\left(\frac{q_2}{d_2}\right) \tag{3.3.16}$$

最后，还可以得到制造商的现金流牛鞭效应的量化模型如下：

$$\frac{Var(CFBE)}{Var(d_1+d_2)}=\left[\left(\frac{365^2}{Var(d_1+d_2)}\right)\left(\frac{S}{C}\right)^2+\left(\frac{365^2}{Var(d_1+d_2)}\right)\times B^2\right]\left[\frac{Var(q_t)}{Var(d_1+d_2)}+\right.$$
$$f(l_1^1,l_1^2,p_1,\rho_1)\frac{Var(d_1)}{Var(d_1+d_2)}+g\left(\frac{z_1,\delta_{1^1}^{l_1^1},d_1}{Var(d_1)Var(d_1+d_2)}\right)+$$
$$\left.f(l_2^1,l_2^2,p_2,\rho_2)\frac{Var(d_2)}{Var(d_1+d_2)}+g\left(\frac{(z_2,\delta_{2^2}^{l_2^2},d_2)}{Var(d_2)Var(d_1+d_2)}\right)\right]+$$
$$\left(\frac{365^2}{Var(d_1+d_2)}\right)\times N^2\times Var\left(\frac{q}{d_1+d_2}\right) \tag{3.3.17}$$

在第一种情况下，从公式（3.3.12）中可以看出：零售商 1 的现金流牛鞭效应不仅与自身的订货提前期、自身的牛鞭效应、移动平均时期数、自身的相关系数存在函数关系，而且与自身的库存期望值、顾客需求量的期望值、自身订货量的期望值、单位产品的成本以及单位产品的销售价格也存在函数关系。从公式（3.3.13）中可以看出：零售商 2 的现金流牛鞭效应不仅与自身的订货提前期、自身的牛鞭效应、移动平均时期数、自身的相关系数存在函数关系，而且与自身库存的期望值、顾客需求量的期望值、自身订货量的期望值、单位产品的成本以及单位产品的销售价格也存在函数关系。从公式（3.3.14）中可以看出：制造商的现金流牛鞭效应不仅与制造商自身的牛鞭效应存在函数关系，而且与两个零售商的订货提前期、移动平均时期数、相关系数、库存量的期望值等相关因素也存在函数关系。

在第二种情况下，从公式（3.3.15）中可以看出：零售商 1 的现金流牛鞭效应不仅与自身的订货提前期、自身的牛鞭效应、移动平均预测时期数、自身的相关系数存在函数关系，而且与零售商 2 的相关系数、订货提前期、移动平均时期数、企业的收账政策、企业的付款政策、单位产品的成本以及单位产品的销售价格也存在函数关系。从公式（3.3.16）中可以看出：零售商2的现金流牛鞭效应不仅与自身的订货提前期、自身的牛鞭效应、移动平均时期数、自身的相关系数存在函数关系，而且与零售商1的相关系数、订货提前期、移动平均时期数、企业的收账政策、企业的付款政策、单位产品的成本以及单位产品的销售价格也存在函数关系。从公式（3.3.17）中可以看出：制造商的现金流牛鞭效应不仅与制造商自身的牛鞭效应存在函数关系，而且与两个零售商的订货提前期、移动平均时期数、相关系数、企业的收账政策等相关因素也存在函数关系。

3.3.2　影响因素分析

在本节中，我们主要分析两级供应链分销网络中每一个节点企业的现金流牛鞭效应主要受到哪些因素的影响和这些因素如何影响现金流牛鞭效应。

3.3.2.1　情况一相关因素对节点企业现金流牛鞭效应的影响

在3.3.1节中，计算出零售商1、零售商2以及制造商现金流牛鞭效应的量化表达式。我们主要通过模拟和仿真分析相关因素如何影响各个节点企业的现金流牛鞭效应，能够得到非常多且非常好的理论，以便能够更好地指导企业的实践活动，如图3－7～图3－16所示。

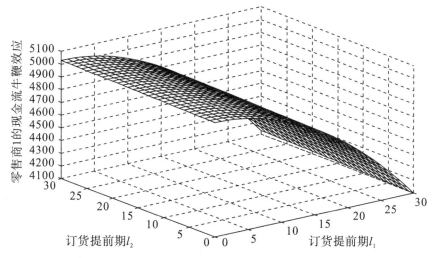

图 3－7　l_1 和 l_2 对零售商 1 现金流牛鞭效应的影响

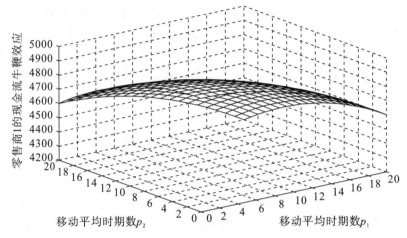

图 3-8　p_1 和 p_2 对零售商 1 现金流牛鞭效应的影响

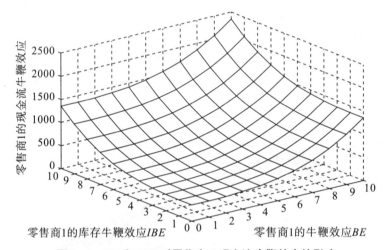

图 3-9　BE 和 IBE 对零售商 1 现金流牛鞭效应的影响

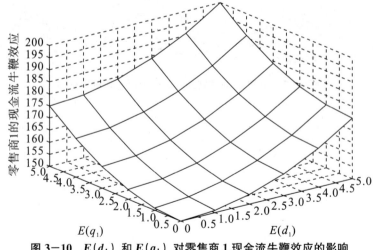

图 3-10　$E(d_1)$ 和 $E(q_1)$ 对零售商 1 现金流牛鞭效应的影响

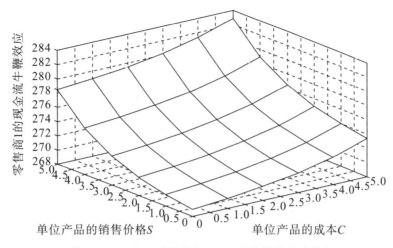

图 3-11　S 和 C 对零售商 1 现金流牛鞭效应的影响

从图 3-7 中可以看出：零售商 1 的现金流牛鞭效应是零售商 2 订货提前期 l_2 的减函数，然而，当零售商 1 的订货提前期 l_1 逐渐增加时，零售商 1 的现金流牛鞭效应没有发生任何变化，这可能是零售商 2 的订货提前期逐渐增加，促进了制造商加快处理零售商 1 订单的速度，从而导致了零售商 1 现金流的波动不断减小。从图 3-8 中可以看出：零售商 1 的现金流牛鞭效应与两个零售商的移动平均时期数呈现负相关关系，因此，随着两个零售商移动平均时期数的不断增大，现金流牛鞭效应不断减小。从图 3-9 中可以看出：零售商 1 的现金流牛鞭效应与零售商 1 的牛鞭效应及零售商 1 的库存牛鞭效应呈正相关关系。从图 3-10 中可以看出：零售商 1 的现金流牛鞭效应与 $E(q_1)$ 及 $E(d_1)$ 呈正相关关系。从图 3-11 中可以看出：零售商 1 的现金流牛鞭效应与单位产品的成本 C 及单位产品的销售价格 S 呈正相关关系。因此，零售商能够通过降低 $E(q_1)$ 来降低现金流的波动，也能够通过降低单位产品的销售价格来降低现金流的波动。

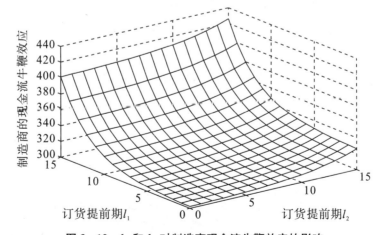

图 3-12　l_1 和 l_2 对制造商现金流牛鞭效应的影响

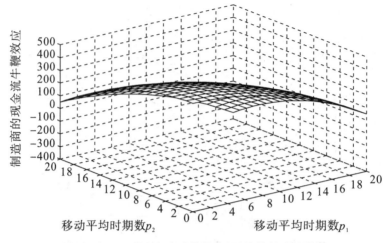

图3—13 p_1和p_2对制造商现金流牛鞭效应的影响

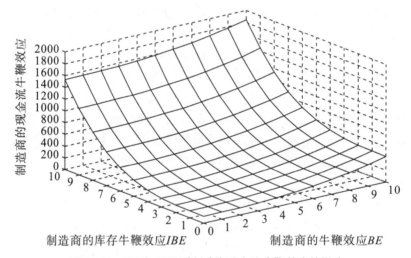

图3—14 BE和IBE对制造商现金流牛鞭效应的影响

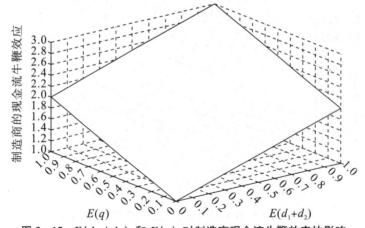

图3—15 $E(d_1+d_2)$和$E(q)$对制造商现金流牛鞭效应的影响

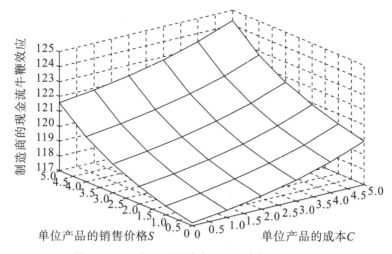

图 3-16　S 和 C 对制造商现金流牛鞭效应的影响

从图 3-12 中可以看出：制造商的现金流牛鞭效应是两个零售商订货提前期 l_1 和 l_2 的增函数，因此，制造商应该能够通过减少订货提前期来降低现金流牛鞭效应。从图 3-13 中可以看出：制造商的现金流牛鞭效应是两个零售商移动平均时期数 p_1 和 p_2 的减函数，因此，制造商能够通过减少移动平均时期数来降低现金流牛鞭效应。从图 3-14 中可以看出：制造商的现金流牛鞭效应是自身牛鞭效应和库存牛鞭效应的增函数，因此，制造商应该降低牛鞭效应，同时也要降低库存牛鞭效应，从而降低现金流牛鞭效应。从图 3-15 中可以看出：制造商的现金流牛鞭效应是 $E(q)$ 和 $E(d_1+d_2)$ 的增函数。从图 3-16 中可以看出：制造商的现金流牛鞭效应是单位产品的销售价格和成本的增函数，因此，零售商应该通过降低单位产品的销售价格和成本来降低制造商的现金流牛鞭效应。

3.3.2.2　情况二相关因素对节点企业现金流牛鞭效应的影响

在第二种情景下，从 3.3.1 节的公式可以看出：零售商 1 的现金流牛鞭效应不仅是 $Var(q_1)/Var(d_1)$，p_1，ρ_1，l_1，p_2，ρ_2，l_2 的函数，而且也是 B，C，N 和 S 的函数；零售商 2 的现金流牛鞭效应不仅是 $Var(q_2)/Var(d_2)$，p_1，ρ_1，l_1，p_2，ρ_2，l_2 的函数，而且也是 B，C，N 和 S 的函数。制造商的现金流牛鞭效应不仅是 $Var(q)/Var(d_1+d_2)$，p_1，ρ_1，l_1，p_2，ρ_2，l_2 的函数，而且也是 B，C，N 和 S 的函数。与第一种情景相比，不同的影响因素是 B，C，N 和 S。因此，本部分只分析以上四个因素对各个节点企业现金流牛鞭效应所产生的不同影响，如图 3-17~图 3-20 所示。

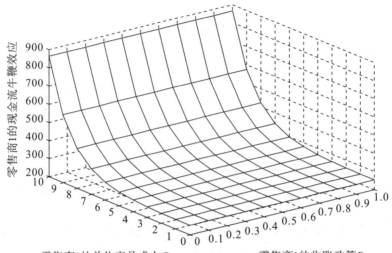

图 3-17　*B* 和 *C* 对零售商 1 现金流牛鞭效应的影响

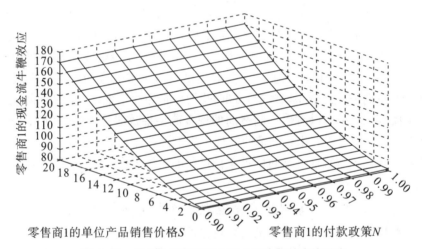

图 3-18　*N* 和 *S* 对零售商 1 现金流牛鞭效应的影响

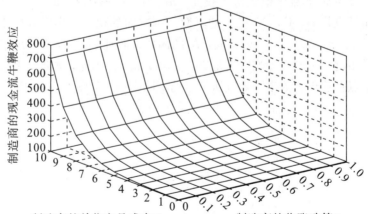

图 3-19　*B* 和 *C* 对制造商现金流牛鞭效应的影响

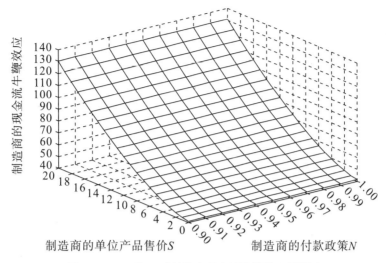

图 3－20　*N* 和 *S* 对制造商现金流牛鞭效应的影响

从图 3－17 中可以看出：零售商 1 的现金流牛鞭效应是单位产品成本 *C* 的增函数，因此，零售商能够通过降低单位产品成本来降低现金流牛鞭效应。从图 3－18 中可以看出：零售商 1 的现金流牛鞭效应是单位产品销售价格 *S* 的减函数，因此，零售商能够通过增加单位产品销售价格来降低现金流牛鞭效应。从图 3－19 中可以看出：制造商的现金流牛鞭效应是单位产品成本 *C* 的增函数，因此，制造商能够通过降低单位产品销售价格 *C* 来降低现金流牛鞭效应。从图 3－20 中可以看出：制造商的现金流牛鞭效应是 *S* 的减函数，因此，制造商能够通过增加单位产品销售价格来降低现金流牛鞭效应。

3.4　小结

本章首先构建了基于 $AR(1)$ 自相关的需求过程，在移动平均预测方法和订货点订货策略下的两级供应链分销网络中牛鞭效应量化模型，并对其影响因素进行了分析。之后，基于移动平均预测方法建立了两级供应链分销网络中库存牛鞭效应量化模型和现金流牛鞭效应量化模型，并对其影响因素进行了分析。最后，将以上的量化模型为基础，在多级供应链分销网络中每个节点企业可以共享需求信息的情况下，基于移动平均预测方法建立了多级供应链分销网络中牛鞭效应、库存牛鞭效应以及现金流牛鞭效应的量化模型，并对其影响因素进行了分析。

基于以上理论分析，本章主要对影响牛鞭效应、库存牛鞭效应以及现金流牛鞭效应的众多因素进行仿真分析，能够得出以下主要结论：

（1）在两级供应链分销网络中，牛鞭效应的主要影响因素包括来自顾客的需求相关系数 ρ_1 和 ρ_2，两个零售商的移动平均时期数 p_1 和 p_2，以及其他相关因素的影响；在两级供应链分销网络中，库存牛鞭效应除了受上述因素影响，还会受到每个节点企业自身牛鞭效应的影响；在两级供应链分销网络中，现金流牛鞭效应除了受上述因素影响，还会受到自身牛鞭效应和库存牛鞭效应的影响，也会受到单位产品的销售价格和成本等因素的影响。

（2）在多级供应链分销网络中，各个节点企业的牛鞭效应、库存牛鞭效应以及现金流牛鞭效应不仅受到自身订货提前期、需求相关系数、移动平均预测时期数等因素的影响，还会受到同级的其他节点企业的订货提前期、需求相关系数、移动平均预测时期数等因素的影响。

（3）在企业实际的管理活动中，当运用移动平均预测方法预测市场上顾客的需求时，企业可以通过降低移动平均时期数、缩短订货提前期等方法来降低牛鞭效应和库存牛鞭效应的影响。同时，企业还可以通过降低单位产品的销售价格、提高库存周转次数等来降低现金流牛鞭效应的影响。

4 基于指数平滑预测方法的 供应链分销网络牛鞭效应

4.1 基于指数平滑预测方法的两级供应链分销网络牛鞭效应

4.1.1 牛鞭效应数学模型

在两级供应链分销网络中，通常情况下，假定零售商是制造商的唯一顾客，制造商和零售商相互之间都销售同一类产品。在 t_1 时期期末，零售商 1 向制造商的订货量是 q_{1,t_1}，同样地，在 t_2 时期期末，零售商 2 向制造商的订货量是 q_{2,t_2}。假设两个零售商的订货提前期固定，长度分别为 l_1 和 l_2，因此，制造商会在时期 l_1+t_1 和 l_2+t_2 期末收到来自两个零售商的订购单。两个零售商预测到的来自顾客的需求为分别为 d_{1,t_1} 和 d_{2,t_2}，并且两个零售商都有足够的存货，可以在任何情况下都能满足来自顾客的需求。最后，通常假定零售商收到的市场上消费者的产品需求也相互独立。

零售商得到的来自终端市场上消费者对于产品的需求都服从 $AR(1)$ 自相关随机过程，可以用以下公式表示：

$$d_{1,t_1} = \mu_1 + \rho_1 d_{1,t_1-1} + \varepsilon_{1,t_1}, \ d_{2,t_2} = \mu_2 + \rho_2 d_{2,t_2-1} + \varepsilon_{2,t_2} \tag{4.1.1}$$

在公式（4.1.1）中，μ_1 和 μ_2 是非负常数，ρ_1 和 ρ_2 是自相关系数分别满足 $|\rho_1| < 1$ 和 $|\rho_2| < 1$，并且 ε_{1,t_1} 和 ε_{2,t_2} 是随机扰动项，分别服从均值为 0，方差分别为 δ_1^2 和 δ_2^2 的正态分布。因此，可以得到：

$$E(d_{1,t_1}) = \frac{\mu_1}{1-\rho_1}, Var(d_{1,t_1}) = \frac{\delta_1^2}{1-\rho_1^2}; \ E(d_{2,t_2}) = \frac{\mu_2}{1-\rho_2}, Var(d_{2,t_2}) = \frac{\delta_2^2}{1-\rho_2^2} \tag{4.1.2}$$

假设两个零售商总的订货量为 q_t，两个零售商的订货量分别是 q_{1,t_1} 和 q_{2,t_2}，则：

$$q_t = q_{1,t_1} + q_{2,t_2}, \ q_{1,t_1} = S_{1,t_1} - S_{1,t_1-1} + d_{1,t_1-1}, \ q_{2,t_2} = S_{2,t_2} - S_{2,t_2-1} + d_{2,t_2-1} \tag{4.1.3}$$

在公式（4.1.3）中，S_{1,t_1} 和 S_{2,t_2} 分别是两个零售商的最高库存量，可以分别表示为：

$$S_{1,t_1} = \hat{d}_{1,t_1}^{l_1} + z_1 \hat{\delta}_{1,t_1}^{l_1}, \ S_{2,t_2} = \hat{d}_{2,t_2}^{l_2} + z_2 \hat{\delta}_{2,t_2}^{l_2} \tag{4.1.4}$$

在公式（4.1.4）中，$\hat{d}_{1,t_1}^{l_1}$ 和 $\hat{d}_{2,t_2}^{l_2}$ 分别是运用指数平滑预测方法得到的需求量的估计值，z_1 和 z_2 分别是服务因子，$\hat{\delta}_{1,t_1}^{l_1}$ 和 $\hat{\delta}_{2,t_2}^{l_2}$ 分别是两个零售商在时期 l_1 和 l_2 需求标准

差的估计值。根据 Zhang（2005）所做的工作，本书假设 $z_1 = z_2 = 0$，则可以得到公式（4.1.5）和公式（4.1.6）：

$$S_{1,t_1} = \hat{d}_{1,t_1}^{l_1}, \quad S_{2,t_2} = \hat{d}_{2,t_2}^{l_2} \tag{4.1.5}$$

$$q_{1,t_1} = \hat{d}_{1,t_1}^{l_1} - \hat{d}_{1,t_1-1}^{l_1} + d_{1,t_1-1}, \quad q_{2,t_2} = \hat{d}_{2,t_2}^{l_2} - \hat{d}_{2,t_2-1}^{l_2} + d_{2,t_2-1} \tag{4.1.6}$$

基于以上分析，当两个零售商分别运用指数平滑预测方法预测市场顾客的需求时，可以得到两个零售商相对于市场顾客需求的估计值分别为：

$$\hat{d}_{1,t_1}^{l_1} = l_1 \left[\alpha_1 d_{1,t_1} + (1-\alpha_1) \hat{d}_{1,t_1-1} \right], \quad \hat{d}_{2,t_2}^{l_2} = l_2 \left[\alpha_2 d_{2,t_2} + (1-\alpha_2) \hat{d}_{2,t_2-1} \right] \tag{4.1.7}$$

基于公式（4.1.7）可以得到：

$$Var(\hat{d}_{1,t_1-1}) = \frac{1+\rho_1(1-\alpha_1)}{1-\rho_1(1-\alpha_1)} \times \frac{\alpha_1}{2-\alpha_1} \times \frac{\delta_1^2}{1-\rho_1^2}$$

$$Var(\hat{d}_{2,t_2-1}) = \frac{1+\rho_2(1-\alpha_2)}{1-\rho_2(1-\alpha_2)} \times \frac{\alpha_2}{2-\alpha_2} \times \frac{\delta_2^2}{1-\rho_2^2}$$

在公式（4.1.7）中，q_{1,t_1} 和 q_{2,t_2} 可以分别表示为公式（4.1.8）和公式（4.1.9）：

$$q_{1,t_1} = \hat{d}_{1,t_1}^{l_1} - \hat{d}_{1,t_1-1}^{l_1} + d_{1,t_1-1} = (1+\alpha_1 l_1)d_{1,t_1-1} - \alpha_1 l_1 \hat{d}_{1,t_1-1} \tag{4.1.8}$$

$$q_{2,t_2} = \hat{d}_{2,t_2}^{l_2} - \hat{d}_{2,t_2-1}^{l_2} + d_{2,t_2-1} = (1+\alpha_2 l_2)d_{2,t_2-1} - \alpha_2 l_2 \hat{d}_{2,t_2-1} \tag{4.1.9}$$

由以上分析可以得到：

$$Var(q_t) = Var(q_{1,t_1} + q_{2,t_2}) = (1+\alpha_1 l_1)^2 Var(d_{1,t_1-1}) + (\alpha_1 l_1)^2 Var(\hat{d}_{1,t_1-1}) +$$

$$(1+\alpha_2 l_2)^2 Var(d_{2,t_2-1}) + (\alpha_2 l_2)^2 Var(\hat{d}_{2,t_2-1}) +$$

$$(1+\alpha_1 l_1) \times \alpha_1 l_1 Cov(d_{1,t_1-1}, \hat{d}_{1,t_1-1}) +$$

$$(1+\alpha_1 l_1) \times (1+\alpha_2 l_2) Cov(d_{1,t_1-1}, d_{2,t_2-1}) +$$

$$(1+\alpha_1 l_1) \times \alpha_2 l_2 Cov(d_{1,t_1-1}, \hat{d}_{2,t_2-1}) +$$

$$(\alpha_1 l_1) \times (1+\alpha_2 l_2) Cov(\hat{d}_{1,t_1-1}, d_{2,t_2-1}) +$$

$$(\alpha_1 l_1) \times (\alpha_2 l_2) Cov(\hat{d}_{1,t_1-1}, \hat{d}_{2,t_2-1}) +$$

$$(1+\alpha_2 l_2) \times \alpha_2 l_2 Cov(d_{2,t_2-1}, \hat{d}_{2,t_2-1})$$

$$= (1+\alpha_1 l_1)^2 Var(d_{1,t_1-1}) + (\alpha_1 l_1)^2 \left[\frac{1+\rho_1(1-\alpha_1)}{1-\rho_1(1-\alpha_1)} \times \frac{\alpha_1}{2-\alpha_1} \right] Var(d_{1,t_1-1}) +$$

$$(1+\alpha_2 l_2)^2 Var(d_{2,t_2-1}) + (\alpha_2 l_2)^2 \left[\frac{1+\rho_2(1-\alpha_2)}{1-\rho_2(1-\alpha_2)} \times \frac{\alpha_2}{2-\alpha_2} \right] Var(d_{2,t_2-1}) +$$

$$> Var(d_{1,t_1}) + Var(d_{2,t_2}) \tag{4.1.10}$$

需要指出的是，在公式（4.1.10）中存在：

$$Cov(d_{1,t_1-1}, \hat{d}_{1,t_1-1}) = \frac{\alpha_1 \rho_1}{1-(1-\alpha_1)\rho_1} \times \frac{\delta_1^2}{1-\rho_1^2}$$

$$Cov(d_{t_2-1}, \hat{d}_{t_2-1}) = \frac{\alpha_2 \rho_2}{1-(1-\alpha_2)\rho_2} \times \frac{\delta_2^2}{1-\rho_2^2}$$

根据公式（4.1.10）可以得到公式（4.1.11）：

$$Var(q_t) > Var(d_{1,t_1}) + Var(d_{2,t_2}) \Leftrightarrow \frac{Var(q_t)}{Var(d_{1,t_1} + d_{2,t_2})} > 1 \qquad (4.1.11)$$

因此，通过公式（4.1.11）可以得出下列定理：

定理 4.1：在指数平滑预测方法下，两级供应链分销网络中存在强牛鞭效应。

根据公式（4.1.11）可以得到公式（4.1.12）~公式（4.1.14）：

$$\frac{Var(q_t)}{Var(d_{1,t_1})} = (1 + \alpha_1 l_1)^2 + (\alpha_1 l_1)^2 \times \left[\frac{1 + \rho_1(1 - \alpha_1)}{1 - \rho_1(1 - \alpha_1)} \times \frac{\alpha_1}{2 - \alpha_1} \right] +$$

$$\left\{ (1 + \alpha_2 l_2)^2 + (\alpha_2 l_2)^2 \times \left[\frac{1 + \rho_2(1 - \alpha_2)}{1 - \rho_2(1 - \alpha_2)} \times \frac{\alpha_2}{2 - \alpha_2} \right] \right\} \times \frac{\delta_2^2(1 - \rho_1^2)}{\delta_1^2(1 - \rho_2^2)} > 1$$

$$(4.1.12)$$

$$\frac{Var(q_t)}{Var(d_{2,t_2})} = (1 + \alpha_2 l_2)^2 + (\alpha_2 l_2)^2 \times \left[\frac{1 + \rho_2(1 - \alpha_2)}{1 - \rho_2(1 - \alpha_2)} \times \frac{\alpha_2}{2 - \alpha_2} \right] +$$

$$\left\{ (1 + \alpha_1 l_1)^2 + (\alpha_1 l_1)^2 \times \left[\frac{1 + \rho_1(1 - \alpha_1)}{1 - \rho_1(1 - \alpha_1)} \times \frac{\alpha_1}{2 - \alpha_1} \right] \right\} \times \frac{\delta_1^2(1 - \rho_2^2)}{\delta_2^2(1 - \rho_1^2)} > 1$$

$$(4.1.13)$$

$$\frac{Var(q_t)}{Var(d_{1,t_1} + d_{2,t_2})} = \left\{ (1 + \alpha_1 l_1)^2 + (\alpha_1 l_1)^2 \left[\frac{1 + \rho_1(1 - \alpha_1)}{1 - \rho_1(1 - \alpha_1)} \times \frac{\alpha_1}{2 - \alpha_1} \right] \right\} \frac{Var(d_{1,t_1})}{Var(d_{1,t_1} + d_{2,t_2})} +$$

$$\left\{ (1 + \alpha_2 l_2)^2 + (\alpha_2 l_2)^2 \left[\frac{1 + \rho_2(1 - \alpha_2)}{1 - \rho_2(1 - \alpha_2)} \times \frac{\alpha_2}{2 - \alpha_2} \right] \right\} \frac{Var(d_{2,t_2})}{Var(d_{1,t_1} + d_{2,t_2})}$$

$$> Var(d_{1,t_1} + d_{2,t_2})$$

$$(4.1.14)$$

4.1.2 影响因素分析

根据 4.1.1 节中的公式（4.1.12）~公式（4.1.14）可以对影响制造商和两个零售商牛鞭效应的相关因素进行分析并找出相关原因，在实践活动中可以有效地控制这些相关因素，从而有效地减弱和控制牛鞭效应对节点企业带来的不利影响。

对公式（4.1.14）中的 l_1 和 l_2 求导可以得到公式（4.1.15）和公式（4.1.16）：

$$\frac{\partial \frac{Var(q_t)}{Var(d_{1,t_1} + d_{2,t_2})}}{\partial l_1} = \left\{ 2\alpha_1 + 2l_1 \alpha_1^2 + 2l_1 \alpha_1^2 \left[\frac{1 + \rho_1(1 - \alpha_1)}{1 - \rho_1(1 - \alpha_1)} \times \frac{\alpha_1}{2 - \alpha_1} \right] \right\} \cdot$$

$$\frac{Var(d_{1,t_1})}{Var(d_{1,t_1} + d_{2,t_2})} > 0 \qquad (4.1.15)$$

$$\frac{\partial \frac{Var(q_t)}{Var(d_{1,t_1} + d_{2,t_2})}}{\partial l_2} = \left\{ 2\alpha_2 + 2l_2 \alpha_2^2 + 2l_2 \alpha_2^2 \left[\frac{1 + \rho_2(1 - \alpha_2)}{1 - \rho_2(1 - \alpha_2)} \times \frac{\alpha_2}{2 - \alpha_2} \right] \right\} \cdot$$

$$\frac{Var(d_{2,t_2})}{Var(d_{1,t_1} + d_{2,t_2})} > 0 \qquad (4.1.16)$$

对公式（4.1.14）中的 ρ_1 和 ρ_2 求导可以得到公式（4.1.17）~公式（4.1.20）：

当两个零售商的相关系数是 $\rho_1 \in (0, 1)$，$\rho_2 \in (0, 1)$ 时，

$$\frac{\partial \frac{Var(q_t)}{Var(d_{1,t_1} + d_{2,t_2})}}{\partial \rho_1} = \left\{ (\alpha_1 l_1)^2 \frac{\alpha_1}{2 - \alpha_1} \left[\frac{(1 - \alpha_1)(2 + \rho_1(1 - \alpha_1))}{(1 - \rho_1(1 - \alpha_1))^2} \right] \right\} \frac{Var(d_{1,t_1})}{Var(d_{1,t_1} + d_{2,t_2})} < 0$$
(4.1.17)

$$\frac{\partial \frac{Var(q_t)}{Var(d_{1,t_1} + d_{2,t_2})}}{\partial \rho_2} = \left\{ (\alpha_2 l_2)^2 \frac{\alpha_2}{2 - \alpha_2} \left[\frac{(1 - \alpha_2)(2 + \rho_2(1 - \alpha_2))}{(1 - \rho_2(1 - \alpha_2))^2} \right] \right\} \frac{Var(d_{1,t_1})}{Var(d_{1,t_1} + d_{2,t_2})} < 0$$
(4.1.18)

当两个零售商的相关系数是 $\rho_1 \in (-1, 0)$，$\rho_2 \in (-1, 0)$ 时，

$$\frac{\partial \frac{Var(q_t)}{Var(d_{1,t_1} + d_{2,t_2})}}{\partial \rho_1} = \left\{ (\alpha_1 l_1)^2 \frac{\alpha_1}{2 - \alpha_1} \left[\frac{(1 - \alpha_1)(2 + \rho_1(1 - \alpha_1))}{(1 - \rho_1(1 - \alpha_1))^2} \right] \right\} \frac{Var(d_{1,t_1})}{Var(d_{1,t_1} + d_{2,t_2})} > 0$$
(4.1.19)

$$\frac{\partial \frac{Var(q_t)}{Var(d_{1,t_1} + d_{2,t_2})}}{\partial \rho_2} = \left\{ (\alpha_2 l_2)^2 \frac{\alpha_2}{2 - \alpha_2} \left[\frac{(1 - \alpha_2)(2 + \rho_2(1 - \alpha_2))}{(1 - \rho_2(1 - \alpha_2))^2} \right] \right\} \frac{Var(d_{1,t_1})}{Var(d_{1,t_1} + d_{2,t_2})} > 0$$
(4.1.20)

对公式（4.1.14）中的 α_1 和 α_2 求导可以得到公式（4.1.21）和公式（4.1.22）：

$$\frac{\partial \frac{Var(q_t)}{Var(d_{1,t_1} + d_{2,t_2})}}{\partial \alpha_1} = \left\{ 2\alpha_1 l_1^2 + 2l_1 + \frac{12\rho_1 \alpha_1^3 l_1^2 - \alpha_1^4 \rho_1 l_1^2 + 6\alpha_1^3 l_1^2 \rho_1^2 - 16\alpha_1^4 \rho_1 l_1^2 + 5\alpha_1^4 l_1^2 \rho_1^2}{[1 - \rho_1(1 - \alpha_1)][2 - \alpha_1]} \right\} \cdot$$
$$\frac{Var(d_{1,t_1})}{Var(d_{1,t_1} + d_{2,t_2})} > 0$$
(4.1.21)

$$\frac{\partial \frac{Var(q_t)}{Var(d_{1,t_1} + d_{2,t_2})}}{\partial \alpha_2} = \left\{ 2\alpha_2 l_2^2 + 2l_2 + \frac{12\rho_2 \alpha_2^3 l_2^2 - \alpha_2^4 \rho_2 l_2^2 + 6\alpha_2^3 l_2^2 \rho_2^2 - 16\alpha_2^4 \rho_2 l_2^2 + 5\alpha_2^4 l_2^2 \rho_2^2}{[1 - \rho_2(1 - \alpha_2)][2 - \alpha_2]} \right\} \cdot$$
$$\frac{Var(d_{2,t_2})}{Var(d_{1,t_1} + d_{2,t_2})} > 0$$
(4.1.22)

从以上公式可以看出：当两个零售商的订货提前期增大时，制造商的牛鞭效应也会增大；当两个零售商的相关系数分别为 $\rho_1 \in (0, 1)$ 和 $\rho_2 \in (0, 1)$ 时，随着相关系数逐渐增大，则制造商的牛鞭效应逐渐减小；当两个零售商的相关系数分别为 $\rho_1 \in (-1, 0)$ 和 $\rho_2 \in (-1, 0)$ 时，随着相关系数逐渐增大，则制造商的牛鞭效应也逐渐增大；当两个零售商的平滑指数逐渐增大时，则制造商的牛鞭效应也逐渐增大。

从公式（4.1.12）中可以看出：对零售商 1 的牛鞭效应产生影响的因素不仅包括自身的订货提前期、平滑指数和相关系数，还包括零售商 2 的订货提前期、平滑指数和相关系数。基于以上分析，对公式（4.1.12）中的 l_1 和 l_2 求导可以得到公式（4.1.23）和公式（4.1.24）：

$$\frac{\partial \dfrac{Var(q_t)}{Var(d_{1,t_1})}}{\partial l_1} = \left\{ 2\alpha_1 + 2l_1\alpha_1^2 + 2l_1\alpha_1^2 \left[\frac{1+\rho_1(1-\alpha_1)}{1-\rho_1(1-\alpha_1)} \times \frac{\alpha_1}{2-\alpha_1} \right] \right\} > 0$$

$$(4.1.23)$$

$$\frac{\partial \dfrac{Var(q_t)}{Var(d_{1,t_1})}}{\partial l_2} = \left\{ 2\alpha_2 + 2l_2\alpha_2^2 + 2l_2\alpha_2^2 \left[\frac{1+\rho_2(1-\alpha_2)}{1-\rho_2(1-\alpha_2)} \times \frac{\alpha_2}{2-\alpha_2} \right] \right\} \frac{Var(d_{2,t_2})}{Var(d_{1,t_1})} > 0$$

$$(4.1.24)$$

对公式（4.1.12）中的 ρ_1 和 ρ_2 求导可以得到公式（4.1.25）~公式（4.1.28）：

当两个零售商的相关系数分别是 $\rho_1 \in (0, 1)$ 和 $\rho_2 \in (0, 1)$ 时，

$$\frac{\partial \dfrac{Var(q_t)}{Var(d_{1,t_1})}}{\partial \rho_1} = \left\{ (\alpha_1 l_1)^2 \frac{\alpha_1}{2-\alpha_1} \left[\frac{(1-\alpha_1)(2+\rho_1(1-\alpha_1))}{(1-\rho_1(1-\alpha_1))^2} \right] \right\} < 0 \quad (4.1.25)$$

$$\frac{\partial \dfrac{Var(q_t)}{Var(d_{1,t_1})}}{\partial \rho_2} = \left\{ (\alpha_2 l_2)^2 \frac{\alpha_2}{2-\alpha_2} \left[\frac{(1-\alpha_2)(2+\rho_2(1-\alpha_2))}{(1-\rho_2(1-\alpha_2))^2} \right] \right\} \frac{Var(d_{2,t_2})}{Var(d_{1,t_1})} < 0$$

$$(4.1.26)$$

当两个零售商的相关系数分别是 $\rho_1 \in (-1, 0)$ 和 $\rho_2 \in (-1, 0)$ 时，

$$\frac{\partial \dfrac{Var(q_t)}{Var(d_{1,t_1})}}{\partial \rho_1} = \left\{ (\alpha_1 l_1)^2 \frac{\alpha_1}{2-\alpha_1} \left[\frac{(1-\alpha_1)(2+\rho_1(1-\alpha_1))}{(1-\rho_1(1-\alpha_1))^2} \right] \right\} > 0 \quad (4.1.27)$$

$$\frac{\partial \dfrac{Var(q_t)}{Var(d_{1,t_1})}}{\partial \rho_2} = \left\{ (\alpha_2 l_2)^2 \frac{\alpha_2}{2-\alpha_2} \left[\frac{(1-\alpha_2)(2+\rho_2(1-\alpha_2))}{(1-\rho_2(1-\alpha_2))^2} \right] \right\} \frac{Var(d_{2,t_2})}{Var(d_{1,t_1})} > 0$$

$$(4.1.28)$$

对公式（4.1.12）中的 α_1 和 α_2 求导可以得到公式（4.1.29）和公式（4.1.30）：

$$\frac{\partial \dfrac{Var(q_t)}{Var(d_{1,t_1})}}{\partial \alpha_1} = \left\{ 2\alpha_1 l_1^2 + 2l_1 + \frac{12\rho_1\alpha_1^3 l_1^2 - \alpha_1^4\rho_1 l_1^2 + 6\alpha_1^3 l_1^2\rho_1^2 - 16\alpha_1^4\rho_1 l_1^2 + 5\alpha_1^4 l_1^2\rho_1^2}{[1-\rho_1(1-\alpha_1)][2-\alpha_1]} \right\} > 0$$

$$(4.1.29)$$

$$\frac{\partial \dfrac{Var(q_t)}{Var(d_{1,t_1})}}{\partial \alpha_2} = \left\{ 2\alpha_2 l_2^2 + 2l_2 + \frac{12\rho_2\alpha_2^3 l_2^2 - \alpha_2^4\rho_2 l_2^2 + 6\alpha_2^3 l_2^2\rho_2^2 - 16\alpha_2^4\rho_2 l_2^2 + 5\alpha_2^4 l_2^2\rho_2^2}{[1-\rho_2(1-\alpha_2)][2-\alpha_2]} \right\} \cdot$$

$$\frac{Var(d_{2,t_2})}{Var(d_{1,t_1})} > 0$$

$$(4.1.30)$$

从公式（4.1.13）中可以看出：对零售商 2 的牛鞭效应产生影响的因素不仅包括零售商 1 的订货提前期、平滑指数和自身的相关系数，还包括自身订货提前期、平滑指数和相关系数。基于以上分析，对公式（4.1.13）中的 l_1 和 l_2 求导可以得到公式（4.1.31）和公式（4.1.32）：

$$\frac{\partial \frac{Var(q_t)}{Var(d_{2,t_2})}}{\partial l_1} = \left\{ 2\alpha_1 + 2l_1\alpha_1^2 + 2l_1\alpha_1^2 \left[\frac{1+\rho_1(1-\alpha_1)}{1-\rho_1(1-\alpha_1)} \times \frac{\alpha_1}{2-\alpha_1} \right] \right\} \frac{Var(d_{1,t_1})}{Var(d_{2,t_2})} > 0$$

$$\tag{4.1.31}$$

$$\frac{\partial \frac{Var(q_t)}{Var(d_{2,t_2})}}{\partial l_2} = \left\{ 2\alpha_2 + 2l_2\alpha_2^2 + 2l_2\alpha_2^2 \left[\frac{1+\rho_2(1-\alpha_2)}{1-\rho_2(1-\alpha_2)} \times \frac{\alpha_2}{2-\alpha_2} \right] \right\} > 0$$

$$\tag{4.1.32}$$

对公式（4.1.13）中的 ρ_1 和 ρ_2 求导可以得到公式（4.1.33）～公式（4.1.36）：

当两个零售商的相关系数分别是 $\rho_1 \in (0, 1)$ 和 $\rho_2 \in (0, 1)$ 时，

$$\frac{\partial \frac{Var(q_t)}{Var(d_{2,t_2})}}{\partial \rho_1} = \left\{ (\alpha_1 l_1)^2 \frac{\alpha_1}{2-\alpha_1} \left[\frac{(1-\alpha_1)(2+\rho_1(1-\alpha_1))}{(1-\rho_1(1-\alpha_1))^2} \right] \right\} \frac{Var(d_{1,t_1})}{Var(d_{2,t_2})} < 0$$

$$\tag{4.1.33}$$

$$\frac{\partial \frac{Var(q_t)}{Var(d_{2,t_2})}}{\partial \rho_2} = \left\{ (\alpha_2 l_2)^2 \frac{\alpha_2}{2-\alpha_2} \left[\frac{(1-\alpha_2)(2+\rho_2(1-\alpha_2))}{(1-\rho_2(1-\alpha_2))^2} \right] \right\} < 0 \tag{4.1.34}$$

当两个零售商的相关系数分别是 $\rho_1 \in (-1, 0)$ 和 $\rho_2 \in (-1, 0)$ 时，

$$\frac{\partial \frac{Var(q_t)}{Var(d_{2,t_2})}}{\partial \rho_1} = \left\{ (\alpha_1 l_1)^2 \frac{\alpha_1}{2-\alpha_1} \left[\frac{(1-\alpha_1)(2+\rho_1(1-\alpha_1))}{(1-\rho_1(1-\alpha_1))^2} \right] \right\} \frac{Var(d_{1,t_1})}{Var(d_{2,t_2})} < 0$$

$$\tag{4.1.35}$$

$$\frac{\partial \frac{Var(q_t)}{Var(d_{2,t_2})}}{\partial \rho_2} = \left\{ (\alpha_2 l_2)^2 \frac{\alpha_2}{2-\alpha_2} \left[\frac{(1-\alpha_2)(2+\rho_2(1-\alpha_2))}{(1-\rho_2(1-\alpha_2))^2} \right] \right\} < 0 \tag{4.1.36}$$

对公式（4.1.13）中的 α_1 和 α_2 求导可以得到公式（4.1.37）和公式（4.1.38）：

$$\frac{\partial \frac{Var(q_t)}{Var(d_{2,t_2})}}{\partial \alpha_1} = \left\{ 2\alpha_1 l_1^2 + 2l_1 + \frac{12\rho_1\alpha_1^3 l_1^2 - \alpha_1^4\rho_1 l_1^2 + 6\alpha_1^3 l_1^2\rho_1^2 - 16\alpha_1^4\rho_1 l_1^2 + 5\alpha_1^4 l_1^2\rho_1^2}{[1-\rho_1(1-\alpha_1)][2-\alpha_1]} \right\} \cdot$$

$$\frac{Var(d_{1,t_1})}{Var(d_{2,t_2})} > 0 \tag{4.1.37}$$

$$\frac{\partial \frac{Var(q_t)}{Var(d_{2,t_2})}}{\partial \alpha_2} = \left\{ 2\alpha_2 l_2^2 + 2l_2 + \frac{12\rho_2\alpha_2^3 l_2^2 - \alpha_2^4\rho_2 l_2^2 + 6\alpha_2^3 l_2^2\rho_2^2 - 16\alpha_2^4\rho_2 l_2^2 + 5\alpha_2^4 l_2^2\rho_2^2}{[1-\rho_2(1-\alpha_2)][2-\alpha_2]} \right\} > 0$$

$$\tag{4.1.38}$$

从公式（4.1.23）～公式（4.1.30）可以看出：当零售商 1 的订货提前期增大时，自身的牛鞭效应也在不断增大；当零售商 2 的订货提前期增大时，零售商 1 的牛鞭效应也在不断增大；当两个零售商的相关系数分别为 $\rho_1 \in (0, 1)$ 和 $\rho_2 \in (0, 1)$ 时，随着相关系数逐渐增大，零售商 1 的牛鞭效应逐渐减小；当两个零售商的相关系数分别为

$\rho_1 \in (-1, 0)$ 和 $\rho_2 \in (-1, 0)$ 时，随着相关系数逐渐增大，零售商 1 的牛鞭效应也逐渐增大；当两个零售商的平滑指数逐渐增大时，零售商 1 的牛鞭效应也逐渐增大。

从公式（4.1.31）~公式（4.1.38）可以看出：当零售商 1 的订货提前期增大时，零售商 2 的牛鞭效应也不断增大；当零售商 2 的订货提前期增大时，零售商 2 的牛鞭效应也不断增大；当两个零售商的相关系数分别为 $\rho_1 \in (0, 1)$ 和 $\rho_2 \in (0, 1)$ 时，随着相关系数逐渐增大，零售商 2 的牛鞭效应逐渐减小；当两个零售商的相关系数分别为 $\rho_1 \in (-1, 0)$ 和 $\rho_2 \in (-1, 0)$ 时，随着相关系数逐渐增大，零售商 1 的牛鞭效应也逐渐增大；当两个零售商的平滑指数逐渐增长时，则零售商 2 的牛鞭效应也逐渐增大。

4.2 基于指数平滑预测方法的两级供应链分销网络库存牛鞭效应

4.2.1 库存牛鞭效应数学模型

基于 4.1 节中相关分析，本节继续考虑由制造商和零售商构成的两级供应链分销网络。零售商 1 和零售商 2 都是制造商的唯一买方，两者之间只交换同一类物品，都发生在一个区间为 $(-\infty, \cdots, -1, 0, 1, \cdots, +\infty)$ 的无限离散时期内，以上章节已经说明了 q_{1,t_1}，q_{2,t_2}，d_{1,t_1}，d_{2,t_2}，S_{1,t_1} 和 S_{2,t_2} 之间的关系。本节为了分析牛鞭效应如何影响库存，提出了库存牛鞭效应。由于在两级供应链分销网络中包括两个零售商和一个制造商，共有三个节点企业，所以有三个库存牛鞭效应的量化模型。

假设在两级供应链分销网络中，上游制造商在 t 时刻的库存水平记为 I_t，可以表示为：

$$I_t = I_{\text{int}} - \sum_{i_1=1}^{t} d_{1,i_1} + \sum_{i_1=1}^{t} q_{1,i_1-l_1} - \sum_{i_2=1}^{t} d_{1,i_2} + \sum_{i_2=1}^{t} q_{1,i_2-l_2} \tag{4.2.1}$$

在公式（4.2.1）中，I_{int} 是制造商期初的库存水平，从上节的相关公式中可以得到：

$$\sum_{i_1=1}^{t} q_{1,i_1-l_1} = S_{1,t_1-l_1} + \sum_{i_1=1}^{t_1-1-l_1} d_{1,i_1}, S_{1,t_1} = 0, d_{1,t_1} = 0$$

$$\sum_{i_2=1}^{t} q_{1,i_2-l_2} = S_{2,t_2-l_2} + \sum_{i_2=1}^{t_2-1-l_2} d_{2,i_2}, S_{2,t_1} = 0, d_{2,t_1} = 0$$

从上述公式可以得到：

$$I_t = I_{\text{int}} + S_{1,t_1-l_1} - \sum_{i_1=t_1-l_1}^{t_1} d_{1,i_1} + S_{2,t_2-l_2} - \sum_{i_2=t_2-l_2}^{t_2} d_{2,i_2}$$

由于

$$S_{1,t_1-1} = S_{1,t_1} - q_{1,t_1} + d_{1,t_1-1}, q_{1,t_1-p_1} = S_{1,t_1-l_1} - S_{1,t_1-l_1-1} + d_{1,t_1-l_1-1}$$

$$S_{1,t_1-l_1} = q_{1,t_1-l_1} + S_{1,t_1-l_1-1} - d_{1,t_1-l_1-1}$$

$$S_{2,t_2-1} = S_{2,t_2} - q_{2,t_2} + d_{2,t_2-1}, q_{2,t_2-p_2} = S_{2,t_2-l_2} - S_{2,t_2-l_2-1} + d_{2,t_2-l_2-1}$$

$$S_{2,t_2-p_2} = q_{2,t_2-l_2} + S_{2,t_2-l_2-1} - d_{2,t_2-l_2-1}$$

可以得到：

$$I_t = I_{\text{int}} + q_{1,t_1-l_1} + S_{1,t_1-l_1-1} - d_{1,t_1-l_1-1} - \sum_{i_1=t_1-l_1}^{t_1} d_{1,i_1} +$$

$$q_{2,t_2-l_2} + S_{2,t_2-l_2-1} - d_{2,t_2-l_2-1} - \sum_{i_2=t_2-l_2}^{t_2} d_{2,i_2}$$

$$= I_{\text{int}} + q_{t_1-l_1} + S_{t_1-l_1-1} - \sum_{i_1=t_1-l_1-1}^{t_1} d_{i_1} + q_{t_2-l_2} + S_{t_2-l_2-1} - \sum_{i_1=t_2-l_2-1}^{t_2} d_{i_2}$$

$$= I_{\text{int}} + q_{1,t_1-l_1} + S_{1,t_1-l_1-1} - d_{1,t_1} - \sum_{i_1=l_1}^{l_1+1} d_{1,t_1-i_1} +$$

$$q_{2,t_2-l_2} + S_{2,t_2-l_2-1} - d_{2,t_2} - \sum_{i_2=l_2}^{l_2+1} d_{2,t_2-i_2} \tag{4.2.2}$$

从公式（4.2.2）中，可以推导出两级供应链分销网络中零售商 1 的库存牛鞭效应的量化模型为：

$$\frac{Var(I_t)}{Var(d_1^1)} = \frac{Var(q_{1,t_1-l_1})}{Var(d_1^1)} + \left\{ \left\{ l_1\alpha_1 + l_1(1-\alpha_1)^2 \left[\frac{1+\rho_1(1-\alpha_1)}{1-\rho_1(1-\alpha_1)} \times \frac{\alpha_1}{2-\alpha_1} \right] + \right. \right.$$

$$2\alpha_1(1-\alpha_1)\frac{\alpha_1\rho_1}{1-(1-\alpha_1)\rho_1} \right\} + 1 + 2(1+\rho_1) +$$

$$l_1\alpha_1\left[\frac{\rho_1(1-(1-\alpha_1)\rho_1)^{n_1-3}}{1-(1-\alpha_1)\rho_1} \right] + l_1(1-\alpha_1)\left[\frac{1+\rho_1(1-\alpha_1)}{1-\rho_1(1-\alpha_1)} \times \frac{\alpha_1}{2-\alpha_1} \right] -$$

$$l_1\alpha_1\left[\frac{\alpha_1\rho_1}{1-(1-\alpha_1)\rho_1} \right]Var(d_{1,t_1}) - l_1(1-\alpha_1)\left[\frac{\rho_1(1-(1-\alpha_1)\rho_1)^{2n_1}}{1-(1-\alpha_1)\rho_1} \right] +$$

$$\left[\frac{\alpha_1\rho_1}{1-(1-\alpha_1)\rho_1} \right] + (1+\alpha_1l_1)\rho_1^{l_1+1} -$$

$$\alpha_1^2 l_1\left\{ \frac{(1-\alpha_1)^{l_1}\rho_1^{l_1+2}[1-((1-\alpha_1)\rho_1)^{t_1-l_1-3}]}{1-(1-\alpha_1)\rho_1} \right\} + (1+\alpha_1l_1)\rho_1 +$$

$$(1+\alpha_1l_1)l_1\alpha_1\rho_1^{l_1+1} + l_1(1-\alpha_1)\alpha_1\left[\frac{(1-\alpha_1)^{l_1+1}\rho_1^{l_1+3}(1-((1-\alpha_1)\rho_1)^{t_1-4})}{1-(1-\alpha_1)\rho_1} \right] +$$

$$l_1\alpha_1\rho_1 + l_1\alpha + \alpha_1l_1(1-\alpha_1)\left[\frac{(1-\alpha_1)^{l_1+1}\rho_1^2(1-((1-\alpha_1)\rho_1)^{t_1-l_1-4})}{1-(1-\alpha_1)\rho_1} \right] +$$

$$\alpha_1l_1(1-\alpha_1)\left[\frac{(1-\alpha_1)^{l_1}\rho_1^2(1-((1-\alpha_1)\rho_1)^{t_1-l_1-3})}{1-(1-\alpha_1)\rho_1} \right] + (\rho_1^{l_1} + \rho_1^{l_1+1}) \right\} +$$

$$\frac{Var(q_{2,t_2-l_2})}{Var(d_1^1)} + \left\{ \left\{ l_2^2\alpha_2^2 + l_2^2(1-\alpha_2)^2 \left[\frac{1+\rho_2(1-\alpha_2)}{1-\rho_2(1-\alpha_2)} \times \frac{\alpha_2}{2-\alpha_2} \right] + \right. \right.$$

$$2\alpha_2(1-\alpha_2)\frac{\alpha_2\rho_2}{1-(1-\alpha_2)\rho_2} \right\} + (1+\alpha_2l_2)\rho_2 + (1+\alpha_2l_2)l_2\alpha_2\rho_2^{l_2+1} +$$

$$l_2(1-\alpha_2)\alpha_2\left[\frac{(1-\alpha_2)^{l_2+1}\rho_2^{l_2+3}(1-((1-\alpha_2)\rho_2)^{l_2-4})}{1-(1-\alpha_2)\rho_2} \right] +$$

$$l_2\alpha_2\rho_2 + l_2\alpha_2 + \alpha_2 l_2(1-\alpha_2)\left[\frac{(1-\alpha_2)^{l_2+1}\rho_2^2(1-((1-\alpha_2)\rho_2)^{t_2-l_2-4})}{1-(1-\alpha_2)\rho_2}\right]+$$

$$\alpha_2 l_2(1-\alpha_2)\left[\frac{(1-\alpha_2)^{l_2}\rho_2^2(1-((1-\alpha_2)\rho_2)^{t_2-l_2-3})}{1-(1-\alpha_2)\rho_2}\right]+$$

$$(\rho_2^{l_2}+\rho_2^{l_2+1})\Bigg\}\frac{Var(d_2)}{Var(d_1)} \tag{4.2.3}$$

同时，也可以推导出两级供应链分销网络中零售商 2 的库存牛鞭效应的量化模型为：

$$\frac{Var(I_t)}{Var(d_2^1)} = \frac{Var(q_{2,t_2-l_2})}{Var(d_2^1)} + \Bigg\{\left\{l_2\alpha_2 + l_2(1-\alpha_2)^2\left[\frac{1+\rho_2(1-\alpha_2)}{1-\rho_2(1-\alpha_2)}\times\frac{\alpha_2}{2-\alpha_2}\right]+\right.$$

$$\left. 2\alpha_2(1-\alpha_2)\frac{\alpha_2\rho_2}{1-(1-\alpha_2)\rho_2}\right\} + 1 + 2(1+\rho_2) +$$

$$l_2\alpha_2\left[\frac{\rho_2(1-(1-\alpha_2)\rho_2)^{n_2-3}}{1-(1-\alpha_2)\rho_2}\right] + l_2(1-\alpha_2)\left[\frac{1+\rho_2(1-\alpha_2)}{1-\rho_2(1-\alpha_2)}\times\frac{\alpha_2}{2-\alpha_2}\right]-$$

$$l_2\alpha_2\left[\frac{\alpha_2\rho_2}{1-(1-\alpha_2)\rho_2}\right] - l_2(1-\alpha_2)\left[\frac{\rho_2(1-(1-\alpha_2)\rho_2)^{2n_2}}{1-(1-\alpha_2)\rho_2}\right]+$$

$$\left[\frac{\alpha_2\rho_2}{1-(1-\alpha_2)\rho_2}\right] + (1+\alpha_2 l_2)\rho_2^{l_2+1} -$$

$$\alpha_2^2 l_2\left[\frac{(1-\alpha_2)^{l_2}\rho_2^{l_2+2}(1-((1-\alpha_2)\rho_2)^{t_2-l_2-3})}{1-(1-\alpha_2)\rho_2}\right] + (1+\alpha_2 l_2)\rho_2 +$$

$$(1+\alpha_2 l_2)l_2\alpha_2\rho_2^{l_2+1} + l_2(1-\alpha_2)\alpha_2\left[\frac{(1-\alpha_2)^{l_2+1}\rho_2^{l_2+3}(1-((1-\alpha_2)\rho_2)^{l_2-4})}{1-(1-\alpha_1)\rho_1}\right]+$$

$$l_2\alpha_2\rho_2 + l_2\alpha_2 + \alpha_2 l_2(1-\alpha_2)\left[\frac{(1-\alpha_2)^{l_2+1}\rho_2^2(1-((1-\alpha_2)\rho_2)^{t_2-l_2-4})}{1-(1-\alpha_2)\rho_2}\right]+$$

$$\alpha_2 l_2(1-\alpha_2)\left[\frac{(1-\alpha_2)^{l_2}\rho_2^2(1-((1-\alpha_2)\rho_2)^{t_2-l_2-3})}{1-(1-\alpha_2)\rho_2}\right] + (\rho_2^{l_2}+\rho_2^{l_2+1})\Bigg\}+$$

$$\frac{Var(q_{1,t_1-l_1})}{Var(d_2^1)} + \Bigg\{\left\{l_1\alpha_1 + l_1(1-\alpha_1)^2\left[\frac{1+\rho_1(1-\alpha_1)}{1-\rho_1(1-\alpha_1)}\times\frac{\alpha_1}{2-\alpha_1}\right]+\right.$$

$$\left. 2\alpha_1(1-\alpha_1)\frac{\alpha_1\rho_1}{1-(1-\alpha_1)\rho_1}\right\} + (1+\alpha_1 l_1)\rho_1 + (1+\alpha_1 l_1)l_1\alpha_1\rho_1^{l_1+1} +$$

$$l_1(1-\alpha_1)\alpha_1\left[\frac{(1-\alpha_1)^{l_1+1}\rho_1^{l_1+3}(1-((1-\alpha_1)\rho_1)^{l_1-4})}{1-(1-\alpha_1)\rho_1}\right] + l_1\alpha_1\rho_1 + l_1\alpha_1 +$$

$$\alpha_1 l_1(1-\alpha_1)\left[\frac{(1-\alpha_1)^{l_1+1}\rho_1^2(1-((1-\alpha_1)\rho_1)^{t_1-l_1-4})}{1-(1-\alpha_1)\rho_1}\right]+$$

$$\alpha_1 l_1(1-\alpha_1)\left[\frac{(1-\alpha_1)^{l_1}\rho_1^2(1-((1-\alpha_1)\rho_1)^{t_1-l_1-3})}{1-(1-\alpha_1)\rho_1}\right]+$$

$$(\rho_1^{l_1}+\rho_1^{l_1+1})\Bigg\}\frac{Var(d_1)}{Var(d_2)} \tag{4.2.4}$$

基于以上分析，同时还可以推导出两级供应链分销网络中制造商的库存牛鞭效应的量化模型为：

$$\frac{Var(I_t)}{Var(d_1+d_2)} = \frac{Var(q_t)}{Var(d_1+d_2)} + \left\{\left\{l_1\alpha_1 + l_1(1-\alpha_1)^2\left[\frac{1+\rho_1(1-\alpha_1)}{1-\rho_1(1-\alpha_1)} \times \frac{\alpha_1}{2-\alpha_1}\right] + \right.\right.$$

$$2\alpha_1(1-\alpha_1)\frac{\alpha_1\rho_1}{1-(1-\alpha_1)\rho_1}\right\} + 1 + 2(1+\rho_1) +$$

$$l_1\alpha_1\left[\frac{\rho_1(1-(1-\alpha_1)\rho_1)^{n_1-3}}{1-(1-\alpha_1)\rho_1}\right] + l_1(1-\alpha_1)\left[\frac{1+\rho_1(1-\alpha_1)}{1-\rho_1(1-\alpha_1)} \times \frac{\alpha_1}{2-\alpha_1}\right] -$$

$$l_1\alpha_1\left[\frac{\alpha_1\rho_1}{1-(1-\alpha_1)\rho_1}\right] - l_1(1-\alpha_1)\left[\frac{\rho_1(1-(1-\alpha_1)\rho_1)^{2n_1}}{1-(1-\alpha_1)\rho_1}\right] +$$

$$\left[\frac{\alpha_1\rho_1}{1-(1-\alpha_1)\rho_1}\right] + (1+\alpha_1 l_1)\rho_1^{l_1+1} -$$

$$\alpha_1^2 l_1\left[\frac{(1-\alpha_1)^{l_1}\rho_1^{l_1+2}(1-((1-\alpha_1)\rho_1)^{l_1-l_1-3})}{1-(1-\alpha_1)\rho_1}\right] + (1+\alpha_1 l_1)\rho_1 + (1+\alpha_1 l_1) +$$

$$l_1\alpha_1\rho_1^{l_1+1} + l_1(1-\alpha_1)\alpha_1\left[\frac{(1-\alpha_1)^{l_1+1}\rho_1^{l_1+3}(1-((1-\alpha_1)\rho_1)^{l_1-4})}{1-(1-\alpha_1)\rho_1}\right] +$$

$$l_1\alpha_1\rho_1 + l_1\alpha + \alpha_1 l_1(1-\alpha_1)\left[\frac{(1-\alpha_1)^{l_1+1}\rho_1^2(1-((1-\alpha_1)\rho_1)^{l_1-l_1-4})}{1-(1-\alpha_1)\rho_1}\right] +$$

$$\alpha_1 l_1(1-\alpha_1)\left[\frac{(1-\alpha_1)^{l_1}\rho_1^2(1-((1-\alpha_1)\rho_1)^{l_1-l_1-3})}{1-(1-\alpha_1)\rho_1}\right] +$$

$$(\rho_1^{l_1} + \rho_1^{l_1+1})\right\}\frac{Var(d_1)}{Var(d_1+d_2)} +$$

$$\left\{l_2^2\alpha_2^2 + l_2^2(1-\alpha_2)^2\left[\frac{1+\rho_2(1-\alpha_2)}{1-\rho_2(1-\alpha_2)} \times \frac{\alpha_2}{2-\alpha_2}\right] + \right.$$

$$2\alpha_2(1-\alpha_2)\frac{\alpha_2\rho_2}{1-(1-\alpha_2)\rho_2}\right\} + 1 + 2(1+\rho_2)$$

$$(4.2.5)$$

根据公式（4.2.3）和公式（4.2.4）可以进一步推导出公式（4.2.6）和公式（4.2.7）：

$$\frac{Var(I_{t_2})}{Var(d_2)} = \frac{Var(q_t)}{Var(d_1)} + f(l_1,\rho_1,\alpha_1,n_1) + g(z_1,\alpha_1\hat{\delta}_1,d_1) +$$

$$f(l_2,\rho_2,\alpha_2 n_2)\frac{Var(d_1)}{Var(d_2)} + g\left(\frac{(z_2,\alpha_2\hat{\delta}_2,d_2)}{Var(d_1)Var(d_2)}\right) \quad (4.2.6)$$

$$\frac{Var(I_{t_2})}{Var(d_2)} = \frac{Var(q_t)}{Var(d_2)} + f(l_2,\rho_2,\alpha_2,n_2) + g(z_2,\alpha_2\hat{\delta}_2,d_2) +$$

$$f(l_1,\rho_1,\alpha_1,n_1)\frac{Var(d_1)}{Var(d_2)} + g\left(\frac{(z_1,\alpha_1\hat{\delta}^1,d_1)}{Var(d_1)Var(d_2)}\right) \quad (4.2.7)$$

根据公式（4.2.5）还可以得到公式（4.2.8）：

$$\frac{Var(I_{t_1})}{Var(d_1+d_2)} = \frac{Var(q_t)}{Var(d_1+d_2)} + f(l_1,\rho_1,\alpha_1,n_1)\frac{Var(d_1)}{Var(d_1+d_2)} + g\left(\frac{(z_1,\alpha_1\hat{\delta}_1,d_1)}{Var(d_1)Var(d_1+d_2)}\right) +$$

$$f(l_2,\rho_2,\alpha_2,n_2)\frac{Var(d_2)}{Var(d_1+d_2)} + g\left(\frac{(z_2,\alpha_2\hat{\delta}_2,d_2)}{Var(d_2)Var(d_1+d_2)}\right) \quad (4.2.8)$$

从公式（4.2.6）～公式（4.2.8）可以得到以下几个非常重要的结论：①公式（4.2.6）可以说明在两级供应链分销网络中，零售商 1 的库存牛鞭效应是零售商 1 牛鞭效应 $Var(q_t)/Var(d_1)$、零售商 1 和零售商 2 的订货提前期 l_1 和 l_2、零售商 1 和零售商 2 的平滑指数 α_1 和 α_2、两个零售商的相关系数 ρ_1 和 ρ_2 的函数；②在两级供应链分销网络中，零售商 2 的库存牛鞭效应是零售商 2 牛鞭效应 $Var(q_t)/Var(d_2)$、两个零售商的订货提前期 l_1 和 l_2、两个零售商的平滑指数 α_1 和 α_2、两个零售商的相关系数 ρ_1 和 ρ_2 的函数；③在两级供应链分销网络中，中游制造商的库存牛鞭效应是 $Var(q_t)/Var(d_1+d_2)$、零售商 1 和零售商 2 的订货提前期 l_1 和 l_2、零售商 1 和零售商 2 的平滑系数 α_1 和 α_2、两个零售商的相关系数 ρ_1 和 ρ_2 的函数。

4.2.2 影响因素分析

在本节中，我们主要分析当下游两个零售商运用指数平滑预测方法预测顾客的市场需求时，在两级供应链分销网络中，下游节点企业的牛鞭效应以及其他因素如何影响各个节点企业的库存牛鞭效应。从公式（4.2.6）～公式（4.2.8）可以得出：零售商 1 库存牛鞭效应的变化取决于自身的牛鞭效应 $Var(q_{t_1})/Var(d_1)$、订货提前期 l_1、移动平均预测时期数 p_1 和顾客需求相关系数 ρ_1 以及 $Var(d_2)/Var(d_1)$ 的变化，零售商 2 库存牛鞭效应的变化也取决于自身的牛鞭效应 $Var(q_{t_2})/Var(d_2)$、订货提前期 l_2、移动平均预测时期数 p_2 和顾客需求相关系数 ρ_2 以及 $Var(d_1)/Var(d_2)$ 的变化，中游制造商库存牛鞭效应的变化取决于自身的牛鞭效应、两个零售商的订货提前期 l_1 和 l_2、两个零售商的移动平均时期数 p_1 和 p_2、顾客需求相关系数 ρ_1 和 ρ_2 的变化。由于两个零售商库存牛鞭效应具有相同的结构，因此，本部分只分析相关因素对其中一个零售商的影响程度，如图 4-1～图 4-5 所示。

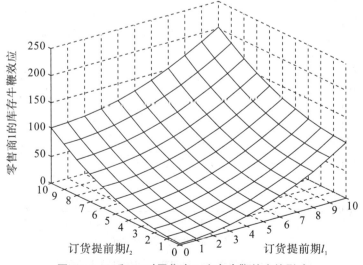

图 4-1 l_1 和 l_2 对零售商 1 库存牛鞭效应的影响

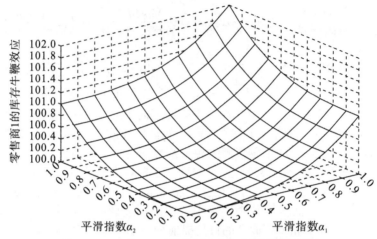

图 4—2　α_1 和 α_2 对零售商 1 库存牛鞭效应的影响

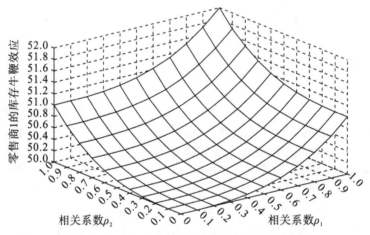

图 4—3　ρ_1 和 ρ_2 对零售商 1 库存牛鞭效应的影响

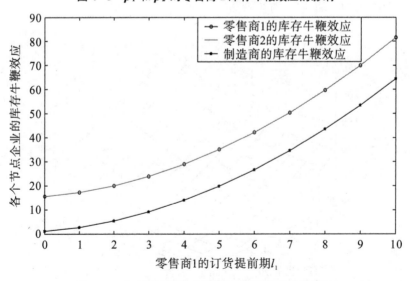

图 4—4　l_1^1 对零售商和制造商库存牛鞭效应的影响

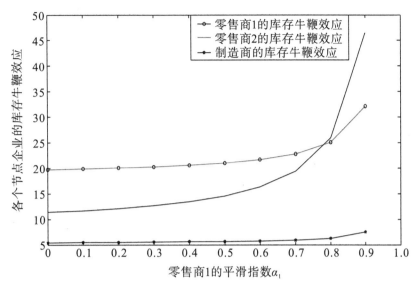

图 4-5　α_1 对零售商和制造商库存牛鞭效应的影响

从以上仿真图形中可以看出：在图 4-1 中，零售商 1 的库存牛鞭效应是两个零售商订货提前期的增函数，换句话说，随着两个零售商订货提前期的不断增加，零售商 1 的库存牛鞭效应也不断增加；在图 4-2 中，零售商 1 的库存牛鞭效应是两个零售商平滑指数的增函数，换句话说，随着两个零售商平滑指数的不断增加，零售商 1 的库存牛鞭效应也不断增加；在图 4-3 中，当 $\rho_1 \in (-1, 1)$ 且 $\rho_2 \in (-1, 1)$ 时，零售商 1 的库存牛鞭效应是两个零售商需求相关系数的增函数，换句话说，随着两个零售商需求相关系数的不断增加，零售商 1 的库存牛鞭效应也不断增加；在图 4-4 中，零售商 1 的订货提前期对各个节点企业库存牛鞭效应的影响呈正相关关系，换句话说，随着零售商 1 订货提前期的不断增加，两个零售商和制造商的库存牛鞭效应都增加；在图 4-5 中，零售商 1 的平滑指数对各个节点企业库存牛鞭效应的影响呈正相关关系。

4.3　基于指数平滑预测方法的两级供应链分销网络现金流牛鞭效应

4.3.1　现金流牛鞭效应数学模型

本节主要分析当两级供应链分销网络中，下游的两个零售商采用指数平滑预测方法预测市场上顾客需求时，随着零售商所面临的市场顾客需求量的不断增大，下游两个零售商自身的牛鞭效应不断增大，下游两个零售商的库存牛鞭效应也不断增大，结果使得下游两个零售商的现金流牛鞭效应也不断增大。在本节中，我们主要分析和探讨两个零售商的库存牛鞭效应如何影响零售商的现金流牛鞭效应。本部分继续运用 3.3 节所提出的现金流牛鞭效应的数学模型。

基于以上分析，在两级供应链分销网络中，任意节点企业的现金流牛鞭效应可以表示为：

第一种情况，当 $D \leqslant AIL$ 时，

$$\frac{Var(CFBE)}{Var(D)} = \frac{365^2}{Var(D)} \times \left(\frac{S}{C}\right)^2 Var\left(\frac{AIL}{D}\right) + \frac{365^2}{Var(D)} \times N^2 Var\left(\frac{Q}{D}\right) \quad (4.3.1)$$

公式（4.3.1）也可以改写为：

$$\frac{Var(CFBE)}{Var(D)} = \frac{365^2}{E(D)^2} \times \left(\frac{S}{C}\right)^2 \left[\frac{Var(I)}{Var(D)} + \frac{E(I)^2}{E(D)^2}\right] + \frac{365^2}{E(D)^2}\left[\frac{Var(Q)}{Var(D)} + \frac{E(Q)^2}{E(D)^2}\right]$$

$$(4.3.2)$$

第二种情况，当 $D > AIL$ 时，

$$\frac{Var(CFBE)}{Var(D)} = \frac{365^2}{Var(D)} \times \left(\frac{S}{C}\right)^2 Var\left(\frac{AIL}{D}\right) + \frac{365^2}{Var(D)} \times B^2 Var\left(\frac{AIL}{D}\right) +$$

$$\frac{365^2}{Var(D)} \times N^2 Var\left(\frac{Q}{D}\right) \quad (4.3.3)$$

公式（4.3.3）可以改写为：

$$\frac{Var(CFBE)}{Var(D)} = \frac{365^2}{Var(D)} \times \left(\frac{S}{C}\right)^2 \left(\frac{E(AIL)}{E(D)}\right)^2 \left[\frac{Var(AIL)}{E(AIL)^2} + \frac{Var(D)}{E(D)^2}\right] +$$

$$\frac{365^2}{Var(D)} \times B^2 \left(\frac{E(AIL)}{E(D)}\right)\left[\frac{Var(AIL)}{E(AIL)^2} + \frac{Var(D)}{E(D)^2}\right] +$$

$$\frac{365^2}{Var(D)} \times N^2 \left(\frac{E(Q)}{E(D)}\right)^2 \left[\frac{Var(Q)}{E(D)^2} + \frac{Var(D)}{E(D^2)}\right] \quad (4.3.4)$$

根据公式（4.3.2）和公式（4.3.4）可以分别得到两种不同情况下，两级供应链分销网络中各个节点企业现金流牛鞭效应的量化模型。

（1）当 $D \leqslant AIL$ 时，可以得到零售商 1 的现金流牛鞭效应的量化模型为：

$$\frac{Var(CFBE)}{Var(d_1)} = \frac{365^2}{E(d_1)^2} \left(\frac{S}{C}\right)^2 \left[\frac{Var(q_1)}{Var(d_1)} + f(L_1, \alpha_1, \rho_1, n_1) + g(z_1, \alpha_1\delta_1, d_1) +\right.$$

$$f(L_2, \alpha_2, \rho_2, n_2)\left(\frac{Var(d_2)}{Var(d_1)}\right) + g\left(\frac{(z_2, \alpha_2\delta_2, d_2)}{Var(d_1)Var(d_2)}\right) + \frac{E(I_1)^2}{E(d_1)^2}\right] +$$

$$\frac{365^2}{E(d_1)^2}\left[\frac{Var(q_1)}{Var(d_1)} + \frac{E(q_1)^2}{E(d_1)^2}\right] \quad (4.3.5)$$

同时，也可以得到零售商 2 的现金流牛鞭效应的量化模型为：

$$\frac{Var(CFBE)}{Var(d_2)} = \frac{365^2}{E(d_2)^2} \left(\frac{S}{C}\right)^2 \left[\frac{Var(q_1)}{Var(d_2)} + f(L_2, \alpha_2, \rho_2, n_2) + g(z_2, \alpha_2\delta_2, d_2) +\right.$$

$$f(L_1, \alpha_1, \rho_1, n_1)\left(\frac{Var(d_1)}{Var(d_2)}\right) + g\left(\frac{(z_1, \alpha_1\delta_1, d_1)}{Var(d_1)Var(d_2)}\right) + \frac{E(I_2)^2}{E(d_2)^2}\right] +$$

$$\frac{365^2}{E(d_2)^2}\left[\frac{Var(q_1)}{Var(d_2)} + \frac{E(q_1)^2}{E(d_2)^2}\right] \quad (4.3.6)$$

根据以上的分析，可以推导出制造商的现金流牛鞭效应的量化模型为：

$$\frac{Var(CFBE)}{Var(d_1 + d_2)} = \frac{365^2}{E(d_1 + d_2)^2} \left(\frac{S}{C}\right)^2 \left[\frac{Var(q)}{Var(d_1 + d_2)} + f(L_1, \alpha_1, \rho_1, n_1)\frac{Var(d_1)}{Var(d_1 + d_2)} +\right.$$

$$g\left(\frac{z_1, \alpha_1\delta_1, d_1}{Var(d_1)Var(d_1 + d_2)}\right) + f(L_2, \alpha_2, \rho_2, n_2)\frac{Var(d_2)}{Var(d_1 + d_2)} +$$

$$g\left(\frac{(z_1,\alpha_1\delta_1,d_1)}{Var(d_2)Var(d_1+d_2)}\right)+\frac{E(I)^2}{E(d_1+d_2)^2}\bigg]+$$

$$\frac{365^2}{E(d_1+d_2)^2}\bigg[\frac{Var(q)}{Var(d_1+d_2)}+\frac{E(q)^2}{E(d_1+d_2)^2}\bigg] \tag{4.3.7}$$

（2）当 $D>AIL$ 时，可以得到零售商 1 的现金流牛鞭效应的量化模型为：

$$\frac{Var(CFBE)}{Var(d_1)}=\left(\frac{365^2}{Var(d_1)}\left(\frac{S}{C}\right)^2+\frac{365^2}{Var(d_1)}B^2\right)\bigg[\frac{Var(q_1)}{Var(d_1)}+f(L_1,\alpha_1,\rho_1,n_1)+$$

$$g(z_1,\alpha_1\delta_1,d_1)+f(L_2,\alpha_2,\rho_2,n_2)\left(\frac{Var(d_2)}{Var(d_1)}\right)+$$

$$g\left(\frac{(z_2,\alpha_2\delta_2,d_2)}{Var(d_1)Var(d_2)}\right)\bigg]+\frac{365^2}{Var(d_1)}N^2Var\left(\frac{q_1}{d_1}\right) \tag{4.3.8}$$

同时，也可以得到零售商 2 的现金流牛鞭效应的量化模型为：

$$\frac{Var(CFBE)}{Var(d_2)}=\left(\frac{365^2}{Var(d_2)}\left(\frac{S}{C}\right)^2+\frac{365^2}{Var(d_2)}B^2\right)\bigg[\frac{Var(q_2)}{Var(d_2)}+f(L_2,\alpha_2,\rho_2,n_2)+$$

$$g(z_2,\alpha_2\delta_2,d_2)+f(L_1,\alpha_1,\rho_1,n_1)\left(\frac{Var(d_1)}{Var(d_2)}\right)+$$

$$g\left(\frac{(z_1,\alpha_1\delta_1,d_1)}{Var(d_1)Var(d_2)}\right)\bigg]+\frac{365^2}{Var(d_2)}N^2Var\left(\frac{q_2}{d_2}\right) \tag{4.3.9}$$

根据以上的分析，可以推导出制造商的现金流牛鞭效应的量化模型为：

$$\frac{Var(CFBE)}{Var(d_1+d_2)}=\left(\frac{365^2}{Var(d_1+d_2)}\left(\frac{S}{C}\right)^2+\frac{365^2}{Var(d_1+d_2)}B^2\right)\bigg[\frac{Var(q_t)}{Var(d_1+d_2)}+$$

$$f(L_1,\alpha_1,\rho_1,n_1)\frac{Var(d_1)}{Var(d_1+d_2)}+g\left(\frac{z_1,\alpha_1\delta_1,d_1}{Var(d_1)Var(d_1+d_2)}\right)+$$

$$f(L_2,\alpha_2,\rho_2,n_2)\frac{Var(d_2)}{Var(d_1+d_2)}+g\left(\frac{(z_1,\alpha_1\delta_1,d_1)}{Var(d_2)Var(d_1+d_2)}\right)\bigg]+$$

$$\frac{365^2}{Var(d_1+d_2)}\times N^2Var\left(\frac{q}{d_1+d_2}\right) \tag{4.3.10}$$

通过对以上两种情况的对比分析可以看出：公式（4.3.5）～公式（4.3.10）分别表示现金流的波动大于顾客需求的波动。

在第一种情况下，从公式（4.3.5）中可以看出：零售商 1 的现金流牛鞭效应不仅与自身的订货提前期、自身的牛鞭效应、平滑指数、自身的相关系数存在函数关系，而且与自身的库存期望值、顾客需求量的期望值、时期数、自身订货量的期望值以及单位产品的成本等因素也存在函数关系。从公式（4.3.6）中可以看出：零售商 2 的现金流牛鞭效应不仅与自身的订货提前期、自身的牛鞭效应、平滑指数、时期数、自身的相关系数存在函数关系，而且与自身的库存期望值、顾客需求量的期望值、自身订货量的期望值以及单位产品的成本等因素也存在函数关系。从公式（4.3.7）中可以看出：制造商的现金流牛鞭效应不仅与制造商自身的牛鞭效应存在函数关系，而且与两个零售商的订货提前期、平滑指数、相关系数、自身库存量的期望值、两个零售商需求量之和、单位产品的销售价格以及单位产品的成本等相关因素也存在函数关系。

在第二种情况下，从公式（4.3.8）中可以看出：零售商 1 的现金流牛鞭效应不仅与自身的订货提前期、牛鞭效应、平滑指数、时期数、相关系数存在函数关系，而且与零售商 2 的相关系数、订货提前期、移动平均时期数、企业的收账政策、企业的付款政策、单位产品的成本以及单位产品的销售价格也存在函数关系。从公式（4.3.9）中可以看出：零售商 2 的现金流牛鞭效应不仅与自身的订货提前期、牛鞭效应、平滑指数、时期数、相关系数存在函数关系，而且与零售商 1 的相关系数、订货提前期、移动平均时期数、企业的收账政策、企业的付款政策、单位产品的成本以及单位产品的销售价格也存在函数关系。从公式（4.3.10）中可以看出：制造商的现金流牛鞭效应不仅与制造商自身的牛鞭效应存在函数关系，而且与两个零售商订货提前期、平滑指数、时期数、自身的相关系数等相关要素也存在函数关系。

4.3.2　影响因素分析

在本节中，我们主要分析影响两级供应链分销网络节点企业现金流牛鞭效应的影响因素以及它们如何影响现金流牛鞭效应。在上节中，节点企业现金流牛鞭效应的数学表达式已经被分成了两种不同形式，在本节中也分成两种不同形式对相关要素进行讨论。

4.3.2.1　第一种情况下牛鞭效应和其他因素对现金流牛鞭效应的影响

在 4.3.1 节中，我们分别计算出了两个零售商和制造商现金流牛鞭效应的量化模型。本节中，我们主要通过模拟和仿真分析相关因素如何影响各个节点企业的现金流牛鞭效应。

与移动平均预测方法相比，当两个零售商分别运用指数平滑预测方法预测顾客的市场需求时，影响现金流牛鞭效应不同的因素是平滑指数，其他的影响因素都是相同的。因此，基于以上主要分析和相关陈述，我们主要分析节点企业的平滑指数以及其他相关因素对现金流牛鞭效应的影响情况，如图 4-6～图 4-10 所示。

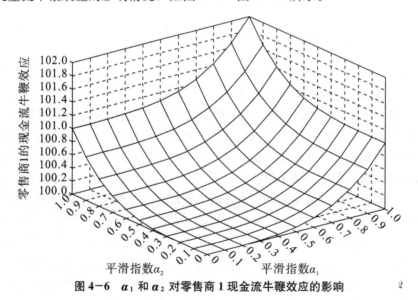

图 4-6　α_1 和 α_2 对零售商 1 现金流牛鞭效应的影响

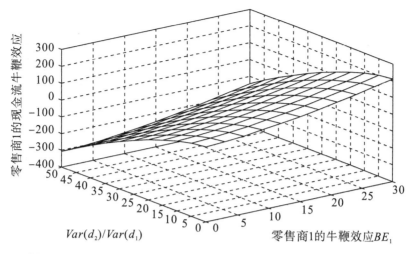

图 4-7 BE_1 和 $Var(d_2)/Var(d_1)$ 对零售商 1 现金流牛鞭效应的影响

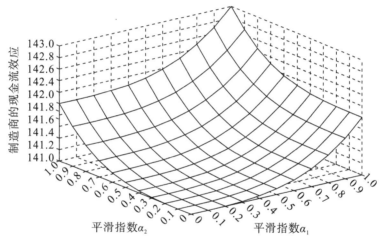

图 4-8 α_1 和 α_2 对制造商现金流牛鞭效应的影响

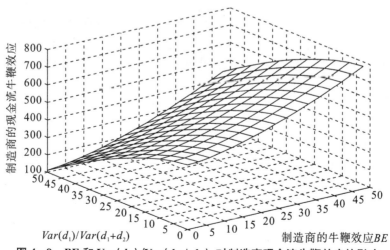

图 4-9 BE 和 $Var(d_1)/Var(d_1+d_2)$ 对制造商现金流牛鞭效应的影响

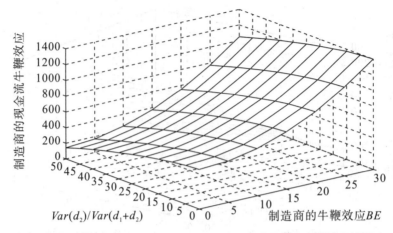

图 4-10 BE 和 $Var(d_2)/Var(d_1+d_2)$ 对制造商现金流牛鞭效应的影响

从图 4-6 中可以看出：零售商 1 的现金流牛鞭效应是两个零售商平滑指数的增函数，换句话说，随着平滑指数的不断增大，零售商 1 的现金流牛鞭效应也不断增大，由此，零售商应该进一步减小平滑指数，从而减小零售商现金流的波动。从图 4-7 中可以看出：零售商 1 的现金流牛鞭效应和零售商 1 的牛鞭效应呈正相关关系，换句话说，随着需求信息波动的不断增大，现金流的波动也不断增大；同时，零售商 1 的现金流牛鞭效应和两个零售商需求量方差的比值呈负相关关系。由于零售商 1 和零售商 2 现金流牛鞭效应的量化表达式具有相似的结构，因此，本节不再分析上述因素对零售商 2 现金流牛鞭效应的影响。从图 4-8 中可以看出：制造商的现金流牛鞭效应是平滑指数的增函数，换句话说，随着平滑指数的不断增大，制造商现金流的波动也逐渐增大。从图 4-9 中可以看出：制造商现金流的波动和需求信息的波动呈正相关关系。和零售商不同的是，制造商现金流的波动不仅会受到 $Var(d_1)/Var(d_1+d_2)$ 的影响，而且会受到 $Var(d_2)/Var(d_1+d_2)$ 的影响，两者呈负相关关系。

4.3.2.2   第二种情况下牛鞭效应和其他因素对现金流牛鞭效应的影响

在这种情形下，与移动平均预测方法相比，当下游的零售商各自使用指数平滑预测方法预测市场上消费者的最终需求量时，影响现金流波动的不同因素包括平滑指数、企业的收账政策、单位产品的成本、单位产品的销售价格，其他影响因素都相同。因此，本节主要分析以上因素对节点企业现金流牛鞭效应的影响情况，如图 4-11～图 4-14 所示。

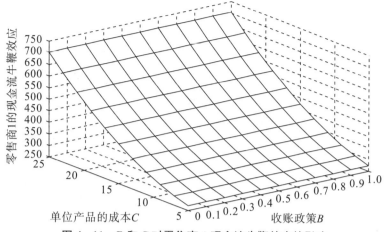

图 4-11　B 和 C 对零售商 1 现金流牛鞭效应的影响

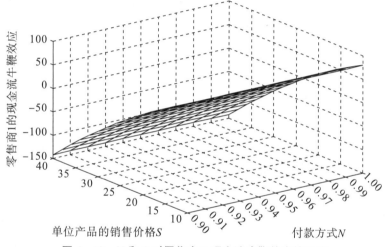

图 4-12　N 和 S 对零售商 1 现金流牛鞭效应的影响

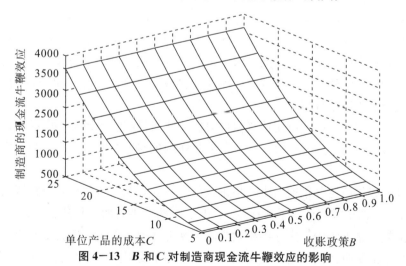

图 4-13　B 和 C 对制造商现金流牛鞭效应的影响

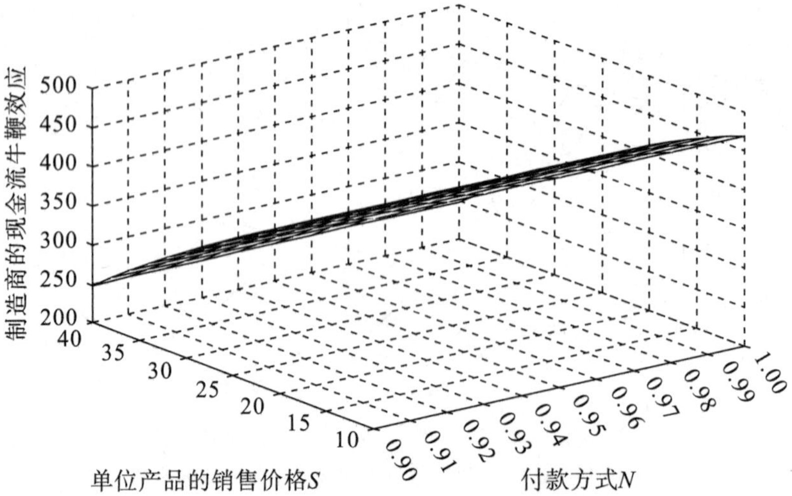

图 4-14 N 和 S 对制造商现金流牛鞭效应的影响

从图 4-11 中可以看出：零售商 1 的现金流牛鞭效应是单位产品成本 C 的增函数，因此，企业可以通过降低 C 来降低现金流牛鞭效应。从图 4-12 中可以看出：零售商 1 的现金流牛鞭效应是单位产品销售价格 S 的减函数，因此，企业可以通过提高 S 来降低现金流牛鞭效应。从图 4-13 中可以看出：制造商的现金流牛鞭效应是单位产品成本 C 的增函数，因此，制造商可以通过降低 C 来降低现金流牛鞭效应。从图 4-14 中可以看出：制造商的现金流牛鞭效应是单位产品销售价格 S 的减函数，因此，制造商可以通过提高 S 来降低现金流牛鞭效应。

4.4 小结

本章首先构建了基于指数法和订货点库存策略的两级供应链分销网络牛鞭效应数学表达式，并对其影响因素进行探讨。然后，在两级供应链分销网络中，基于指数平滑预测方法建立了库存牛鞭效应量化模型和现金流牛鞭效应量化模型，并对其影响因素进行分析。最后，在多级供应链分销网络中，每个节点企业可以共享需求信息的情况下，基于指数平滑预测方法建立了牛鞭效应、库存牛鞭效应以及现金流牛鞭效应的量化模型，并对其影响因素进行了分析。

根据前面的详细分析，应用仿真软件对影响两级供应链分销网络中的牛鞭效应、库存牛鞭效应以及现金流牛鞭效应进行了非常详细的分析和探讨，并得出以下主要的结论：

（1）在两级供应链分销网络中，牛鞭效应的主要影响因素包括来自顾客的需求相关系数 ρ_1 和 ρ_2、两个零售商的平滑指数 α_1 和 α_2、两个零售商的订货提前期 l_1^1 和 l_2^1 等。在两级供应链分销网络中，库存牛鞭效应除了受上述因素影响，还会受到每个节点企业自身牛鞭效应的影响。同样地，现金流牛鞭效应除了受以上因素影响，还会受到牛鞭效应和库存牛鞭效应的影响，也会受到单位产品的销售价格和成本等相关因素的影响。

（2）在多级供应链分销网络中，各个节点企业牛鞭效应、库存牛鞭效应以及现金流牛鞭效应不仅受到自身订货提前期、需求相关系数、平滑指数等因素的影响，还会受到同级的其他节点企业的订货提前期、需求相关系数、平滑指数等因素的影响。

（3）在企业实际的管理活动中，当运用指数平滑预测方法预测市场上顾客的需求时，企业还可以通过降低平滑指数、降低订货提前期等方法来降低牛鞭效应和库存牛鞭效应的影响。同时，企业还可以通过降低平滑指数、降低单位产品的销售价格、提高库存周转次数等方法来降低现金流牛鞭效应的影响。

5 基于均方误差预测方法的
供应链分销网络牛鞭效应

5.1 基于均方误差预测方法的两级供应链分销网络牛鞭效应

5.1.1 牛鞭效应数学模型

在本节中，通常情况下假定零售商是制造商的唯一顾客。在 t_1 时期期末，零售商 1 向制造商的订货量是 q_{1,t_1}。同样的，在 t_2 时期期末，零售商 2 向制造商的订货量是 q_{2,t_2}^1。假设两个零售商的订货提前期都固定，长度分别是 l_1^1 和 l_2^1，因此，制造商会在时期 $l_1^1 + t_1$ 期末和时期 $l_2^1 + t_2$ 期末收到来自两个零售商的订购单。两个零售商预测到的来自顾客的需求量分别为 d_{1,t_1}^1 和 d_{2,t_2}^1，并且两个零售商都有足够的存货，可以在任何情况下都能满足来自顾客的需求。同时，假定零售商接收到的市场上最终消费者的需求量都相互独立。

两个零售商面临的来自市场的需求量服从一阶自相关函数 $AR(1)$ 形式，可以分别表示为：

$$d_{1,t_1}^1 = \mu_1^1 + \rho_1^1 d_{1,t_1-1}^1 + \varepsilon_{1,t_1}^1, \quad d_{2,t_2}^1 = \mu_2^1 + \rho_2^1 d_{2,t_2-1}^1 + \varepsilon_{2,t_2}^1 \tag{5.1.1}$$

在公式（5.1.1）中，μ_1^1 和 μ_2^1 分别是非负常数，ρ_1^1 和 ρ_2^1 分别是自相关系数满足 $|\rho_1^1| < 1$ 和 $|\rho_2^1| < 1$，并且 ε_{1,t_1}^1 和 ε_{2,t_2}^1 分别是随机扰动项，服从均值为 0，方差分别为 $(\delta_1^1)^2$ 和 $(\delta_2^1)^2$ 的正态分布。因此，可以得到：

$$E(d_{1,t_1}^1) = \frac{\mu_1^1}{1-\rho_1^1}, Var(d_{1,t_1}^1) = \frac{(\delta_1^1)^2}{1-(\rho_1^1)^2}; \quad E(d_{2,t_2}^1) = \frac{\mu_2^1}{1-\rho_2^1}, Var(d_{2,t_2}^1) = \frac{(\delta_2^1)^2}{1-(\rho_2^1)^2}$$
$$\tag{5.1.2}$$

通常假定总的订购货物数量为 q_t，所有零售商的订购货物数量分别是 q_{1,t_1} 与 q_{2,t_2}，则 $q_t = q_{1,t_1} + q_{2,t_2}$，且有：

$$q_{1,t_1}^1 = S_{1,t_1}^1 - S_{1,t_1-1}^1 + d_{1,t_1-1}^1, \quad q_{2,t_2}^1 = S_{2,t_2}^1 - S_{2,t_2-1}^1 + d_{2,t_2-1}^1 \tag{5.1.3}$$

在公式（5.1.3）中，S_{1,t_1}^1 与 S_{2,t_2}^1 都是零售商各自的最高库存水平，可以分别表示为：

$$S_{1,t_1}^1 = \hat{d}_{1,t_1}^{l_1^1} + z_1^1 \hat{\delta}_{1,t_1}^{l_1^1}, \quad S_{2,t_2}^1 = \hat{d}_{2,t_2}^{l_2^1} + z_2^1 \hat{\delta}_{2,t_2}^{l_2^1} \tag{5.1.4}$$

在公式（5.1.4）中，$\hat{d}_{1,t_1}^{l_1^1}$ 和 $\hat{d}_{2,t_2}^{l_2^1}$ 分别是运用均方误差预测方法预测到市场上顾客

需求量的估计值，z_1^1 和 z_2^1 分别是服务因子，$\hat{\delta}_{1,t_1}^{l_1^1}$ 和 $\hat{\delta}_{2,t_2}^{l_2^1}$ 分别是两个零售商在 l_1^1 时期和 l_2^1 时期需求标准差的估计值。根据现有的研究成果，本章同样假设 $z_1 = z_2 = 0$，则可以得到公式（5.1.5）：

$$S_{1,t_1}^1 = \hat{d}_{1,t_1}^{l_1^1}, \ S_{2,t_2}^1 = \hat{d}_{2,t_2}^{l_2^1}, \ q_{1,t_1}^1 = \hat{d}_{1,t_1}^{l_1^1} - \hat{d}_{1,t_1-1}^{l_1^1} + d_{1,t_1-1}^1, \ q_{2,t_2}^1 = \hat{d}_{2,t_2}^{l_2^1} - \hat{d}_{2,t_2-1}^{l_2^1} + d_{2,t_2-1}^1$$

$$(5.1.5)$$

基于以上分析，当两个零售商分别运用均方误差预测方法预测市场上顾客的需求时，可以得到两个零售商对于市场顾客需求的估计值分别为：

$$\hat{d}_{1,t_1}^{l_1^1} = \frac{\mu_1^1}{1-\rho_1^1}\Big[l_1^1 - \frac{\rho_1^1(1-\rho_1^{l_1^1})}{1-\rho_1^1}\Big] + \frac{\rho_1^1(1-\rho_1^{l_1^1})}{1-\rho_1^1} \times d_{1,t_1}^1,$$

$$\hat{d}_{2,t_2}^{l_2^1} = \frac{\mu_2^1}{1-\rho_2^1}\Big[l_2^1 - \frac{\rho_2^1(1-\rho_2^{l_2^1})}{1-\rho_2^1}\Big] + \frac{\rho_2^1(1-\rho_2^{l_2^1})}{1-\rho_2^1} \times d_{2,t_2}^1 \qquad (5.1.6)$$

公式（5.1.5）中的 q_{1,t_1}^1 和 q_{2,t_2}^1 可以表示为公式（5.1.7）：

$$q_{1,t_1}^1 = \Big[1 + \Big(\frac{1-\rho_1^{l_1^1}}{1-\rho_1^1}\Big) \times \rho_1^1\Big] \times d_{1,t_1}^1 - \Big(\frac{1-\rho_1^{l_1^1}}{1-\rho_1^1}\Big) \times \rho_1^1 d_{1,t_1-1}^1,$$

$$q_{2,t_2}^1 = \Big[1 + \Big(\frac{1-\rho_2^{l_2^1}}{1-\rho_2^1}\Big) \times \rho_2^1\Big] \times d_{2,t_2}^1 - \Big(\frac{1-\rho_2^{l_2^1}}{1-\rho_2^1}\Big) \times \rho_2^1 d_{2,t_2-1}^1 \qquad (5.1.7)$$

于是可以得到：

$$Var(q_t) = Var(q_{1,t_1}^1 + q_{2,t_2}^1) = Var\Big\{\Big[1 + \Big(\frac{1-\rho_1^{l_1^1}}{1-\rho_1^1}\Big) \times \rho_1^1\Big]d_{1,t_1}^1 - \Big(\frac{1-\rho_1^{l_1^1}}{1-\rho_1^1}\Big) \times \rho_1^1 d_{1,t_1-1}^1 +$$

$$\Big[1 + \Big(\frac{1-\rho_2^{l_2^1}}{1-\rho_2^1}\Big) \times \rho_2^1\Big]d_{2,t_2}^1 - \Big(\frac{1-\rho_2^{l_2^1}}{1-\rho_2^1}\Big) \times \rho_2^1 d_{2,t_2-1}^1\Big\}$$

$$= \Big\{\Big[1 + \Big(\frac{1-\rho_1^{l_1^1}}{1-\rho_1^1}\Big) \times \rho_1^1\Big]^2 + \Big[\Big(\frac{1-\rho_1^{l_1^1}}{1-\rho_1^1}\Big) \times \rho_1^1\Big]^2\Big\}Var(d_{1,t_1}^1) +$$

$$\Big\{\Big[1 + \Big(\frac{1-\rho_2^{l_2^1}}{1-\rho_2^1}\Big) \times \rho_2^1\Big]^2 + \Big[\Big(\frac{1-\rho_2^{l_2^1}}{1-\rho_2^1}\Big) \times \rho_2^1\Big]^2\Big\}Var(d_{2,t_2}^1) -$$

$$2\Big\{\Big[1 + \Big(\frac{1-\rho_1^{l_1^1}}{1-\rho_1^1}\Big) \times \rho_1^1\Big] \times \Big[1 + \Big(\frac{1-\rho_1^{l_1^1}}{1-\rho_1^1}\Big) \times \rho_1^1\Big]\Big\} \times \rho_1^1 \times Var(d_{1,t_1}^1) -$$

$$2\Big\{\Big[1 + \Big(\frac{1-\rho_2^{l_2^1}}{1-\rho_2^1}\Big) \times \rho_2^1\Big] \times \Big[1 + \Big(\frac{1-\rho_2^{l_2^1}}{1-\rho_2^1}\Big) \times \rho_2^1\Big]\Big\} \times \rho_2^1 \times Var(d_{2,t_2}^1)$$

$$(5.1.8)$$

需要指出的是，在公式（5.1.8）中：

$$Cov(d_{1,t_1}^1, d_{1,t_1-1}^1) = \frac{\rho_1^1 \delta_1^1}{1-(\rho_1^1)^2} = \rho_1^1 Var(d_{1,t_1}^1),$$

$$Cov(d_{2,t_2}^1, d_{2,t_2-1}^1) = \frac{\rho_2^1 \delta_2^1}{1-(\rho_2^1)^2} = \rho_2^1 Var(d_{2,t_2}^1) \qquad (5.1.9)$$

当 $\rho_1^1 \in [0, 1)$ 和 $\rho_2^1 \in [0, 1)$ 时，运用 $-\rho_1^1 > -1$，$-\rho_2^1 > -1$ 可以得到公式（5.1.10）：

$$Var(q_t) > Var(d^1_{1,t_1}) + Var(d^1_{2,t_2}) \Leftrightarrow \frac{Var(q_t)}{Var(d^1_{1,t_1} + d^1_{2,t_2})} > 1 \quad (5.1.10)$$

当 $\rho^1_1 \in (-1, 0)$ 和 $\rho^1_2 \in (-1, 0)$ 时，运用 $-(\rho^1_1)^2 < -\rho^1_1$，$-(\rho^1_2)^2 < -\rho^1_2$ 可以得到公式（5.1.11）：

$$Var(q_t) < Var(d^1_{1,t_1}) + Var(d^1_{2,t_2}) \Leftrightarrow \frac{Var(q_t)}{Var(d^1_{1,t_1} + d^1_{2,t_2})} < 1 \quad (5.1.11)$$

因此可以得出下列定理：

定理 5-1： 在均方误差法下，当 $\rho^1_1 \in [0, 1)$ 和 $\rho^1_2 \in [0, 1)$ 时，两级供应链分销网络中存在强牛鞭效应；当 $\rho^1_1 \in (-1, 0)$ 和 $\rho^1_2 \in (-1, 0)$ 时，两级供应链分销网络中不存在强牛鞭效应。

根据公式（5.1.8）可以得到公式（5.1.12）和公式（5.1.13）：

$$\frac{Var(q_t)}{Var(d^1_{1,t_1})} = \left[1 + \left(\frac{1-\rho^{l_1}_1}{1-\rho^1_1} \right) \times \rho^1_1 \right]^2 + \left[\left(\frac{1-\rho^{l_1}_1}{1-\rho^1_1} \right) \times \rho^1_1 \right]^2 -$$

$$2 \left[1 + \left(\frac{1-\rho^{l_1}_1}{1-\rho^1_1} \right) \times \rho^1_1 \right] \times \left[\left(\frac{1-\rho^{l_1}_1}{1-\rho^1_1} \right) \times \rho^1_1 \right] \times \rho^1_1 +$$

$$\left\{ \left[1 + \left(\frac{1-\rho^{l_1}_2}{1-\rho^1_2} \right) \times \rho^1_2 \right]^2 + \left[\left(\frac{1-\rho^{l_1}_2}{1-\rho^1_2} \right) \times \rho^1_2 \right]^2 -$$

$$2 \left[1 + \left(\frac{1-\rho^{l_1}_2}{1-\rho^1_2} \right) \times \rho^1_2 \right] \times \left[\left(\frac{1-\rho^{l_1}_2}{1-\rho^1_2} \right) \times \rho^1_2 \right] \times \rho^1_2 \right\} \times$$

$$\frac{(\delta^1_2)^2}{1-(\rho^1_2)^2} \times \frac{1-(\rho^1_1)^2}{(\delta^1_1)^2} \quad (5.1.12)$$

$$\frac{Var(q_t)}{Var(d^1_{2,t_2})} = \left[1 + \left(\frac{1-\rho^{l_2}_2}{1-\rho^1_2} \right) \times \rho^1_2 \right]^2 + \left[\left(\frac{1-\rho^{l_2}_2}{1-\rho^1_2} \right) \times \rho^1_2 \right]^2 -$$

$$2 \left[1 + \left(\frac{1-\rho^{l_2}_2}{1-\rho^1_2} \right) \times \rho^1_2 \right] \times \left[\left(\frac{1-\rho^{l_2}_2}{1-\rho^1_2} \right) \times \rho^1_2 \right] \times \rho^1_2 +$$

$$\left\{ \left[1 + \left(\frac{1-\rho^{l_1}_1}{1-\rho^1_1} \right) \times \rho^1_1 \right]^2 + \left[\left(\frac{1-\rho^{l_1}_1}{1-\rho^1_1} \right) \times \rho^1_1 \right]^2 -$$

$$2 \left[1 + \left(\frac{1-\rho^{l_1}_1}{1-\rho^1_1} \right) \times \rho^1_1 \right] \times \left[\left(\frac{1-\rho^{l_1}_1}{1-\rho^1_1} \right) \times \rho^1_1 \right] \times \rho^1_1 \right\} \times$$

$$\frac{(\delta^1_1)^2}{1-(\rho^1_1)^2} \times \frac{1-(\rho^1_2)^2}{(\delta^1_2)^2} \quad (5.1.13)$$

5.1.2 影响因素分析

根据公式（5.1.8）、公式（5.1.12）以及公式（5.1.13）可以对影响制造商和两个零售商牛鞭效应的相关因素进行分析并找出相关原因，在实践活动中可以有效地控制相关因素，从而有效地减弱和控制牛鞭效应对节点企业产生的不利影响。根据公式（5.1.8），应分析零售商1的订货提前期 l^1_1、零售商2的订货提前期 l^1_2 和零售商1需求的相关系数 ρ^1_1 以及零售商2需求的相关系数 ρ^1_2 等相关因素对制造商牛鞭效应的影响。

根据公式（5.1.12），应分析以上相关因素对零售商 1 牛鞭效应的影响。根据公式（5.1.13），应分析以上相关因素对零售商 2 牛鞭效应的影响。

根据公式（5.1.8）可以得到：

$$
\frac{Var(q_t)}{Var(d^1_{1,t_1}+d^1_{2,t_2})} = \left\{\left[1+\left(\frac{1-\rho^{l^1_1}_1}{1-\rho^1_1}\right)\times\rho^1_1\right]^2+\left[\left(\frac{1-\rho^{l^1_1}_1}{1-\rho^1_1}\right)\times\rho^1_1\right]^2\right\}\frac{Var(d^1_{1,t_1})}{Var(d^1_{1,t_1}+d^1_{2,t_2})}+
$$

$$
\left\{\left[1+\left(\frac{1-\rho^{l^1_2}_2}{1-\rho^1_2}\right)\times\rho^1_2\right]^2+\left[\left(\frac{1-\rho^{l^1_2}_2}{1-\rho^1_2}\right)\times\rho^1_2\right]^2\right\}\frac{Var(d^1_{2,t_2})}{Var(d^1_{1,t_1}+d^1_{2,t_2})}-
$$

$$
2\left\{\left[1+\left(\frac{1-\rho^{l^1_1}_1}{1-\rho^1_1}\right)\times\rho^1_1\right]\times\left[\left(\frac{1-\rho^{l^1_1}_1}{1-\rho^1_1}\right)\times\rho^1_1\right]\right\}\times\rho^1_1\times
$$

$$
\frac{Var(d^1_{1,t_1})}{Var(d^1_{1,t_1}+d^1_{2,t_2})}-2\left\{\left[1+\left(\frac{1-\rho^{l^1_2}_2}{1-\rho^1_2}\right)\times\rho^1_2\right]\times\left[\left(\frac{1-\rho^{l^1_2}_2}{1-\rho^1_2}\right)\times\rho^1_2\right]\right\}\times
$$

$$
\rho^1_2\times\frac{Var(d^1_{2,t_2})}{Var(d^1_{1,t_1}+d^1_{2,t_2})} \tag{5.1.14}
$$

对公式（5.1.14）中的 l^1_1 和 l^1_2 求导可以得到公式（5.1.15）和公式（5.1.16）：

$$
\frac{\partial\dfrac{Var(q_t)}{Var(d^1_{1,t_1}+d^1_{2,t_2})}}{\partial l^1_1} = -\left[\frac{2}{1-\rho^1_1}(\rho^{l^1_1}_1\ln(\rho^1_1))+4(\rho^1_1)^2\left(\frac{1-\rho^{l^1_1}_1}{1-\rho^1_1}\right)^2\rho^{l^1_1}_1\ln(\rho^1_1)\right]\times
$$

$$
\frac{Var(d^1_{1,t_1})}{Var(d^1_{1,t_1}+d^1_{2,t_2})}-2\rho^1_1\left[\frac{\rho^1_1(\rho^{l^1_1}_1)\ln(\rho^1_1)}{1-\rho^1_1}\right]\times
$$

$$
\rho^1_1\left[\frac{1-\rho^{l^1_1}_1}{1-\rho^1_1}\right]-2\rho^1_1\left[1+\left(\frac{1-\rho^{l^1_1}_1}{1-\rho^1_1}\right)\rho^1_1\right]\times\left[\rho^1_1\left(\frac{(\rho^{l^1_1}_1)\ln(\rho^1_1)}{1-\rho^1_1}\right)\right]\times
$$

$$
\frac{Var(d^1_{1,t_1})}{Var(d^1_{1,t_1}+d^1_{2,t_2})}>0 \tag{5.1.15}
$$

$$
\frac{\partial\dfrac{Var(q_t)}{Var(d^1_{1,t_1}+d^1_{2,t_2})}}{\partial l^1_2} = -\left[\frac{2}{1-\rho^1_2}(\rho^{l^1_2}_2\ln(\rho^1_2))+4(\rho^1_2)^2\left(\frac{1-\rho^{l^1_2}_2}{1-\rho^1_2}\right)^2\rho^{l^1_2}_2\ln(\rho^1_2)\right]\times
$$

$$
\frac{Var(d^1_{2,t_2})}{Var(d^1_{1,t_1}+d^1_{2,t_2})}-2\rho^1_2\left[\frac{\rho^1_2(\rho^{l^1_2}_2)\ln(\rho^1_2)}{1-\rho^1_2}\right]\times
$$

$$
\rho^1_2\left[\frac{1-\rho^{l^1_2}_2}{1-\rho^1_2}\right]-2\rho^1_2\left[1+\left(\frac{1-\rho^{l^1_2}_2}{1-\rho^1_2}\right)\rho^1_2\right]\times\left[\rho^1_2\left(\frac{(\rho^{l^1_2}_2)\ln(\rho^1_2)}{1-\rho^1_2}\right)\right]\times
$$

$$
\frac{Var(d^1_{2,t_2})}{Var(d^1_{1,t_1}+d^1_{2,t_2})}>0 \tag{5.1.16}
$$

对公式（5.1.8）中的 ρ^1_1 和 ρ^1_2 求导可以得到公式（5.1.17）～公式（5.1.20）：

当两个零售商的相关系数分别是 $\rho^1_1\in(0,1)$ 和 $\rho^1_2\in(0,1)$ 时，

$$
\frac{\partial\dfrac{Var(q_t)}{Var(d^1_{1,t_1}+d^1_{2,t_2})}}{\partial\rho^1_1} = \frac{4(\rho^1_1-\rho^{l^1_1+1}_1)(1-\rho^1_1)^2[1-(l^1_1+1)\rho^{l^1_1}_1]+4[\rho^1_1(1-\rho^{l^1_1}_1]^2(1-\rho^1_1)}{(1-\rho^1_1)^2}+
$$

$$\frac{[2-2(1+l_1^1)\rho_1^{l_1^1}](1-\rho_1^1)+2\rho_1^1(1-\rho_1^{l_1^1})}{1-\rho_1^1}>0 \tag{5.1.17}$$

$$\frac{\partial \frac{Var(q_t)}{Var(d_{1,t_1}^1+d_{2,t_2}^1)}}{\partial \rho_2^1}=\frac{4(\rho_2^1-\rho_2^{l_2^1+1})(1-\rho_2^1)^2[1-(l_2^1+1)\rho_2^{l_2^1}]+4[\rho_2^1(1-\rho_2^{l_2^1})]^2(1-\rho_2^1)}{(1-\rho_1^1)^2}+$$

$$\frac{[2-2(1+l_2^1)\rho_2^{l_2^1}](1-\rho_2^1)+2\rho_2^1(1-\rho_2^{l_2^1})}{1-\rho_2^1}>0 \tag{5.1.18}$$

当两个零售商的相关系数分别是 $\rho_1^1\in(-1,0)$ 和 $\rho_2^1\in(-1,0)$ 时,

$$\frac{\partial \frac{Var(q_t)}{Var(d_{1,t_1}^1+d_{2,t_2}^1)}}{\partial \rho_1^1}=\frac{4(\rho_1^1-\rho_1^{l_1^1+1})(1-\rho_1^1)^2[1-(l_1^1+1)\rho_1^{l_1^1}]+4[\rho_1^1(1-\rho_1^{l_1^1})]^2(1-\rho_1^1)}{(1-\rho_1^1)^2}+$$

$$\frac{[2-2(1+l_1^1)\rho_1^{l_1^1}](1-\rho_1^1)+2\rho_1^1(1-\rho_1^{l_1^1})}{1-\rho_1^1}<0 \tag{5.1.19}$$

$$\frac{\partial \frac{Var(q_t)}{Var(d_{1,t_1}^1+d_{2,t_2}^1)}}{\partial \rho_2^1}=\frac{4(\rho_2^1-\rho_2^{l_2^1+1})(1-\rho_2^1)^2[1-(l_2^1+1)\rho_2^{l_2^1}]+4[\rho_2^1(1-\rho_2^{l_2^1})]^2(1-\rho_2^1)}{(1-\rho_1^1)^2}+$$

$$\frac{[2-2(1+l_2^1)\rho_2^{l_2^1}](1-\rho_2^1)+2\rho_2^1(1-\rho_2^{l_2^1})}{1-\rho_2^1}<0 \tag{5.1.20}$$

从公式(5.1.17)~公式(5.1.20)中可以看出:当两个零售商的订货提前期逐渐增大时,制造商的牛鞭效应也逐渐增大;当两个零售商的相关系数分别为 $\rho_1^1\in(0,1)$ 和 $\rho_2^1\in(0,1)$ 时,随着相关系数逐渐增大,则制造商的牛鞭效应逐渐增大;当零售商1和零售商2的相关系数分别为 $\rho_1^1\in(-1,0)$ 和 $\rho_2^1\in(-1,0)$ 时,随着相关系数逐渐增大,则制造商的牛鞭效应逐渐减小。

5.2 基于均方误差预测方法的两级供应链分销网络库存牛鞭效应

5.2.1 库存牛鞭效应数学模型

基于以上相关分析,本节我们继续分析和探讨由制造商和零售商构成的两级供应链分销网络系统。零售商1和零售商2分别为制造商的唯一买方,双方的交换都出现在一个闭区间为 $(-\infty,\cdots,-1,0,1,\cdots,+\infty)$ 的无限离散时期内,本节继续分析牛鞭效应如何影响库存,推导和分析在均方误差预测方法下两级供应链分销网络中各个节点企业库存牛鞭效应的量化模型。由于两级供应链分销网络中包括制造商和零售商,因此,应该推导和证明得到三个库存牛鞭效应的数学表达式。

在一个两级供应链分销网络中,假设上游制造商在 t 时刻的库存水平记为 I_t,可以表示为公式(5.2.1):

$$I_t=I_{int}-\sum_{i_1=1}^{t}d_{1,i_1}^1+\sum_{i_1=1}^{t}q_{1,i_1-l_1^1}^1-\sum_{i_2=1}^{t}d_{1,i_2}^1+\sum_{i_2=1}^{t}q_{1,i_2-l_1^1}^1 \tag{5.2.1}$$

在公式（5.2.1）中，I_{int} 是制造商期初的库存水平，从上节的相关公式中可以得到：

$$\sum_{i_1=1}^{t} q_{1,i_1-l_1^1}^1 = S_{1,t_1-l_1^1}^1 + \sum_{i_1=1}^{t_1-1-l_1^1} d_{1,i_1}^1 , S_{1,t_1}^1 = 0, d_{1,t_1}^1 = 0$$

$$\sum_{i_2=1}^{t} q_{1,i_2-l_2^1}^1 = S_{t_2-l_2^1}^1 + \sum_{i_2=1}^{t_2-1-l_2^1} d_{2,i_2}^1 , S_{2,t_1}^1 = 0, d_{2,t_1}^1 = 0$$

于是可以得到：

$$I_t = I_{int} + q_{1,t_1-l_1^1}^1 + S_{1,t_1-l_1^1-1}^1 - d_{1,t_1}^1 - \sum_{i_1=l_1^1}^{l_1^1+1} d_{1,t_1-i_1}^1 + q_{2,t_2-l_2^1}^1 + S_{2,t_2-l_2^1-1}^1 - d_{2,t_2}^1 - \sum_{i_2=l_2^1}^{l_2^1+1} d_{2,t_2-i_2}^1$$

$$(5.2.2)$$

根据相关的方差和协方差表达式，可以推导出两级供应链分销网络中，当两个零售商运用均方误差预测方法预测市场顾客的需求时，制造商库存牛鞭效应的量化模型可以表示为公式（5.2.3）：

$$\frac{Var(I_t)}{Var(d_1^1+d_2^1)} = \frac{Var(q_t)}{Var(d_1^1+d_2^1)} + f(l_1^1,\rho_1^1,\mu_1^1)\frac{Var(d_1^1)}{Var(d_1^1+d_2^1)} + g\left(\frac{(z_1^1,\delta_1^1)}{Var(d_1^1+d_2^1)}\right) +$$

$$f(l_2^1,\rho_2^1,\mu_2^1)\frac{Var(d_2^1)}{Var(d_1^1+d_2^1)} + g\left(\frac{(z_2^1,\delta_2^1)}{Var(d_1^1+d_2^1)}\right) \quad (5.2.3)$$

从公式（5.2.2）可以推导出两级供应链分销网络中零售商 1 库存牛鞭效应的量化模型为公式（5.2.4）：

$$\frac{Var(I_t)}{Var(d_1^1)} = \frac{Var(q_t)}{Var(d_1^1)} + f(l_1^1,\rho_1^1,\mu_1^1) + f(l_2^1,\rho_2^1,\mu_2^1)\frac{Var(d_2^1)}{Var(d_1^1)} + g\left(\frac{(z_1^1,\delta_1^1)}{Var(d_1^1)}\right) + g\left(\frac{(z_2^1,\delta_2^1)}{Var(d_1^1)}\right)$$

$$(5.2.4)$$

从公式（5.2.2）也可以推导出两级供应链分销网络中零售商 2 库存牛鞭效应的量化模型为公式（5.2.5）：

$$\frac{Var(I_t)}{Var(d_2^1)} = \frac{Var(q_t)}{Var(d_2^1)} + f(l_2^1,\rho_2^1,\mu_2^1) + f(l_2^1,\rho_2^1,\mu_2^1)\frac{Var(d_1^1)}{Var(d_2^1)} + g\left(\frac{(z_2^1,\delta_2^1)}{Var(d_2^1)}\right) + g\left(\frac{(z_1^1,\delta_1^1)}{Var(d_2^1)}\right)$$

$$(5.2.5)$$

在公式（5.2.3）~公式（5.2.5）中，函数 $f(l_1^1, \rho_1^1, \mu_1^1)$ 和函数 $f(l_2^1, \rho_2^1, \mu_2^1)$ 分别表示为公式（5.2.6）和公式（5.2.7）：

$$f(l_1^1,\rho_1^1,\mu_1^1) = \left\{ \left(\frac{\mu_1^1}{1-\rho_1^1}\right)^2 \left[\frac{\rho_1^1(1-(\rho_1^1)^{l_1^1})}{1-\rho_1^1}\right]^2 + 3 + 2\rho_1^1 + (\rho_1^1)^{l_1^1+1} + \right.$$

$$\rho_1^1 + \left[\frac{\rho_1^1(1-(\rho_1^1)^{l_1^1})}{1-\rho_1^1}\right]^2 \rho_1^1 - \left[\frac{\rho_1^1(1-(\rho_1^1)^{l_1^1})}{1-\rho_1^1}\right]^2 + \frac{\rho_1^1(1-(\rho_1^1)^{l_1^1})}{1-\rho_1^1}(\rho_1^1)^{l_1^1} -$$

$$\frac{\rho_1^1(1-(\rho_1^1)^{l_1^1})}{1-\rho_1^1}(\rho_1^1)^{l_1^1+1} + 1 + \frac{\rho_1^1(1-(\rho_1^1)^{l_1^1})}{1-\rho_1^1}(\rho_1^1)^{l_1^1+1} +$$

$$\left. \frac{\rho_1^1(1-(\rho_1^1)^{l_1^1})}{1-\rho_1^1} + \frac{\rho_1^1(1-(\rho_1^1)^{l_1^1})}{1-\rho_1^1}\rho_1^1 + ((\rho_1^1)^{l_1^1} + (\rho_1^1)^{l_1^1+1}) \right\} \quad (5.2.6)$$

$$f(l_2^1, \rho_2^1, \mu_2^1) = \left\{ \left(\frac{\mu_2^1}{1-\rho_2^1}\right)^2 \left[\frac{\rho_2^1(1-(\rho_2^1)^{l_2^1})}{1-\rho_2^1}\right]^2 + 3 + 2\rho_2^1 + (\rho_2^1)^{l_2^1+1} + \rho_2^1 + \right.$$

$$\left[\frac{\rho_2^1(1-(\rho_2^1)^{l_2^1})}{1-\rho_2^1}\right]^2 \rho_2^1 - \left[\frac{\rho_2^1(1-(\rho_2^1)^{l_2^1})}{1-\rho_2^1}\right]^2 + \frac{\rho_2^1(1-(\rho_2^1)^{l_2^1})}{1-\rho_2^1}(\rho_2^1)^{l_2^1} -$$

$$\frac{\rho_2^1(1-(\rho_2^1)^{l_2^1})}{1-\rho_2^1}(\rho_2^1)^{l_2^1+1} + 1 + \frac{\rho_2^1(1-(\rho_2^1)^{l_2^1})}{1-\rho_2^1}(\rho_2^1)^{l_2^1+1} +$$

$$\left. \frac{\rho_2^1(1-(\rho_2^1)^{l_2^1})}{1-\rho_2^1} + \frac{\rho_1^1(1-(\rho_2^1)^{l_2^1})}{1-\rho_2^1}\rho_2^1 + ((\rho_2^1)^{l_2^1} + (\rho_2^1)^{l_2^1+1}) \right\} \qquad (5.2.7)$$

从公式（5.2.5）～公式（5.2.7）中同样可以得到以下几个非常重要的结论：零售商 1 的库存牛鞭效应是自身牛鞭效应 $Var(q_t)/Var(d_1^1)$、零售商 1 和零售商 2 的订货提前期 l_1^1 和 l_2^1、零售商 1 和零售商 2 的相关系数 ρ_1^1 和 ρ_2^1 的函数，零售地，商 2 的库存牛鞭效应是自身牛鞭效应 $Var(q_t)/Var(d_2^1)$、零售商 1 和零售商 2 的订货提前期 l_1^1 和 l_2^1、零售商 1 和零售商 2 的相关系数 ρ_1^1 和 ρ_2^1 的函数，制造商的库存牛鞭效应是制造商自身牛鞭效应 $Var(q_t)/Var(d_1^1+d_2^1)$、两个零售商的订货提前期 l_1^1 和 l_2^1、两个零售商的相关系数 ρ_1^1 和 ρ_2^1 的函数。

5.2.2 影响因素分析

在本节中，我们应该讨论当下游两个零售商运用均方误差预测方法预测市场上顾客的需求时，节点企业自身的牛鞭效应以及其他因素如何影响其库存牛鞭效应。换句话说，应该考虑节点企业需求信息的波动如何影响节点企业自身库存信息的波动。

当订货提前期 l_1^1 和 l_2^1 分别位于（0，10）之间时，对零售商 1 库存牛鞭效应的影响见图 5-1。

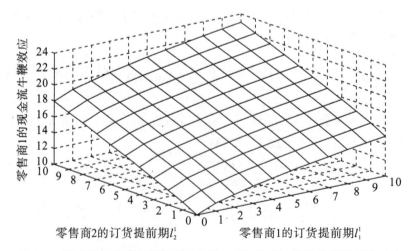

图 5-1 两个零售商的订货提前期 l_1^1 和 l_2^1 对零售商 1 库存牛鞭效应的影响

当需求相关系数 ρ_1^1 和 ρ_2^1 分别位于（0，1）之间时，对零售商 1 库存牛鞭效应的影响见图 5-2。

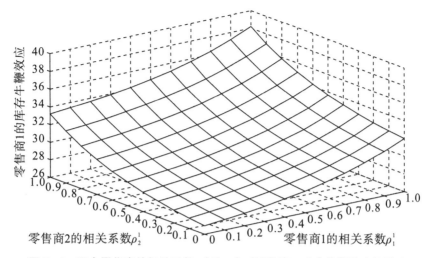

图5-2　两个零售商的相关系数 ρ_1^1 和 ρ_2^1 对零售商 1 库存牛鞭效应的影响

当需求相关系数 ρ_1^1 和 ρ_2^1 分别位于（-1，0）之间时，对零售商 1 库存牛鞭效应的影响见图 5-3。

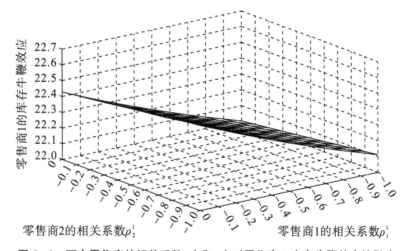

图5-3　两个零售商的相关系数 ρ_1^1 和 ρ_2^1 对零售商 1 库存牛鞭效应的影响

当零售商 1 的订货提高期 l_2^1 位于（0，10）之间时，对两个零售商和制造商库存牛鞭效应的影响见图 5-4。

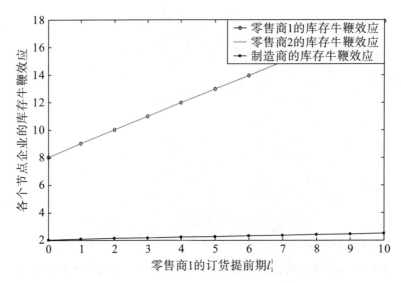

图 5-4　零售商 1 的订货提前期 l_1^1 对两个零售商和制造商库存牛鞭效应的影响

当需求相关系数 $\rho_1^1 \in (0，1)$ 且 $\rho_2^1 = 0.2$ 时，对零售商 1 库存牛鞭效应的影响见图 5-5。

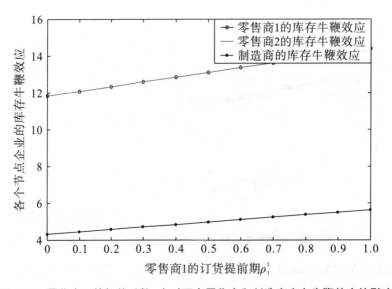

图 5-5　零售商 1 的相关系数 ρ_1^1 对两个零售商和制造商库存牛鞭效应的影响

当需求相关系数 $\rho_1^1 \in (-1，0)$ 且 $\rho_2^1 = -0.2$ 时，对零售商 1 库存牛鞭效应的影响见图 5-6。

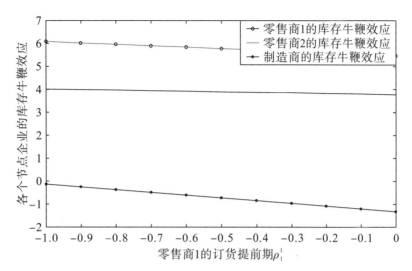

图 5-6 零售商 1 的相关系数 ρ_1^1 对两个零售商和制造商库存牛鞭效应的影响

从以上仿真图形中可以得出：在图 5-1 中，零售商 1 的库存牛鞭效应是两个零售商订货提前期的增函数，换句话说，随着两个零售商订货提前期数的不断增大，零售商 1 的库存牛鞭效应也不断增大；在图 5-2 中，当需求相关系数 ρ_1^1 和 ρ_2^1 分别位于（0，1）之间时，零售商 1 的库存牛鞭效应是两个零售商需求相关系数的增函数，换句话说，随着两个零售商需求相关系数的不断增大，零售商 1 的库存牛鞭效应也不断增大；在图 5-3 中，当需求相关系数 ρ_1^1 和 ρ_2^1 分别位于（-1，0）之间时，零售商 1 的库存牛鞭效应是两个零售商需求相关系数的减函数，换句话说，随着两个零售商需求相关系数的不断增大，零售商 1 的库存牛鞭效应不断减小。

之后，通过仿真分析说明，同一个因素对两级供应链分销网络中三个节点企业的影响，得出如下结论：在图 5-4 中，零售商 1 的订货提前期对各个节点企业库存牛鞭效应的影响呈正相关关系，换句话说，随着零售商 1 订货提前期的不断增大，两个零售商和制造商的库存牛鞭效应也不断增大；在图 5-5 中，当需求相关系数 $\rho_1^1 \in (0, 1)$ 且 $\rho_2^1 = 0.2$ 时，需求相关系数和各个节点企业之间的库存牛鞭效应呈正相关关系，同时，零售商的库存牛鞭效应比制造商的库存牛鞭效应大；在图 5-6 中，当需求相关系数 $\rho_1^1 \in (-1, 0)$ 且 $\rho_2^1 = -0.2$ 时，需求相关系数和各个节点企业间的库存牛鞭效应呈负相关关系。

5.3 基于均方误差预测方法的两级供应链分销网络现金流牛鞭效应

5.3.1 现金流牛鞭效应数学模型

针对以上分析和探讨，当两级供应链分销网络中下游的两个零售商分别采用均方误差预测方法预测市场上顾客的需求时，随着零售商所面临的市场顾客需求量波动的不断增加，节点企业自身的牛鞭效应也不断增大，也导致了节点企业库存牛鞭效应的不断增大，结果使得节点企业的现金流牛鞭效应也不断增大。在本节中，我们主要分析和探讨两级供应链分销网络中各个节点企业的库存牛鞭效应如何影响其现金流牛鞭效应。我们继续运用 3.3 节所提出的现金流牛鞭效应的数学模型。

根据以上相关分析可以得到，在两级供应链分销网络中，任意节点企业的现金流牛鞭效应可以表示为：

(1) 当 $D \leqslant AIL$ 时，

$$\frac{Var(CFBE)}{Var(D)} = \frac{365^2}{Var(D)} \times \left(\frac{S}{C}\right)^2 Var\left(\frac{AIL}{D}\right) + \frac{365^2}{Var(D)} \times N^2 Var\left(\frac{Q}{D}\right) \quad (5.3.1)$$

基于以上分析，公式（5.3.1）可以转化为公式（5.3.2）：

$$\frac{Var(CFBE)}{Var(D)} = \frac{365^2}{Var(D)} \times \left(\frac{S}{C}\right)^2 \left(\frac{E(AIL)}{E(D)}\right)^2 \times \left[\frac{Var(AIL)}{E(AIL)^2} + \frac{Var(D)}{E(D)^2}\right] + $$
$$\frac{365^2}{Var(D)} \times N^2 \times \left(\frac{E(Q)}{E(D)}\right)^2 \left[\frac{Var(Q)}{E(Q)^2} + \frac{Var(D)}{E(D)^2}\right] \quad (5.3.2)$$

公式（5.3.2）也可以进一步改写为公式（5.3.3）：

$$\frac{Var(CFBE)}{Var(D)} = \frac{365^2}{E(D)^2} \times \left(\frac{S}{C}\right)^2 \left[\frac{Var(I)}{Var(D)} + \frac{E(I)^2}{E(D)^2}\right] + \frac{365^2}{E(D)^2} \left[\frac{Var(Q)}{Var(D)} + \frac{E(Q)^2}{E(D)^2}\right]$$
$$(5.3.3)$$

(2) 当 $D \geqslant ALL$ 时，

$$\frac{Var(CFBE)}{Var(D)} = \frac{365^2}{Var(D)} \times \left(\frac{S}{C}\right)^2 Var\left(\frac{AIL}{D}\right) + \frac{365^2}{Var(D)} \times B^2 Var\left(\frac{AIL}{D}\right) + \frac{365^2}{Var(D)} \times N^2 Var\left(\frac{Q}{D}\right)$$
$$(5.3.4)$$

基于以上分析，公式（5.3.4）可以转化为公式（5.3.5）：

$$\frac{Var(CFBE)}{Var(D)} = \frac{365^2}{Var(D)} \times \left(\frac{S}{C}\right)^2 \left(\frac{E(AIL)}{E(D)}\right)^2 \left[\frac{Var(AIL)}{E(AIL)^2} + \frac{Var(D)}{E(D)^2}\right] + $$
$$\frac{365^2}{Var(D)} \times B^2 \left(\frac{E(AIL)}{E(D)}\right) \left[\frac{Var(AIL)}{E(AIL)^2} + \frac{Var(D)}{E(D)^2}\right] + $$
$$\frac{365^2}{Var(D)} \times N^2 \left(\frac{E(Q)}{E(D)}\right)^2 \left[\frac{Var(Q)}{E(D)^2} + \frac{Var(D)}{E(D)^2}\right] \quad (5.3.5)$$

根据公式（5.3.3）和公式（5.3.5）可以分别得到两种不同情况下，两级供应链分销网络中各个节点企业现金流牛鞭效应的量化模型。

(1) 当 $D \leqslant AIL$ 时，可以得到零售商 1 的现金流牛鞭效应的量化模型为：

$$\frac{Var(CFBE)}{Var(d_1^1)} = \frac{365^2}{E(d_1^1)^2} \left(\frac{S}{C}\right)^2 \left[\frac{Var(q_1^1)}{Var(d_1^1)} + f(l_1^1, \rho_1^1, \mu_1^1) + g\left(\frac{z_1^1, \delta_1^1}{Var(d_1^1)}\right) + \right.$$
$$f(l_2^1, \rho_2^1, \mu_2^1)\left(\frac{Var(d_2^1)}{Var(d_1^1)} + \frac{E(I_1^1)^2}{E(d_1^1)^2}\right)\right] + $$
$$\frac{365^2}{E(d_1^1)^2}\left[\frac{Var(q_1^1)}{Var(d_1^1)} + \frac{E(q_1^1)^2}{E(d_1^1)^2}\right] \quad (5.3.6)$$

零售商 2 的现金流牛鞭效应的量化模型为：

$$\frac{Var(CFBE)}{Var(d_2^1)} = \frac{365^2}{E(d_2^1)^2} \left(\frac{S}{C}\right)^2 \left[\frac{Var(q_2^1)}{Var(d_2^1)} + f(l_2^1, \rho_2^1, \mu_2^1) + g\left(\frac{z_2^1, \delta_2^1}{Var(d_2^1)}\right) + \right.$$

$$g\left(\frac{z_1^1, \delta_1^1}{Var(d_2^1)}\right) + f(l_1^1, \delta_1^1, \rho_1^1, \mu_1^1)\left(\frac{Var(d_1^1)}{Var(d_2^1)} + \frac{E(I_2^1)^2}{E(d_2^1)^2}\right) + \Big] +$$
$$\frac{365^2}{E(d_2^1)^2}\left[\frac{Var(q_2^1)}{Var(d_2^1)} + \frac{E(q_2^1)^2}{E(d_2^1)^2}\right] \tag{5.3.7}$$

制造商的现金流牛鞭效应的量化模型为：

$$\frac{Var(CFBE)}{Var(d_1^1 + d_2^1)} = \frac{365^2}{E(d_1^1 + d_2^1)^2}\left(\frac{S}{C}\right)^2\left[\frac{Var(q)}{Var(d_1^1 + d_2^1)} + f(l_1^1, \rho_1^1, \mu_1^1)\frac{Var(d_1^1)}{Var(d_1^1 + d_2^1)} + \right.$$
$$g\left(\frac{(z_1^1, \delta_1^1)}{Var(d_1^1 + d_2^1)}\right) + f(l_2^1, \rho_2^1, \mu_2^1)\frac{Var(d_2^1)}{Var(d_1^1 + d_2^1)} + g\left(\frac{(z_2^1, \delta_2^1)}{Var(d_1^1 + d_2^1)}\right) +$$
$$\left.\frac{E(I)^2}{E(d_1^1 + d_2^1)^2}\right] + \frac{365^2}{E(d_1^1 + d_2^1)^2}\left[\frac{Var(q)}{Var(d_1^1 + d_2^1)} + \frac{E(q)^2}{E(d_1^1 + d_2^1)^2}\right] \tag{5.3.8}$$

（2）当 $D > AIL$ 时，可以得到零售商1的现金流牛鞭效应的量化模型为：

$$\frac{Var(CFBE)}{Var(d_1^1)} = \left[\frac{365^2}{Var(d_1^1)}\left(\frac{S}{C}\right)^2 + \frac{365^2}{Var(d_1^1)}B^2\right]\left[\frac{Var(q_1^1)}{Var(d_1^1)} + f(l_1^1, \rho_1^1, \mu_1^1) + \right.$$
$$\left. f(l_2^1, \rho_2^1, \mu_2^1)\left(\frac{Var(d_2^1)}{Var(d_1^1)}\right) + g\left(\frac{(z_1^1, \delta_1^1)}{Var(d_1^1)}\right) + g\left(\frac{(z_2^1, \delta_2^1)}{Var(d_1^1)}\right)\right] +$$
$$\frac{365^2}{Var(d_1^1)}N^2Var\left(\frac{q_1^1}{d_1^1}\right) \tag{5.3.9}$$

零售商2的现金流牛鞭效应的量化模型为：

$$\frac{Var(CFBE)}{Var(d_2^1)} = \left[\frac{365^2}{Var(d_2^1)}\left(\frac{S}{C}\right)^2 + \frac{365^2}{Var(d_2^1)}B^2\right]\left[\frac{Var(q_2^1)}{Var(d_2^1)} + f(l_2^1, \rho_2^1, \mu_2^1) + \right.$$
$$\left. f(l_1^1, \rho_1^1, \mu_1^1)\left(\frac{Var(d_1^1)}{Var(d_2^1)}\right) + g\left(\frac{(z_2^1, \delta_2^1)}{Var(d_2^1)}\right) + g\left(\frac{(z_1^1, \delta_1^1)}{Var(d_2^1)}\right)\right] +$$
$$\frac{365^2}{Var(d_2^1)}N^2Var\left(\frac{q_2^1}{d_2^1}\right) \tag{5.3.10}$$

制造商现金流牛鞭效应的量化模型为：

$$\frac{Var(CFBE)}{Var(d_1^1 + d_2^1)} = \left[\frac{365^2}{Var(d_1^1 + d_2^1)^2}\left(\frac{S}{C}\right)^2 + \frac{365^2}{Var(d_1^1 + d_2^1)^2}B^2\right]\left[\frac{Var(q)}{Var(d_1^1 + d_2^1)} + \right.$$
$$f(l_1^1, \rho_1^1, \mu_1^1)\frac{Var(d_1^1)}{Var(d_1^1 + d_2^1)} + g\left(\frac{(z_1^1, \delta_1^1)}{Var(d_1^1 + d_2^1)}\right) +$$
$$\left. f(l_2^1, \rho_2^1, \mu_2^1)\frac{Var(d_2^1)}{Var(d_1^1 + d_2^1)} + g\left(\frac{(z_2^1, \delta_2^1)}{Var(d_1^1 + d_2^1)}\right)\right] +$$
$$\frac{365^2}{Var(d_1^1 + d_2^1)} \times N^2Var\left(\frac{q}{d_1^1 + d_2^1}\right) \tag{5.3.11}$$

通过对以上两种情况的对比分析可以看出：公式（5.3.6）～公式（5.3.11）表明现金流的波动大于顾客需求信息的波动。

第一种情况下，从公式（5.3.6）中可以看出：零售商1的现金流牛鞭效应不仅与自身的订货提前期、牛鞭效应、相关系数存在函数关系，而且与自身库存的期望、需求量的期望、期数、订货量的期望、单位产品的成本以及单位产品的销售价格也存在函数关系。从公式（5.3.7）中可以看出：零售商 2 的现金流牛鞭效应不仅与自身的订货提前期、牛鞭效应、期数、相关系数存在函数关系，而且与自身库存的期望、需求量的期望、订货量的期望、单位产品的成本以及单位产品的销售价格也存在函数关系。从公式（5.3.8）中可以看出：制造商的现金流牛鞭效应不仅与制造商自身的牛鞭效应存在函数关系，而且与零售商 1 和零售商 2 的相关系数、库存期望值、单位产品的销售价格以及单位产品的成本等相关要素也存在着函数关系。

另外，从公式（5.3.9）中可以看出：零售商 1 的现金流牛鞭效应不仅与自身的订货提前期、牛鞭效应、期数、相关系数存在函数关系，而且与零售商 2 的相关系数、订货提前期、移动平均时期数、企业的收账政策、企业的付款政策、单位产品的成本以及单位产品的销售价格也存在函数关系。从公式（5.3.10）中可以看出：零售商 2 的现金流牛鞭效应不仅与自身的订货提前期、牛鞭效应、期数、相关系数存在函数关系，而且与零售商 1 的相关系数、订货提前期、移动平均时期数、企业的收账政策等相关要素之间都存在着函数关系。从公式（5.3.11）中可以看出：制造商的现金流牛鞭效应不仅与制造商自身的牛鞭效应存在函数关系，而且与两个零售商的订货提前期、期数、相关系数、企业的收账政策、企业的付款政策、单位产品的销售价格以及单位产品的成本等相关要素也存在函数关系。

5.3.2　影响因素分析

在本节中，我们主要分析两级供应链分销网络中哪些因素会影响节点企业的现金流牛鞭效应。本节分两种情况对其影响因素进行讨论。

5.3.2.1　情况一中相关因素对现金流牛鞭效应的影响

在 5.3.1 节中，我们分别计算出了两个零售商和制造商现金流牛鞭效应的量化模型。在本节中，我们主要通过模拟和仿真分析相关因素如何影响各个节点企业的现金流牛鞭效应。与移动平均预测方法和指数平滑预测方法相比，当两个零售商分别运用均方误差预测方法预测顾客的市场需求时，影响现金流牛鞭效应的主要因素包括相关系数、订货提前期、牛鞭效应以及库存牛鞭效应。本节主要分析以上因素对节点企业现金流牛鞭效应的影响情况，如图 5-7～图 5-11 所示。

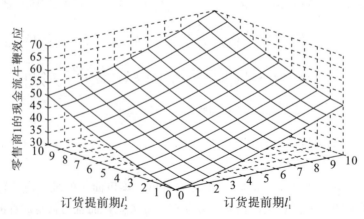

图 5-7　订货提前期 l_1^1 和 l_2^1 对零售商 1 现金流牛鞭效应的影响

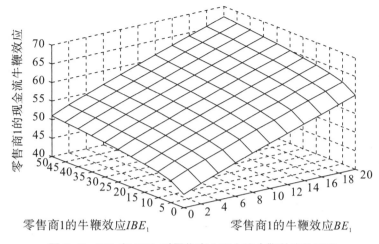

图 5-8 BE_1 和 IBE_1 对零售商 1 现金流牛鞭效应的影响

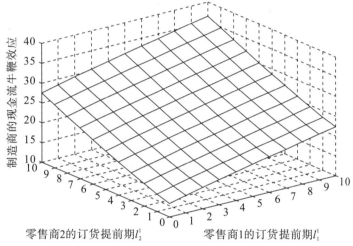

图 5-9 l_1^1 和 l_2^1 对制造商现金流牛鞭效应的影响

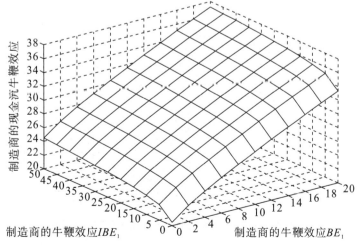

图 5-10 BE_1 和 IBE_1 对制造商现金流牛鞭效应的影响

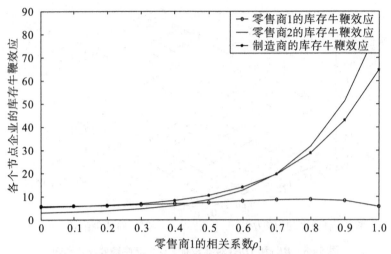

图5-11 非负相关系数 ρ_1^1 对各个节点企业现金流牛鞭效应的影响

从图5-7中可以看出：零售商1的现金流牛鞭效应是两个零售商订货提前期的增函数，随着订货提前期的不断增加，零售商1的现金流牛鞭效应也不断增大，由此，零售商可以通过减少订货提前期来降低零售商1现金流的波动；从图5-8中可以看出：零售商1的现金流牛鞭效应和零售商1的牛鞭效应呈正相关关系，换句话说，随着需求信息波动的不断增大，现金流的波动也不断增大。由于零售商1和零售商2现金流牛鞭效应的量化表达式具有相似的结构，因此，本节不再分析上述因素对零售商2现金流牛鞭效应的影响。

5.3.2.2 情况二中相关因素对现金流牛鞭效应的影响

在第二种情况下，与移动平均预测方法和指数平滑预测方法相比，当两个零售商分别运用均方误差预测方法预测顾客的市场需求时，影响现金流波动的不同因素包括企业的收账政策 B，企业的付款公式 N、单位产品的成本 C 以及单位产品的销售价格 S，其他影响因素都相同。因此，本节主要分析以上因素对节点企业现金流牛鞭效应的影响情况，如图5-12~图5-15所示。

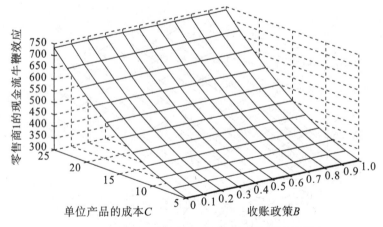

图5-12 B 和 C 对零售商1现金流牛鞭效应的影响

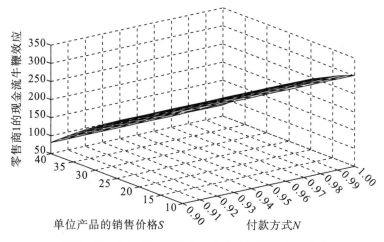

图 5-13 **N** 和 **S** 对零售商 1 现金流牛鞭效应的影响

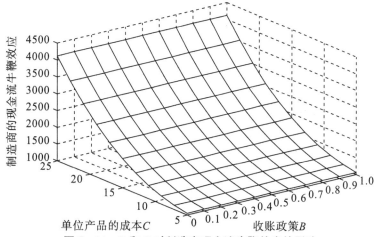

图 5-14 **B** 和 **C** 对制造商现金流牛鞭效应的影响

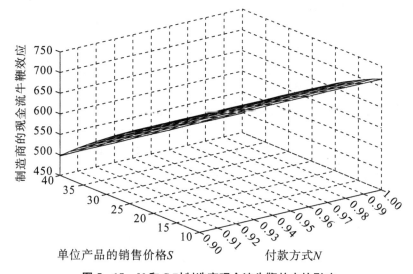

图 5-15 **N** 和 **S** 对制造商现金流牛鞭效应的影响

通过以上仿真和分析，我们可以得到关于零售商 1、零售商 2 以及制造商现金流牛鞭效应的一些特征。从图 5-12 中可以看出：零售商 1 的现金流牛鞭效应是单位产品成本 C 的增函数，换句话说，企业可以通过降低 C 来降低现金流牛鞭效应。从图 5-13 中可以看出：零售商 1 的现金流牛鞭效应是单位产品销售价格 S 的减函数，换句话说，企业可以通过提高 S 来降低现金流牛鞭效应。从图 5-14 中可以看出：制造商的现金流牛鞭效应是单位产品成本 C 的增函数，换句话说，制造商可以通过降低 C 来降低现金流牛鞭效应。从图 5-15 中可以看出：制造商的现金流牛鞭效应是单位产品销售价格 S 的减函数，换句话说，制造商可以通过提高 S 来降低现金流牛鞭效应。同时也可以看出，同样的影响因素下，制造商现金流的波动比下游零售商现金流的波动要大，这一特性与牛鞭效应相同。

5.4　小结

本章首先构建了均方误差法和订货点法的两级供应链分销网络牛鞭效应数学模型，并对其相关因素进行讨论。然后，在两级供应链分销网络中每个节点企业可以共享需求信息情况下，基于均方误差预测方法建立了库存牛鞭效应数学表达式和现金流牛鞭效应数学表达式，并对其相关因素进行讨论。最后，将以上的量化表达式为基础，在多级供应链分销网络中每个节点企业可以共享需求信息的情况下，基于均方误差预测方法建立了牛鞭效应、库存牛鞭效应和现金流牛鞭效应的量化表达式，并对其影响因素进行分析。

基于以上理论分析，本章主要对影响牛鞭效应、库存牛鞭效应以及现金流牛鞭效应的相关主要因素进行说明和分析，得出以下主要结论：

（1）在两级供应链分销网络中，牛鞭效应的主要影响因素包括来自顾客的需求相关系数 ρ_1 和 ρ_2、订货提前期 l_1^1 和 l_2^1 等；在两级供应链分销网络中，库存牛鞭效应除了受上述因素影响，还会受到每个节点企业自身牛鞭效应的影响；同样地，现金流牛鞭效应除了受上述因素影响，还会受到牛鞭效应和库存牛鞭效应的影响，也会受到单位产品的销售价格和成本等因素的影响。

（2）在多级供应链分销网络中，各个节点企业的牛鞭效应、库存牛鞭效应以及现金流牛鞭效应不仅受到自身订货提前期、需求相关系数等因素的影响，还会受到同级的其他节点企业的订货提前期、需求相关系数等因素的影响。

（3）在实际的管理活动中，企业可以通过缩短订货提前期等方法来减少牛鞭效应和库存牛鞭效应的影响；同时，企业还可以通过缩短订货提前期、降低单位产品的销售价格、提高周转次数等方法来降低现金流牛鞭效应的影响。

6 基于链与链竞争的平行供应链网络牛鞭效应

现在很多学者以两级供应链为研究对象，分析牛鞭效应产生的原因、量化等问题。然而，随着经济和社会的不断发展，在许多行业（如汽车制造、电子产品企业、手机制造商）传统的两级供应链模式正在演变为具有同质产品可替代性引起的链与链竞争的新型供应链模式。本章所说的竞争效应主要是指一家企业不仅受到同一供应链内其他家企业的影响，而且还会受到来自其他供应链上其他企业的影响。在本章中，我们考虑将牛鞭效应作为衡量供应链绩效的一个标准，主要分析和探讨两个平行供应链在出现交叉需求时表现出的竞争效应对牛鞭效应产生的深远影响。现实生活中，有许多行业满足这种假设条件，例如，在手机行业，每个公司都可以和下游零售商之间形成一种链式结构，共享同一个需求市场。众所周知，手机的零售价是影响客户需求的一个重要因素。例如，华为手机的售价越高，市场需求越低，反之亦然。由于华为手机和OPPO手机的可替代性，如果OPPO手机的售价过高，那么很多客户会转向华为，华为手机的市场份额就会增加。另外，如果华为手机的销售价格太高，许多客会将会转向OPPO，OPPO手机的市场份额将会增加。换句话说，顾客进行购买决策时不仅要考虑OPPO手机的零售价，而且也要考虑华为手机的零售价。因此，竞争效应会影响两级供应链的绩效水平。

在本章中，我们首先扩展了Ma等（2013）的研究工作，分析和探讨了两级平行供应链网络中的牛鞭效应问题；同时，还考虑了链与链之间的竞争关系。其次，考虑将两级平行供应链作为研究对象，每条供应链中只销售单一产品，每条供应链中包含一个制造商和一个零售商，两条链之间存在相互的竞争关系，两个零售商所面临的市场需求都是零售价格敏感性。产品的零售价遵循$AR(1)$自回归定价过程，同时在产品需求过程中还会受到竞争效应和市场份额的影响。再次，利用均方误差预测方法、移动平均预测方法以及指数平滑预测方法建立了牛鞭效应的数学模型。然后，研究了不同预测方法下竞争效应和市场份额的变动对牛鞭效应所产生的不同影响。最后，分析和探讨了零售商选择最佳预测方法，以使得牛鞭效应的影响最小。

6.1 基于链与链竞争的两级平行供应链网络库存牛鞭效应研究

6.1.1 牛鞭效应数学模型

6.1.1.1 模型假设

为了使牛鞭效应和库存牛鞭效应的数学表达式更具有实际意义，我们做了以下假设：

（1）假设市场上只存在两条供应链，每条供应链由一家制造商和一家零售商组成，分别用 M_i 和 $R_i(i=1, 2)$，相互之间只交易一种产品。

（2）假设两个零售商（R_1 和 R_2）出售两种产品，具有可替代性。顾客选择 R_1 产品和 R_2 产品的概率分别为 ψ 和 $1-\psi$。

（3）零售商 R_1 的需求会受到 R_1 自身零售价和 R_2 零售价的影响。零售商 R_2 的需求也会受到 R_2 自身零售价和 R_1 零售价的影响（Ma 等，2013a，2013b）。

（4）我们假设市场需求属于价格敏感型，市场价格遵循 $AR(1)$ 自回归定价过程，在价格模型中，我们考虑了顾客选择两个零售商各自产品的概率（Ma 和 Bao，2017）。

（5）我们分析两家零售商的牛鞭效应和库存牛鞭效应的数学表达式。假设零售商和制造商之间不共享终端的需求信息。零售商利用顾客的需求信息预测市场上顾客的需求，而制造商利用零售商的订单信息预测来自下游零售商的需求。

（6）交货时间 l_1 和 l_2 固定，两个零售商分别在 $t+l_1+1$ 和 $t+l_2+1$ 期初收到来自市场顾客的订购单。两个零售商都能满足顾客的需求 $d_{1,t}$ 和 $d_{2,t}$。同时，假设两个零售商的需求是两个独立的变量。

6.1.1.2 符号说明

在本部分中，我们将要描述并解释的相关变量如下所示：

a_1：零售商 R_1 的潜在市场需求；

a_2：零售商 R_2 的潜在市场需求；

b_{11}：零售商 R_1 自相关价格敏感系数；

b_{21}：零售商 R_2 自相关价格敏感系数；

b_{12}：零售商 R_1 的交叉价格敏感系数；

b_{22}：零售商 R_2 的交叉价格敏感系数；

ψ：顾客选择零售商 R_1 产品的概率；

$1-\psi$：顾客选择零售商 R_2 产品的概率；

ρ_1：零售商 R_1 的价格自相关回归系数；

ρ_2：零售商 R_2 的价格自相关回归系数；

$\mu_{1,p}$：p_t^1 的期望值；

$\mu_{2,p}$：p_t^2 的期望值；

$\delta_{1,p}^2$：p_t^1 的方差；

$\delta_{2,d}^2$：p_t^2 的方差；

$q_{1,t}$：零售商 R_1 的订货量；

$q_{2,t}$：零售商 R_2 的订货量；

l_1：零售商 R_1 的提前期；

l_2：零售商 R_1 的提前期；

$\hat{\xi}_{1,t}^{l_1}$：零售商 R_1 在提前期 l_1 预测标准差的误差项；

$\hat{\xi}_{2,t}^{l_2}$：零售商 R_2 在提前期 l_2 预测标准差的误差项；

$\hat{d}_{1,t}^{l_1}$：零售商 R_1 的平均提前期需求；

$\hat{d}_{2,t}^{l_2}$：零售商 R_2 的平均提前期需求；

$I_{1,t}$：零售商 R_1 的库存水平；

$I_{2,t}$：零售商 R_2 的库存水平；

α：平滑指数；

k：移动平均时期数。

6.1.1.3 模型描述

假设市场上只有两条供应链，每一条供应链由一个制造商和一个零售商组成，分别用 M_i 和 R_i 表示。两个零售商都会满足市场上顾客的需求，两个制造商负责向两个零售商供应产品。需求信息从下游流向上游，库存信息从上游流向下游。两平行供应链理论模型见图 6-1。我们假设顾客选择零售商 R_1 和零售商 R_2 两家零售商产品的概率分别表示为 ψ 和 $1-\psi$。在时期 t 期末，两个零售商的订货量分别为 $q_{1,t}$ 和 $q_{2,t}$。

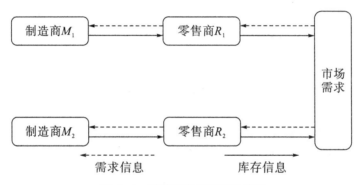

图 6-1 两平行供应链理论模型

两个零售商面临相同的需求过程，同时，两个零售商面临的市场需求都会受到零售价格的影响，两个零售商的线性需求函数模型如下：

$$d_{1,t} = a_1 - b_{11}p_{1,t} + b_{12}p_{2,t} + \varepsilon_{1,t}, \quad d_{2,t} = a_2 - b_{21}p_{2,t} + b_{22}p_{1,t} + \varepsilon_{2,t} \quad (6.1.1)$$

在公式（6.1.1）中，a_1 和 a_2 分别表示潜在市场需求且是非负常数，b_{11} 和 b_{21} 分别表示为价格自敏感系数且是非负常数，b_{12} 和 b_{22} 分别表示为价格交叉敏感系数，$\varepsilon_{1,t}$ 和 $\varepsilon_{2,t}$ 分别服从独立且同分布的正态分布需求扰动项。从公式（6.1.1）中可以看出，上述需求函数考虑了潜在市场需求、价格自敏感系数、交叉价格敏感系数以及需求扰动项的影响。因此，上述需求函数结构更加符合实际情况。

假设零售商在完全竞争的市场中进行交易，对市场出清价格不具备控制能力。在公式（6.1.1）中，产品的零售价格 $p_{1,t}$ 和 $p_{2,t}$ 分别服从 $AR(1)$ 价格自相关过程。本部分将顾客选择两个零售商产品的概率分别加入 $AR(1)$ 定价过程中（Ma 等，2013a）：

$$p_{1,t} = \psi\mu_1 + \rho_1 p_{1,t-1} + \psi\eta_{1,t}, \quad p_{2,t} = (1-\psi)\mu_2 + \rho_2 p_{2,t-1} + (1-\psi)\eta_{2,t}$$

$$(6.1.2)$$

在公式（6.1.2）中，μ_1 和 μ_2 都是非负常数，ρ_1 和 ρ_2 分别是价格自回归系数且满足条件 $0 < \rho_1 < 1$，$0 < \rho_2 < 1$，$\eta_{1,t}$ 和 $\eta_{2,t}$ 分别表示为独立同分布的正态分布的价格扰

动项。从公式（6.1.1）和（6.1.2）中可以得到 $d_{1,t} = a_1' - b_{11}' p_{1,t-1} + b_{12}' p_{2,t-1} + \varepsilon_{1,t-1}'$，其中，$a_1' = a_1 b_{11}' = b_{11} \rho_1 b_{12}' = b_{12} \rho_2 \varepsilon_{1,t-1}' = \varepsilon_{1,t-1}' - b_{11} \psi u_1 - b_{11} \psi \eta_{1,t} + b_{12}(1-\psi) u_2 + b_{12}(1-\psi) \eta_{2,t}$。我们可以看出，需求模型并不是一个 $AR(1)$ 自相关过程。此外，$AR(1)$ 需求过程形式已经被许多学者广泛运用（Lee 等，1997；Chen 等，2000），而且很难解释其中的管理启示。因此，我们假设价格服从 $AR(1)$ 自相关回归过程。在需求函数模型中加入了价格自敏感系数、交叉价格敏感系数以及需求扰动项的影响。价格扰动项的协方差表示为：

$$Cov(\eta_{1,t}, \eta_{2,t}) = \begin{cases} \delta_{12}^2, t = t' \\ 0, t \neq t' \end{cases} \tag{6.1.3}$$

基于 $AR(1)$ 自相关过程的性质，在任何 t 时期，零售价格 p_t^1 和 p_t^2 的均值和方差分别表示为：

$$\mu_{1,p} = E(p_{1,t}) = \frac{\psi \mu_1}{1 - \rho_1}, \quad \mu_{2,p} = E(p_{2,t}) = \frac{(1-\psi)\mu_2}{1 - \rho_2}$$

$$\delta_{1,p}^2 = Var(p_{1,t}) = \psi^2 \mu_1^2 / 1 - \rho_1^2, \quad \delta_{2,p}^2 = Var(p_{2,t}) = (1-\psi)^2 \mu_2^2 / 1 - \rho_2^2$$

市场需求 $d_{1,t}$ 和 $d_{2,t}$ 的均值和方差表示为

$$\mu_{1,d} = E(d_{1,t}) = a_1 - b_{11}\mu_{1,p} + b_{12}\mu_{2,p}, \quad \mu_{2,d} = E(d_{2,t}) = a_2 - b_{21}\mu_{2,p} + b_{22}\mu_{1,p}$$

$$\delta_{1,d}^2 = Var(d_{1,t}) = \sigma_1^2 + b_{11}^2 \delta_{1,p}^2 + b_{12}^2 \delta_{2,p}^2 - \frac{2b_{11}b_{12}\psi(1-\psi)\delta_{12}^2}{1 - \rho_1\rho_2}$$

$$\delta_{2,d}^2 = Var(d_{2,t}) = \sigma_2^2 + b_{21}^2 \delta_{2,p}^2 + b_{22}^2 \delta_{1,p}^2 - \frac{2b_{21}b_{22}\psi(1-\psi)\delta_{12}^2}{1 - \rho_1\rho_2}$$

6.1.1.4 模型描述

本部分假设两个零售商运用订货点策略向两个制造商订货。零售商 R_1 和零售商 R_2 可以在时期 $t-1$ 期末确定各自的顾客需求，分别表示为 $d_{1,t-1}$ 和 $d_{2,t-1}$。两个零售商分别在 t 时期期初向两个制造商订货，分别表示为 $q_{1,t}$ 和 $q_{2,t}$。同时，两个零售商 R_1 和 R_2 的订货提前期分别为 l_1 和 l_2，两个零售商分别在 $t+l_1$ 和 $t+l_2$ 时期期初收到产品。由此，零售商 R_1 和零售商 R_2 的订货量 $q_{1,t}$ 和 $q_{2,t}$ 可以分别通过市场需求量 $d_{1,t}$ 和 $d_{2,t}$ 计算得到：

$$q_{1,t} = S_{1,t} - S_{1,t-1} + d_{1,t-1}, \quad q_{2,t} = S_{2,t} - S_{2,t-1} + d_{2,t-1} \tag{6.1.4}$$

在公式（6.1.4）中，$S_{1,t}$ 和 $S_{2,t}$ 分别表示两个零售商的最高库存水平，并且是为了满足库存策略的目标而设定的。根据以前期间的需求估计如下：

$$S_{1,t} = \hat{d}_{1,t}^{l_1} + z_1 \hat{\xi}_{1,t}^{l_1}, \quad S_{2,t} = \hat{d}_{2,t}^{l_2} + z_2 \hat{\xi}_{2,t}^{l_2} \tag{6.1.5}$$

在公式（6.1.5）中，$\hat{d}_{1,t}^{l_1}$ 和 $\hat{d}_{2,t}^{l_2}$ 表示运用不同预测方法（移动平均预测方法、指数平滑预测方法以及均方误差预测方法）对订货提前期内的需求进行估计。z_1 和 z_2 作为两个常量可以满足所需的服务水平，$\hat{\xi}_{1,t}^{l_1}$ 和 $\hat{\xi}_{2,t}^{l_2}$ 分别是两个标准差的估计值。因此，两个零售商的订货量 $q_{1,t}$ 和 $q_{2,t}$ 可以分别表示为：

$$q_{1,t} = \hat{d}_{1,t}^{l_1} - \hat{d}_{1,t-1}^{l_1} + d_{1,t-1} + z_1(\hat{\xi}_{1,t}^{l_1} - \hat{\xi}_{1,t-1}^{l_1}),$$

$$q_{2,t} = \hat{d}_{2,t}^{l_2} - \hat{d}_{2,t-1}^{l_2} + d_{2,t-1} + z_2(\hat{\xi}_{2,t}^{l_2} - \hat{\xi}_{2,t-1}^{l_2}) \tag{6.1.6}$$

定理 6.1：在顾客需求和两个零售商之间存在竞争效应的两级平行供应链中，当两

个零售商分别采用订货点订货策略和移动平均预测方法时，两条供应链的牛鞭效应表达式为：

$$BE_{retailer-1}^{MA} = \frac{Var(q_{1,t})}{Var(d_{1,t})} = 1 +$$

$$\frac{(2\Lambda_1^2 + 2\Lambda_1)(\sigma_1^2 + b_{11}^2\delta_{1,p}^2 + b_{12}^2\delta_{2,p}^2 - 2b_{11}b_{12}\delta_{12}^2\Delta) - 2(1+\Lambda_1)(\Lambda_1)[b_{11}^2\delta_{1,p}^2 + b_{12}^2\delta_{2,p}^2 - b_{11}b_{12}(\rho_1^k + \rho_2^k)\delta_{12}^2\Delta]}{\delta_{1,d}^2},$$

$$BE_{retailer-2}^{MA} = \frac{Var(q_{2,t})}{Var(d_{2,t})} = 1 +$$

$$\frac{(2\Lambda_2^2 + 2\Lambda_2)(\sigma_2^2 + b_{21}^2\delta_{2,p}^2 + b_{22}^2\delta_{1,p}^2 - 2b_{21}b_{22}\delta_{12}^2\Delta) - 2(1+\Lambda_2)(\Lambda_2)[b_{21}^2\rho_2^k\delta_{2,p}^2 + b_{22}^2\rho_1^k\delta_{1,p}^2 - b_{21}b_{22}(\rho_2^k + \rho_1^k)\delta_{12}^2\Delta]}{\delta_{2,d}^2}$$

其中，$\Lambda_1 = \frac{l_1}{k}$，$\Lambda_2 = \frac{l_2}{k}$，$\Delta = \frac{\psi(1-\psi)}{1-\rho_1\rho_2}$。

6.1.2 库存牛鞭效应数学模型

Ma 等（2013）已经研究了由一个制造商和一个零售商构成的两级供应链中的牛鞭效应对产品订货量和库存量的影响。相反地，在本节中，我们主要讨论了不同预测方法对两级平行供应链中的库存牛鞭效应产生的不同影响，建立了不同预测方法下库存牛鞭效应的量化模型，同时分析了零售商选择不同预测方法的条件。

6.1.2.1 移动平均预测方法下的库存牛鞭效应

在公式（6.1.6）中，我们可以运用移动平均预测方法确定订货提前期的需求 $\hat{d}_{1,t}^{l_1}$ 和 $\hat{d}_{2,t}^{l_2}$，分别表示为：

$$\hat{d}_{1,t}^{l_1} = l_1\left(\frac{\sum_{i=1}^{p_1} d_{1,t-i}}{k}\right), \quad \hat{d}_{2,t}^{l_2} = l_2\left(\frac{\sum_{i=1}^{p_2} d_{2,t-i}}{k}\right) \tag{6.1.7}$$

在公式（6.1.7）中，订货量 $q_{1,t}$ 和 $q_{2,t}$ 分别表示为：

$$q_{1,t} = \left(1 + \frac{l_1}{k}\right)d_{1,t-1} - \left(\frac{l_1}{k}\right)d_{1,t-k-1} + z_1(\hat{\xi}_{1,t}^{l_1} - \hat{\xi}_{1,t-1}^{l_1}),$$

$$q_{2,t} = \left(1 + \frac{l_2}{k}\right)d_{2,t-1} - \left(\frac{l_2}{k}\right)d_{2,t-k-1} + z_2(\hat{\xi}_{2,t}^{l_2} - \hat{\xi}_{2,t-1}^{l_2}) \tag{6.1.8}$$

因此，零售商 R_1 和零售商 R_2 的订货量方差分别表示为：

$$Var(q_{1,t}) = [(1+\Lambda_1)^2 + \Lambda_1^2][\sigma_1^2 + b_{11}^2 Var(p_{1,t}) + b_{12}^2 Var(p_{2,t}) - 2b_{11}b_{12}\delta_{12}^2\Pi] -$$
$$2(1+\Lambda_1)(\Lambda_1)[b_{11}^2 Var(p_{1,t}) + b_{12}^2 Var(p_{2,t}) - b_{11}b_{12}(\rho_1^k + \rho_2^k)\delta_{12}^2\Pi] \tag{6.1.9}$$

$$Var(q_{2,t}) = [(1+\Lambda_2)^2 + \Lambda_2^2][\sigma_2^2 + b_{21}^2 Var(p_{2,t}) + b_{22}^2 Var(p_{1,t}) - 2b_{21}b_{22}\delta_{12}^2\Pi] -$$
$$2(1+\Lambda_2)(\Lambda_2)[b_{21}^2\rho_2^k Var(p_{2,t}) + b_{22}^2\rho_1^k Var(p_{1,t}) - b_{21}b_{22}(\rho_2^k + \rho_1^k)\delta_{12}^2\Pi] \tag{6.1.10}$$

其中，$\Lambda_1 = \frac{l_1}{k}$，$\Lambda_2 = \frac{l_2}{k}$，$\Pi = \frac{\psi(1-\psi)}{1-\rho_1\rho_2}$。

为了分析牛鞭效应对库存量的影响，我们必须计算出在 t 时刻两个零售商的库存水

平 $I_{1,t}$ 和 $I_{2,t}$ 分别表示为：

$$I_{1,t} = I_{1,t-1} + q_{1,t-l_1} - d_{1,t-1}, \quad I_{2,t} = I_{2,t-1} + q_{2,t-l_2} - d_{2,t-1} \tag{6.1.11}$$

根据公式（6.1.11）可以得到公式（6.1.12）：

$$q_{1,t-l_1} = I_{1,t} - I_{1,t-1} + d_{1,t-1}, \quad q_{2,t-l_2} = I_{2,t} - I_{2,t-1} + d_{2,t-1} \tag{6.1.12}$$

Vassian（1955）提出 $q_{1,t-l_1}$ 和 $q_{2,t-l_2}$ 可以分别表示为：

$$q_{1,t-l_1} = \hat{d}_{1,t}^{l_1} - \sum_{i=1}^{l_1-1} q_{1,t-i} - I_{1,t}, \quad q_{2,t-l_2} = \hat{d}_{2,t}^{l_2} - \sum_{i=1}^{l_2-1} q_{2,t-i} - I_{2,t} \tag{6.1.13}$$

把公式（6.1.12）代入公式（6.1.13）中，可以得到公式（6.1.14）：

$$I_{1,t} = \hat{\xi}_{1,t}^{l_1} = \hat{d}_{1,t-l_1}^{l_1} - d_{1,t-l_1}^{l_1}, \quad I_{2,t} = \hat{\xi}_{2,t}^{l_2} = \hat{d}_{2,t-l_2}^{l_2} - d_{2,t-l_2}^{l_2} \tag{6.1.14}$$

引理 6.1： 当零售商运用移动平均预测方法预测市场需求时，零售商 R_1 在 l_1 时期的预测误差的标准差的估计值 $\hat{\xi}_{1,t}^{l_1}$ 是一个常数，可以表示为：

$$
\xi_{1,t}^{l_1} = \sqrt{\begin{aligned}& l_1\delta_{1,d}^2 + 2b_{11}^2\delta_{1,p}^2\Lambda_1(l_1-\Omega_1) - 2b_{11}b_{12}\delta_{12}^2\Delta\Lambda_1(l_1-\Omega_1) - 2b_{12}b_{11}\delta_{12}^2\Delta\Lambda_2(l_2-\Omega_2) + \\& 2b_{12}^2\delta_{2,p}^2\Delta\Lambda_2(l_2-\Omega_2) + \left(\frac{l_1}{k}\right)^2\{k\delta_{1,d}^2 + 2b_{11}^2\delta_{1,p}^2\Lambda_1(k-\Theta_1) + 2b_{12}^2\delta_{2,p}^2\Lambda_2(k-\Theta_2) - \\& 2b_{11}b_{12}[\Lambda_1(k-\Theta_1)+\Lambda_2(k-\Theta_2)]\Delta\delta_{12}^2\} - 2\frac{l_1}{k}(b_{11}b_{21}\rho_1\Omega_1\Theta_1\delta_{1,p}^2 - \\& b_{11}b_{22}\rho_1\Omega_1\Theta_1\delta_{12}^2\Delta - b_{12}b_{21}\rho_2\Omega_2\Theta_2\delta_{12}^2 + b_{12}b_{22}\rho_2\Omega_2\Theta_2\delta_{2,p}^2)\end{aligned}}
$$

$$\tag{6.1.15}$$

其中，$\Lambda_1 = \dfrac{\rho_1}{1-\rho_1}$，$\Lambda_2 = \dfrac{\rho_2}{1-\rho_2}$，$\Omega_1 = \dfrac{1-\rho_1^{l_1}}{1-\rho_1}$，$\Omega_2 = \dfrac{1-\rho_2^{l_2}}{1-\rho_2}$，$\Theta_1 = \dfrac{1-\rho_1^k}{1-\rho_1}$，$\Theta_2 = \dfrac{1-\rho_2^k}{1-\rho_2}$，$\Delta = \dfrac{\psi(1-\psi)}{1-\rho_1\rho_2}$。

证明： 当零售商运用移动平均预测方法预测市场需求时，在 l_1 时期的预测误差的标准差的估计值 $\hat{\xi}_{1,t}^{l_1}$ 表示为：

$$\hat{\xi}_{1,t}^{l_1} = \sqrt{Var(\hat{d}_{1,t}^{l_1} - d_{1,t}^{l_1})} = \sqrt{Var(\hat{d}_{1,t}^{l_1}) + Var(d_{1,t}^{l_1}) - 2Cov(\hat{d}_{1,t}^{l_1}, d_{1,t}^{l_1})} \tag{6.1.16}$$

其中，

$$
\begin{aligned}
Var(d_{1,t}^{l_1}) &= Var\left(\sum_{i=0}^{l_1-1} d_{1,t+i}\right) = \sum_{i=0}^{l_1-1} Var(d_{1,t+i}) + 2\sum_{i=0}^{l_1-2}\sum_{j=1}^{l_1-1-i} Cov(d_{1,t+i}, d_{1,t+i+j}) \\
&= \sum_{i=0}^{l_1-1} Var(d_{1,t+i}) + 2\sum_{i=0}^{l_1-2}\sum_{j=1}^{l_1-1-i} Cov(d_{1,t+i}, d_{1,t+i+j}) \\
&= l_1(\delta_{1,d})^2 + 2\sum_{i=0}^{l_1-2}\sum_{j=1}^{l_1-1-i} Cov(a_1 - b_{11}p_{1,t+i} + b_{12}p_{2,t+i} + \\
&\quad \varepsilon_{1,t+i}, a_1 - b_{11}p_{1,t+i+j} + b_{12}p_{2,t+i+j} + \varepsilon_{1,t+i+j}) \\
&= l_1(\delta_{1,d})^2 + 2b_{11}^2(\delta_{1,p})^2\left(\frac{\rho_1}{1-\rho_1}\right)\left(l_1 - \frac{1-\rho_1^{l_1}}{1-\rho_1}\right) - \\
&\quad 2b_{11}b_{12}\left(\frac{\delta_{12}^2\psi(1-\psi)}{1-\rho_1\rho_2}\right)\left(\frac{\rho_1}{1-\rho_1}\right)\left(l_1\frac{1-\rho_1^{l_1}}{1-\rho_1}\right) -
\end{aligned}
$$

$$2b_{12}b_{11}\left(\frac{\delta_{12}^2\psi(1-\psi)}{1-\rho_1\rho_2}\right)\left(\frac{\rho_2}{1-\rho_2}\right)\left(l_2\frac{1-\rho_2^{l_2}}{1-\rho_2}\right)+$$

$$2b_{12}^2(\delta_{2,p})^2\left(\frac{\rho_2}{1-\rho_2}\right)\left(l_2-\frac{1-\rho_2^{l_2}}{1-\rho_2}\right)$$

$$Var(\hat{d}_{11,t}^l)=\left(\frac{l_1}{k}\right)^2Var\left(\sum_{i=1}^k d_{1,t-i}\right)=\left(\frac{l_1}{k}\right)^2Var(d_{1,t-1}+d_{1,t-2}+\cdots+d_{1,t-k})$$

$$=\left(\frac{l_1}{k}\right)^2\left[k(\delta_{1,d})^2+2Cov(d_{1,t-1},d_{1,t-2})+\right.$$

$$\left.2Cov(d_{1,t-1},d_{1,t-3})+\cdots+2Cov(d_{1,t-1},d_{1,t-k})\right]$$

$$=\left(\frac{l_1}{k}\right)^2\left\{k(\delta_{1,d})^2+2b_{11}^2(\delta_{1,p})^2\left(\frac{\rho_1}{1-\rho_1}\right)\left(k-\frac{1-\rho_1^k}{1-\rho_1}\right)+\right.$$

$$2b_{12}^2(\delta_{2,p})^2\left(\frac{\rho_2}{1-\rho_2}\right)\left(k-\frac{1-\rho_2^k}{1-\rho_2}\right)-2b_{11}b_{12}\left(\frac{\rho_1}{1-\rho_1}\right)\left(k-\frac{1-\rho_1^k}{1-\rho_1}\right)+$$

$$\left.\left(\frac{\rho_2}{1-\rho_2}\right)\left(k-\frac{1-\rho_2^k}{1-\rho_2}\right)\left(\frac{\psi(1-\psi)}{1-\rho_1\rho_2}\right)\delta_{12}^2\right\}$$

$$Cov(d_{11,t}^l,\hat{d}_{11,t}^l)=Cov\left(\sum_{i=0}^{l_1-1}d_{1,t+i},\frac{l_1}{k}\sum_{j=1}^k d_{1,t-j}\right)=\frac{l_1}{k}Cov\left(\sum_{i=0}^{l_1-1}d_{1,t+i},\frac{l_1}{k}\sum_{j=1}^k d_{1,t-j}\right)$$

$$=\frac{l_1}{k}\sum_{i=0}^{l_1-1}\sum_{j=1}^k Cov(d_{1,t+i},d_{1,t-j})$$

$$=\frac{l_1}{k}\sum_{i=0}^{l_1-1}\sum_{j=1}^k Cov(a_1-b_{11}p_{1,t+i}+b_{12}p_{2,t+i}+\varepsilon_{1,t+i},$$

$$a_1-b_{11}p_{1,t-j}+b_{12}p_{2,t-j}+\varepsilon_{1,t-j})$$

$$=\frac{l_1}{k}\sum_{i=0}^{l_1-1}\sum_{j=1}^k Cov(-b_{11}p_{1,t+i}+b_{12}p_{2,t+i},-b_{11}p_{1,t-j}+b_{12}p_{2,t-j})$$

$$=\frac{l_1}{k}\sum_{i=0}^{l_1-1}\sum_{j=1}^k\left[b_{11}^2Cov(p_{1,t+i},p_{1,t-j})-b_{11}b_{12}Cov(p_{1,t+i},p_{2,t-j})-\right.$$

$$\left.b_{12}b_{11}Cov(p_{2,t+i},p_{1,t-j})+b_{12}^2Cov(p_{2,t+i},p_{2,t-j})\right]$$

$$=\frac{l_1}{k}\left\{\frac{b_{11}^2\rho_1(1-\rho_1^{l_1})(1-\rho_1^k)(\delta_{1,p})^2}{(1-\rho_1)^2}-\right.$$

$$h_{11}b_{12}\left[\frac{\delta_{12}^2\psi(1-\psi)}{1-\rho_1\rho_2}\right]\left[\frac{\rho_1(1-\rho_1^{l_1})(1-\rho_1^k)}{(1-\rho_1)^2}\right]-$$

$$b_{12}b_{11}\left[\frac{\delta_{12}^2\psi(1-\psi)}{1-\rho_1\rho_2}\right]\left[\frac{\rho_2(1-\rho_2^{l_2})}{(1-\rho_2)^2}\right]+$$

$$\left.\frac{b_{12}^2\rho_2(1-\rho_2^{l_2})(1-\rho_2^k)(\rho_{2,p})^2}{(1-\rho_2)^2}\right\}$$

引理 6.2：当零售商运用移动平均预测方法预测市场需求时，零售商 R_2 在 l_2 时期的预测误差的标准差的估计值 $\hat{\xi}_{2,t}^{l_2}$ 是一个常数，可以表示为：

$$\xi_{2,t}^{l_2} = \sqrt{\begin{aligned}& l_2\delta_{2,d}^2 + 2b_{21}^2\delta_{2,p}^2\Lambda_2(l_2-\Omega_2) - 2b_{21}b_{22}\delta_{12}^2\Delta\Lambda_2(l_2-\Omega_2) - 2b_{22}b_{21}\delta_{12}^2\Delta\Lambda_1(l_1-\Omega_1) + \\ & 2b_{22}^2\delta_{1,p}^2\Lambda_1(l_1-\Omega_1) + \left(\frac{l_2}{k}\right)^2\{k\delta_{2,d}^2 + 2b_{21}^2\delta_{2,p}^2\Lambda_2(k-\Theta_2) + 2b_{22}^2\delta_{1,p}^2\Lambda_1(k-\Theta_1) - \\ & 2b_{21}b_{22}[\Lambda_1(k-\Theta_1) + \Lambda_2(k-\Theta_2)]\Delta\delta_{12}^2\} - 2\frac{l_2}{k}(b_{21}^2\rho_2\Omega_2\Theta_2\delta_{2,p}^2 - \\ & b_{21}b_{22}\delta_{12}^2\Delta\rho_2\Omega_2\Theta_2 - b_{22}b_{21}\delta_{12}^2\Delta\rho_1\Omega_1\Theta_1) + b_{22}^2\rho_1\delta_{1,p}^2\Omega_1\Theta_1\end{aligned}},$$

其中，$\Lambda_1 = \dfrac{\rho_1}{1-\rho_1}$，$\Lambda_2 = \dfrac{\rho_2}{1-\rho_2}$，$\Omega_1 = \dfrac{1-\rho_1^{l_1}}{1-\rho_1}$，$\Omega_2 = \dfrac{1-\rho_2^{l_2}}{1-\rho_2}$，$\Theta_1 = \dfrac{1-\rho_1^k}{1-\rho_1}$，$\Theta_2 = \dfrac{1-\rho_2^k}{1-\rho_2}$，$\Delta = \dfrac{\psi(1-\psi)}{1-\rho_1\rho_2}$。

证明： 当零售商运用移动平均预测方法预测市场需求时，在 l_2 时期的预测误差的标准差的估计值 $\hat{\xi}_{2,t}^{l_2}$ 表示为：

$$\hat{\xi}_{2,t}^{l_2} = \sqrt{Var(\hat{d}_{2,t}^{l_2} - d_{2,t}^{l_2})} = \sqrt{Var(\hat{d}_{2,t}^{l_2}) + Var(d_{2,t}^{l_2}) - 2Cov(\hat{d}_{2,t}^{l_2}, d_{2,t}^{l_2})}$$

$$(6.1.18)$$

其中，

$$\begin{aligned}Var(d_{2,t}^{l_2}) &= Var\left(\sum_{i=0}^{l_2-1}d_{2,t+i}\right) = \sum_{i=0}^{l_2-1}Var(d_{2,t+i}) + 2\sum_{i=0}^{l_2-2}\sum_{j=1}^{l_2-1-i}Cov(d_{2,t+i}, d_{2,t+i+j}) \\ &= \sum_{i=0}^{l_2-1}Var(d_{2,t+i}) + 2\sum_{i=0}^{l_2-2}\sum_{j=1}^{l_2-1-i}Cov(a_2 - b_{21}p_{2,t+i} + b_{22}p_{1,t+i} + \\ & \quad \varepsilon_{2,t+i}, a_2 - b_{21}p_{2,t+i+j} + b_{22}p_{1,t+i+j} + \varepsilon_{2,t+i+j}) \\ &= l_2(\delta_{2,d})^2 + 2b_{21}^2(\delta_{2,p})^2\left(\frac{\rho_2}{1-\rho_2}\right)\left(l_2 - \frac{1-\rho_2^{l_2}}{1-\rho_2}\right) - \\ & \quad 2b_{21}b_{22}\left(\frac{\delta_{12}^2\psi(1-\psi)}{1-\rho_1\rho_2}\right)\left(\frac{\rho_2}{1-\rho_2}\right)\left(l_2 - \frac{1-\rho_2^{l_2}}{1-\rho_2}\right) - \\ & \quad 2b_{22}b_{21}\left(\frac{\delta_{12}^2\psi(1-\psi)}{1-\rho_1\rho_2}\right)\left(\frac{\rho_1}{1-\rho_1}\right)\left(l_1 - \frac{1-\rho_1^{l_1}}{1-\rho_1}\right) + \\ & \quad 2b_{22}^2(\delta_{1,p})^2\left(\frac{\rho_1}{1-\rho_1}\right)\left(l_1 - \frac{1-\rho_1^{l_1}}{1-\rho_1}\right)\end{aligned}$$

$$\begin{aligned}Var(\hat{d}_{2,t}^{l_2}) &= \left(\frac{l_2}{k}\right)^2 Var\left(\sum_{i=1}^k d_{2,t-i}\right) = \left(\frac{l_2}{k}\right)^2 Var(d_{2,t-1} + d_{2,t-2} + \cdots + d_{2,t-k}) \\ &= \left(\frac{l_2}{k}\right)^2[k(\delta_{2,d})^2 + 2Cov(d_{2,t-1}, d_{2,t-2}) + 2Cov(d_{2,t-1}, d_{2,t-3}) + \\ & \quad \cdots + 2Cov(d_{2,t-k-1}, d_{2,t-k})] \\ &= \left(\frac{l_2}{k}\right)^2\Big\{k(\delta_{2,d})^2 + 2b_{21}^2(\delta_{2,p})^2\left(\frac{\rho_2}{1-\rho_2}\right)\left(k - \frac{1-\rho_2^k}{1-\rho_2}\right) + \\ & \quad 2b_{22}^2(\delta_{1,p})^2\left(\frac{\rho_1}{1-\rho_1}\right)\left(k - \frac{1-\rho_1^k}{1-\rho_1}\right) - \end{aligned}$$

$$2b_{21}b_{22}\left(\frac{\rho_1}{1-\rho_1}\right)\left(k-\frac{1-\rho_1^k}{1-\rho_1}\right)+\left(\frac{\rho_2}{1-\rho_2}\right)\left(k-\frac{1-\rho_2^k}{1-\rho_2}\right)\left[\frac{\psi(1-\psi)}{1-\rho_1\rho_2}\right]\delta_{12}^2\Bigg\}$$

$$Cov(d_{2,t}^{l_2},\hat{d}_{2,t}^{l_2})=Cov\left(\sum_{i=0}^{l_2-1}d_{2,t+i},\frac{l_2}{k}\sum_{j=1}^{k}d_{2,t-j}\right)=\frac{l_2}{k}Cov\left(\sum_{i=0}^{l_2-1}d_{2,t+i},\frac{l_2}{k}\sum_{j=1}^{k}d_{2,t-j}\right)$$

$$=\frac{l_2}{k}\sum_{i=0}^{l_2-1}\sum_{j=1}^{k}Cov(d_{2,t+i},d_{2,t-j})=\frac{l_2}{k}\sum_{i=0}^{l_2-1}\sum_{j=1}^{k}Cov(a_2-b_{21}p_{2,t+i}+$$

$$b_{22}p_{1,t+i}+\varepsilon_{2,t+i},a_2-b_{21}p_{2,t-j}+b_{22}p_{1,t-j}+\varepsilon_{2,t-j})$$

$$=\frac{l_2}{k}\sum_{i=0}^{l_2-1}\sum_{j=1}^{k}Cov(-b_{21}p_{2,t+i}+b_{22}p_{1,t+i},-b_{21}p_{2,t-j}+b_{22}p_{1,t-j})$$

$$=\frac{l_2}{k}\sum_{i=0}^{l_2-1}\sum_{j=1}^{k}\left[b_{21}^2Cov(p_{2,t+i},p_{2,t-j})-b_{21}b_{22}Cov(p_{2,t+i},p_{1,t-j})-\right.$$

$$b_{22}b_{21}Cov(p_{1,t+i},p_{2,t-j})+b_{22}^2Cov(p_{1,t+i},p_{1,t-j})\big]$$

$$=\frac{l_2}{k}\Bigg\{\frac{b_{21}^2\rho_2(1-\rho_2^{l_2})(1-\rho_2^k)(\delta_{2,p})^2}{(1-\rho_2)^2}-$$

$$b_{21}b_{22}\left[\frac{\delta_{12}^2\psi(1-\psi)}{1-\rho_1\rho_2}\right]\left[\frac{\rho_2(1-\rho_2^{l_2})(1-\rho_2^k)}{(1-\rho_2)^2}\right]-$$

$$b_{22}b_{21}\left[\frac{\delta_{12}^2\psi(1-\psi)}{1-\rho_1\rho_2}\right]\left[\frac{\rho_1(1-\rho_1^{l_1})(1-\rho_1^k)}{(1-\rho_1)^2}\right]+$$

$$\frac{b_{22}^2\rho_1(1-\rho_1^{l_1})(1-\rho_1^k)(\delta_{1,p})^2}{(1-\rho_1)^2}\Bigg\}$$

定理 6.2：在顾客需求和两个零售商之间存在竞争效应的两级平行供应链中，当两个零售商分别采用订货点订货策略和移动平均预测方法时，两条供应链的库存牛鞭效应表达式为：

$$l_1\delta_{1,d}^2+2b_{11}^2\delta_{1,p}^2\Lambda_1(l_1-\Omega_1)-2b_{11}b_{12}\delta_{12}^2\Delta\Lambda_1(l_1-\Omega_1)-$$

$$2b_{12}\delta_{2,p}^2\Lambda_2(l_2-\Omega_2)+\left(\frac{l_1}{k}\right)^2\{k\delta_{1,d}^2+2b_{11}^2\delta_{1,p}^2\Lambda_1(k-\Theta_1)+$$

$$2b_{12}^2\delta_{2,p}^2\Lambda_2(k-\Theta_2)-2b_{11}b_{12}[\Lambda_1(k-\Theta_1)+$$

$$\Lambda_2(k-\Theta_2)]\Delta\delta_{12}^2\}-2\frac{l_1}{k}(b_{11}b_{21}\rho_1\Omega_1\Theta_1\delta_{1,p}^2-$$

$$IBE_{retailer-1}^{MA}=\frac{Var(I_{1,t})}{Var(d_{1,t})}=\frac{b_{11}b_{22}\rho_1\Omega_1\Theta_1\delta_{12}^2\Delta-b_{12}b_{21}\rho_2\Omega_2\Theta_2\Delta\delta_{12}^2+b_{12}b_{22}\rho_2\Omega_2\Theta_2\delta_{2,p}^2)}{\delta_{1,d}^2}$$

$$(6.1.19)$$

其中，$\Lambda_1=\frac{\rho_1}{1-\rho_1}$，$\Lambda_2=\frac{\rho_2}{1-\rho_2}$，$\Omega_1=\frac{1-\rho_1^{l_1}}{1-\rho_1}$，$\Omega_2=\frac{1-\rho_2^{l_2}}{1-\rho_2}$，$\Theta_1=\frac{1-\rho_1^k}{1-\rho_1}$，$\Theta_2=\frac{1-\rho_2^k}{1-\rho_2}$，$\Delta=\frac{\psi(1-\psi)}{1-\rho_1\rho_2}$。

6.1.2.2　指数平滑预测方法下的库存牛鞭效应

在公式（6.1.6）中，我们用指数平滑预测方法预测订货提前期的需求量$\hat{d}_{1,t}^{l_1}$和$\hat{d}_{2,t}^{l_2}$，α（$0<\alpha<1$）是两个零售商的平滑指数。

$$\hat{d}_{1,t}^{l_1} = l_1[\alpha d_{1,t-1} + (1-\alpha)\hat{d}_{1,t-1}], \quad \hat{d}_{2,t}^{l_2} = l_2[\alpha d_{2,t-1} + (1-\alpha)\hat{d}_{2,t-1}]$$

在公式（6.1.6）中，$q_{1,t}$和$q_{2,t}$可以进一步改写成公式（6.1.20）：

$$q_{1,t} = (1+\alpha l_1)d_{1,t-1} - \alpha l_1 \hat{d}_{1,t-1} + z_1(\hat{\xi}_{1,t}^{l_1} - \hat{\xi}_{1,t-1}^{l_1}),$$
$$q_{2,t} = (1+\alpha l_2)d_{2,t-1} - \alpha l_2 \hat{d}_{2,t-1} + z_2(\hat{\xi}_{2,t}^{l_2} - \hat{\xi}_{2,t-1}^{l_2}) \tag{6.1.20}$$

定理 6.3：在顾客需求和两个零售商之间存在竞争效应的两级平行供应链中，当两个零售商分别采用订货点订货策略和指数平滑预测方法时，两条供应链的牛鞭效应表达式为：

$$BE_{retailer-1}^{ES} = \frac{Var(q_{1,t})}{Var(d_{1,t})} =$$

$$\frac{(1+\alpha l_1)^2 \delta_{1,d}^2 + \alpha^2 l_1^2 \left(\frac{\alpha}{2-\alpha}\right)\delta_{1,d}^2 + \left\{\alpha^2 l_1^2 \left[\frac{2(1-\alpha)}{2-\alpha}\right] - 2\alpha l_1(1+\alpha l_1)\right\}\left[\frac{\psi ab_{11}^2 \rho_1 \delta_{1,p}^2}{(1-\rho_1^2)(1-(1-\alpha)\rho_1)} + \frac{(1-\psi)ab_{12}^2 \rho_2 \delta_{2,p}^2}{(1-\rho_2^2)(1-(1-\alpha)\rho_2)}\right]}{\delta_{1,d}^2},$$

$$BE_{retailer-2}^{ES} = \frac{Var(q_{2,t})}{Var(d_{2,t})} =$$

$$\frac{(1+\alpha l_2)^2 \delta_{2,d}^2 + \alpha^2 l_2^2 \left(\frac{\alpha}{2-\alpha}\right)\delta_{2,d}^2 + \left\{\alpha^2 l_2^2 \left[\frac{2(1-\alpha)}{2-\alpha}\right] - 2\alpha l_2(1+\alpha l_2)\right\}\left[\frac{\psi ab_{21}^2 \rho_2 \delta_{2,p}^2}{(1-\rho_2^2)(1-(1-\alpha)\rho_2)} + \frac{(1-\psi)ab_{22}^2 \rho_1 \delta_{1,p}^2}{(1-\rho_1^2)(1-(1-\alpha)\rho_1)}\right]}{\delta_{2,d}^2}$$

$$\tag{6.1.21}$$

与移动平均预测方法情形类似，为了分析牛鞭效应对库存量的影响，我们应该计算在t时期两个零售商的库存量$I_{1,t}$和$I_{2,t}$的方差，则两个零售商的库存量$I_{1,t}$和$I_{2,t}$分别表示为：

$$I_{1,t} = I_{1,t-1} + q_{1,t-l_1} - d_{1,t-1}, \quad I_{2,t} = I_{2,t-1} + q_{2,t-l_2} - d_{2,t-1} \tag{6.1.22}$$

根据公式（6.1.22）可以得到公式（6.1.23）：

$$q_{1,t-l_1} = I_{1,t} - I_{1,t-1} + d_{1,t-1}, \quad q_{2,t-l_2} = I_{2,t} - I_{2,t-1} + d_{2,t-1} \tag{6.1.23}$$

Vassian（1955）已经指出$q_{1,t-l_1}$和$q_{2,t-l_2}$分别表示为：

$$q_{1,t-l_1} = \hat{d}_{1,t}^{l_1} - \sum_{i=1}^{l_1-1} q_{1,t-i} - I_{1,t}, \quad q_{2,t-l_2} = \hat{d}_{2,t}^{l_2} - \sum_{i=1}^{l_2-1} q_{2,t-i} - I_{2,t} \tag{6.1.24}$$

根据公式（6.1.24）可以得到公式（6.1.25）：

$$I_{1,t} = \hat{\xi}_{1,t}^{l_1} = \hat{d}_{1,t-l_1}^{l_1} - d_{1,t-l_1}^{l_1}, \quad I_{2,t} = \hat{\xi}_{2,t}^{l_2} = \hat{d}_{2,t-l_2}^{l_2} - d_{2,t-l_2}^{l_2} \tag{6.1.25}$$

引理 6.3：当零售商运用指数平滑预测方法预测市场需求时，零售商R_1在l_1时期的预测误差的标准差的估计值$\hat{\xi}_{1,t}^{l_1}$是一个常数，可以表示为：

$$\hat{\xi}_{1,t}^{l_1} = \sqrt{\begin{aligned}&\left(l_1 + l_1^2 \frac{\alpha}{2-\alpha}\right)\delta_{1,d}^2 + 2\psi b_{11}^2 \rho_1\left[\frac{(l_1-(1-\rho_1^{l_1}))}{(1-\rho_1)^2} + \frac{l_1^2(1-\alpha)\alpha}{(2-\alpha)(1-(1-\alpha)\rho_1)} - \right.\\ &\left.\frac{l_1\alpha(1-\rho_1^{l_1})}{(1-\rho_1)(1-(1-\alpha)\rho_1)}\right]\delta_{1,p}^2 + 2(1-\psi)b_{12}^2 \rho_2\left[\frac{(l_2-(1-\rho_2^{l_2}))}{(1-\rho_2)^2} + \right.\\ &\left.\frac{l_2^2(1-\alpha)\alpha}{(2-\alpha)(1-(1-\alpha)\rho_2)} - \frac{l_1\alpha(1-\rho_2^{l_1})}{(1-\rho_2)(1-(1-\alpha)\rho_2)}\right]\delta_{2,p}^2\end{aligned}}$$

$$\tag{6.1.26}$$

证明：当零售商运用指数平滑预测方法预测市场需求时，在 l_1 时期的预测误差的标准差的估计值 $\hat{\xi}_{1,t}^{l_1}$ 表示为

$$\hat{\xi}_{1,t}^{l_1} = \sqrt{Var(d_{1,t}^{l_1}) + Var(\hat{d}_{1,t}^{l_1}) - 2Cov(d_{1,t}^{l_1}, \hat{d}_{1,t}^{l_1})} \tag{6.1.27}$$

其中，

$$Var(d_{1,t}^{l_1}) = Var(l_1(a_1 - b_{11}p_{1,t} + b_{12}p_{2,t} + \varepsilon_{1,t}))$$

$$= l_1\delta_{1,d}^2 + \frac{2\psi b_{11}^2\rho_1(l_1 - (1-\rho_1^{l_1}))\delta_{1,p}^2}{(1-\rho_1)^2} + \frac{2(1-\psi)b_{12}^2\rho_2(l_2 - (1-\rho_2^{l_2}))\delta_{2,p}^2}{(1-\rho_2)^2}$$

$$Var(\hat{d}_{1,t}^{l_1}) = l_1^2 Var(\hat{d}_{1,t})$$

$$= l_1^2\left[\frac{\alpha}{2-\alpha}Var(d_{1,t}) + \frac{2(1-\alpha)}{2-\alpha}Cov(d_{1,t-1}, \hat{d}_{1,t})\right]$$

$$= l_1^2\left[\frac{\alpha}{2-\alpha}\delta_{1,d}^2 + \frac{2\psi(1-\alpha)\alpha b_{11}^2\rho_1}{(2-\alpha)(1-(1-\alpha)\rho_1)}\delta_{1,p}^2 + \frac{2(1-\psi)(1-\alpha)\alpha b_{12}^2\rho_2}{(2-\alpha)(1-(1-\alpha)\rho_2)}\delta_{2,p}^2\right]$$

$$Cov(d_{1,t}^{l_1}, \hat{d}_{1,t}^{l_1}) = Cov(\sum_{i=0}^{l_1-1}(d_{1,t+i}, l_1\hat{d}_{1,t})) = l_1\sum_{i=0}^{l_1-1}Cov(d_{1,t+i}, \hat{d}_{1,t})$$

$$= l_1\psi\alpha b_{11}^2\sum_{i=0}^{l_1-1}\sum_{j=1}^{\infty}(1-\alpha)^{j-1}\rho_1^{i+j}\delta_{1,p}^2 + (1-\psi)l_1\alpha b_{12}^2\sum_{i=0}^{l_1-1}\sum_{j=1}^{\infty}(1-\alpha)^{j-1}\rho_2^{i+j}\delta_{2,p}^2$$

$$= \frac{\psi l_1\alpha b_{11}^2\rho_1(1-\rho_1^{l_1})}{(1-\rho_1)(1-(1-\alpha)\rho_1)}\delta_{1,p}^2 + \frac{(1-\psi)l_1\alpha b_{12}^2\rho_2(1-\rho_2^{l_1})}{(1-\rho_2)(1-(1-\alpha)\rho_2)}\delta_{2,p}^2$$

引理 6.4： 当零售商运用指数平滑预测方法预测市场需求时，零售商 R_2 在 l_2 时期的预测误差的标准差的估计值 $\hat{\xi}_{2,t}^{l_2}$ 是一个常数，可以表示为：

$$\hat{\xi}_{2,t}^{l_2} = \sqrt{\begin{array}{l}\left(l_2 + l_2^2\frac{\alpha}{2-\alpha}\right)\delta_{2,d}^2 + 2\psi b_{21}^2\rho_2\left[\frac{(l_2 - (1-\rho_2^{l_2}))}{(1-\rho_2)^2} + \frac{l_2^2(1-\alpha)\alpha}{(2-\alpha)(1-(1-\alpha)\rho_2)} - \right.\\ \left.\frac{l_2\alpha(1-\rho_2^{l_2})}{(1-\rho_2)(1-(1-\alpha)\rho_2)}\right]\delta_{2,p}^2 + 2(1-\psi)b_{22}^2\rho_1\left[\frac{(l_2 - (1-\rho_1^{l_1}))}{(1-\rho_1)^2} + \right.\\ \left.\frac{l_2^2(1-\alpha)\alpha}{(2-\alpha)(1-(1-\alpha)\rho_1)} - \frac{l_2\alpha(1-\rho_1^{l_1})}{(1-\rho_1)(1-(1-\alpha)\rho_1)}\right]\delta_{1,p}^2\end{array}}$$

$$\tag{6.1.28}$$

证明：当零售商运用指数平滑预测方法预测市场需求时，在 l_2 时期的预测误差的标准差的估计值 $\hat{\xi}_{2,t}^{l_2}$ 表示为：

$$\hat{\xi}_{2,t}^{l_2} = \sqrt{Var(d_{2,t}^{l_2}) + Var(\hat{d}_{2,t}^{l_2}) - 2Cov(d_{2,t}^{l_2}, \hat{d}_{2,t}^{l_2})} \tag{6.1.29}$$

其中，

$$Var(d_{2,t}^{l_2}) = Var(l_2(a_2 - b_{21}p_{2,t} + b_{22}p_{1,t} + \varepsilon_{2,t}))$$

$$= l_2\delta_{2,d}^2 + \frac{2(1-\psi)b_{21}^2\rho_2(l_2 - (1-\rho_2^{l_2}))\delta_{2,p}^2}{(1-\rho_2)^2} + \frac{2\psi b_{22}^2\rho_1(l_1 - (1-\rho_1^{l_1}))\delta_{1,p}^2}{(1-\rho_1)^2}$$

$$Var(\hat{d}_{2,t}^{l_2}) = l_2^2 Var(\hat{d}_{2,t})$$

$$= l_2^2\left[\frac{\alpha}{2-\alpha}Var(d_{2,t}) + \frac{2(1-\alpha)}{2-\alpha}Cov(d_{2,t-1}, \hat{d}_{2,t})\right]$$

$$= l_2^2\left[\frac{\alpha}{2-\alpha}\delta_{2,d}^2 + \frac{2(1-\psi)(1-\alpha)\alpha b_{21}^2\rho_2}{(2-\alpha)(1-(1-\alpha)\rho_2)}\delta_{2,p}^2 + \frac{2\psi(1-\alpha)\alpha b_{22}^2\rho_1}{(2-\alpha)(1-(1-\alpha)\rho_1)}\delta_{1,p}^2\right]$$

$$Cov(d_{2,t}^{l_2}, \hat{d}_{2,t}^{l_2}) = Cov(\sum_{i=0}^{l_2-1}(d_{2,t+i}, l_2 \hat{d}_{2,t})) = l_2 \sum_{i=0}^{l_2-1} Cov(d_{2,t+i}, \hat{d}_{2,t})$$

$$= l_2(1-\psi)\alpha b_{21}^2 \sum_{i=0}^{l_2-1}\sum_{j=1}^{\infty}(1-\alpha)^{j-1}\rho_2^{i+j}\delta_{2,p}^2 + \psi l_2 \alpha b_{22}^2 \sum_{i=0}^{l_2-1}\sum_{j=1}^{\infty}(1-\alpha)^{j-1}\rho_1^{i+j}\delta_{1,p}^2$$

$$= \frac{(1-\psi)l_2\alpha b_{21}^2\rho_2(1-\rho_2^{l_2})}{(1-\rho_2)(1-(1-\alpha)\rho_2)}\delta_{2,p}^2 + \frac{\psi l_2\alpha b_{22}^2\rho_1(1-\rho_1^{l_2})}{(1-\rho_1)(1-(1-\alpha)\rho_1)}\delta_{1,p}^2$$

定理 6.4： 在顾客需求和两个零售商之间存在竞争效应的两级平行供应链中，当两个零售商分别采用订货点订货策略和指数平滑预测方法时，两条供应链的库存牛鞭效应表达式为：

$$IBE_{retailer-1}^{ES} = \frac{Var(I_{1,t})}{Var(d_{1,t})} =$$

$$\left(l_1 + l_1^2\frac{\alpha}{2-\alpha}\right)\delta_{1,d}^2 + 2\psi b_{11}^2\rho_1\left[\frac{(l_1-(1-\rho_1^{l_1}))}{(1-\rho_1)^2} + \frac{l_1^2(1-\alpha)\alpha}{(2-\alpha)(1-(1-\alpha)\rho_1)} - \frac{l_1\alpha(1-\rho_1^{l_1})}{(1-\rho_1)(1-(1-\alpha)\rho_1)}\right]\delta_{1,p}^2 +$$

$$\frac{2(1-\psi)b_{12}^2\rho_2\left[\frac{(l_2-(1-\rho_2^{l_2}))}{(1-\rho_2)^2} + \frac{l_1^2(1-\alpha)\alpha}{(2-\alpha)(1-(1-\alpha)\rho_2)} - \frac{l_1\alpha(1-\rho_2^{l_1})}{(1-\rho_2)(1-(1-\alpha)\rho_2)}\right]\delta_{2,p}^2}{\delta_{1,d}^2},$$

$$IBE_{retailer-2}^{ES} =$$

$$\left(l_2 + l_2^2\frac{\alpha}{2-\alpha}\right)\delta_{2,d}^2 + 2\psi b_{21}^2\rho_2\left[\frac{(l_2-(1-\rho_2^{l_2}))}{(1-\rho_2)^2} + \frac{l_2^2(1-\alpha)\alpha}{(2-\alpha)(1-(1-\alpha)\rho_2)} - \frac{l_2\alpha(1-\rho_2^{l_2})}{(1-\rho_2)(1-(1-\alpha)\rho_2)}\right]\delta_{2,p}^2 +$$

$$\frac{2(1-\psi)b_{22}^2\rho_1\left[\frac{(l_2-(1-\rho_1^{l_2}))}{(1-\rho_1)^2} + \frac{l_2^2(1-\alpha)\alpha}{(2-\alpha)(1-(1-\alpha)\rho_1)} - \frac{l_2\alpha(1-\rho_1^{l_1})}{(1-\rho_1)(1-(1-\alpha)\rho_1)}\right]\delta_{1,p}^2}{\delta_{2,d}^2}$$

$$(6.1.30)$$

6.1.2.3 均方误差预测方法下的库存牛鞭效应

Box 和 $Jenkins$（1994）指出，需求预测值 $\hat{d}_{t+i}$ 是根据所有历史需求信息实际值得来的 $t+i$（$i=0$，1，2，$\cdots$），$\hat{d}_{t+i} = E(d_{t+i}|d_{t-1}, d_{t-2}, \cdots)$，尤其是对于 $AR(1)$ 自相关过程来说。在本章中，新产品零售价格服从 $AR(1)$ 自相关过程并表示为 $\hat{p}_{t+i} = E(p_{t+i}|p_{t-1})$。因此，在时期 $t+i$ 两个零售商 R_1 和 R_2 的需求预测值分别表示为：

$$\hat{d}_{1,t+i} = a_1 - b_{11}\hat{p}_{1,t+i} + b_{12}\hat{p}_{2,t+i} + \varepsilon_{1,t+i}, \quad \hat{d}_{2,t+i} = a_2 - b_{21}\hat{p}_{2,t+i} + b_{22}\hat{p}_{1,t+i} + \varepsilon_{2,t+i}$$

$$(6.1.31)$$

同时，在时期 $t+i$ 期末市场价格的预测值分别表示为：

$$\hat{p}_{1,t+i} = E(p_{1,t+i}|p_{1,t-1}) = \frac{1-\rho_1^{i+1}}{\rho_1}\mu_1\psi + \rho_1^{i+1}p_{1,t-1},$$

$$\hat{p}_{2,t+i} = E(p_{2,t+i}|p_{2,t-1}) = \frac{1-\rho_2^{i+1}}{\rho_2}\mu_2(1-\psi) + \rho_2^{i+1}p_{2,t-1} \quad (6.1.32)$$

在时期 $t+i$ 期末的需求预测值分别表示为：

$$\hat{d}_{1,t+i} = a_1 - b_{11}\hat{p}_{1,t+i} + b_{12}\hat{p}_{2,t+i}$$

$$= a_1 - \left[\frac{b_{11}(1-\rho_1^{i+1})\mu_1\psi}{1-\rho_1} - \frac{b_{12}(1-\rho_2^{i+1})\mu_2(1-\psi)}{1-\rho_2}\right] -$$

$$(b_{11}\rho_1^{i+1}p_{1,t-1} - b_{12}\rho_2^{i+1}p_{2,t-1}),$$

$$\hat{d}_{2,t+i} = a_2 - b_{21}\hat{p}_{2,t+i} + b_{22}\hat{p}_{1,t+i}$$

$$= a_2 - \left[\frac{b_{21}(1-\rho_2^{i+1})\mu_2(1-\psi)}{1-\rho_2} - \frac{b_{22}(1-\rho_1^{i+1})\mu_1\psi}{1-\rho_1}\right] - \tag{6.1.33}$$

$$(b_{21}\rho_2^{i+1}p_{2,t-1} - b_{22}\rho_{1,i+1}p_{1,t-1})$$

公式（6.1.6）中的订货量 $q_{1,t}$ 和 $q_{2,t}$ 可以表示为：

$$q_{1,t} = -b_{11}\rho_1\frac{\rho_1\psi(1-\rho_1^{l_1})(p_{1,t-1}-p_{1,t-2})}{1-\rho_1} + b_{12}\rho_2\frac{\rho_2(1-\rho_2^{l_2})(p_{2,t-1}-p_{2,t-2})}{1-\rho_2} + d_{1,t-1},$$

$$q_{2,t} = -b_{21}\rho_2\frac{\rho_2(1-\psi)(1-\rho_2^{l_2})(p_{2,t-1}-p_{2,t-2})}{1-\rho_2} + b_{22}\rho_1\frac{\rho_1(1-\rho_1^{l_2})(p_{1,t-1}-p_{1,t-2})}{1-\rho_1} + d_{2,t-1}$$

$$\tag{6.1.34}$$

定理 6.5：在顾客需求和两个零售商之间存在竞争效应的两级平行供应链中，当两个零售商分别采用订货点订货策略和均方误差预测方法时，两条供应链的牛鞭效应表达式为：

$$BE_{retailer-1}^{MMSE} = \frac{Var(q_{1,t})}{Var(d_{1,t})}$$

$$= 1 + \frac{\begin{aligned}&2b_{11}^2\psi\frac{\rho_1^3(1-\rho_1^{l_1})(1-\rho_1^{l_1+1})}{(1+\rho_1)(1-\rho_1)^2}\delta_1^2 + 2b_{12}^2\frac{\rho_2^3(1-\rho_2^{l_2})(1-\rho_2^{l_2+1})}{(1+\rho_2)(1-\rho_2)^2}\delta_2^2 - \\ &2b_{11}b_{12}\left\{\left[\frac{\rho_1(1-\rho_2)}{1-\rho_1\rho_2} + \rho_1\frac{\rho_2(1-\rho_1)}{1-\rho_1\rho_2}\frac{\rho_2(1-\rho_2^{l_2})}{1-\rho_2^2}\right]\left[\frac{\rho_1(1-\rho_1^{l_1})}{1-\rho_1^2}\right] + \right.\\ &\left.\left[\frac{\rho_2(1-\rho_1)}{1-\rho_1\rho_2} + \rho_2\frac{\rho_1(1-\rho_2)}{1-\rho_1\rho_2}\frac{\rho_1(1-\rho_1^{l_1})}{1-\rho_1^2}\right]\left[\frac{\rho_2(1-\rho_2^{l_2})}{1-\rho_2^2}\right]\right\}\delta_{12}^2\end{aligned}}{\delta_{1,d}^2},$$

$$BE_{retailer-2}^{MMSE} = \frac{Var(q_{2,t})}{Var(d_{2,t})}$$

$$= 1 + \frac{\begin{aligned}&2b_{21}^2(1-\psi)\frac{\rho_2^3(1-\rho_2^{l_2})(1-\rho_2^{l_2+1})}{(1+\rho_2)(1-\rho_2)^2}\delta_2^2 + 2b_{22}^2\frac{\rho_1^3(1-\rho_1^{l_1})(1-\rho_1^{l_1+1})}{(1+\rho_1)(1-\rho_1)^2}\delta_1^2 - \\ &2b_{21}b_{22}\left\{\left[\frac{\rho_2(1-\rho_1)}{1-\rho_1\rho_2} + \rho_2\frac{\rho_1(1-\rho_2)}{1-\rho_1\rho_2}\frac{\rho_1(1-\rho_1^{l_2})}{1-\rho_1^2}\right]\left[\frac{\rho_2(1-\rho_2^{l_2})}{1-\rho_2^2}\right] + \right.\\ &\left.\left[\frac{\rho_2(1-\rho_2)}{1-\rho_1\rho_2} + \rho_1\frac{\rho_1(1-\rho_1)}{1-\rho_1\rho_2}\frac{\rho_2(1-\rho_2^{l_2})}{1-\rho_2^2}\right]\left[\frac{\rho_1(1-\rho_1^{l_2})}{1-\rho_1^2}\right]\right\}\delta_{12}^2\end{aligned}}{\delta_{2,d}^2}$$

$$\tag{6.1.35}$$

与 6.1.1 节类似，为了分析牛鞭效应对库存量所产生的影响，我们必须计算出在 t 时期期末两个零售商的库存量的方差。我们可以得到两个零售商的库存 $I_{1,t}$ 和 $I_{2,t}$ 分别表示为：

$$I_{1,t} = I_{1,t-1} + q_{1,t-l_1} - d_{1,t-1}, \quad I_{2,t} = I_{2,t-1} + q_{2,t-l_2} - d_{2,t-1} \tag{6.1.36}$$

根据公式（6.1.36）可以得到公式（6.1.37）：

$$q_{1,t-l_1} = I_{1,t} - I_{1,t-1} + d_{1,t-1}, \quad q_{2,t-l_2} = I_{2,t} - I_{2,t-1} + d_{2,t-1} \tag{6.1.37}$$

Vassian（1955）指出，$q_{1,t-l_1}$ 和 $q_{2,t-l_2}$ 分别可以表示为：

$$q_{1,t-l_1} = \hat{d}_{1,t}^{l_1} - \sum_{i=1}^{l_1-1} q_{1,t-i} - I_{1,t}, \quad q_{2,t-l_2} = \hat{d}_{2,t}^{l_2} - \sum_{i=1}^{l_2-1} q_{2,t-i} - I_{2,t} \quad (6.1.38)$$

根据公式（6.1.38）可以得到公式（6.1.39）：

$$I_{1,t} = \hat{\xi}_{1,t}^{l_1} = \hat{d}_{1,t-1}^{l_1} - d_{1,t-1}^{l_1}, \quad I_{2,t} = \hat{\xi}_{2,t}^{l_2} = \hat{d}_{2,t-2}^{l_2} - d_{2,t-2}^{l_2} \quad (6.1.39)$$

引理 6.5： 当零售商运用指数平滑预测方法预测市场需求时，零售商 R_1 在 l_1 时期的预测误差的标准差的估计值$\hat{\xi}_{1,t}^{l_1}$是一个常数，可以表示为：

$$\hat{\xi}_{1,t}^{l_1} = \sqrt{\begin{aligned}&l_1\sigma_1^2 + l_2\sigma_2^2 + \frac{b_{11}^2\psi^2}{(1-\rho_1)^2}\Big[l_1 + \frac{\rho_1(1-\rho_1^{l_1})(\rho_1^{l_1+1}-\rho_1-2)}{1-\rho_1^2}\Big]\delta_1^2 + \\ &\frac{b_{12}^2(1-\psi)^2}{(1-\rho_2)^2}\Big[l_2 + \frac{\rho_2(1-\rho_2^{l_2})(\rho_2^{l_2+1}-\rho_2-2)}{1-\rho_2^2}\Big]\delta_2^2\end{aligned}}$$

$$(6.1.40)$$

证明：

$$\hat{\xi}_{1,t}^{l_1} = \sqrt{Var(\hat{d}_{1,t}^{l_1} - d_{1,t}^{l_1})} = \sqrt{Var\Big(\sum_{i=0}^{l_1-1} d_{1,t} - \hat{d}_{1,t}\Big)}$$

$$= \sqrt{\begin{aligned}&Var\Big\{\sum_{i=0}^{l_1-1}\Big[-b_{11}\psi\sum_{j=0}^{i}\rho_1^{i-j}\eta_{1,t+j} - \\ &b_{12}(1-\psi)\sum_{j=0}^{t}\rho_2^{i-j}\eta_{2,t+j} + \varepsilon_{1,t+i} + \varepsilon_{2,t+i}\Big]\Big\}\end{aligned}}$$

$$= \sqrt{\begin{aligned}&Var\Big(\sum_{i=0}^{l_1-1}\varepsilon_{1,t+i}\Big) + Var\Big(\sum_{i=0}^{l_2-1}\varepsilon_{2,t+i}\Big) + b_{11}^2\psi^2 Var\Big(\sum_{i=0}^{l_1-1}\sum_{j=0}^{i}\rho_1^{i-j}\eta_{1,t+j}\Big) + \\ &b_{12}^2(1-\psi)^2 Var\Big(\sum_{i=0}^{l_2-1}\sum_{j=0}^{i}\rho_2^{i-j}\eta_{2,t+j}\Big)\end{aligned}}$$

$$= \sqrt{\begin{aligned}&l_1\sigma_1^2 + l_2\sigma_2^2 + b_{11}^2\psi^2 Var\Big(\sum_{i=0}^{l_1-1}\eta_{1,t+j}\sum_{j=0}^{l_1-1-i}\rho_1^i\Big) + \\ &b_{12}^2(1-\psi)^2 Var\Big(\sum_{i=0}^{l_2-1}\eta_{2,t+j}\sum_{j=0}^{l_2-1-i}\rho_2^i\Big)\end{aligned}}$$

$$= \sqrt{\begin{aligned}&l_1\sigma_1^2 + l_2\sigma_2^2 + \frac{b_{11}^2\psi^2}{(1-\rho_1)^2}\Big[l_1 + \frac{\rho_1(1-\rho_1^{l_1})(\rho_1^{l_1+1}-\rho_1-2)}{1-\rho_1^2}\Big]\delta_1^2 + \\ &\frac{b_{12}^2(1-\psi)^2}{(1-\rho_2)^2}\Big[l_2 + \frac{\rho_2(1-\rho_2^{l_2})(\rho_2^{l_2+1}-\rho_2-2)}{1-\rho_2^2}\Big]\delta_2^2\end{aligned}}$$

$$(6.1.41)$$

引理 6.6： 当零售商运用指数平滑预测方法预测市场需求时，零售商 R_2 在 l_2 时期的预测误差的标准差的估计值$\hat{\xi}_{2,t}^{l_2}$是一个常数，可以表示为：

$$\hat{\xi}_{2,t}^{l_2} = \sqrt{\begin{array}{l} l_2\sigma_2^2 + l_1\sigma_1^2 + \dfrac{b_{21}^2\psi^2}{(1-\rho_2)^2}\Big[l_2 + \dfrac{\rho_2(1-\rho_2^{l_2})(\rho_2^{l_2+1}-\rho_2-2)}{1-\rho_2^2}\Big]\delta_2^2 + \\ \dfrac{b_{22}^2(1-\psi)^2}{(1-\rho_1)^2}\Big[l_1 + \dfrac{\rho_1(1-\rho_1^{l_1})(\rho_1^{l_1+1}-\rho_1-2)}{1-\rho_1^2}\Big]\delta_1^2 \end{array}}$$

$$(6.1.42)$$

证明：

$$\hat{\xi}_{2,t}^{l_2} = \sqrt{Var(\hat{d}_{2,t}^{l_2} - d_{2,t}^{l_2})} = \sqrt{Var\Big(\sum_{i=0}^{l_2-1} d_{2,t} - \hat{d}_{2,t}\Big)}$$

$$= \sqrt{\begin{array}{l} Var\Big\{\sum_{i=0}^{l_2-1}\Big[-b_{21}\psi\sum_{j=0}^{i}\rho_2^{i-j}\eta_{2,t+j} - \\ b_{22}(1-\psi)\sum_{j=0}^{t}\rho_1^{i-j}\eta_{1,t+j} + \varepsilon_{1,t+i} + \varepsilon_{2,t+i}\Big]\Big\} \end{array}}$$

$$= \sqrt{\begin{array}{l} Var\Big(\sum_{i=0}^{l_1-1}\varepsilon_{1,t+i}\Big) + Var\Big(\sum_{i=0}^{l_2-1}\varepsilon_{2,t+i}\Big) + b_{21}^2\psi^2 Var\Big(\sum_{i=0}^{l_2-1}\sum_{j=0}^{i}\rho_2^{i-j}\eta_{2,t+j}\Big) + \\ b_{22}^2(1-\psi)^2 Var\Big(\sum_{i=0}^{l_1-1}\sum_{j=0}^{i}\rho_1^{i-j}\eta_{1,t+j}\Big) \end{array}}$$

$$= \sqrt{\begin{array}{l} l_1\sigma_1^2 + l_2\sigma_2^2 + b_{21}^2\psi^2 Var\Big(\sum_{i=0}^{l_2-1}\eta_{2,t+j}\sum_{j=0}^{l_2-1-i}\rho_2^j\Big) + \\ b_{22}^2(1-\psi)^2 Var\Big(\sum_{i=0}^{l_1-1}\eta_{1,t+j}\sum_{j=0}^{l_1-1-i}\rho_1^j\Big) \end{array}}$$

$$= \sqrt{\begin{array}{l} l_1\sigma_1^2 + l_2\sigma_2^2 + \dfrac{b_{21}^2\psi^2}{(1-\rho_2)^2}\Big[l_2 + \dfrac{\rho_2(1-\rho_2^{l_2})(\rho_2^{l_2+1}-\rho_2-2)}{1-\rho_2^2}\Big]\delta_2^2 + \\ \dfrac{b_{22}^2(1-\psi)^2}{(1-\rho_1)^2}\Big[l_1 + \dfrac{\rho_1(1-\rho_1^{l_1})(\rho_1^{l_1+1}-\rho_1-2)}{1-\rho_1^2}\Big]\delta_1^2 \end{array}}$$

定理 6.6： 在顾客需求和两个零售商之间存在竞争效应的两级平行供应链中，当两个零售商分别采用订货点订货策略和均方误差预测方法时，两条供应链的库存牛鞭效应表达式为：

$$IBE_{retailer-1}^{MMSE} = \frac{Var(I_{1,t})}{Var(d_{1,t})}$$

$$= \frac{l_1\sigma_1^2 + l_2\sigma_2^2 + \dfrac{b_{11}^2\psi^2}{(1-\rho_1)^2}\Big[l_1 + \dfrac{\rho_1(1-\rho_1^{l_1})(\rho_1^{l_1+11}-\rho_1-2)}{1-\rho_1^2}\Big]\delta_1^2 + \dfrac{b_{12}^2(1-\psi)^2}{(1-\rho_2)^2}\Big[l_2 + \dfrac{\rho_2(1-\rho_2^{l_2})(\rho_2^{l_2+1}-\rho_2-2)}{1-\rho_2^2}\Big]\delta_2^2}{\delta_{1,d}^2}$$

$$IBE_{retailer-2}^{MMSE} = \frac{Var(I_{2,t})}{Var(d_{2,t})}$$

$$
= \frac{l_2\sigma_2^2 + l_1\sigma_1^2 + \dfrac{b_{21}^2\psi^2}{(1-\rho_2)^2}\left[l_2 + \dfrac{\rho_2(1-\rho_2^{l_2})(\rho^{l_2+12}-\rho_2-2)}{1-\rho_2^2}\right]\delta_2^2 + \dfrac{b_{22}^2(1-\psi)^2}{(1-\rho_1)^2}\left[l_1 + \dfrac{\rho_1(1-\rho_1^{l_1})(\rho_1^{l_1+1}-\rho_1-2)}{1-\rho_1^2}\right]\delta_1^2}{\delta_{2,d}^2}
\tag{6.1.43}
$$

6.1.3 仿真模型和结果分析

6.1.3.1 仿真过程

根据上述理论分析，我们已经得到了在考虑链与链竞争效应的两平行供应链中牛鞭效应和库存牛鞭效应的数学模型。接下来，我们通过构建包含两个制造商和两个零售商的两平行供应链网络，运用仿真模型分析不同预测方法对牛鞭效应和库存牛鞭效应产生的不同影响。由此，基于移动平均预测方法、指数平滑预测方法以及均方误差预测方法的牛鞭效应仿真模型如图6-2~图6-4所示。同时，基于移动平均预测方法、指数平滑预测方法以及均方误差预测方法的库存牛鞭效应仿真模型如图6-5~图6-7所示。

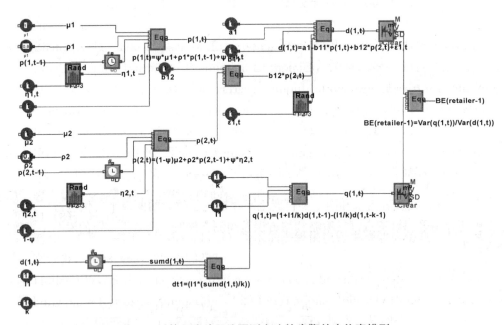

图6-2　基于移动平均预测方法的牛鞭效应仿真模型

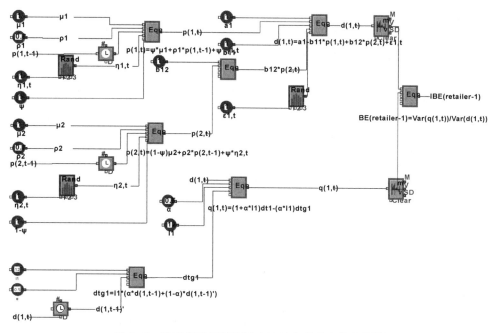

图6-3　基于指数平滑预测方法的牛鞭效应仿真模型

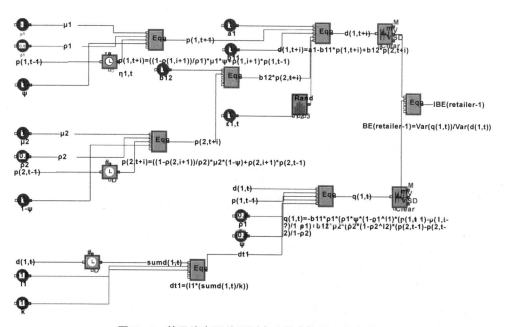

图6-4　基于均方误差预测方法的牛鞭效应仿真模型

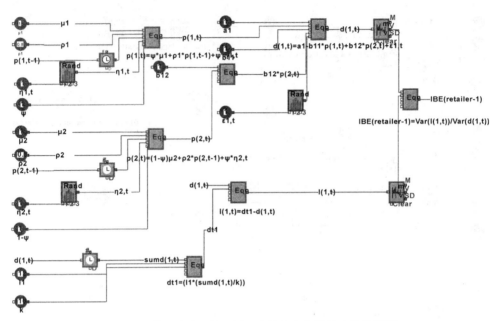

图6-5　基于移动平均预测方法的库存牛鞭效应仿真模型

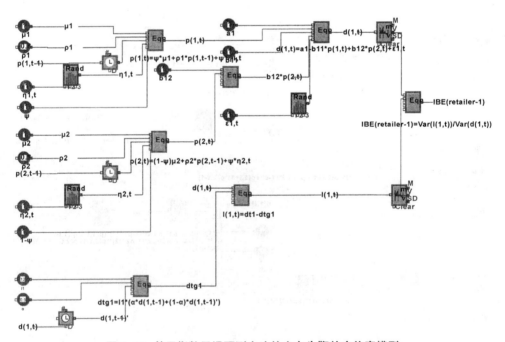

图6-6　基于指数平滑预测方法的库存牛鞭效应仿真模型

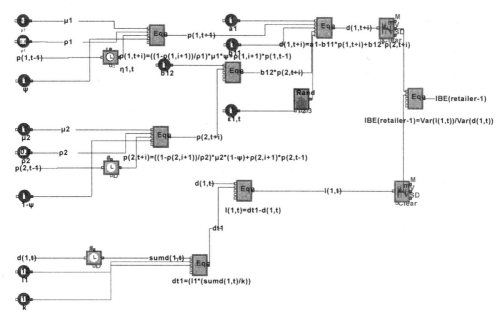

图6-7 基于均方误差预测方法的库存牛鞭效应仿真模型

从图6-2~图6-7中可以看出，两家零售商的新产品销售价格分别表示为 $p_{1,t} = \psi\mu_1 + \rho_1 p_{1,t-1} + \psi\eta_{1,t}$ 和 $p_{2,t} = (1-\psi)\mu_2 + \rho_2 p_{2,t-1} + (1-\psi)\eta_{2,t}$，零售商 R_1 的需求模型表示为 $d_{1,t} = a_1 - b_{11} p_{1,t} + b_{12} p_{2,t} + \varepsilon_{1,t}$，零售商 R_1 向制造商 M_1 的订货量表示为 $q_{1,t} = (1+l_1/k)d_{1,t-1} - (l_1/k)d_{1,t-k-1}$，节点企业的牛鞭效应表示为 $BE^{MA}_{retailer-1} = Var(q_{1,t})/Var(d_{1,t})$，两家零售商的新产品销售价格分别表示为 $p_{1,t} = \psi\mu_1 + \rho_1 p_{1,t-1} + \psi\eta_{1,t}$ 和 $p_{2,t} = (1-\psi)\mu_2 + \rho_2 p_{2,t-1} + (1-\psi)\eta_{2,t}$，零售商 R_1 面临的市场需求表示为 $d_{1,t} = a_1 - b_{11} p_{1,t} + b_{12} p_{2,t} + \varepsilon_{1,t}$，零售商 R_1 向制造商 M_1 的订货量表示为 $q_{1,t} = (1+\alpha l_1)d_{1,t} - \alpha l_1 dtg_1$，节点企业的牛鞭效应表示为 $BE^{ES}_{retailer-1} = Var(q_{1,t})/Var(d_{1,t})$，两家零售商的新产品销售价格分别表示为 $\hat{p}_{1,t+i} = E(p_{1,t+i} \mid p_{1,t-1}) = \dfrac{1-\rho_1^{i+1}}{\rho_1}\mu_1\psi + \rho_1^{i+1} p_{1,t-1}$

和 $\hat{p}_{2,t+i} = E(p_{2,t+i} \mid p_{2,t-1}) = \dfrac{1-\rho_2^{i+1}}{\rho_2}\mu_2(1-\psi) + \rho_2^{i+1} p_{2,t-1}$，零售商 R_1 面临的市场需求表示为 $d_{1,t+i} = a_1 - b_{11} p_{1,t+i} + b_{12} p_{2,t+i}$，零售商 R_1 向制造商 M_1 的订货量表示为

$$q_{1,t} = -b_{11}\rho_1 \frac{\rho_1\psi(1-\rho_1^{l_1})(p_{1,t-1}-p_{1,t-2})}{1-\rho_1} + b_{12}\rho_2 \frac{\rho_2(1-\rho_2^{l_1})(p_{2,t-1}-p_{2,t-2})}{1-\rho_2} + d_{1,t-1}.$$

同时，节点企业的牛鞭效应可以通过公式 $BE^{MMSE}_{retailer-1} = Var(q_{1,t})/Var(d_{1,t})$ 求解出来。

图6-5至图6-7的需求过程、订货过程和价格过程与图6-2类似。图6-5中可以看出，零售商 R_1 的库存水平表示为 $I_{1,t} = dt1 - d_{1,t}$。节点企业的库存牛鞭效应为 $IBE^{ME}_{retailer-1} = Var(I_{1,t})/Var(d_{1,t})$。从图6-6中可以看出，零售商 R_1 的库存水平表示为 $IBE^{ME}_{retailer-1} = Var(I_{1,t})/Var(d_{1,t})$，节点企业的库存牛鞭效应为 $IBE^{ES}_{retailer-1} = Var(I_{1,t})/Var(d_{1,t})$。从图6-7中可以看出，零售商 R_1 的库存水平表示为 $I_{1,t} = dt1 - d(1,t)$。同时，节点企业的库存牛鞭效应为 $IBE^{MMSE}_{retailer-1} = Var(I_{1,t})/Var(d_{1,t})$。

6.1.3.2 结果分析

1) 不同预测方法下的牛鞭效应比较分析

通过分析基于不同预测方法的牛鞭效应量化模型和仿真模型，我们发现不同预测方法下零售商 R_1 的牛鞭效应会受到价格自敏感系数、价格交叉敏感系数、价格自回归系数、市场份额和方差的影响。表 6-1~表 6-3 分析了不同预测技术对零售商 R_1 牛鞭效应的影响。表中相关参数设置如下：$\mu_1=1$，$\mu_2=1$，$\delta_{1,p}^2=\delta_{2,p}^2=1$，$\delta_{12}^2=0.1$。

表 6-1　相关参数的取值

因素	l_1	l_2	k	b_{11}	b_{12}	ψ	ρ_1	ρ_2	α
水平 1	2	2	4	5	5	0.3	0.3	0.3	0.3
水平 2	4	4	8	10	10	0.6	0.6	0.6	0.6
水平 3	6	6	12	15	15	0.9	0.9	0.9	0.9
水平 4	2	2	4	5	5	0.3	0.3	0.6	0.3
水平 5	2	2	4	5	5	0.3	0.3	0.6	0.3
水平 6	2	2	4	5	5	0.3	0.3	0.6	0.3
水平 7	2	2	4	5	5	0.3	0.3	0.9	0.6

表 6-2　仿真次数

次数	l_1	l_2	k	b_{11}	b_{12}	ψ	ρ_1	ρ_2	α
1	1 (2)	1 (2)	1 (4)	1 (5)	1 (5)	1 (0.3)	1 (0.3)	1 (0.3)	1 (0.3)
2	2 (4)	2 (4)	2 (8)	2 (10)	2 (10)	2 (0.6)	2 (0.3)	2 (0.3)	2 (0.6)
3	3 (6)	3 (6)	3 (12)	3 (15)	3 (15)	3 (0.9)	3 (0.3)	3 (0.3)	3 (0.9)
4	1 (2)	1 (2)	1 (4)	1 (5)	1 (5)	1 (0.3)	1 (0.6)	1 (0.6)	1 (0.3)
5	2 (4)	2 (4)	2 (8)	2 (5)	2 (5)	2 (0.6)	2 (0.6)	2 (0.6)	2 (0.6)
6	3 (6)	3 (6)	3 (12)	3 (5)	3 (5)	3 (0.9)	3 (0.6)	3 (0.6)	3 (0.9)
7	1 (2)	1 (2)	1 (4)	1 (5)	1 (5)	1 (0.3)	1 (0.9)	1 (0.9)	1 (0.3)
8	2 (4)	2 (4)	2 (8)	2 (5)	2 (5)	2 (0.6)	2 (0.9)	2 (0.9)	2 (0.6)
9	3 (6)	3 (6)	3 (12)	3 (5)	3 (5)	3 (0.9)	3 (0.9)	3 (0.9)	3 (0.9)
10	1 (2)	1 (2)	1 (4)	1 (5)	1 (5)	1 (0.3)	1 (0.3)	1 (0.3)	1 (0.3)
11	1 (2)	1 (2)	1 (4)	1 (5)	1 (5)	1 (0.3)	1 (0.3)	1 (0.3)	1 (0.3)
12	2 (4)	2 (4)	2 (8)	2 (10)	2 (10)	2 (0.6)	2 (0.6)	2 (0.6)	2 (0.6)
13	2 (4)	2 (4)	2 (8)	2 (10)	2 (10)	2 (0.6)	2 (0.6)	2 (0.6)	2 (0.6)
14	3 (6)	3 (6)	3 (12)	3 (15)	3 (15)	3 (0.9)	3 (0.9)	3 (0.9)	3 (0.9)
15	3 (6)	3 (6)	3 (12)	3 (15)	3 (15)	3 (0.9)	3 (0.9)	3 (0.9)	3 (0.9)

次数	l_1	l_2	k	b_{11}	b_{12}	ψ	ρ_1	ρ_2	α
16	4（2）	4（2）	4（4）	4（5）	4（5）	4（0.3）	4（0.3）	4（0.6）	4（0.3）
17	5（2）	5（2）	5（4）	5（5）	5（5）	5（0.3）	5（0.3）	5（0.6）	5（0.3）
18	6（2）	6（2）	6（4）	6（5）	6（5）	6（0.3）	6（0.3）	6（0.6）	6（0.3）
19	7（2）	7（2）	7（4）	7（5）	7（5）	7（0.3）	7（0.3）	7（0.6）	7（0.6）

表6－3　仿真结果

次数	BE_1^{MA}	BE_1^{ES}	BE_1^{MMSE}	次数	BE_1^{MA}	BE_1^{ES}	BE_1^{MMSE}	次数	BE_1^{MA}	BE_1^{ES}	BE_1^{MMSE}
1	3.4	5.1	2.1	8	3.9	6.02	3.05	15	17.5	6.6	3.6
2	3.41	5.2	2.3	9	4.0	6.05	3.1	16	3.68	6.9	3.41
3	3.43	5.25	2.6	10	14.1	6.1	3.16	17	3.72	7.01	3.43
4	3.51	5.41	2.7	11	14.15	6.21	3.22	18	3.8	7.13	3.44
5	3.53	5.63	2.8	12	15.7	6.3	3.27	19	3.9	7.3	3.45
6	3.56	5.81	2.9	13	16.1	6.4	3.37				
7	3.8	5.9	3.0	14	17.2	6.5	3.4				

从表6－3中可以得到如下结论：

（1）从次数1~3可以看出：当两个零售商的价格自回归系数非常低且取值相同，零售商运用均方误差预测方法预测市场需求时，无论订货提前期有多长、平滑系数有多大或者市场份额有多大，零售商R_1的牛鞭效应处于最低水平。

（2）从次数4~9可以看出：当零售商R_1的价格自敏感系数和零售商R_1的交叉价格敏感系数都处于较低水平且取值相同，其他变量取任意值，零售商运用均方误差预测方法预测市场需求时，零售商R_1的牛鞭效应处于最低水平。

（3）从次数10~15可以看出：当零售商R_1的价格自敏感系数、交叉价格敏感系数、订货提前期、市场份额、平滑系数和价格自回归系数由低到高发生变化，零售商运用移动平均预测方法预测市场需求时，零售商R_1的牛鞭效应处于最高水平。

（4）从次数16~19可以看出：当零售商R_1的价格自敏感系数、交叉价格敏感系数、订货提前期、市场份额、平滑系数和价格自回归系数处于较低水平，零售商运用均方误差预测方法预测市场需求时，零售商R_1的牛鞭效应处于最低水平。

为了更加清晰地分析相关因素对零售商R_1牛鞭效应所产生的不同影响，可以分析不同预测方法影响下的牛鞭效应数值，从而可以得出以下主要结论：

（1）当零售商运用均方误差预测方法预测市场需求时，均方误差预测方法能够有效地降低牛鞭效应所产生的影响。

（2）当价格自敏感系数b_{11}小于5.5，价格自回归系数ρ_1小于0.45，市场份额ψ小于0.4时，零售商R_1能够通过运用移动平均预测方法有效地降低牛鞭效应所产生的深远影响；否则，零售商 R_1 当能够通过运用指数平滑预测方法有效地降低牛鞭效应所产生的深远影响。更进一步说，$\Delta BE_1 = BE_1^{MA} - BE_1^{ES}$，当 $\sigma_1^2 = \delta_1^2$，$\sigma_2^2 = \delta_2^2$ 时，我们可以得到如下公式：

$$\Delta BE = b_{11}b_{12}\frac{(1-\psi)}{1-\rho_1\rho_2}\frac{\rho_1}{1-\rho_1}\left(l_1 - \frac{1-\rho_1^{l_1}}{1-\rho_1}\right) + b_{11}^2\rho_1\left[\frac{l_1 - (1-\rho_1^{l_1})}{(1-\rho_1)^2}\right] + \rho_1\frac{l_1^2}{(1-\rho_1)} + $$

$$\frac{l_2(1-\rho_2^{l_2})}{(1-\rho_2)} < \frac{1}{2\psi}\left[\left(\frac{l_1}{k}\right)^2 + \left(l_1^2\frac{\alpha}{2-\alpha}\right)\right]$$

定理 6.7：当价格自敏感系数 b_{11}，价格交叉敏感系数 b_{12}，价格自回归系数 ρ_1 和 ρ_2，市场份额 ψ 满足以下条件，零售商 R_1 运用移动平均预测方法预测市场需求时，自身的牛鞭效应能够得到有效的控制；否则，零售商 R_1 应该选择运用指数平滑预测方法预测市场需求。

$$b_{11}b_{12}\frac{(1-\psi)}{1-\rho_1\rho_2}\frac{\rho_1}{1-\rho_1}\left(l_1 - \frac{1-\rho_1^{l_1}}{1-\rho_1}\right) + b_{11}^2\rho_1\left[\frac{l_1 - (1-\rho_1^{l_1})}{(1-\rho_1)^2}\right] + \rho_1\frac{l_1^2}{(1-\rho_1)} + \frac{l_2(1-\rho_2^{l_2})}{(1-\rho_2)}$$

$$< \frac{1}{2\psi}\left[\left(\frac{l_1}{k}\right)^2 + \left(l_1^2\frac{\alpha}{2-\alpha}\right)\right]$$

通过以上分析可以说明：市场潜在需求不会对零售商 R_1 的牛鞭效应产生任何影响。

因此，市场潜在需求不会对零售商 R_1 的预测方法的选择产生任何影响。

2）不同预测方法下的库存牛鞭效应比较分析

基于前面不同预测方法下的库存牛鞭效应的量化模型和仿真模型，我们发现零售商 R_1 在不同预测方法下的库存牛鞭效应取决于价格自敏感系数、交叉价格敏感系数、价格自回归系数、市场份额和方差的变化，但是不会受到潜在市场需求的影响。我们分析了不同预测方法对零售商 R_1 库存牛鞭效应的影响。表 6-4～表 6-6 分析了不同预测技术对零售商 R_1 库存牛鞭效应的影响。表中相关参数设置如下：$\mu_1 = 1$，$\mu_2 = 1$，$\delta_{1,p}^2 = \delta_{2,p}^2 = 1$，$\delta_{12}^2 = 0.1$。

表 6-4　相关参数的取值

因素	l_1	l_2	k	b_{11}	b_{12}	ψ	ρ_1	ρ_2	α
水平 1	2	2	4	5	5	0.3	0.3	0.3	0.3
水平 2	4	4	8	10	10	0.6	0.6	0.6	0.6
水平 3	6	6	12	15	15	0.9	0.9	0.9	0.9
水平 4	2	2	4	5	5	0.3	0.3	0.6	0.3
水平 5	2	2	4	5	5	0.3	0.3	0.6	0.3
水平 6	2	2	4	5	5	0.3	0.3	0.6	0.3
水平 7	2	2	4	5	5	0.3	0.3	0.9	0.6

表 6-5 仿真次数

次数	l_1	l_2	k	b_{11}	b_{12}	ψ	ρ_1	ρ_2	α
1	1 (2)	1 (2)	1 (4)	1 (5)	1 (5)	1 (0.3)	1 (0.3)	1 (0.3)	1 (0.3)
2	2 (4)	2 (4)	2 (8)	2 (10)	2 (10)	2 (0.6)	2 (0.3)	2 (0.3)	2 (0.6)
3	3 (6)	3 (6)	3 (12)	3 (15)	3 (15)	3 (0.9)	3 (0.3)	3 (0.3)	3 (0.9)
4	1 (2)	1 (2)	1 (4)	1 (5)	1 (5)	1 (0.3)	1 (0.6)	1 (0.6)	1 (0.3)
5	2 (4)	2 (4)	2 (8)	2 (5)	2 (5)	2 (0.6)	2 (0.6)	2 (0.6)	2 (0.6)
6	3 (6)	3 (6)	3 (12)	3 (5)	3 (5)	3 (0.9)	3 (0.6)	3 (0.6)	3 (0.9)
7	1 (2)	1 (2)	1 (4)	1 (5)	1 (5)	1 (0.3)	1 (0.9)	1 (0.9)	1 (0.3)
8	2 (4)	2 (4)	2 (8)	2 (5)	2 (5)	2 (0.6)	2 (0.9)	2 (0.9)	2 (0.6)
9	3 (6)	3 (6)	3 (12)	3 (5)	3 (5)	3 (0.9)	3 (0.9)	3 (0.9)	3 (0.9)
10	1 (2)	1 (2)	1 (4)	1 (5)	1 (5)	1 (0.3)	1 (0.3)	1 (0.3)	1 (0.3)
11	1 (2)	1 (2)	1 (4)	1 (5)	1 (5)	1 (0.3)	1 (0.3)	1 (0.3)	1 (0.3)
12	2 (4)	2 (4)	2 (8)	2 (10)	2 (10)	2 (0.6)	2 (0.6)	2 (0.6)	2 (0.6)
13	2 (4)	2 (4)	2 (8)	2 (10)	2 (10)	2 (0.6)	2 (0.6)	2 (0.6)	2 (0.6)
14	3 (6)	3 (6)	3 (12)	3 (15)	3 (15)	3 (0.9)	3 (0.9)	3 (0.9)	3 (0.9)
15	3 (6)	3 (6)	3 (12)	3 (15)	3 (15)	3 (0.9)	3 (0.9)	3 (0.9)	3 (0.9)
16	4 (2)	4 (2)	4 (4)	4 (5)	4 (5)	4 (0.3)	4 (0.3)	4 (0.6)	4 (0.3)
17	5 (2)	5 (2)	5 (4)	5 (5)	5 (5)	5 (0.3)	5 (0.3)	5 (0.6)	5 (0.3)
18	6 (2)	6 (2)	6 (4)	6 (5)	6 (5)	6 (0.3)	6 (0.3)	6 (0.6)	6 (0.3)
19	7 (2)	7 (2)	7 (4)	7 (5)	7 (5)	7 (0.3)	7 (0.3)	7 (0.6)	7 (0.6)

表 6-6 仿真结果

次数	IBE_1^{MA}	IBE_1^{ES}	IBE_1^{MMSE}	次数	IBE_1^{MA}	IBE_1^{ES}	IBE_1^{MMSE}	次数	IBE_1^{MA}	IBE_1^{ES}	IBE_1^{MMSE}
1	89.6	130.3	21.9	8	72.8	132.4	20.5	15	70.8	133.9	18.9
2	75.5	130.6	21.7	9	72.6	132.6	20.2	16	70.5	134.2	18.7
3	74.3	130.8	21.6	10	72.4	132.8	20.1	17	69.9	134.6	18.5
4	74.1	131.4	21.4	11	72.1	132.9	19.9	18	68.6	134.8	18.5
5	73.8	131.8	21.1	12	71.9	133.3	19.8	19	21.5	135.5	71.7

次数	IBE_1^{MA}	IBE_1^{ES}	IBE_1^{MMSE}	次数	IBE_1^{MA}	IBE_1^{ES}	IBE_1^{MMSE}	次数	IBE_1^{MA}	IBE_1^{ES}	IBE_1^{MMSE}
6	73.3	131.9	20.9	13	71.6	133.6	19.6				
7	73.2	132.2	20.7	14	71.2	133.8	19.4				

从表6－6中可以得出如下相关结论：

（1）从次数1～3可以看出：当两个零售商的价格自回归系数取值相对较低且处于同一水平，零售商R_1运用均方误差预测方法预测市场需求时，无论订货提前期的长度如何、平滑指数到底有多大或者是市场份额有多大，零售商R_1的库存牛鞭效应都处于最低水平。

（2）从次数4～9可以看出：当零售商R_1的价格自敏感系数和价格交叉敏感系数都处于较低水平或相同水平，零售商R_1运用均方误差预测方法预测市场需求时，无论订货提前期的长度如何、平滑指数有多大或者市场份额有多大，零售商R_1的库存牛鞭效应都处于最低水平。

（3）从次数16～18可以看出：当两个零售商的价格自回归系数取值很低且处于不同水平，平滑系数很低且订货提前期很低，零售商R_1运用均方误差预测方法预测市场需求时，零售商R_1的库存牛鞭效应处于最低水平。

为了更加清晰地分析相关因素对零售商R_1库存牛鞭效应所产生的不同影响，可以分析不同预测方法影响下的库存牛鞭效应数值，从而可以得出以下主要结论：

（1）当零售商运用平滑指数预测方法预测市场需求时，平滑指数预测方法使得库存牛鞭效应达到最高水平，零售商运用移动平均预测方法或均方误差预测方法能够有效地控制库存牛鞭效应所产生的影响。

（2）当价格自敏感系数b_{11}小于7，零售商使用均方误差预测方法预测市场需求时，零售商的库存牛鞭效应最低；当价格自敏感系数b_{11}大于7，零售商使用移动平均预测方法预测市场需求时，零售商的库存牛鞭效应最低。

（3）当价格自相关系数$\rho_1 < 0.8$，零售商使用均方误差预测方法预测市场需求时，零售商的库存牛鞭效应最低；当价格自相关系数$\rho_1 > 0.8$，零售商使用移动平均预测方法预测市场需求时，零售商的库存牛鞭效应最低。

（4）当潜在市场份额ψ小于0.6，零售商运用移动平均预测方法预测市场需求时，零售商的库存牛鞭效应最低；当潜在市场份额ψ大于0.6，零售商运用均方误差预测方法预测市场需求时，零售商的库存牛鞭效应最低。更进一步说，$\Delta IBE_{retailer-1} = IBE_{retailer-1}^{MMES} - IBE_{retailer-1}^{MA}$，当且仅当$\sigma_1^2 = \delta_1^2 \sigma_2^2 = \delta_2^2$时，可得：

$$\Delta IBE = -2b_{11}b_{12}\left\{\left[\rho_1 \frac{\rho_2(1-\rho_1)}{1-\rho_1 2} \frac{\rho_2(1-\rho_2^{l_1})}{1-\rho_2^2}\right] + \left[\rho_2 \frac{\rho_1(1-\rho_2)}{1-\rho_1\rho_2} \frac{\rho_1(1-\rho_1^{l_1})}{1-\rho_1^2}\right]\right\} +$$

$$\left[2\left(\frac{\rho_1}{1-\rho_1}\right)^2 + 2\frac{\rho_1}{1-\rho_1}\right] - 2\left(1 + \frac{\rho_1}{1-\rho_1}\right)\left(\frac{\rho_1}{1-\rho_1}\right)\left[b_{11}b_{12}(\rho_1^k) + \rho_2^k\right]\frac{\psi(1-\psi)}{1-\rho_1\rho_2}$$

通过以上分析，我们可以得出以下几点管理启示。

（1）管理启示 1：价格交叉敏感系数取值越大，两条供应链之间的竞争越激烈，需求波动也就越大。因此，就企业的经营管理活动而言，企业应该积极寻求减少竞争关系，从而保持积极的合作关系。

（2）管理启示 2：当顾客选择两家零售商产品的概率越来越大时，两家零售商对顾客需求的预测就越来越困难。因此，这也将导致零售商的订单具有更大的不确定性。

（3）管理启示 3：随着相关变量的不断增加（即价格自敏感系数、交叉价格敏感系数），零售商的牛鞭效应和库存牛鞭效应也越来越大。同时，库存水平的波动也远远高于需求水平的波动。这意味着零售商应该控制需求的波动，从而有效地控制库存水平的波动。

6.2 基于链与链竞争的两级平行供应链网络现金流牛鞭效应研究

本节主要讨论在由两个制造商和两个零售商构成的两级平行供应链中，链与链之间的竞争关系如何影响节点企业的现金流牛鞭效应问题。为此，本节构建了一个两级平行供应链系统，每条供应链销售一种产品，包括一个制造商和一个零售商。产品的市场需求是价格自敏感系数、交叉价格敏感系数的线性函数形式，价格服从 $AR(1)$ 自相关过程，假设两个零售商共享产品市场，同样地，两种产品之间具有可替代性。每个链条的市场需求不仅依赖于自己的价格，也依赖于其他链条产品的零售价格。假设两个零售商分别向两个制造商订购产品，并使用移动平均预测技术预测顾客的市场需求。本节分析和探讨了企业竞争效应和市场份额对企业现金流牛鞭效应所产生的不同影响。

6.2.1 牛鞭效应数学模型

我们假设整个市场上只存在两条平行供应链，每条供应链都包括一个制造商（记作 M_i）和一个零售商（记作 R_i）。除此之外，每条供应链的节点企业之间只交易一种产品。零售商不仅需要满足消费者的市场需求，而且零售商还要向制造商订购所需要的产品，制造商向零售商提供新产品，从而满足零售商的订货要求。市场上的新产品需求信息是从供应链条的下游向上游传递，库存信息是从供应链条的上游向下游传递，而现金流也是从供应链条的下游向上游传递。两级平行供应链网络系统理论模型如图 6-8 所示。两个零售商（R_1 和 R_2）共享市场，消费者的市场需求不仅取决于零售商 R_1 新产品的销售价格，也取决于零售商 R_2 新产品的销售价格。假设消费者购买零售商 R_1 和零售商 R_2 所提供的新产品的概率分别为 ϕ 和 $1-\phi$，即两个零售商所占的市场份额分别为 ϕ 和 $1-\phi$。更进一步说，我们假设由于市场上的两类产品具有可替代性，所以两条供应链之间具有竞争关系。在 t 时期期末，两个零售商的订货量分别为 $q_{1,t}$ 和 $q_{2,t}$，订货提前期分别表示为 l_1 和 l_2，两个制造商分别在 $t+l_1+1$ 和 $t+l_2+1$ 期初收到订单。两个零售商拥有足够的库存量能够及时地满足消费者的需求量 $d_{1,t}$ 和 $d_{2,t}$。

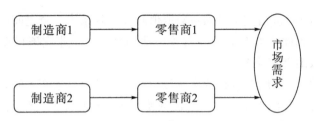

图 6-8　两级平行供应链网络系统理论模型

我们知道市场需求会受到零售价格的影响，这被称为价格需求过程，两个零售商具有相同的需求过程。基于上述分析，两个零售商的需求函数分别表示为：

$$d_{1,t} = a_1 - b_{11}p_{1,t} + b_{12}p_{2,t} + \varepsilon_{1,t}, d_{2,t} = a_2 - b_{21}p_{2,t} + b_{22}p_{1,t} + \varepsilon_{2,t} \quad (6.2.1)$$

在公式（6.2.1）中，a_1 和 a_2 分别表示潜在的市场需求并且是非负常数，b_{11} 和 b_{21} 分别表示价格自相关敏感系数且是非负数，b_{12} 和 b_{22} 分别表示价格交叉敏感系数，$\varepsilon_{1,t}$ 和 $\varepsilon_{2,t}$ 分别表示价格扰动项服从独立同分布。同时，b_{12} 和 b_{22} 分别表示非负常数，表明两种产品具有可替代性。市场需求是价格自相关敏感系数和价格交叉敏感系数的线性函数，价格服从 $AR(1)$ 自相关过程，两个零售商共享市场需求。换句话说，两个零售商的零售价 $p_{1,t}$ 和 $p_{2,t}$ 分别表示为：

$$p_{1,t} = \psi\mu_1 + \rho_1 p_{1,t-1} + \psi\eta_{1,t}, \quad p_{2,t} = (1-\psi)\mu_2 + \rho_2 p_{2,t-1} + (1-\psi)\eta_{2,t}$$
$$(6.2.2)$$

在公式（6.2.2）中，ψ 和 $1-\psi$ 分别表示零售商 R_1 和零售商 R_2 的市场份额，μ_1 和 μ_2 分别表示非负常数，ρ_1 和 ρ_2 分别表示价格自敏感系数且满足条件 $0<\rho_1<1$，$0<\rho_2<1$，$\eta_{1,t}$ 和 $\eta_{2,t}$ 分别表示独立同分布的市场需求随机扰动项。协方差表示为：

$$Cov(\eta_{1,t}, \eta_{2,t}) = \begin{cases} \delta_{12}^2, t = t' \\ 0, t \neq t' \end{cases}$$

基于 $AR(1)$ 自回归过程，在任何 t 时期期末，我们可以得到零售价格 p_t^1 和 p_t^2 的均值和方差分别表示为：

$$\mu_{1,p} = E(p_{1,t}) = \psi\mu_1/(1-\rho_1), \quad \mu_{2,p} = E(p_{2,t}) = (1-\psi)\mu_2/(1-\rho_2)$$
$$(\delta_{1,p})^2 = Var(p_{1,t}) = \psi^2\mu_1^2/(1-\rho_1^2)$$
$$(\delta_{2,p})^2 = Var(p_{2,t}) = (1-\psi)^2\mu_2^2/(1-\rho_2^2)$$

我们还可以得到市场需求 $d_{1,t}$ 和 $d_{2,t}$ 的均值和方差分别表示为：

$$\mu_{1,d} = E(d_{1,t}) = a_1 - b_{11}\mu_{1,p} + b_{12}\mu_{2,p}, \quad \mu_{2,d} = E(d_{2,t}) = a_2 - b_{21}\mu_{2,p} + b_{22}\mu_{1,p}$$
$$(\delta_{1,d})^2 = Var(d_{1,t}) = \sigma_1^2 + b_{11}^2(\delta_{1,p})^2 + b_{12}^2(\delta_{2,p})^2 - 2b_{11}b_{12}\psi(1-\psi)\delta_{12}^2/1-\rho_1\rho_2$$
$$(\delta_{2,d})^2 = Var(d_{2,t}) = \sigma_2^2 + b_{21}^2(\delta_{2,p})^2 + b_{22}^2(\delta_{1,p})^2 - 2b_{21}b_{22}\psi(1-\psi)\delta_{12}^2/1-\rho_1\rho_2$$

假设两个零售商采用订货点订货策略。两个零售商的订货提前期固定，在 t 时期期初，两个零售商的订货量分别为 $q_{1,t}$ 和 $q_{2,t}$，可以用以下公式表示：

$$q_{1,t} = S_{1,t} - S_{1,t-1} + d_{1,t-1}, \quad q_{2,t} = S_{2,t} - S_{2,t-1} + d_{2,t-1} \quad (6.2.3)$$

在式（6.2.3）中，$S_{1,t}$ 和 $S_{2,t}$ 分别表示两个零售商的最高库存水平，可以通过需求预测得到：

$$S_{1,t} = \hat{d}_{1,t}^{l_1} + z_1\hat{\xi}_{1t}^{l_1}, \quad S_{2,t} = \hat{d}_{2,t}^{l_2} + z_2\hat{\xi}_{2t}^{l_2}$$

上述公式中，$\hat{d}_{1,t}^{l_1}$ 和 $\hat{d}_{2,t}^{l_2}$ 分别表示两个零售商运用移动平均预测方法预测到的订货提前期的市场需求量，z_1 和 z_2 分别表示两个零售商的期望服务水平，$\hat{\xi}_{1,t}^{l_1}$ 和 $\hat{\xi}_{2,t}^{l_2}$ 分别表示两个零售商市场需求的标准差的估计值。

引理 6.7：在移动平均预测方法情形下，在订货提前期内，零售商 R_1 面对市场需求的标准差的估计值是一个常数，并且表示为：

$$\hat{\xi}_{1,t}^{l_1} = \left[l_1(\delta_{1,d})^2 + 2b_{11}^2(\delta_{1,p})^2\Lambda_1(l_1 - \Omega_1) - 2b_{11}b_{12}\delta^2 \, 12\Delta\Lambda_1(l_1 - \Omega_1) - \right.$$
$$2b_{12}b_{11}\delta_{12}^2\Delta\Lambda_2(l_2 - \Omega_2) + 2b_{12}^2(\delta_{2,p})^2\Lambda_2(l_2 - \Omega_2) +$$
$$\left(\frac{l_1}{k}\right)^2\left[\kappa(\delta_{1,d})^2 + 2b_{11}^2(\delta_{1,p})^2\Lambda_1(\kappa - \Theta_1) + 2b_{12}^2(\delta_{2,p})^2\Lambda_2(\kappa - \Theta_2) - \right.$$
$$\left.2b_{11}b_{12}(\Lambda_1(\kappa - \Theta_1) + \Lambda_2(\kappa - \Theta_2))\Delta\delta_{12}^2\right] - 2\frac{l_1}{\kappa}\left[b_{11}b_{21}\rho_1\Omega_1\Theta_1(\delta_{1,p})^2 - \right.$$
$$\left.\left. b_{11}b_{22}\rho_1\Omega_1\Theta_1\delta_{12}^2\Delta - b_{12}b_{21}\rho_2\Omega_2\Theta_2\Delta\delta_{12}^2 + b_{12}b_{22}\rho_2\Omega_2\Theta_2(\delta_{2,p})^2\right]\right]^{1/2}$$

其中，$\Lambda_1 = \dfrac{\rho_1}{1-\rho_1}$，$\Lambda_2 = \dfrac{\rho_2}{1-\rho_2}$，$\Omega_1 = \dfrac{1-\rho_1^{l_1}}{1-\rho_1}$，$\Omega_2 = \dfrac{1-\rho_2^{l_2}}{1-\rho_2}$，$\Theta_1 = \dfrac{1-\rho_1^k}{1-\rho_1}$，$\Theta_2 = \dfrac{1-\rho_2^k}{1-\rho_2}$，$\Delta = \dfrac{\psi(1-\psi)}{1-\rho_1\rho_2}$。

引理 6.8：在移动平均预测方法情形下，在订货提前期内，零售商 R_2 面对市场需求的标准差的估计值是一个常数，并且表示为：

$$\hat{\xi}_{2,t}^{l_2} = \left[l_2(\delta_{2,d})^2 + 2b_{21}^2(\delta_{2,p})^2\Lambda_2(l_2 - \Omega_2) - 2b_{21}b_{22}\delta^2 \, 12\Delta\Lambda_2(l_2 - \Omega_2) - \right.$$
$$2b_{22}b_{21}\delta_{12}^2\Delta\Lambda_1(l_1 - \Omega_1) + 2b_{22}^2(\delta_{1,p})^2\Lambda_1(l_1 - \Omega_1) +$$
$$\left(\frac{l_2}{k}\right)^2\left[\kappa(\delta_{2,d})^2 + 2b_{21}^2(\delta_{2,p})^2\Lambda_2(\kappa - \Theta_2) + 2b_{22}^2(\delta_{1,p})^2\Lambda_1(\kappa - \Theta_1) - \right.$$
$$\left.2b_{21}b_{22}(\Lambda_1(\kappa - \Theta_1) + \Lambda_2(\kappa - \Theta_2))\Delta\delta_{12}^2\right] - 2\frac{l_2}{\kappa}\left[b_{21}^2\rho_2\Omega_2\Theta_2(\delta_{2,p})^2 - \right.$$
$$\left.\left. b_{21}b_{22}\delta_{12}^2\Delta\rho_2\Omega_2\Theta_2 - b_{22}b_{21}\delta_{12}^2\Delta\rho_1\Omega_1\Theta_1 + b_{22}^2\rho_1(\delta_{1,p})^2\Omega_1\Theta_1\right]\right]^{1/2}$$

其中，$\Lambda_1 = \dfrac{\rho_1}{1-\rho_1}$，$\Lambda_2 = \dfrac{\rho_2}{1-\rho_2}$，$\Omega_1 = \dfrac{1-\rho_1^{l_1}}{1-\rho_1}$，$\Omega_2 = \dfrac{1-\rho_2^{l_2}}{1-\rho_2}$，$\Theta_1 = \dfrac{1-\rho_1^k}{1-\rho_1}$，$\Theta_2 = \dfrac{1-\rho_2^k}{1-\rho_2}$，$\Delta = \dfrac{\psi(1-\psi)}{1-\rho_1\rho_2}$。

由此可得，两个零售商向制造商的订货量 $q_{1,t}$ 和 $q_{2,t}$ 可以分别表示为：

$$q_{1,t} = \hat{d}_{1,t}^{l_1} - \hat{d}_{1,t-1}^{l_1} + d_{1,t-1}, \quad q_{2,t} = \hat{d}_{2,t}^{l_2} - \hat{d}_{2,t-1}^{l_2} + d_{2,t-1}$$

由上述公式可以得到，库存公式中包括最高库存量和需求预测量。我们假设两个零售商分别用移动平均预测方法预测市场需求量。k 是移动平均时期数，由此，可以得到两个零售商提前期的市场需求量分别表示为：

$$\hat{d}_{1,t}^{l_1} = \frac{l_1}{k}\sum_{i=1}^{k}d_{1,t-i}, \quad \hat{d}_{2,t}^{l_2} = \frac{l_2}{k}\sum_{i=1}^{k}d_{2,t-i}$$

在上述价格需求模型和订货点策略基础上，当零售商运用移动平均预测方法预测市场需求时，我们主要建立了两级平行供应链网络系统中的牛鞭效应、库存牛鞭效应以及现金流牛鞭效应的量化模型。首先，应该推导出两级平行供应链网络系统中节点企业的牛鞭效应量化模型。两个零售商的订货量分别表示为：

$$q_{1,t} = \frac{l_1}{k}\sum_{i=1}^{k} d_{1,t-i} - \frac{l_1}{k}\sum_{i=1}^{k} d_{1,t-i-1} + d_{1,t-1} = \left(1+\frac{l_1}{k}\right)d_{1,t-1} - \frac{l_1}{k}d_{1,t-k-1},$$

$$q_{2,t} = \frac{l_2}{k}\sum_{i=1}^{k} d_{2,t-i} - \frac{l_2}{k}\sum_{i=1}^{k} d_{2,t-i-1} + d_{2,t-1} = \left(1+\frac{l_2}{k}\right)d_{2,t-1} - \frac{l_2}{k}d_{2,t-k-1}$$

那么，零售商 R_1 和零售商 R_2 订货量的方差分别表示为：

$$Var(q_{1,t}) = \left[(1+\Lambda_1)^2 + \Lambda_1^2\right]\left[\sigma_1^2 + b_{11}^2 Var(p_{1,t}) + b_{12}^2 Var(p_{2,t}) - 2b_{11}b_{12}\delta_{12}^2\Pi\right] -$$
$$2(1+\Lambda_1)(\Lambda_1)\left[b_{11}^2 Var(p_{1,t}) + b_{12}^2 Var(p_{2,t}) - b_{11}b_{12}(\rho_1^k + \rho_2^k)\delta_{12}^2\Pi\right],$$

$$Var(q_{2,t}) = \left[(1+\Lambda_2)^2 + \Lambda_2^2\right]\left[\sigma_2^2 + b_{21}^2 Var(p_{2,t}) + b_{22}^2 Var(p_{1,t}) - 2b_{21}b_{22}\delta_{12}^2\Pi\right] -$$
$$2(1+\Lambda_2)(\Lambda_2)\left[b_{21}^2\rho_2^k Var(p_{2,t}) + b_{22}^2\rho_1^k Var(p_{1,t}) - b_{21}b_{22}(\rho_2^k + \rho_1^k)\delta_{12}^2\Pi\right]$$

其中，$\Lambda_1 = \dfrac{l_1}{k}$，$\Lambda_2 = \dfrac{l_2}{k}$，$\Pi = \dfrac{\psi(1-\psi)}{1-\rho_1\rho_2}$。

定理 6.9：在两级平行供应链网络系统中，在考虑链与链之间竞争效应和市场份额情形下，当零售商运用移动平均预测方法预测市场需求时，零售商 R_1 的牛鞭效应量化模型表示为：

$$BE_1 = \frac{Var(q_{1,t})}{Var(d_{1,t})} = 1 + \frac{\begin{aligned}(2\Lambda_1^2 + 2\Lambda_1)\left[\sigma_1^2 + b_{11}^2(\delta_{1,p})^2 + b_{12}^2(\delta_{2,p})^2 - 2b_{11}b_{12}\delta_{12}^2\Delta\right] - \\ 2(1+\Lambda_1)\Lambda_1\left[b_{11}^2(\delta_{1,p})^2 + b_{12}^2(\delta_{2,p})^2 - b_{11}b_{12}(\rho_1^k + \rho_2^k)\delta_{12}^2\Delta\right]\end{aligned}}{(\delta_{1,d})^2}$$

$$(6.2.4)$$

$$BE_2 = \frac{Var(q_{2,t})}{Var(d_{2,t})} = 1 + \frac{\begin{aligned}(2\Lambda_2^2 + 2\Lambda_2)\left[\sigma_2^2 + b_{21}^2(\delta_{2,p})^2 + b_{22}^2(\delta_{1,p})^2 - 2b_{21}b_{22}\delta_{12}^2\Delta\right] - \\ 2(1+\Lambda_2)\Lambda_2\left[b_{21}^2(\delta_{2,p})^2 + b_{\rho^2_1}^2 22(\delta_{1,p})^2 - b_{21}b_{22}(\rho_2^k + \rho_1^k)\delta_{12}^2\Delta\right]\end{aligned}}{(\delta_{1,d})^2}$$

$$(6.2.5)$$

其中，$\Lambda_1 = \dfrac{l_1}{k}$，$\Lambda_2 = \dfrac{l_2}{k}$，$\Delta = \dfrac{\psi(1-\psi)}{1-\rho_1\rho_2}$。

定理 6.9 说明了在两级平行供应链网络系统中，零售商向制造商的订货量的波动大于需求量的波动。换句话说，当零售商运用移动平均预测方法预测市场需求时，在两级平行供应链网络系统中，牛鞭效应始终存在。

6.2.2 现金流牛鞭效应数学模型

为了分析牛鞭效应对库存水平产生的影响，我们应该计算在 t 时期两个零售商的库存量 $I_{1,t}$ 和 $I_{2,t}$，其分别表示为：

$$I_{1,t} = I_{1,t-1} + q_{1,t-l_1} - d_{1,t-1}, \quad I_{2,t} = I_{2,t-1} + q_{2,t-l_2} - d_{2,t-1} \qquad (6.2.6)$$

从公式（6.2.6）中，我们可以进一步得到如下公式：

$$q_{1,t-l_1} = I_{1,t} - I_{1,t-1} + d_{1,t-1}, \quad q_{2,t-l_2} = I_{2,t} - I_{2,t-1} + d_{2,t-1} \qquad (6.2.7)$$

Vassian（1955）已经指出 $q_{1,t-l_1}$ 和 $q_{2,t-l_2}$ 分别表示为：

$$q_{1,t-l_1} = \hat{d}_{1,t}^{l_1} - \sum_{i=1}^{l_1-1} q_{1,t-i} - I_{1,t}, \quad q_{2,t-l_2} = \hat{d}_{2,t}^{l_2} - \sum_{i=1}^{l_2-1} q_{2,t-i} - I_{2,t} \qquad (6.2.8)$$

将公式（6.2.7）代入公式（6.2.8）中，我们可以得到：

$$I_{1,t} = \hat{\xi}_{1,t}^{l_1} = \hat{d}_{1,t-l_1}^{l_1} - d_{1,t-l_1}^{l_1}, \quad I_{2,t} = \hat{\xi}_{2,t}^{l_2} = \hat{d}_{2,t-l_2}^{l_2} - d_{2,t-l_2}^{l_2} \qquad (6.2.9)$$

定理 6.10： 在两级平行供应链网络系统中，在考虑链与链之间的竞争效应和市场份额情形下，当两个零售商运用移动平均预测方法预测市场需求和订货点策略时，两个零售商的库存牛鞭效应量化模型分别表示为：

$$IBE_1 = \cfrac{\left\{ \begin{array}{l} l_1 (\delta_{1,d})^2 + 2b_{11}^2 (\delta_{1,p})^2 \Lambda_1(l_1 - \Omega_1) - 2b_{11}b_{12}\delta_{12}^2 \Delta\Lambda_1(l_1 - \Omega_1) - \\ 2b_{12}b_{11}\delta_{12}^2 \Delta\Lambda_2(l_2 - \Omega_2) + 2b_{12}^2 (\delta_{2,p})^2 \Lambda_2(l_2 - \Omega_2) + \\ \left(\dfrac{l_1}{k}\right)^2 \left[k (\delta_{1,d})^2 + 2b_{11}^2 (\delta_{1,p})^2 \Lambda_1(k - \Theta_1) + 2b_{12}^2 (\delta_{2,p})^2 \Lambda_2(k - \Theta_2) - \right. \\ \left. 2b_{11}b_{12}(\Lambda_1(k - \Theta_1) + \Lambda_2(k - \Theta_2))\Delta\delta_{12}^2 \right] - 2\dfrac{l_1}{k}\left[b_{11}b_{21}\rho_1\Omega_1\Theta_1 (\delta_{1,p})^2 - \right. \\ \left. b_{11}b_{22}\rho_1\Omega_1\Theta_1\delta_{12}^2 \Delta - b_{12}b_{21}\rho_2\Omega_2\Theta_2\Delta\delta_{12}^2 + b_{12}b_{22}\rho_2\Omega_2\Theta_2 (\delta_{2,p})^2 \right] \end{array} \right\}}{(\delta_{1,d})^2}$$

$$(6.2.10)$$

$$IBE_2 = \cfrac{\left\{ \begin{array}{l} l_2 (\delta_{2,d})^2 + 2b_{21}^2 (\delta_{2,p})^2 \Lambda_2(l_2 - \Omega_2) - 2b_{21}b_{22}\delta_{12}^2 \Delta\Lambda_2(l_2 - \Omega_2) - \\ 2b_{22}b_{21}\delta_{12}^2 \Delta\Lambda_1(l_1 - \Omega_1) + 2b_{22}^2 (\delta_{1,p})^2 \Lambda_1(l_1 - \Omega_1) + \\ \left(\dfrac{l_2}{k}\right)^2 \left[k (\delta_{2,d})^2 + 2b_{21}^2 (\delta_{2,p})^2 \Lambda_2(k - \Theta_2) + 2b_{22}^2 (\delta_{1,p})^2 \Lambda_1(k - \Theta_1) - \right. \\ \left. 2b_{21}b_{22}(\Lambda_1(k - \Theta_1) + \Lambda_2(k - \Theta_2))\Delta\delta_{12}^2 \right] - 2\dfrac{l_2}{k}\left[b_{21}^2\rho_2\Omega_2\Theta_2 (\delta_{2,p})^2 - \right. \\ \left. b_{21}b_{22}\delta_{12}^2 \Delta\rho_2\Omega_2\Theta_2 - b_{22}b_{21}\delta_{12}^2 \Delta\rho_1\Omega_1\Theta_1 + b_{22}^2\rho_1 (\delta_{1,p})^2\Omega_1\Theta_1 \right] \end{array} \right\}}{(\delta_{2,d})^2}$$

$$(6.2.11)$$

其中，$\Lambda_1 = \dfrac{\rho_1}{1 - \rho_1}$，$\Lambda_2 = \dfrac{\rho_2}{1 - \rho_2}$，$\Omega_1 = \dfrac{1 - \rho_1^{l_1}}{1 - \rho_1}$，$\Omega_2 = \dfrac{1 - \rho_2^{l_2}}{1 - \rho_2}$，$\Theta_1 = \dfrac{1 - \rho_1^k}{1 - \rho_1}$，$\Theta_2 = \dfrac{1 - \rho_2^k}{1 - \rho_2}$，$\Delta = \dfrac{\psi (1 - \psi)}{1 - \rho_1\rho_2}$。

定理 6.10 说明了在两级平行供应链网络系统中，零售商向制造商的订货量的波动大于需求量的波动。换句话说，当零售商运用移动平均预测方法预测市场需求时，在两级平行供应链网络系统中，库存牛鞭效应始终存在。

我们已经得出随着需求信息的波动会引起库存水平较大的波动，这也会进一步引起现金周转周期的不断波动。因此，现金周转周期可以表示为：

现金周转周期＝库存周转周期＋应收账款周转周期－应付账款周转周期

$$CCC = ICD + ARCD - APCD$$

式中，ICD 表示库存周转周期，$ARCD$ 表示应收账款周转周期，$APCD$ 表示应付账款周转周期。本部分，我们考虑借鉴 Tangsucheeva 和 Prabhu（2013）提出的方法，进一步细化现金周转周期每一部分的构成要素并进行量化分析，可以得到如下量化公式：

$$DIO = 365\left(\dfrac{S}{C}\right)\left(\dfrac{I}{D}\right) DSO = 365\left(\dfrac{I}{D}\right), \quad D > IDPO = 365\left(\dfrac{q}{D}\right)$$

基于以上分析，现金周转周期可以进一步量化为：

$$CCC = 365\left(\frac{S}{C}\right)\left(\frac{I}{D}\right) + 365\left(\frac{I}{D}\right) - 365\left(\frac{q}{D}\right)$$

式中，I 表示库存水平，C 表示单位成本，D 表示平均需求量，S 表示单位销售价格，q 表示平均订货量。

定理 6.11： 在两级平行供应链网络系统中，在考虑链与链之间的竞争效应和市场份额情形下，当两个零售商运用移动平均预测方法预测市场需求和订货点策略时，两个零售商 R_1 和 R_2 的现金流牛鞭效应量化模型分别表示为：

$$
\begin{aligned}
CFBE_1 = {} & \frac{Var(CCC)}{Var(d_{1,t})} = \frac{365^2}{E(d_{1,t})^2} \times \left(\frac{S_1}{C_1}\right)^2 IBE_1 + \frac{365^2}{E(d_{1,t})^2} \times \left(\frac{S_1}{C_1}\right)^2 \times \left(\frac{E(I_{1,t})}{E(d_{1,t})}\right)^2 + \\
& \frac{365^2}{E(d_{1,t})^2} IBE_1 + \frac{365^2}{E(d_{1,t})^2} \times \left(\frac{E(I_{1,t})}{E(d_{1,t})}\right)^2 + \frac{365^2}{E(d_{1,t})^2} BE_1 + \\
& \frac{365^2}{E(d_{1,t})^2} \times \left(\frac{E(q_{1,t})}{E(d_{1,t})}\right)^2
\end{aligned}
$$

$$
\begin{aligned}
CFBE_2 = {} & \frac{Var(CCC)}{Var(d_{2,t})} = \frac{365^2}{E(d_{2,t})^2} \times \left(\frac{S_2}{C_2}\right)^2 IBE_2 + \frac{365^2}{E(d_{2,t})^2} \times \left(\frac{S_2}{C_2}\right)^2 \times \left(\frac{E(I_{2,t})}{E(d_{2,t})}\right)^2 + \\
& \frac{365^2}{E(d_{2,t})^2} IBE_2 + \frac{365^2}{E(d_{2,t})^2} \times \left(\frac{E(I_{2,t})}{E(d_{2,t})}\right)^2 + \frac{365^2}{E(d_{2,t})^2} BE_2 + \\
& \frac{365^2}{E(d_{2,t})^2} \times \left(\frac{E(q_{2,t})}{E(d_{2,t})}\right)^2
\end{aligned}
$$

定理 6.11 说明了在两级平行供应链网络系统中，零售商向制造商的订货量的波动大于需求量的波动，换句话说，当零售商运用移动平均预测方法预测市场需求时，在两级平行供应链网络系统中，现金流牛鞭效应始终存在。

6.2.3　不同需求模式下的现金流牛鞭效应分析

在定理 6.11 中，我们已经推导出了两个零售商的现金流牛鞭效应量化模型，本部分主要分析价格自敏感系数、价格交叉敏感系数和市场份额对零售商 R_1 现金流牛鞭效应的影响，我们将上述因素分为单一情形和复合情形分别进行分析，结果如下所示。

情形 1：我们假设 $b_{11} \neq 0$，$b_{21} \neq 0$，$b_{12} = b_{22} = \delta_{12}^2 = \psi = 0$，零售商 R_1 的现金流牛鞭效应量化模型表示为：

$$CFBE_1^{自相关} =$$

$$
\begin{aligned}
& \frac{\left[\left(\frac{S_1}{C_1}\right)^2 + 1\right] \times \frac{365^2}{E(d_{1,t})^2} \times \left\{ l_1(\delta_{1,d})^2 + 2b_{11}^2(\delta_{1,p})^2 \Lambda_1(l_1 - \Omega_1) + \kappa(\delta_{1,d})^2\left(\frac{l_1}{\kappa}\right) - 2\frac{l_1^2}{k} - 2\frac{l_1}{\kappa}[b_{11}b_{21}\delta_1\Omega_1\Theta_1(\delta_{1,p})^2] \right\} + \frac{365^2}{E(d_{1,t})^2} \times \left(\frac{E(q_{1,t})}{E(d_{1,t})}\right)^2}{(\delta_{1,d})^2} + \\
& \frac{365^2}{E(d_{1,t})^2} \times \left[1 + \frac{\sigma_1^2(2\Lambda_1^2 + 2\Lambda_1)}{(\delta_{1,d})^2}\right] + \frac{365^2}{E(d_{1,t})^2} \times \left(\frac{S_1}{C_1}\right)^2 \times \left(\frac{E(I_{1,t})}{E(d_{1,t})}\right)^2 +
\end{aligned}
$$

$$\frac{365^2}{E\left(d_{1,t}\right)^2} \times \left(\frac{E(I_{1,t})}{E(d_{1,t})}\right)^2$$

情形 2：我们假设 $b_{12} \neq 0$，$b_{22} \neq 0$，$b_{11} = b_{21} = \delta_{12}^2 = \psi = 0$，零售商 R_1 的现金流牛鞭效应量化模型表示为：

$$CFBE_1^{交叉敏感} =$$

$$\frac{\left[\left(\frac{S_1}{C_1}\right)^2 + 1\right] \times \frac{365^2}{E\left(d_{1,t}\right)^2} \times \left\{\begin{array}{l} l_1\left(\delta_{1,d}\right)^2 + 2b_{12}^2\left(\delta_{2,p}\right)^2 \Lambda_2(l_2 - \Omega_2) + \left(\frac{l_1}{k}\right)^2[k\left(\delta_{1,d}\right)^2 + \\ 2b_{12}^2\left(\delta_{2,p}\right)^2 \Lambda_2(k - \Theta_2)] - 2\frac{l_1}{k}[b_{12}b_{22}\rho_2 \Omega_2 \Theta_2\left(\delta_{2,p}\right)^2] \end{array}\right\}}{\left(\delta_{1,d}\right)^2} +$$

$$\frac{365^2}{E\left(d_{1,t}\right)^2} \times \left[1 + \frac{\sigma_1^2(2\Lambda_1^2 + 2\Lambda_1)}{\left(\delta_{1,d}\right)^2}\right] + \frac{365^2}{E\left(d_{1,t}\right)^2} \times \left(\frac{S_1}{C_1}\right)^2 \times \left(\frac{E(I_{1,t})}{E(d_{1,t})}\right)^2 +$$

$$\frac{365^2}{E\left(d_{1,t}\right)^2} \times \left(\frac{E(I_{1,t})}{E(d_{1,t})}\right)^2 + \frac{365^2}{E\left(d_{1,t}\right)^2} \times \left(\frac{E(q_{1,t})}{E(d_{1,t})}\right)^2$$

情形 3：我们假设 $\psi \neq 0$，$b_{11} = b_{12} = b_{21} = b_{22} = \delta_{12}^2 = 0$，零售商 R_1 的现金流牛鞭效应量化模型表示为：

$$CFBE_1^{潜在需求} = \frac{\left[\left(\frac{S_1}{C_1}\right)^2 + 1\right] \times \frac{365^2}{E\left(d_{1,t}\right)^2} \times \left\{l_1\left(\delta_{1,d}\right)^2 + \left(\frac{l_1}{k}\right)^2[k\left(\delta_{1,d}\right)^2]\right\}}{\left(\delta_{1,d}\right)^2} +$$

$$\frac{365^2}{E\left(d_{1,t}\right)^2} \times \left[1 + \frac{\sigma_1^2(2\Lambda_1^2 + 2\Lambda_1)}{\left(\delta_{1,d}\right)^2}\right] + \frac{365^2}{E\left(d_{1,t}\right)^2} \times \left(\frac{S_1}{C_1}\right)^2 \times \left(\frac{E(I_{1,t})}{E(d_{1,t})}\right)^2 +$$

$$\frac{365^2}{E\left(d_{1,t}\right)^2} \times \left(\frac{E(I_{1,t})}{E(d_{1,t})}\right)^2 + \frac{365^2}{E\left(d_{1,t}\right)^2} \times \left(\frac{E(q_{1,t})}{E(d_{1,t})}\right)^2$$

情形 4：我们假设 $b_{11} \neq 0$，$b_{12} \neq 0$，$b_{21} \neq 0$，$b_{22} \neq 0$，$\delta_{12}^2 = \psi = 0$，零售商 R_1 的现金流牛鞭效应量化模型表示为：

$$CFBE_1^{自相关+交叉敏感} =$$

$$\frac{\left[\left(\frac{S_1}{C_1}\right)^2 + 1\right] \times \frac{365^2}{E\left(d_{1,t}\right)^2} \times \left\{\begin{array}{l} l_1\left(\delta_{1,d}\right)^2 + 2b_{11}^2\left(\delta_{1,p}\right)^2 \Lambda_1(l_1 - \Omega_1) + 2b_{12}^2\left(\delta_{2,p}\right)^2 \Lambda_2(l_2 - \Omega_2) + \\ \left(\frac{l_1}{k}\right)^2[k\left(\delta_{1,d}\right)^2 + 2b_{11}^2\left(\delta_{1,p}\right)^2 \Lambda_1(k - \Theta_1) + 2b_{12}^2\left(\delta_{2,p}\right)^2 \\ \Lambda_2(k - \Theta_2)] - 2\frac{l_1}{k}[b_{11}b_{21}\rho_1 \Omega_1 \Theta_1\left(\delta_{1,p}\right)^2 + b_{12}b_{22}\rho_2 \Omega_2 \Theta_2\left(\delta_{2,p}\right)^2] \end{array}\right\}}{\left(\delta_{1,d}\right)^2} +$$

$$\frac{365^2}{E\left(d_{1,t}\right)^2} \times \left[1 + \frac{\sigma_1^2(2\Lambda_1^2 + 2\Lambda_1)}{\left(\delta_{1,d}\right)^2}\right] + \frac{365^2}{E\left(d_{1,t}\right)^2} \times \left(\frac{S_1}{C_1}\right)^2 \times \left(\frac{E(I_{1,t})}{E(d_{1,t})}\right)^2 +$$

$$\frac{365^2}{E\left(d_{1,t}\right)^2} \times \left(\frac{E(I_{1,t})}{E(d_{1,t})}\right)^2 + \frac{365^2}{E\left(d_{1,t}\right)^2} \times \left(\frac{E(q_{1,t})}{E(d_{1,t})}\right)^2$$

情形 5：我们假设 $b_{11} \neq 0$，$b_{21} \neq 0$，$\psi \neq 0$，$b_{12} = b_{22} = \delta_{12}^2 = 0$，零售商 R_1 的现金流牛鞭效应量化模型表示为：

$$CFBE_1^{自相关+潜在需求} =$$

$$\left[\left(\frac{S_1}{C_1}\right)^2+1\right]\times\frac{365^2}{E(d_{1,t})^2}\times\frac{\left\{\begin{array}{l}l_1\,(\delta_{1,d})^2+2b_{11}^2\,(\delta_{1,p})^2\Lambda_1(l_1-\Omega_1)+\left[\dfrac{l_1}{k}\right]^2\left[k\,(\delta_{1,d})^2+\right.\\[2mm]\left.2b_{11}^2\,(\delta_{1,p})^2\Lambda_1(k-\Theta_1)\right]-2\,\dfrac{l_1}{k}\left[b_{11}b_{21}\rho_1\Omega_1\Theta_1\,(\delta_{1,p})^2\right]\end{array}\right\}}{(\delta_{1,d})^2}+$$

$$\frac{365^2}{E(d_{1,t})^2}\times\left[1+\frac{\sigma_1^2(2\Lambda_1^2+2\Lambda_1)}{(\delta_{1,d})^2}\right]+\frac{365^2}{E(d_{1,t})^2}\times\left(\frac{S_1}{C_1}\right)^2\times\left(\frac{E(I_{1,t})}{E(d_{1,t})}\right)^2+$$

$$\frac{365^2}{E(d_{1,t})^2}\times\left(\frac{E(I_{1,t})}{E(d_{1,t})}\right)^2+\frac{365^2}{E(d_{1,t})^2}\times\left(\frac{E(q_{1,t})}{E(d_{1,t})}\right)^2$$

情形 6：我们假设 $b_{12}\neq0$，$b_{22}\neq0$，$\psi\neq0$，$b_{11}=b_{21}=\delta_{12}^2=0$，零售商 R_1 的现金流牛鞭效应量化模型表示为：

$$CFBE_1^{交叉敏感+潜在需求}=$$

$$\left[\left(\frac{S_1}{C_1}\right)^2+1\right]\times\frac{365^2}{E(d_{1,t})^2}\times\frac{\left\{\begin{array}{l}l_1\,(\delta_{1,d})^2+2b_{12}^2\,(\delta_{2,p})^2\Lambda_2(l_2-\Omega_2)+\left(\dfrac{l_1}{k}\right)^2\left[k\,(\delta_{1,d})^2+\right.\\[2mm]\left.2b_{12}^2\,(\delta_{2,p})^2\Lambda_2(k-\Theta_2)\right]-2\,\dfrac{l_1}{k}\left[b_{12}b_{22}\rho_2\Omega_2\Theta_2\,(\delta_{2,p})^2\right]\end{array}\right\}}{(\delta_{1,d})^2}+$$

$$\frac{365^2}{E(d_{1,t})^2}\times\left[1+\frac{\sigma_1^2(2\Lambda_1^2+2\Lambda_1)}{(\delta_{1,d})^2}\right]+\frac{365^2}{E(d_{1,t})^2}\times\left(\frac{S_1}{C_1}\right)^2\times\left(\frac{E(I_{1,t})}{E(d_{1,t})}\right)^2+$$

$$\frac{365^2}{E(d_{1,t})^2}\times\left(\frac{E(I_{1,t})}{E(d_{1,t})}\right)^2+\frac{365^2}{E(d_{1,t})^2}\times\left(\frac{E(q_{1,t})}{E(d_{1,t})}\right)^2$$

情形 7：我们假设 $b_{11}\neq0$，$b_{12}\neq0$，$b_{21}\neq0$，$b_{22}\neq0$，$\psi\neq0$，$\delta_{12}^2=0$，零售商 R_1 的现金流牛鞭效应量化模型表示为：

$$CFBE_1^{自相关+交叉敏感+潜在需求}=$$

$$\left[\left(\frac{S_1}{C_1}\right)^2+1\right]\times\frac{365^2}{E(d_{1,t})^2}\times\frac{\left\{\begin{array}{l}l_1\,(\delta_{1,d})^2+2b_{11}^2\,(\delta_{1,p})^2\Lambda_1(l_1-\Omega_1)+2b_{12}^2\,(\delta_{2,p})^2\Lambda_2(l_2-\Omega_2)+\\[2mm]\left(\dfrac{l_1}{k}\right)^2\left[k\,(\delta_{1,d})^2+2b_{11}^2\,(\delta_{1,p})^2\Lambda_1(k-\Theta_1)+2b_{12}^2\,(\delta_{2,p})^2\right.\\[2mm]\left.\Lambda_2(k-\Theta_2)\right]-2\,\dfrac{l_1}{k}\left\{b_{11}b_{21}\rho_1\Omega_1\Theta_1\,(\delta_{1,p})^2+b_{12}b_{22}\rho_2\Omega_2\Theta_2\,(\delta_{2,p})^2\right\}\end{array}\right\}}{(\delta_{1,d})^2}+$$

$$\frac{365^2}{E(d_{1,t})^2}\times\left[1+\frac{\sigma_1^2(2\Lambda_1^2+2\Lambda_1)}{(\delta_{1,d})^2}\right]+\frac{365^2}{E(d_{1,t})^2}\times\left(\frac{S_1}{C_1}\right)^2\times\left(\frac{E(I_{1,t})}{E(d_{1,t})}\right)^2+$$

$$\frac{365^2}{E(d_{1,t})^2}\times\left(\frac{E(I_{1,t})}{E(d_{1,t})}\right)^2+\frac{365^2}{E(d_{1,t})^2}\times\left(\frac{E(q_{1,t})}{E(d_{1,t})}\right)^2$$

情形 8：我们假设 $b_{11}\neq0$，$b_{12}\neq0$，$b_{21}\neq0$，$b_{22}\neq0$，$\psi\neq0$，$\delta_{12}^2\neq0$，零售商 R_1 的现金流牛鞭效应量化模型表示为：

$$CFBE_1^{自相关+交叉敏感+潜在需求+协方差}=$$

$$\frac{365^2}{E\left(d_{1,t}\right)^2} \times \left(\frac{S_1}{C_1}\right)^2 \frac{\left\{\begin{array}{l} l_1\left(\delta_{1,d}\right)^2 + 2b_{11}^2\left(\delta_{1,p}\right)^2 \Lambda_1(l_1-\Omega_1) - 2b_{11}b_{12}\delta_{12}^2\,\Delta\Lambda_1(l_1-\Omega_1) - \\ 2b_{12}b_{11}\delta_{12}^2\,\Delta\Lambda_2(l_2-\Omega_2) + 2b_{12}^2\left(\delta_{2,p}\right)^2\Lambda_2(l_2-\Omega_2) + \\ \left(\dfrac{l_1}{k}\right)^2\left[k\left(\delta_{1,d}\right)^2 + 2b_{11}^2\left(\delta_{1,p}\right)^2\Lambda_1(k-\Theta_1) + 2b_{12}^2\left(\delta_{2,p}\right)^2\Lambda_2(k-\Theta_2) - \right. \\ \left. 2b_{11}b_{12}(\Lambda_1(k-\Theta_1) + \Lambda_2(k-\Theta_2))\Delta\delta_{12}^2\right] - 2\dfrac{l_1}{k}\left[b_{11}b_{21}\rho_1\Omega_1\Theta_1\left(\delta_{1,p}\right)^2 - \right. \\ \left. b_{11}b_{22}\rho_1\Omega_1\Theta_1\delta_{12}^2\,\Delta - b_{12}b_{21}\rho_2\Omega_2\Theta_2\,\Delta\delta_{12}^2 + b_{12}b_{22}\rho_2\Omega_2\Theta_2\left(\delta_{2,p}\right)^2\right] \end{array}\right\}}{\left(\delta_{1,d}\right)^2} +$$

$$\frac{365^2}{E\left(d_{1,t}\right)^2} \times \left(\frac{S_1}{C_1}\right)^2 \times \left(\frac{E(I_{1,t})}{E(d_{1,t})}\right)^2 +$$

$$\frac{365^2}{E\left(d_{1,t}\right)^2} \frac{\left\{\begin{array}{l} l_1\left(\delta_{1,d}\right)^2 + 2b_{11}^2\left(\delta_{1,p}\right)^2 \Lambda_1(l_1-\Omega_1) - 2b_{11}b_{12}\delta_{12}^2\,\Delta\Lambda_1(l_1-\Omega_1) - \\ 2b_{12}b_{11}\delta_{12}^2\,\Delta\Lambda_2(l_2-\Omega_2) + 2b_{12}^2\left(\delta_{2,p}\right)^2\Lambda_2(l_2-\Omega_2) + \\ \left(\dfrac{l_1}{k}\right)^2\left[k\left(\delta_{1,d}\right)^2 + 2b_{11}^2\left(\delta_{1,p}\right)^2\Lambda_1(k-\Theta_1) + 2b_{12}^2\left(\delta_{2,p}\right)^2\Lambda_2(k-\Theta_2) - \right. \\ \left. 2b_{11}b_{12}(\Lambda_1(k-\Theta_1) + \Lambda_2(k-\Theta_2))\Delta\delta_{12}^2\right] - 2\dfrac{l_1}{k}\left[b_{11}b_{21}\rho_1\Omega_1\Theta_1\left(\delta_{1,p}\right)^2 - \right. \\ \left. b_{11}b_{22}\rho_1\Omega_1\Theta_1\delta_{12}^2\,\Delta - b_{12}b_{21}\rho_2\Omega_2\Theta_2\,\Delta\delta_{12}^2 + b_{12}b_{22}\rho_2\Omega_2\Theta_2\left(\delta_{2,p}\right)^2\right] \end{array}\right\}}{\left(\delta_{1,d}\right)^2} +$$

$$\frac{365^2}{E\left(d_{1,t}\right)^2} \times \left(\frac{E(I_{1,t})}{E(d_{1,t})}\right)^2 +$$

$$\frac{365^2}{E\left(d_{1,t}\right)^2}\left\{1 + \frac{\left[2\Lambda_1^2 + 2\Lambda_1\right]\left[\sigma_1^2 + b_{11}^2\left(\delta_{1,p}\right)^2 + b_{12}^2\left(\delta_{2,p}\right)^2 - 2b_{11}b_{12}\delta_{12}^2\,\Delta\right] - }{2(1+\Lambda_1)\Lambda_1\left[b_{11}^2\left(\delta_{1,p}\right)^2 + b_{12}^2\left(\delta_{2,p}\right)^2 - b_{11}b_{12}(\rho_1^k + \rho_2^k)\delta_{12}^2\,\Delta\right]}{\left(\delta_{1,d}\right)^2}\right\} +$$

$$\frac{365^2}{E\left(d_{1,t}\right)^2} \times \left(\frac{E(q_{1,t})}{E(d_{1,t})}\right)^2$$

定理 6.12：对于零售商 R_1 来说：

（a）如果只存在价格自敏感系数，则零售商 R_1 的现金流牛鞭效应始终存在；如果只存在价格交叉敏感系数，则零售商 R_1 的现金流牛鞭效应始终存在；如果只存在市场份额，则零售商 R_1 的现金流牛鞭效应也始终存在。

（b）如果在情形 1 中引入市场份额，则零售商 R_1 的现金流牛鞭效应始终存在。然而，与情形 1 相比较，当满足条件 $b_{11}^2(\delta_{1,p})^2\Lambda_1(k-\Theta_1)>0$ 时，零售商 R_1 的现金流牛鞭效应逐渐增加，否则零售商 R_1 的现金流牛鞭效应逐渐降低。

（c）如果在情形 1 中引入价格交叉敏感系数，则零售商 R_1 的现金流牛鞭效应始终存在。然而，与情形 1 相比较，当满足条件 $b_{12}b_{22}\rho_2\Omega_2\Theta_2\left(\delta_{2,p}\right)^2 + b_{12}^2(\delta_{2,p})^2\Lambda_2(l_2-\Omega_2)k - b_{12}^2(\delta_{2,p})^2\Lambda_2(k-\Theta_2)>b_{11}^2(\delta_{1,p})^2\Lambda_1(k-\Theta_1)$ 时，零售商 R_1 的现金流牛鞭效应逐渐增加。

（d）如果在情形 1 中同时引入价格交叉敏感系数和市场份额，则零售商 R_1 的现金流牛鞭效应始终存在。当满足条件 $(b_{11}^2 + b_{12}^2)(\delta_{1,p})^2\Lambda_1(k-\Theta_1)>b_{12}b_{22}\rho_2\Omega_2\Theta_2(\delta_{2,p})^2 + b_{12}^2(\delta_{2,p})^2\Lambda_2(l_2-\Omega_2)k - b_{12}^2(\delta_{2,p})^2\Lambda_2(k-\Theta_2)$ 时，零售商 R_1 的现金流牛鞭效应逐渐增加，否则零售商 R_1 的现金流牛鞭效应逐渐降低。

（e）如果在情形 1 中同时引入价格交叉敏感系数、市场份额和方差，则零售商 R_1 的现金流牛鞭效应始终存在。当满足条件 $\left\{ 1 + \dfrac{2\,(1+\Lambda_1)\,(\Lambda_1)\,[b_{11}b_{12}\,(\rho_1^k + \rho_2^k)\,\delta_{12}^2\Delta]}{(\delta_{1,d})^2} \right\} >$

$$\left[\left(\frac{S_1}{C_1}\right)^2 + 1\right] \frac{\begin{Bmatrix} 2b_{11}b_{12}\delta_{12}^2\Delta\Lambda_1\,(l_1 - \Omega_1)\ + 2b_{12}b_{11}\delta_{12}^2\Delta\Lambda_2\,(l_2 - \Omega_2)\ + \\ \left(\dfrac{l_1}{k}\right)^2 [2b_{11}b_{12}\,(\Lambda_1\,(k - \Theta_1)\ - \Lambda_2\,(k - \Theta_2))\,\Delta\delta_{12}^2] - \\ 2\,\dfrac{l_1}{k}[b_{11}b_{22}\rho_1\Omega_1\Theta_1\delta_{12}^2\Delta + b_{12}b_{21}\rho_2\Omega_2\Theta_2\,\Delta\delta_{12}^2] \end{Bmatrix}}{(\delta_{1,d})^2}$$

时，零售商 R_1 的现金流牛鞭效应逐渐增加；否则，零售商 R_1 的现金流牛鞭效应逐渐降低。

（f）把情形 5 和情形 7 进行比较，基于交互需求模型，在情形 5 中只引入市场份额，零售商 R_1 的现金流牛鞭效应没有变化，在这种情形下，市场份额对降低零售商 R_1 的现金流牛鞭效应不起作用。

定理 6.12 将价格自敏感系数、价格交叉敏感系数、市场份额等作为单独变量引入零售商 R_1 的现金流牛鞭效应中，分析了上述因素对现金流牛鞭效应的影响。我们可以从上述命题中得到一些管理启示，即零售商 R_1 现金流牛鞭效应的增加或降低与变量之间的交互作用影响相关，与市场份额的增减变动没有关系。定理 6.12（a）描述了零售商 R_1 的现金流牛鞭效应，其中顾客的市场需求只依赖于价格自敏感系数的变化。从定理 6.12（b）和（c）可以看出，当需求模型中引入价格交叉敏感系数和市场份额时，可以降低零售商 R_1 的现金流牛鞭效应。从定理 6.12（b）可以看出，当需求模型中只引入价格交叉敏感系数，且当满足条件 $b_{12}^2\,(\delta_{2,p})^2\Lambda_2\,(l_2 - \Omega_2)\,k^2 + l_1^2[b_{11}^2(\delta_{1,p})^2\Lambda_1(k - \Theta_1) + b_{12}^2(\delta_{2,p})^2\Lambda_2(k - \Theta_2)] - l_1 k\,[b_{12}b_{22}\rho_2\Omega_2\Theta_2(\delta_{2,p})^2] > 0$ 时，零售商 R_1 的现金流牛鞭效应能得到降低。从定理 6.12（c）中可以看出，在一定条件下，市场份额可以降低零售商 R_1 的现金流牛鞭效应。定理 6.12（d）表明：在情形 1 中逐步引入价格交叉敏感系数和市场份额时，零售商 R_1 的现金流牛鞭效应能够迅速降低。定理 6.12（e）表明：在情形 1 中逐步引入价格交叉敏感系数、市场份额和协方差时，一定条件下可以提高零售商 R_1 的现金流牛鞭效应。定理 6.12（f）表明：当使用交互需求模型时，只有将市场份额引入量化模型中，零售商 R_1 的现金流牛鞭效应没有发生任何变化。

引理 6.9： 零售商 R_1 的现金流牛鞭效应存在的不同原因如下：

（a）当满足条件 $b_{12}b_{22}\rho_2\Omega_2\Theta_2(\delta_{2,p})^2 + b_{12}^2(\delta_{2,p})^2\Lambda_2\,(l_2 - \Omega_2)\,k - b_{12}^2(\delta_{2,p})^2\Lambda_2\,(k - \Theta_2) \leqslant b_{11}^2(\delta_{1,p})^2\Lambda_1\,(k - \Theta_1)$ 时，零售商 R_1 的现金流牛鞭效应存在，但是要低于单个供应链中的现金流牛鞭效应。

（b）当满足条件 $(b_{11}^2 + b_{12}^2)\,(\delta_{1,p})^2\Lambda_1\,(k - \Theta_1) > b_{12}\,b_{22}\,\rho_2\Omega_2\Theta_2\,(\delta_{2,p})^2 + b_{12}^2(\delta_{2,p})^2\Lambda_2(l_2 - \Omega_2)\,k - b_{12}^2(\delta_{2,p})^2\Lambda_2\,(k - \Theta_2)$ 时，零售商 R_1 的现金流牛鞭效应存在，但是要高于单个供应链中的现金流牛鞭效应。

（c）当满足条件 $\left\{ 1 + \dfrac{2\,(1+\Lambda_1)\,(\Lambda_1)\,\{b_{11}b_{12}\,(\rho_1^k + \rho_2^k)\,\delta_{12}^2\Delta\}}{(\delta_{1,d})^2} \right\}$

$$\leqslant \left\{\left(\frac{S_1}{C_1}\right)^2 + 1\right\}\frac{\left\{\begin{array}{l}2b_{11}b_{12}\delta_{12}^2\Delta\Lambda_1\left(l_1-\Omega_1\right)+2b_{12}b_{11}\delta_{12}^2\Delta\Lambda_2\left(l_2-\Omega_2\right)\\[4pt]+\left(\dfrac{l_1}{k}\right)^2\left[2b_{11}b_{12}\left(\Lambda_1\left(k-\Theta_1\right)-\Lambda_2\left(k-\Theta_2\right)\right)\Delta\delta_{12}^2\right]\\[4pt]-2\dfrac{l_1}{k}\{b_{11}b_{22}\rho_1\Omega_1\Theta_1\delta_{12}^2\Delta+b_{12}b_{21}\rho_2\Omega_2\Theta_2\Delta\delta_{12}^2\}\end{array}\right\}}{(\delta_{1,d})^2}$$ 时，价格交叉

敏感系数、市场份额和协方差组合在一起能够有效地降低零售商 R_1 的现金流牛鞭效应。

引理 6.9 中的（a）表明：由于价格交叉敏感系数的作用，零售商 R_1 的现金流牛鞭效应比单个供应链中的要小。（b）表明：由于市场份额的作用，零售商 R_1 的现金流牛鞭效应比单个供应链中的要大。（c）表明：价格交叉敏感系数、市场份额和协方差的综合作用可以有效地降低零售商 R_1 的现金流牛鞭效应。

6.2.4 数值仿真和分析

在上一节中，我们已经分析了两级平行供应链网络系统中，价格自敏感系数、价格交叉敏感系数和市场份额等因素对现金流牛鞭效应产生的不同影响。本节运用数值仿真方法深入分析其产生的影响，相关参数如下：$b_{11}=1$，$b_{21}=1$，$l_1=1$，$l_2=1$，$k=1$，$b_{12}\in\{1,2,3\}$，$\rho_1\in\{0,1\}$，$\rho_2==\in\{0,1\}$，$(\delta_{1,p})^2=(\delta_{2,p})^2=1$，$\delta_{12}^2\in\{0,0.1,0.2\}$，仿真结果如图 6-9~图 6-12 所示。

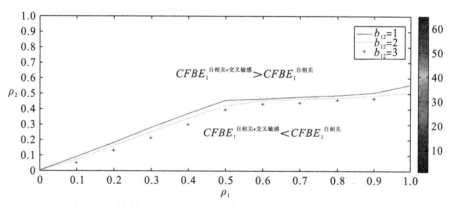

图 6-9　b_{12} 对 $CFBE_1^{自相关+交叉敏感}>CFBE_1^{自相关}$ 和 $CFBE_1^{自相关+交叉敏感}<CFBE_1^{自相关}$ 的影响

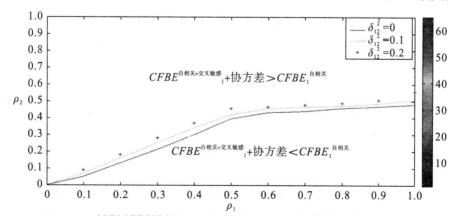

图 6-10　δ_{12}^2 对 $CFBE_1^{自相关+交叉敏感+协方差}>CFBE_1^{自相关}$ 的 $CFBE_1^{自相关+交叉敏感+协方差}<CFBE_1^{自相关}$ 的影响

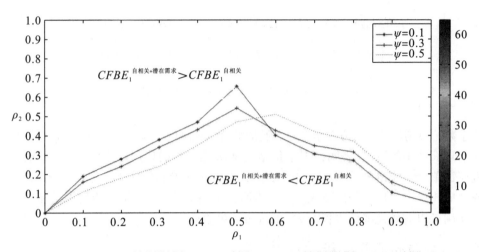

图 6-11 b_{12} 对 $CFBE_1^{自相关+潜在需求} > CFBE_1^{自相关}$ 和 $CFBE_1^{自相关+潜在需求} < CFBE_1^{自相关}$ 的影响

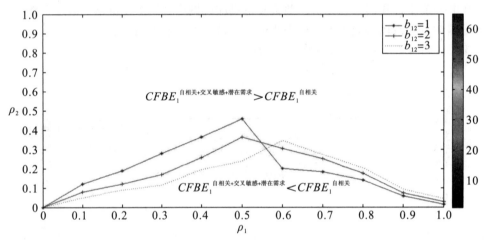

图 6-12 b_{12} 对 $CFBE_1^{自相关+交叉敏感+潜在需求} > CFBE_1^{自相关}$ 和 $CFBE_1^{自相关+交叉敏感+潜在需求} < CFBE_1^{自相关}$ 的影响

基于图 6-9～图 6-12 可以得到如下结论：

（1）从图 6-9 和图 6-10 中可以看出：如果 b_{12} 是非负常数，当 b_{12} 从 1 至 3 时，区域 $CFBE_1^{自相关+交叉敏感} > CFBE_1^{自相关}$ 逐渐增加；当 δ_{12}^2 从 0 至 0.2 时，区域 $CFBE_1^{自相关+交叉敏感} > CFBE_1^{自相关}$ 逐渐降低。

（2）从图 6-11 中可以看出：如果 $\rho_1 \in \{0, 0.5\}$，区域 $CFBE_1^{自相关+潜在需求} > CFBE_1^{自相关}$ 逐渐增加；当 ψ 从 0 至 0.5 时，区域 $CFBE_1^{自相关+潜在需求} > CFBE_1^{自相关}$ 逐渐降低。

（3）从图 6-12 中可以看出：当 b_{12} 是非负常数时，如果 $\rho_1 \in \{0, 0.5\}$，区域 $CFBE_1^{自相关+交叉敏感+潜在需求} > CFBE_1^{自相关}$ 逐渐增加；当 b_{12} 从 1 至 3 时，区域 $CFBE_1^{自相关+交叉敏感+潜在需求} > CFBE_1^{自相关}$ 逐渐降低。

综上所述，现金流牛鞭效应随着价格交叉敏感系数的增加而增加。当该值小于 0.5 时，现金流牛鞭效应随着市场份额的增加而增加；否则，现金流牛鞭效应随着市场份额的增加而降低。在需求模型中引入市场份额和价格交叉敏感系数可以进一步放大现金流牛鞭效应。一方面，当价格交叉敏感系数非负时，协方差会增加现金流牛鞭效应；另一方面，协方差可以抑制现金流牛鞭效应。

通过以上分析可以看出：当 $b_{12} \geq 1$ 时，现金流牛鞭效应随着价格交叉敏感系数的增加而增加。由此产生了另一个主要问题：当 $b_{12} \in \{0, 1\}$ 时，现金流牛鞭效应是增加还是降低呢？为了回答这一问题，我们假设 $b_{12} \in \{0, 0.1, 0.2, 0.3, 0.4, 0.5, 0.6, 0.7, 0.8, 0.9, 1\}$，由此可以得到表 6-7。

表 6-7　当 $b_{12} \in \{0, 1\}$ 时，零售商 R_1 的现金流牛鞭效应

		b_{12}										
		0	0.1	0.2	0.3	0.4	0.5	0.6	0.7	0.8	0.9	1
$\rho_1 = 0.3,$ $\rho_2 = 0.7$	0	1.12	1.15	1.18	1.21	1.28	1.31	1.45	1.54	1.64	1.84	1.94
	0.1	1.14	1.18	1.24	1.26	1.29	1.37	1.51	1.56	1.74	1.89	2.01
	0.2	1.21	1.28	1.29	1.31	1.34	1.39	1.64	1.74	1.85	1.91	2.12
	0.3	1.26	1.34	1.39	1.42	1.45	1.49	1.74	1.84	1.92	1.99	2.25
	0.4	1.28	1.39	1.42	1.58	1.61	1.74	1.89	1.95	2.01	2.21	2.34
	0.5	1.34	1.41	1.51	1.61	1.68	1.85	1.95	2.01	2.15	2.35	2.51
	0.6	1.45	1.49	1.67	1.74	1.78	1.91	2.14	2.23	2.25	2.41	2.67
	0.7	1.57	1.61	1.79	1.85	1.89	2.01	2.21	2.34	2.41	2.58	2.94
	0.8	1.67	1.72	1.84	1.91	1.98	2.24	2.34	2.45	2.58	2.64	3.12
	0.9	1.71	1.85	1.92	2.01	2.21	2.61	2.74	2.81	2.91	3.05	3.24
	1	1.84	1.92	2.04	2.12	2.34	2.74	2.81	2.91	3.01	3.25	3.47
$\rho_1 = 0.5,$ $\rho_2 = 0.5$	0	1.17	1.21	1.38	1.41	1.57	1.61	1.74	1.84	2.04	2.34	3.57
	0.1	1.24	1.28	1.41	1.46	1.59	1.74	1.81	1.96	2.27	2.57	3.64
	0.2	1.31	1.35	1.48	1.51	1.64	1.81	1.95	2.14	2.34	2.61	3.87
	0.3	1.36	1.42	1.54	1.62	1.75	1.92	2.04	2.28	2.57	2.74	3.94
	0.4	1.38	1.49	1.61	1.78	1.81	2.04	2.18	2.34	2.64	2.84	3.99
	0.5	1.41	1.58	1.74	1.81	1.98	2.14	2.28	2.48	2.87	2.91	4.18
	0.6	1.52	1.67	1.82	1.84	2.04	2.28	2.31	2.67	2.94	3.04	4.29
	0.7	1.67	1.72	1.94	2.01	2.15	2.38	2.47	2.81	3.04	3.27	4.47
	0.8	1.74	1.84	2.04	2.15	2.48	2.47	2.58	2.97	3.28	3.48	4.52
	0.9	1.79	1.91	2.17	2.28	2.58	2.64	2.89	3.47	3.47	3.57	4.61
	1	1.86	2.04	2.25	2.37	2.64	2.87	2.94	3.64	3.97	4.08	4.89

		b_{12}										
	0	1.28	1.37	1.48	1.57	1.64	1.78	1.84	2.04	2.15	2.45	3.87
	0.1	1.35	1.45	1.57	1.61	1.78	1.94	1.99	2.15	2.37	2.78	3.91
	0.2	1.42	1.58	1.69	1.74	1.86	2.05	2.17	2.28	2.45	2.91	3.99
	0.3	1.53	1.67	1.78	1.85	1.94	2.18	2.27	2.35	2.67	2.99	4.27
	0.4	1.67	1.79	1.98	2.04	2.14	2.22	2.38	2.46	2.85	3.08	4.38
$\rho_1=0.7,$ $\rho_2=0.3$	0.5	1.71	1.85	2.08	2.15	2.25	2.37	2.41	2.51	2.91	3.12	4.41
	0.6	1.82	1.95	2.18	2.27	2.34	2.41	2.57	2.74	3.05	3.37	4.58
	0.7	1.91	1.99	2.27	2.34	2.45	2.57	2.69	2.91	3.15	3.45	4.68
	0.8	2.07	2.14	2.31	2.45	2.58	2.67	2.81	2.99	3.37	3.64	4.91
	0.9	2.16	2.28	2.47	2.56	2.67	2.72	2.92	3.57	3.47	3.84	5.28
	1	2.24	2.37	2.59	2.78	2.88	2.91	3.08	3.64	4.05	4.18	5.81

表 6－7 表明，当 $b_{12} \geq 0$ 时，零售商 R_1 的现金流牛鞭效应始终存在。当两个产品之间存在替代关系时，由于竞争效应的存在，零售商 R_1 的现金流牛鞭效应始终存在。

从以上数值分析中可以得到一些重要的管理见解。当两种产品之间存在替代关系时，零售商 R_1 的现金流牛鞭效应始终存在，并且不会降低。当两种产品共享市场，且相关系数小于 0.5 时，通过增加市场份额可以降低零售商 R_1 的现金流牛鞭效应。

6.3 小结

第一，本章研究了在包含两个制造商和两个零售商构成的平行供应链网络中，不同预测方法和市场竞争程度对库存牛鞭效应产生的影响。我们假设这两个零售商使用订货量策略向上游的两个制造商订购产品，并且这两家零售商使用不同的预测方法预测顾客需求。首先，基于牛鞭效应以库存量为中介和手段，我们建立了库存牛鞭效应量化模型；然后，分析了价格自敏感系数、交叉价格敏感系数、不同预测技术和市场份额对库存牛鞭效应产生的影响；最后，分析了不同预测技术和市场份额对库存牛鞭效应的影响。我们得出如下结论：①当价格自敏感系数小于 7 时，在均方误差预测技术下零售商的库存牛鞭效应会达到最低水平；当价格自敏感系数大于 7 时，移动平均预测方法下零售商的库存牛鞭效应会达到最低水平；当价格自回归系数小于 0.8 时，在均方误差预测方法下零售商的库存牛鞭效应达到最低水平。②当潜在市场份额 ψ 小于 0.6 时，零售商运用移动平均预测方法预测市场需求时，零售商的库存牛鞭效应最低；当潜在市场份额 ψ 大于 0.6 时，零售商运用均方误差预测方法预测市场需求时，零售商的库存牛鞭效应最低。③均方误差预测方法能够最大限度地降低订货提前期内的需求预测误差，零售商的库存牛鞭效应可以达到最低水平。

第二，本章分析和探讨了价格交叉敏感系数和市场份额对两级平行供应链网络系统

（包括一个制造商和一个零售商）中现金流牛鞭效应的影响。假设两个零售商使用订货点策略向上游两个制造商订购产品，两个零售商使用移动平均预测方法预测订货提前期的市场需求。首先，我们建立了两个零售商的牛鞭效应、库存牛鞭效应和现金流牛鞭效应量化模型；其次，分析了价格自敏感系数和市场份额对现金流牛鞭效应的影响；最后，分析了竞争效应和市场份额对现金流牛鞭效应影响的条件。我们可以得出如下结论：①随着价格交叉敏感系数的增加，现金流牛鞭效应也不断增大。当 ρ_1 小于 0.5 时，现金流牛鞭效应随着市场份额的增加而增加；否则，现金流牛鞭效应随着市场份额的增加而降低。②在需求模型中同时引入市场份额和价格交叉敏感系数可以进一步放大零售商的现金流牛鞭效应。一方面，当价格交叉敏感系数为非负常数时，协方差会增加零售商的现金流牛鞭效应；另一方面，协方差对零售商的现金流牛鞭效应有抑制作用。③当两种产品具有相互替代性时，零售商的现金流牛鞭效应始终存在，并且不会被降低。当两种产品共享市场，且相关系数小于 0.5 时，增加市场份额可以降低零售商的现金流牛鞭效应。同时，零售商的现金流牛鞭效应可以随着市场份额的增加而增加。

通过本章的相关研究，可以得到如下结论：①企业和企业之间应该加强合作。如果两种产品之间具有可替代性，或者两条供应链之间具有竞争关系，两个节点企业之间应该保持良好的合作关系；②供应链上的节点企业应该不断提高对客户需求的预测精度，提高服务质量，从而提高市场份额，有利于降低现金流牛鞭效应；③随着人工智能、大数据以及区块链等信息技术的不断发展，供应链上的节点企业应该利用上述技术来提高对市场需求预测的准确性。

7 基于不同预测方法的逆向供应链牛鞭效应

随着人们对环境保护意识的不断提高，许多国家和企业更加重视与产品回收有关的活动。逆向物流作为一个新兴的研究领域，主要涉及废旧产品从消费者手中向回收商不断转移的过程，其主要目的是更加有效地回收和再利用废旧产品，并从中获利。许多学者提出了逆向物流的含义，逆向物流主要是指企业从消费者手中回收废旧产品并进行回收和再制造的过程。这意味着逆向物流包括生产过程中原材料的节约、回收、再利用和回收使用过的旧产品。从整个社会角度来说，实施逆向物流可以有效地保护环境，减少能源和不可再生资源的消耗，提高资源的利用效率，实现可持续发展战略。对于企业来说，实施有效的逆向物流策略不仅可以降低原材料成本、增加企业收入，还可以通过提高客户满意度，有效地提高供应链各个节点企业的信息交换，从而提高市场份额，建立企业自身的竞争优势，提升企业品牌形象。因此，逆向物流网络、结构性能和运营管理已经逐渐成为学术界研究的热点问题。

尽管许多学者对逆向物流的战略管理、运作策略等问题进行了大量研究，但很少有学者讨论逆向供应链中牛鞭效应的量化方法、产生的原因及其产生的影响。因此，本章通过构建逆向供应链中牛鞭效应、库存牛鞭效应和现金流牛鞭效应的量化模型，比较了不同预测技术对逆向供应链中牛鞭效应、库存牛鞭效应和现金流牛鞭效应产生的不同影响，并提出了降低逆向供应链中牛鞭效应、库存牛鞭效应和现金流牛鞭效应的方法。

本章主要从理论上推导出逆向供应链中牛鞭效应、库存牛鞭效应和现金流牛鞭效应的量化模型。这是与以往研究最大的不同。我们得出的牛鞭效应、库存牛鞭效应和现金流牛鞭效应的量化模型不会因所使用的预测方法而发生改变。在此基础上，分析了逆向供应链中不同预测方法对牛鞭效应、库存牛鞭效应和现金流牛鞭效应的不同影响。本章的主要贡献如下：第一，我们通过使用不同的预测方法（即移动平均预测方法、指数平滑预测方法和均方误差预测方法），提出了逆向供应链中牛鞭效应、库存牛鞭效应和现金流牛鞭效应量化模型。第二，我们比较了不同预测方法对逆向供应链中牛鞭效应、库存牛鞭效应和现金流牛鞭效应的影响。第三，我们提出了降低牛鞭效应、库存牛鞭效应和现金流牛鞭效应的相关措施，并且得出了一些重要的管理启示。

7.1 基于不同预测技术的两级逆向供应链牛鞭效应研究

7.1.1 模型假设、符号说明和问题描述

7.1.1.1 模型假设

为了使逆向供应链中牛鞭效应的量化模型更加具有实际意义，我们作出如下假设：

（1）回收商只回收一种废旧产品。

（2）回收商从消费者手中回收的废旧产品 r_t 服从 $AR(1)$ 自相关回归过程且表示为 $r_t = \mu + \rho r_{t-1} + \varepsilon_t$。其中，$\mu$ 是一个非负常数，ρ 是自相关系数且满足条件 $|\rho| < 1$，ε_t 是一个独立同分布的随机变量（均值为零，方差为 δ^2）。在任意 t 时期，我们可以得到：

$$E(r_t) = \frac{u}{1-\rho}, \; Var(r_t) = \frac{\delta^2}{1-\rho^2}$$

（3）本部分只关注回收商的牛鞭效应量化模型，因此，我们假设回收商可以预测消费者提供废旧产品数量，但是不会和再制造商共享这些信息。

（4）假设从回收商转移到再制造商的废旧产品回收量为 q_t，它和废旧产品供应量 r_t 之间存在量化关系：$q_t = r_t + (S_{t-1} - S_t)$。其中，$S_t$ 是 t 时期期末回收商的最高库存量，S_{t-1} 是 $t-1$ 时期期末回收商的最高库存量。它们可以通过回收商得到的废旧产品数量预测得到，$S_t = \hat{r}_t^l + z\hat{\delta}_t^l$。其中，$\hat{r}_t^l$ 是运用不同预测方法估计订货提前期废旧产品的供给量，z 是预期服务水平，$\hat{\delta}_t^l$ 是回收商在订货提前期 l 内预测误差的估计值。因此，再制造商的订货量表示为：

$$q_t = (\hat{r}_{t-1}^l - \hat{r}_t^l) + r_t + z(\hat{\delta}_{t-1}^l - \hat{\delta}_t^l)$$

7.1.1.2 符号说明

本部分相关符号说明如下：

r_t：废旧产品供应量；

q_t：废旧产品回收量；

ρ：自相关系数；

μ：非负常数；

ε_t：独立同分布的随机变量；

S_t：t 时期期末回收商的最高库存量；

S_{t-1}：$t-1$ 时期期末回收商的最高库存量；

$\hat{r}_t^l$：运用不同预测方法估计订货提前期废旧产品的供给量；

z：期望服务水平；

$\hat{\delta}_t^l$：回收商在订货提前期 l 内预测误差的估计值；

p：移动平均时期数；

l：回收商的订货提前期；

α：回收商的平滑指数。

7.1.1.3　问题描述

本部分我们考虑由一个回收商和一个再制造商构成的两级逆向供应链系统（如图7—1所示）。回收商作为向再制造商提供废旧产品的唯一供应商，双方交易发生在一个无限离散时间 t 内，其中，$t \in (-\infty, 0, +\infty)$。在 t 时期期末，根据废旧产品过去的供应量数据，回收商会运用不同的方法预测 $t+1$ 时期的废旧产品回收量。同时，根据特定的库存策略，回收商能够确定供应给再制造商的废旧产品数量，回收商的订货提前期表示为一个常数 l，再制造商能够在 $t+l+1$ 时期期初收到来自回收商的废旧产品。

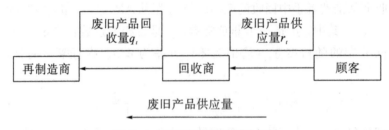

图7—1　逆向供应链的理论模型

7.1.2　牛鞭效应量化模型

许多学者已经分析和探讨了不同预测方法对前向供应链中牛鞭效应的影响。例如，Holland 等（2004）利用指数平滑预测方法证实了价格波动可能会导致牛鞭效应的存在。Zhang 等（2004）分析了均方误差预测方法对牛鞭效应的影响，并与指数平滑预测方法下的结果进行了对比分析。Liu 等（2008）分析了指数平滑预测技术和均方误差预测方法两种情形下多级供应链中的牛鞭效应问题。相反地，我们分析了不同预测方法对逆向供应链中牛鞭效应产生的不同影响。

再推导不同预测方法情形下逆向供应链中牛鞭效应的量化模型之前，要对其概念进行界定和说明。众所周知，在前向供应链中，牛鞭效应是指需求信息从下游向上游传递过程中出现的逐级放大和扭曲现象（Lee 等，1997a）。同样地，在逆向供应链中，牛鞭效应主要是指废旧产品的供应信息从下游向上游传递过程中出现的逐级放大和扭曲，并且表示为 $BE_R = Var(q_t)/Var(r_t)$。这意味着从回收商到再制造商的废旧产品供应量信息大于从顾客到回收商的废旧产品的供应量信息。基于此，我们构建了不同预测方法情形下逆向供应链中的牛鞭效应量化模型。

7.1.2.1　移动平均预测方法下逆向供应链中的牛鞭效应

基于以上分析，回收商运用移动平均预测方法，回收商订货提前期的订货量 $\hat{r}_t^l$ 表示为：

$$\hat{r}_t^l = l \left(\frac{\sum_{i=1}^{p} r_{t-i}}{p} \right) \tag{7.1.1}$$

从回收商到再制造商的订货量 q_t 表示为：

$$q_t = l\left[\frac{\sum_{i=1}^{p} r_{t-1-i}}{p} - \frac{\sum_{i=1}^{p} r_{t-i}}{p}\right] + r_t + z(\hat{\delta}_{t-1}^l - \hat{\delta}_t^l) = \left(\frac{l}{p}\right)r_{t-p-1} - \left(\frac{l}{p}\right)r_{t-1} + r_t + z(\hat{\delta}_{t-1}^l - \hat{\delta}_t^l)$$

$$(7.1.2)$$

引理 7.1： 当回收商运用移动平均预测方法时，回收商在订货提前期 l 预测误差标准差的估计值 $\hat{\delta}_t^l$ 是一个常数并且表示为：

$$\hat{\delta}_t^l = \sqrt{l\delta^2 + \frac{\delta^2}{(1-\rho)^2}\left[l + \frac{\rho(1-\rho^l)(\rho^{l+1}-\rho-2)}{1-\rho^2}\right]}$$

证明： 当回收商运用移动平均预测方法时，回收商在订货提前期 l 预测误差标准差的估计值表示为：

$$Var(\hat{\delta}_t^l) = Var(\hat{r}_t^l - r_t^l) = Var\left[\sum_{i=0}^{l-1}(\mu + \rho r_{t+i} + \varepsilon_{t+i}) - \sum_{i=0}^{l-1}(\mu + \rho \hat{r}_{t+i})\right]$$

$$= Var\left[-\sum_{i=0}^{l-1}\sum_{j=0}^{i}(\rho^{i-j}r_{t+j}) + \sum_{i=0}^{l-1}\varepsilon_{t+i}\right]$$

$$= Var\left(\sum_{i=0}^{l-1}\varepsilon_{t+i}\right) + Var\left(\sum_{i=0}^{l-1}\sum_{j=0}^{i}\rho^{i-j}r_{t+j}\right)$$

$$= l\delta^2 + \frac{\delta^2}{(1-\rho)^2}\left[l + \frac{\rho(1-\rho^l)(\rho^{l+1}-\rho-2)}{1-\rho^2}\right]$$

其中，$r_t = \mu + \rho r_{t-1} + \varepsilon_t$。

从回收商到再制造商的废旧产品数量 q_t 表示为：

$$q_t = \left(\frac{l}{p}\right)r_{t-p-1} - \left(\frac{l}{p}\right)r_{t-1} + r_t$$

$$(7.1.3)$$

因此，在式（7.1.3）中，废旧产品回收量的方差表示为：

$$Var(q_t) = Var\left[\left(\frac{l}{p}\right)r_{t-p-1} - \left(\frac{l}{p}\right)r_{t-1} + r_t\right]$$

$$= \left(\frac{l}{p}\right)^2 Var(r_{t-p-1}) + \left(\frac{l}{p}\right)^2 Var(r_{t-1}) + Var(r_t) - 2\left(\frac{l}{p}\right)^2 Cov(r_{t-p-1}, r_{t-1}) +$$

$$2\left(\frac{l}{p}\right)Cov(r_{t-p-1}, r_t) - 2\left(\frac{l}{p}\right)Cov(r_{t-1}, r_t)$$

$$= \left[2\left(\frac{l}{p}\right)^2 + 1\right]Var(r_t) + 2\left(\frac{l}{p}\right)Cov(r_{t-p-1}, r_t) - 2\left(\frac{l}{p}\right)Cov(r_{t-1}, r_t) -$$

$$2\left(\frac{l}{p}\right)^2 Cov(r_{t-p-1}, r_{t-1})$$

$$(7.1.4)$$

在式（7.1.4）中，可以得到：

$$Cov(r_{t-1}, r_t) = \rho Var(r_t), Cov(r_{t-1}, r_{t-p-1}) = \rho^p Var(r_t)$$

$$Cov(r_t, r_{t-p-1}) = \rho^{p+1} Var(r_t)$$

定理 7.1： 在两级逆向供应链中，当回收商运用移动平均预测方法预测市场上废旧产品供应量时，牛鞭效应的量化表达式如下：

$$BE_R^{MA} = \frac{Var(q_t)}{Var(r_t)} = 2\Lambda(1-\rho^p)(\Lambda-\rho) + 1$$

$$(7.1.5)$$

其中，$\Lambda = \dfrac{l}{p}$。

7.1.2.2 指数平滑预测方法下逆向供应链中的牛鞭效应

同样地，当回收商运用指数平滑预测方法预测市场上废旧产品供应量时，订货提前期的废旧产品供应量$\hat{r}_t^l$表示为：

$$\hat{r}_t^l = l\left[\alpha r_{t-1} + (1-\alpha)\,\hat{r}_{t-1}\right] \tag{7.1.6}$$

其中，α（$0 < \alpha < 1$）表示回收商的平滑指数。

从回收商到再制造商的废旧产品供应量q_t表示为：

$$q_t = r_t + l\alpha(r_{t-2} - r_{t-1}) + l(1-\alpha)(\hat{r}_{t-2} - \hat{r}_{t-1}) + z(\hat{\delta}_{t-1}^l - \hat{\delta}_t^l) \tag{7.1.7}$$

引理 7.2： 当回收商运用指数平滑预测方法时，回收商在订货提前期l预测误差标准差的估计值$\hat{\delta}_t^l$是一个常数且表示为：

$$\hat{\delta}_t^l = \sqrt{l^2\delta^2 + \frac{\delta^2}{1-\rho^2} + l^2\delta^2\left[\frac{\alpha}{2-\alpha} + \frac{2(1-\alpha)\rho}{(2-\alpha)(1-(1-\alpha)\rho)}\right] - 2\left[\frac{l\alpha\rho(1-\rho^l)}{(1-\rho)(1-(1-\alpha)\rho_1)}\right]\delta^2}$$

证明： 当回收商运用指数平滑预测方法时，回收商在订货提前期l预测误差标准产的估计值表示为：

$$\hat{\delta}_t^l = \sqrt{Var(\hat{r}_t^l - r_t^l)} = \sqrt{Var(r_t^l) - 2Cov(r_t^l, \hat{r}_t^l) + Var(\hat{r}_t^l)}$$

其中，$Var(r_t^l) = Var(l^2(\mu + \rho r_{t-1} + \varepsilon_t)) = l^2\delta^2 + \dfrac{\delta^2}{1-\rho^2}$。

$$Var(\hat{r}_t^l) = l^2 Var(\hat{r}_t) = l^2\delta^2\left[\frac{\alpha}{2-\alpha}Var(r_t) + \frac{2(1-\alpha)}{2-\alpha}Cov(r_{t-1}, \hat{r}_t)\right]$$

$$= l^2\delta^2\left[\frac{\alpha}{2-\alpha} + \frac{2(1-\alpha)\rho}{(2-\alpha)(1-(1-\alpha)\rho)}\right]$$

$$Cov(r_t^l, \hat{r}_t^l) = Cov\left(\sum_{i=0}^{l-1}(r_{t+i}, l\hat{r}_t)\right) = l\sum_{i=0}^{l-1}Cov(r_{t+i}, \hat{r}_t) = l\alpha\sum_{i=0}^{l-1}\sum_{j=1}^{\infty}(1-\alpha)^{j-1}\rho^{i+j}\delta^2$$

$$= \frac{l\alpha\rho(1-\rho^l)}{(1-\rho)(1-(1-\alpha)\rho_1)}\delta^2$$

由此，废旧产品的供应量q_t表示为：

$$q_t = r_t + l\alpha(r_{t-2} - r_{t-1}) + l(1-\alpha)(\hat{r}_{t-2} - \hat{r}_{t-1}) \tag{7.1.8}$$

公式（7.1.8）中废旧产品供应量的方差表示为：

$$Var(q_t) = Var[r_t + l\alpha(r_{t-2} - r_{t-1}) + l(1-\alpha)(\hat{r}_{t-2} - \hat{r}_{t-1})]$$

$$= Var(r_t) + l^2\alpha^2 Var(r_t) + l^2\alpha^2 Var(r_t) + 2l^2(1-\alpha)^2\left[\frac{1+\rho(1-\alpha)}{1-\rho(1-\alpha)}\right]Var(r_t) +$$

$$2l\alpha\left[\frac{\alpha\rho^2}{1-(1-\alpha)\rho}\right]Var(r_t) - 2l\alpha\left[\frac{\alpha\rho}{1-(1-\alpha)\rho}\right]Var(r_t) +$$

$$2l(1-\alpha)\left[\frac{\alpha\rho^2}{1-(1-\alpha)\rho}\right]Var(r_t) - 2l(1-\alpha)\left[\frac{\alpha\rho}{1-(1-\alpha)\rho}\right]Var(r_t) -$$

$$2l^2\alpha^2\left[\frac{\alpha\rho}{1-(1-\alpha)\rho}\right]Var(r_t) + 2l^2\alpha(1-\alpha)\left[\frac{\alpha}{1-(1-\alpha)\rho}\right]Var(r_t) -$$

$$2l^2\alpha(1-\alpha)\left[\frac{\alpha\rho}{1-(1-\alpha)\rho}\right]Var(r_t) - 2l^2\alpha(1-\alpha)\left[\frac{\alpha\rho}{1-(1-\alpha)\rho}\right]Var(r_t) +$$

$$2l^2\alpha(1-\alpha)\left[\frac{\alpha}{1-(1-\alpha)\rho}\right]Var(r_t) - 2l^2(1-\alpha)^2\left[\frac{\alpha\rho}{1-(1-\alpha)\rho}\right]Var(r_t)$$

$$(7.1.9)$$

可以得到：

$$Var(\hat{r}_{t-1}) = Var(\hat{r}_{t-2}) = \frac{1+\rho(1-\alpha)}{1-\rho(1-\alpha)} \times \frac{\alpha}{2-\alpha}Var(r_t)Cov(r_t,\hat{r}_{t-2})$$

$$= \frac{\alpha\rho^2}{1-(1-\alpha)\rho}Var(r_t)Cov(r_t,\hat{r}_{t-1}) = \frac{\alpha\rho}{1-(1-\alpha)\rho}Var(r_t)$$

$$Cov(r_{t-2},\hat{r}_{t-2}) = \frac{\alpha}{1-(1-\alpha)\rho}Var(r_t)Cov(r_{t-2},\hat{r}_{t-1})$$

$$= \frac{\alpha\rho}{1-(1-\alpha)\rho}Var(r_t)Cov(r_{t-1},\hat{r}_{t-2}) = \frac{\alpha\rho}{1-(1-\alpha)\rho}Var(r_t)$$

$$Cov(r_{t-1},\hat{r}_{t-1}) = \frac{\alpha}{1-(1-\alpha)\rho}Var(r_t)Cov(\hat{r}_{t-2},\hat{r}_{t-1}) = \frac{\alpha\rho}{1-(1-\alpha)\rho}Var(r_t)$$

定理 7.2：在两级逆向供应链中，当回收商运用指数平滑预测方法预测市场上废旧产品供应量时，牛鞭效应的量化表达式如下：

$$BE_R^{ES} = \frac{Var(q_t)}{Var(r_t)} = 1 + 2l^2\alpha^2 + 2l^2(1-\alpha)^2\left[\frac{1+\rho(1-\alpha)}{1-\rho(1-\alpha)}\right] + 2l\alpha\Omega(\rho^2-\rho) +$$

$$2l(1-\alpha)\Omega\rho^2(\rho^2-\rho) - 2l^2\alpha^2\Omega\rho + 2l^2\alpha(1-\alpha)\Omega(2-3\rho) \quad (7.1.10)$$

其中，$\Omega = \frac{\alpha}{1-(1-\alpha)\rho}$。

7.1.2.3 均方误差预测方法下逆向供应链中的牛鞭效应

Box 和 Jenkins（1994）已经指出，需求预测值 $\hat{d}_{t+i}$ 是所有 $t+i$（$i=0$，1，2，…）时期内历史需求信息的条件期望值，其中，$\hat{d}_{t+i}=E(d_{t+i}|d_{t-1},d_{t-2},\cdots)$。尤其需要指出的是，当需要信息服从 $AR(1)$ 需求过程时，$\hat{d}_{t+i}=E(d_{t+i}|d_{t-1})$。在本部分中，$t$ 时期期末回收商得到的废旧产品的供应量服从 $AR(1)$ 自相关过程表示为：

$$\hat{r}_{t+i} = E(r_{t+i}|r_{t-1}) = \left[\frac{1-\rho^{i+1}}{\rho}\right]\mu + \rho^{i+1}r_{t-1} \quad (7.1.11)$$

再制造商得到的废旧产品的供应量表示为：

$$q_t = \left[\frac{(1-\rho^{l-1})\mu}{1-\rho}\right]r_{t-1} - \left[\frac{(1-\rho^l)\mu}{1-\rho}\right]r_t + r_t + z(\hat{\delta}_{t-1}^l - \hat{\delta}_t^l) \quad (7.1.12)$$

引理 7.3：当回收商运用均方误差预测方法时，回收商在订货提前期 l 预测误差标准差的估计值 $\hat{\delta}_t^l$ 是一个常数且表示为：

$$\hat{\delta}_t^l = \sqrt{l\sigma^2 + \left[l + \frac{\rho(1-\rho^l)(\rho^{l+1}-\rho-2)}{1-\rho^2}\right]\delta_1^2}$$

证明：当回收商运用均方误差预测方法时，回收商在订货提前期 l 预测误差标准差的估计值表示为：

$$\hat{\delta}_t^l = \sqrt{Var(\hat{r}_t^l - r_t^l)} = \sqrt{Var(\sum_{i=0}^{l-1}(\sum_{j=0}^{i}\rho^{i-j}\varepsilon_{t+j} + \varepsilon_{t+i}))}$$

$$= \sqrt{Var\left(\sum_{i=0}^{l-1}\varepsilon_{t+i}\right) + Var\left(\sum_{i=0}^{l-1}\sum_{j=0}^{i}\rho^{i-j}\varepsilon_{t+j}\right)} = \sqrt{l\sigma^2 + Var\left(\sum_{i=0}^{l-1}\varepsilon_{t+j}\sum_{j=0}^{l-1-i}\rho^j\right)}$$

$$= \sqrt{l\sigma^2 + \left[l + \frac{\rho(1-\rho^l)(\rho^{l+1}-\rho-2)}{1-\rho^2}\right]\delta_1^2}$$

其中，$r_t = \mu + \rho r_{t-1} + \varepsilon_t$。

再制造商得到的废旧产品的供应量表示为：

$$q_t = \left[\frac{(1-\rho^{l-1})\mu}{1-\rho}\right]r_{t-1} - \left[\frac{(1-\rho^l)\mu}{1-\rho}\right]r_t + r_t \qquad (7.1.13)$$

公式（7.1.13）中废旧产品供应量的方差表示为：

$$Var(q_t) = Var\left\{\left[\frac{(1-\rho^{l-1})\mu}{1-\rho}\right]r_{t-1} - \left[\frac{(1-\rho^l)\mu}{1-\rho}\right]r_t + r_t\right\}$$

$$= \left[\frac{(1-\rho^{l-1})\mu}{1-\rho}\right]^2 Var(r_{t-1}) + \left[\frac{(1-\rho^l)\mu}{1-\rho}\right]^2 Var(r_t) + Var(r_t) -$$

$$2\left[\frac{(1-\rho^l)\mu}{1-\rho}\right]Var(r_t) - 2(1-\rho^{l-1})(1-\rho^l)\left(\frac{\mu}{1-\rho}\right)Cov(r_{t-1}, r_t) +$$

$$2\left[\frac{(1-\rho^{l-1})\mu}{1-\rho}\right]Cov(r_{t-1}, r_t) \qquad (7.1.14)$$

容易得到如下公式：

$$Cov(r_{t-1}, r_t) = Cov(\mu + \rho r_{t-1} + \varepsilon_t, r_{t-1}) = \rho Var(r_{t-1})$$

定理 7.3： 在两级逆向供应链中，当回收商运用均方误差预测方法预测市场上废旧产品供应量时，牛鞭效应的量化表达式如下：

$$BE_R^{MMSE} = \frac{Var(q_t)}{Var(r_t)} = (\Theta(1-\rho^{l-1}))^2 + (\Theta(1-\rho^l))^2 + 1 - 2(\Theta(1-\rho^l)) -$$

$$2\rho\Theta(1-\rho^{l-1})(1-\rho^l) + 2\rho\Theta(1-\rho^{l-1})$$

其中，$\Theta = \dfrac{\mu}{1-\rho}$。

不同预测方法情形下逆向供应链中的牛鞭效应见表 7—1。

表 7—1   不同预测方法情形下逆向供应链中的牛鞭效应

预测方法	牛鞭效应量化模式	相关条件
移动平均法	$BE_R^{MA} = 2\Lambda\,(1-\rho^p)\,(\Lambda-\rho)\,+1$	$\Lambda = \dfrac{l}{p}$
指数平滑法	$BE_R^{ES} = 1 + 2l^2\alpha^2 + 2l^2\,(1-\alpha)^2\left[\dfrac{1+\rho\,(1-\alpha)}{1-\rho\,(1-\alpha)}\right] + 2l\alpha\Omega\,(\rho^2-\rho)\,+$ $2l\,(1-\alpha)\,\Omega\rho^2\,(\rho^2-\rho)\,-2l^2\alpha^2\Omega\rho + 2l^2\alpha\,(1-\alpha)\,\Omega$ $(2-3\rho)$	$\Omega = \dfrac{\alpha}{1-\,(1-\alpha)\,\rho}$
均方误差法	$BE_R^{MMSE} = (\Theta\,(1-\rho^{l-1}))^2 + (\Theta\,(1-\rho^l))^2 + 1 - 2\,(\Theta\,(1-\rho^l))\,-$ $2\rho\Theta\,(1-\rho^{l-1})\,(1-\rho^l)\,+2\rho\Theta\,(1-\rho^{l-1})$	$\Theta = \dfrac{\mu}{1-\rho}$

7.1.3   数值分析

通过以上三种预测方法已经推导出了逆向供应链中牛鞭效应的量化模型，从量化模型中也能看出，影响逆向供应链牛鞭效应的主要因素包括自相关系数、移动平均时期数、回收商的订货提前期、回收商的平滑指数。为了更好地分析不同因素对逆向供应链牛鞭效应产生的不同影响，本部分将仿真分析分成两步来进行：首先，分析了不同预测方法下相关因素对牛鞭效应的影响；其次，比较了不同预测方法对牛鞭效应的影响。

7.1.3.1　移动平均预测方法下相关因素对牛鞭效应的影响

图 7-2～图 7-8 描述了移动平均预测方法下相关因素对逆向供应链中牛鞭效应所产生的不同影响。从图 7-2 中可以看出，当自相关系数 ρ 从 -1 至 -0.4 之间变化时，逆向供应链中的牛鞭效应会迅速下降，但是，当数值大于 -0.4 时，牛鞭效应呈现出稳定的状态。此外，逆向供应链中的牛鞭效应会随着回收商订货提前期的增加而增加。从图 7-3 中可以看出，当移动平均时期数取不同数值时，自相关系数 ρ 对牛鞭效应的影响和订货提前期的情形类似。然而，当移动平均时期数增加时，牛鞭效应会相应地得到减少。换句话说，回收商可以通过增加移动平均时期数来降低牛鞭效应所产生的影响。在前向供应链也可以得到类似的结论。

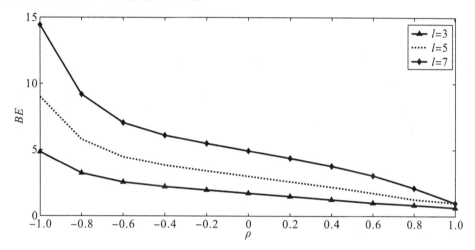

图 7-2　不同订货提前期下自相关系数对牛鞭效应的影响

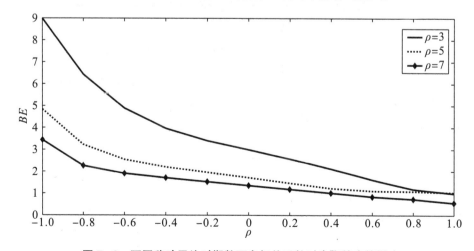

图 7-3　不同移动平均时期数下自相关系数对牛鞭效应的影响

从图 7—4 中可以看出，当移动平均时期数从 1 到 4 发生变化时，逆向供应链中的牛鞭效应会降低。然而，当其数值大于 4 时，牛鞭效应趋于稳定。更重要的是，牛鞭效应会随着 ρ 的增加而降低。从图 7—5 中可以看出，当移动平均时期数小于 4 时，牛鞭效应会降低得非常快，之后，牛鞭效应也同样趋于稳定。

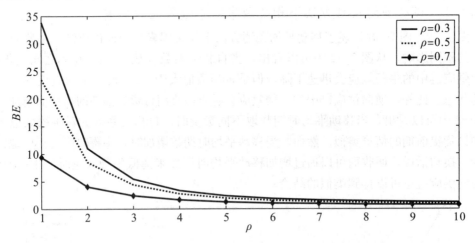

图 7—4　不同自相关系数下移动平均时期数对牛鞭效应的影响

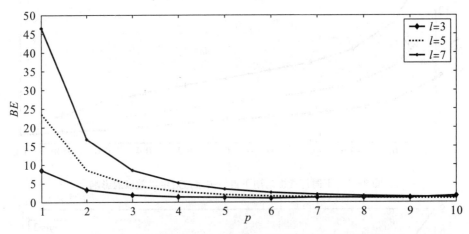

图 7—5　不同订货提前期移动平均时期数对牛鞭效应的影响

从图 7—6～图 7—7 中可以看出，当订货提前期 l 小于 4 时，牛鞭效应相对比较稳定。但是，当订货提前期 l 大于 4 时，牛鞭效应增加得非常迅速。换句话说，订货提前期 l 对牛鞭效应能产生积极影响。

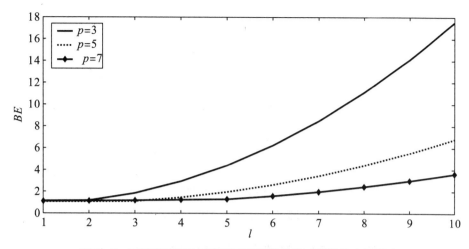

图 7-6　不同移动平均时期数下订货提前期对牛鞭效应的影响

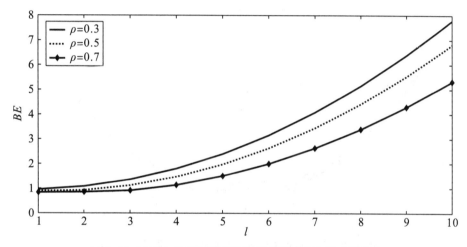

图 7-7　不同自相关系数下订货提前期对牛鞭效应的影响

7.1.3.2　指数平滑预测方法下相关因素对牛鞭效应的影响

图 7-8~图 7-13 分析了指数平滑预测方法下相关因素对牛鞭效应产生的不同影响。图 7-8 和图 7-9 表明，当平滑指数从 0.1 至 0.4 之间发生变化时，逆向供应链中的牛鞭效应会不断降低。当平滑指数从 0.4 至 0.6 之间发生变化时，牛鞭效应相对比较稳定。然而，当平滑指数大于 0.6 时，牛鞭效应增加速度非常快。相对而言，订货提前期 l 对牛鞭效应能产生积极影响，而当自相关系数 ρ 发生较小变化时，牛鞭效应能发生很大变化。在前向供应链中，平滑指数 α 和订货提前期 l 也会对牛鞭效应产生类似的影响。

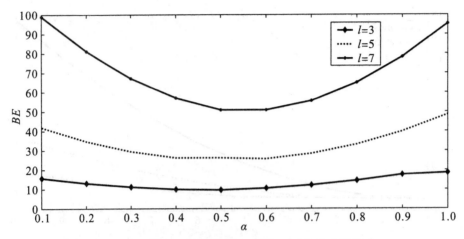

图7-8　不同订货提前期下平滑指数对牛鞭效应的影响

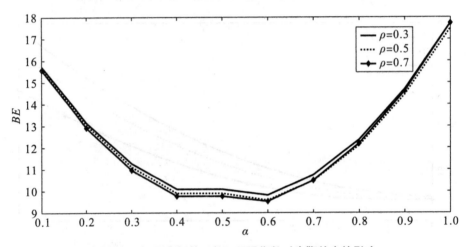

图7-9　不同自相关系数下平滑指数对牛鞭效应的影响

　　图7-10和图7-11表明，自相关系数 ρ 对逆向供应链中的牛鞭效应能产生消极影响。同时，图7-12和图7-13也表明订货提前期 l 对牛鞭效应能产生积极影响。我们可以发现，在指数平滑预测技术情形下，订货提前期 l 和自相关系数 ρ 会对牛鞭效应产生相反的影响。

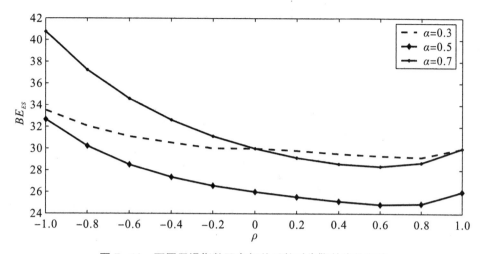

图 7-10　不同平滑指数下自相关系数对牛鞭效应的影响

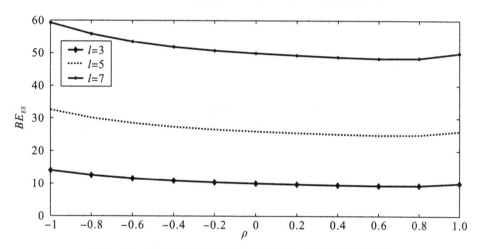

图 7-11　不同订货提前期下自相关系数对牛鞭效应的影响

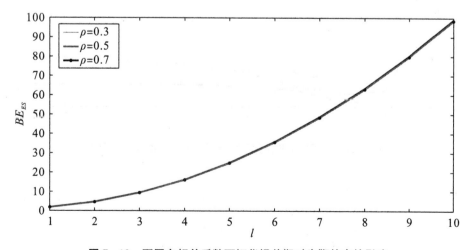

图 7-12　不同自相关系数下订货提前期对牛鞭效应的影响

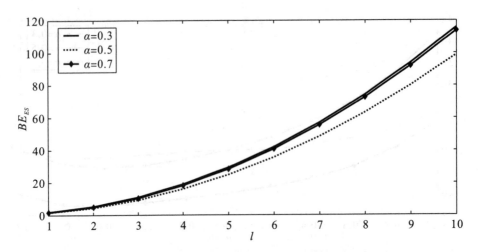

图 7-13 不同平滑指数下订货提前期对牛鞭效应的影响

7.1.3.3 均方误差预测方法下相关因素对牛鞭效应的影响

图 7-14 和图 7-15 分析均方误差预测方法下相关因素对牛鞭效应的影响。从图 7-14 中可以看出，当自相关系数 ρ 的取值相对较低，订货提前期 l 从 0 至 1 变化时，牛鞭效应逐渐降低，但是，当 l 大于 1 时，牛鞭效应会快速增加。从图 7-15 中可以看出，当自相关系数 ρ 从 -1 到 0.2 之间时，牛鞭效应相对比较稳定；之后，牛鞭效应会快速增加。在某些情形下，当自相关系数 ρ 位于 -1 至 0.2 时，逆向供应链中的牛鞭效应不存在。

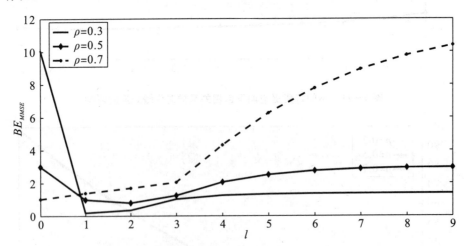

图 7-14 不同自相关系数下订货提前期对牛鞭效应的影响

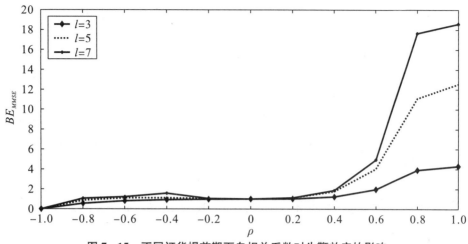

图 7-15 不同订货提前期下自相关系数对牛鞭效应的影响

7.1.3.4 不同预测方法对牛鞭效应的影响分析

从以上分析我们已经看出，在三种不同预测技术情形下，自相关系数 ρ 和订货提前期 l 会对牛鞭效应产生不同影响。接下来，我们将要比较不同预测技术对牛鞭效应产生的影响。假设 $\alpha = 2/(p+1)$，$p=4$，$\alpha=0.4$。图 7-16 描述了三种不同预测技术情形下，自相关系数 ρ 和订货提前期 l 对逆向供应链中牛鞭效应产生的不同影响。

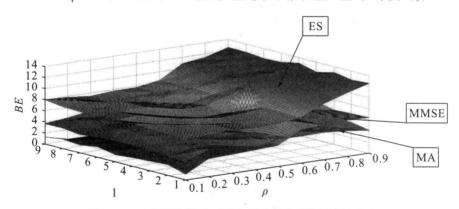

图 7-16 不同预测技术对逆向供应链中牛鞭效应的影响

从图 7-16 中可以看出，当回收商运用指数平滑预测技术时，逆向供应链中的牛鞭效应最大。此外，当自相关系数小于 0.6 时，均方误差预测技术下的牛鞭效应最小；当自相关系数大于 0.6 时，移动平均预测技术下的牛鞭效应最小。

定理 7.4： 当订货提前期 l 和自相关系数 ρ 满足条件 $(\Theta(1-\rho^{l-1}))^2 + (\Theta(1-\rho^l))^2 + 1 - 2(\Theta(1-\rho^l)) + 2\rho\Theta(1-\rho^{l-1}) \leqslant \dfrac{p}{l} + \dfrac{p^2}{l}$ 时，回收商应该选择均方误差预测技术，否则应该选择移动平均预测技术。

通过以上比较分析，我们可以得出如下管理启示：

管理启示 1：当回收商运用移动平均预测方法预测市场上废旧产品的供应量时，自相关系数和移动平均时期数对牛鞭效应存在负相关关系，而订货提前期对牛鞭效应存在正相关关系。因此，回收商可以通过提高自相关系数和移动平均时期数或减少提货提前期来降低牛鞭效应。

管理启示 2：当回收商运用指数平滑预测技术预测市场上废旧产品的供应量，平滑指数在 0.4 至 0.6 之间时，牛鞭效应处于最低水平。因此，回收商应该选择一个合适的平滑指数有效地降低牛鞭效应。

管理启示 3：当自相关系数和订货提前期满足某些条件时，回收商应该采用均方误差预测方法预测市场上废旧产品的供应量，否则回收商应该采用移动平均预测技术才能有效地降低牛鞭效应。

7.2　基于不同预测技术的两级逆向供应链库存牛鞭效应研究

7.2.1　模型假设、符号说明和问题描述

本部分模型假设、符号说明和问题描述同 7.1.1 节。

7.2.2　库存牛鞭效应量化模型

本部分主要分析不同预测技术对逆向供应链库存牛鞭效应产生的不同影响。首先，我们应该对逆向供应链中库存牛鞭效应的含义进行界定。在逆向供应链中，库存牛鞭效应主要是指废旧产品的库存信息在传递过程中出现的逐级放大和扭曲现象，并且表示为 $IBE_R = Var(I_t)/Var(r_t)$。基于以上分析，本部分将要构建不同预测技术情形下逆向供应链中库存牛鞭效应量化模型。

7.2.2.1　基于移动平均预测技术的逆向供应链库存牛鞭效应

当回收商运用移动平均预测技术时，回收商订货提前期的供应量 r_t^l 可以表示为：

$$\hat{r}_t^l = l\left[\frac{\sum_{i=1}^{p} r_{t-i}}{p}\right] \tag{7.2.1}$$

回收商向再制造商的供应量 q_t 表示为：

$$q_t = l\left[\frac{\sum_{i=1}^{p} r_{t-1-i}}{p} - \frac{\sum_{i=1}^{p} r_{t-i}}{p}\right] + r_t + z(\hat{\delta}_{t-1}^l - \hat{\delta}_t^l)$$

$$= \left(\frac{l}{p}\right)r_{t-p-1} - \left(\frac{l}{p}\right)r_{t-1} + r_t + z(\hat{\delta}_{t-1}^l - \hat{\delta}_t^l) \tag{7.2.2}$$

回收商到再制造商的废旧产品供应数量 q_t 可以进一步表示为：

$$q_t = \left(\frac{l}{p}\right)r_{t-p-1} - \left(\frac{l}{p}\right)r_{t-1} + r_t \tag{7.2.3}$$

本部分假定回收商在 t 时期期末的废旧产品库存量 I_t 表示为：

$$I_t = I_{int} - \sum_{i=1}^{t} q_i + \sum_{i=1}^{t} r_{i-l} \tag{7.2.4}$$

在公式（7.2.4）中，I_{int}是回收商期初的库存水平。从上节的相关公式可以得到：

$$\sum_{i=1}^{t} q_{i-l} = S_{t-l} + \sum_{i=1}^{t-1-p} r_i, \; S_t = 0, r_t = 0 \qquad (7.2.5)$$

从公式（7.2.5）中可以得到：

$$I_t = I_{int} + S_{t-l} - \sum_{i=t-l}^{t} d_i \qquad (7.2.6)$$

由于

$$S_{t-1} = S_t - q_t + r_t, \; q_{t-p} = S_{t-l} - S_{t-l-1} + r_{t-l-1}, \; S_{t-l} = q_{t-l} + S_{t-l-1} - r_{t-l-1} \qquad (7.2.7)$$

由此，我们可以得到：

$$I_t = I_{int} + q_{t-l} + S_{t-l-1} - r_t - \sum_{i=l}^{l+1} d_{t-i} \qquad (7.2.8)$$

基于以上分析，可以推导出两级逆向供应链系统中回收商库存牛鞭效应的量化模型为：

$$\frac{Var(I_t)}{Var(r)} = \frac{Var(q_t)}{Var(r)} + f(l, \rho, p) + g(z, \hat{\delta}^l, d) \qquad (7.2.9)$$

从公式（7.2.9）中可以得到以下重要结论：回收商的库存牛鞭效应是回收商牛鞭效应$Var(q_t)/Var(r)$、订货提前期l、移动平均预测时期数p和自相关系数ρ的函数。

7.2.2.2　基于指数平滑预测技术的逆向供应链库存牛鞭效应

同样地，当回收商运用指数平滑预测技术预测市场上废旧产品供应量时，订货提前期的废旧产品供应量$\hat{r}_t^l$表示为：

$$\hat{r}_t^l = l[\alpha r_{t-1} + (1-\alpha) \hat{r}_{t-1}] \qquad (7.2.10)$$

其中，α（$0 < \alpha < 1$）表示回收商的平滑指数。

从回收商到再制造商的废旧产品供应量q_t表示为：

$$q_t = r_t + l\alpha(r_{t-2} - r_{t-1}) + l(1-\alpha)(\hat{r}_{t-2} - \hat{r}_{t-1}) + z(\hat{\delta}_{t-1}^l - \hat{\delta}_t^l) \qquad (7.2.11)$$

引理 7.4：当回收商运用指数平滑预测技术时，回收商在订货提前期l预测误差标准差的估计值$\hat{\delta}_t^l$是一个常数且表示为：

$$\hat{\delta}_t^l = \sqrt{l^2\delta^2 + \frac{\delta^2}{1-\rho^2} + l^2\delta^2\left[\frac{\alpha}{2-\alpha} + \frac{2(1-\alpha)\rho}{(2-\alpha)(1-(1-\alpha)\rho)}\right] - 2\left[\frac{l\alpha\rho(1-\rho^l)}{(1-\rho)(1-(1-\alpha)\rho_1)}\right]\delta^2}$$

证明：当回收商运用指数平滑预测技术时，回收商在订货提前期l预测误差标准产的估计值表示为：

$$\hat{\delta}_t^l = \sqrt{Var(\hat{r}_t^l - r_t^l)} = \sqrt{Var(r_t^l) - 2Cov(r_t^l, \hat{r}_t^l) + Var(\hat{r}_t^l)}$$

其中，$Var(r_t^l) = Var(l^2(\mu + \rho r_{t-1} + \varepsilon_t)) = l^2\delta^2 + \frac{\delta^2}{1-\rho^2}$

$$Var(\hat{r}_t^l) = l^2 Var(\hat{r}_t) = l^2\delta^2\left[\frac{\alpha}{2-\alpha} Var(r_t) + \frac{2(1-\alpha)}{2-\alpha} Cov(r_{t-1}, \hat{r}_t)\right]$$

$$= l^2\delta^2\left[\frac{\alpha}{2-\alpha} + \frac{2(1-\alpha)\rho}{(2-\alpha)(1-(1-\alpha)\rho)}\right]$$

$$Cov(r_t^l, \hat{r}_t^l) = Cov(\sum_{i=0}^{l-1}(r_{t+i}, l\hat{r}_t)) = l\sum_{i=0}^{l-1}Cov(r_{t+i}, \hat{r}_t) = l\alpha\sum_{i=0}^{l-1}\sum_{j=1}^{\infty}(1-\alpha)^{j-1}\rho^{i+j}\delta^2$$

$$= \left[\frac{l\alpha\rho(1-\rho^l)}{(1-\rho)(1-(1-\alpha)\rho_1)}\right]\delta^2$$

废旧产品的供应量 q_t 可以表示为：

$$q_t = r_t + l\alpha(r_{t-2}-r_{t-1}) + l(1-\alpha)(\hat{r}_{t-2}-\hat{r}_{t-1}) \tag{7.2.12}$$

假设两级逆向供应链系统中，回收商在 t 时刻的库存水平记为 I_t，可以表示为：

$$I_t = I_{\text{int}} - \sum_{i=1}^{t}r_i + \sum_{i=1}^{t}q_{i-l} \tag{7.2.13}$$

由于

$$S_{t-1} = S_t - q_t + r_t, q_{t-p} = S_{t-l} - S_{t-l-1} + r_{t-l-1}, S_{t-l} = q_{t-l} + S_{t-l-1} - r_{t-l-1}$$

由此，我们可以得到：

$$I_t = I_{\text{int}} + q_{t-l} + S_{t-l-1} - r_t - \sum_{i=l}^{l+1}d_{t-i}$$

基于以上分析，可以推导出两级逆向供应链中回收商库存牛鞭效应的量化模型为：

$$\frac{Var(I_t)}{Var(r)} = \frac{Var(q_t)}{Var(r)} + \left\{\left[l\alpha + l(1-\alpha)^2\left(\frac{1+\rho(1-\alpha)}{1-\rho(1-\alpha)}\times\frac{\alpha}{2-\alpha}\right) + 2\alpha(1-\alpha)\left(\frac{\alpha\rho}{1-(1-\alpha)\rho}\right)\right] + \right.$$

$$1 + 2(1+\rho) + l\alpha\left[\frac{\rho(1-((1-\alpha))^{n-3}}{1-(1-\alpha)\rho}\right] + l(1-\alpha)\left[\frac{1+\rho(1-\alpha)}{1-\rho(1-\alpha)}\times\frac{\alpha}{2-\alpha}\right] -$$

$$l\alpha\left(\frac{\alpha\rho}{1-(1-\alpha)\rho}\right)Var(r) - l(1-\alpha)\left[\frac{\rho(1-((1-\alpha)\rho)^{2n}}{1-(1-\alpha)\rho}\right] + \left[\frac{\alpha\rho}{1-(1-\alpha)\rho}\right] +$$

$$\left.(1+\alpha l)\rho^{l+1} - \alpha^2 l\left[\frac{(1-\alpha)^l\rho^{l+2}(1-((1-\alpha)\rho)^{t-l-3})}{1-(1-\alpha_1)\rho_1}\right]\right\} \tag{7.2.14}$$

根据公式（7.2.14）可以进一步推导出公式（7.2.15）：

$$\frac{Var(I_t)}{Var(r)} = \frac{Var(q_t)}{Var(r)} + f(l,\rho,\alpha,n) + g(z,\hat{\alpha\delta},r) + g\left(\frac{(z,\hat{\alpha\delta},r)}{Var(r)}\right) \tag{7.2.15}$$

从公式（7.2.15）中可以得到以下重要结论：回收商的库存牛鞭效应是回收商牛鞭效应 $Var(q_t)/Var(r)$、订货提前期 l、平滑系数 α、自相关系数 ρ 的函数。

7.2.2.3 基于均方误差预测技术的逆向供应链库存牛鞭效应

Box 和 Jenkins（1994）指出，需求预测值 $\hat{d}_{t+i}$ 是所有 $t+i(i=0,1,2,\cdots)$ 时期内历史需求信息的条件期望值，其中，$\hat{d}_{t+i} = E(d_{t+i}|d_{t-1},d_{t-2},\cdots)$。尤其需求指出的是，当需求信息服从 $AR(1)$ 需求过程时，$\hat{d}_{t+i} = E(d_{t+i}|d_{t-1})$。在本部分中，$t$ 时期期末回收商得到的废旧产品的供应量服从 $AR(1)$ 自相关过程表示为：

$$\hat{r}_{t+i} = E(r_{t+i}|r_{t-1}) = \left(\frac{1-\rho^{i+1}}{\rho}\right)\mu + \rho^{i+1}r_{t-1} \tag{7.2.16}$$

再制造商得到的废旧产品的供应链表示为：

$$q_t = \frac{(1-\rho^{l-1})\mu}{1-\rho}r_{t-1} - \frac{(1-\rho^l)\mu}{1-\rho}r_t + r_t + z(\hat{\delta}_{t-1}^l - \hat{\delta}_t^l) \qquad (7.2.17)$$

引理 7.5：当回收商运用均方误差预测技术时，回收商在订货提前期 l 预测误差标准差的估计值 $\hat{\delta}_t^l$ 是一个常数且表示为：

$$\hat{\delta}_t^l = \sqrt{l\sigma^2 + \left[l + \frac{\rho(1-\rho^l)(\rho^{l+1}-\rho-2)}{1-\rho^2}\right]\delta_1^2}$$

证明：当回收商运用均方误差预测技术时，回收商在订货提前期 l 预测误差标准差的估计值表示为：

$$\hat{\delta}_t^l = \sqrt{Var(\hat{r}_t^l - r_t^l)} = \sqrt{Var\left(\sum_{i=0}^{l-1}\left(\sum_{j=0}^{i}\rho^{i-j}\varepsilon_{t+j} + \varepsilon_{t+i}\right)\right)}$$

$$= \sqrt{Var\left(\sum_{i=0}^{l-1}\varepsilon_{t+i}\right) + Var\left(\sum_{i=0}^{l-1}\sum_{j=0}^{i}\rho^{i-j}\varepsilon_{t+j}\right)} = \sqrt{l\sigma^2 + Var\left(\sum_{i=0}^{l-1}\varepsilon_{t+j}\sum_{j=0}^{l-1-i}\rho^j\right)}$$

$$= \sqrt{l\sigma^2 + \left[l + \frac{\rho(1-\rho^l)(\rho^{l+1}-\rho-2)}{1-\rho^2}\right]\delta_1^2}$$

其中，$r_t = \mu + \rho r_{t-1} + \varepsilon_t$。

再制造商得到的废旧产品的供应量表示为：

$$q_t = \left[\frac{(1-\rho^{l-1})\mu}{1-\rho}\right]r_{t-1} - \left[\frac{(1-\rho^l)\mu}{1-\rho}\right]r_t + r_t \qquad (7.2.18)$$

公式 (7.2.18) 中废旧产品供应量的方差表示为：

$$Var(q_t) = Var\left\{\left[\frac{(1-\rho^{l-1})\mu}{1-\rho}\right]r_{t-1} - \left[\frac{(1-\rho^l)\mu}{1-\rho}\right]r_t + r_t\right\}$$

$$= \left[\frac{(1-\rho^{l-1})\mu}{1-\rho}\right]^2 Var(r_{t-1}) + \left[\frac{(1-\rho^l)\mu}{1-\rho}\right]^2 Var(r_t) + Var(r_t) -$$

$$2\left[\frac{(1-\rho^l)\mu}{1-\rho}\right]Var(r_t) - 2(1-\rho^{l-1})(1-\rho^l)\left(\frac{\mu}{1-\rho}\right)Cov(r_{t-1}, r_t) +$$

$$2\left[\frac{(1-\rho^{l-1})\mu}{1-\rho}\right]Cov(r_{t-1}, r_t) \qquad (7.2.19)$$

容易得到如下公式：

$$Cov(r_{t-1}, r_t) = Cov(\mu + \rho r_{t-1} + \varepsilon_t, r_{t-1}) = \rho Var(r_{t-1}) \qquad (7.2.20)$$

假设两级逆向供应链系统中，回收商在 t 时刻的库存水平记为 I_t，可以表示为：

$$I_t = I_{int} - \sum_{i=1}^{t}r_i + \sum_{i=1}^{t}q_{i-l}$$

由于

$$S_{t-1} = S_t - q_t + r_t, \quad q_{t-p} = S_{t-l} - S_{t-l-1} + r_{t-l-1}, \quad S_{t-l} = q_{t-l} + S_{t-l-1} - r_{t-l-1}$$

由此，我们可以得到：

$$I_t = I_{int} + q_{t-l} + S_{t-l-1} - r_t - \sum_{i=l}^{l+1}d_{t-i}$$

基于以上分析，可以推导出两级逆向供应链系统中回收商库存牛鞭效应的量化模型为：

147

$$\frac{Var(I_t)}{Var(r)} = \frac{Var(q_t)}{Var(r)} + \frac{1}{Var(r)} \left(\frac{u}{1-\rho}\right) \left[l - \frac{\rho(1-\rho)^l}{1-\rho}\right]^2 +$$

$$\left(\frac{u}{1-u}\right)^2 \left[\frac{\rho(1-\rho)^l}{1-\rho}\right]^2 Var(r) + \rho^2 + z^2 \frac{Var(\delta)}{Var(r)} + (\rho)^l + (\rho)^{2l}$$

$$(7.2.21)$$

在公式（7.2.21）中，可以用函数 $f(l, \delta, \rho, u)$ 表示为：

$$f(l, \delta, \rho, u) = \left(\frac{u}{1-\rho}\right) \left[l - \frac{\rho(1-\rho)^l}{1-\rho}\right]^2 + \left(\frac{u}{1-u}\right)^2 \left[\frac{\rho(1-\rho)^l}{1-\rho}\right]^2 Var(r) +$$

$$\rho^2 + \frac{Var(\delta)}{Var(r)} + (\rho)^l + (\rho)^{2l}$$

$$(7.2.22)$$

根据公式（7.2.21）中可以进一步推导出公式（7.2.23）：

$$\frac{Var(I_t)}{Var(r)} = \frac{Var(q_t)}{Var(r)} + \frac{1}{Var(r)} f(l, \delta, \rho, u)$$

$$(7.2.23)$$

从公式（7.2.23）可以得到以下重要结论：回收商的库存牛鞭效应是自身牛鞭效应 $Var(q_t)/Var(d)$、订货提前期 l、自相关系数 ρ 的函数。

7.2.3　数值分析

通过以上三种预测方法可推导出两级逆向供应链中库存牛鞭效应的量化模型，我们已经知道影响逆向供应链库存牛鞭效应的主要因素包括自相关系数、移动平均时期数、回收商的订货提前期、回收商的平滑指数和牛鞭效应。为了更好地分析不同因素对逆向供应链库存牛鞭效应产生的不同影响，本部分将仿真分析分成两步来进行：首先，分析不同预测方法下相关因素对库存牛鞭效应的影响；其次，比较不同预测技术对库存牛鞭效应的影响。

7.2.3.1　移动平均预测方法下相关因素对库存牛鞭效应的影响

图 7-17~图 7-22 描述了移动平均预测技术下相关因素对逆向供应链中库存牛鞭效应产生的不同影响。从图 7-17 中可以看出，当自相关系数 ρ 在区间 -1 至 -0.3 之间变化时，逆向供应链中的库存牛鞭效应迅速下降，但是，当 ρ 大于 -0.3 时，库存牛鞭效应逐渐稳定。除此之外，逆向供应链中的库存牛鞭效应随着回收商订货提前期的提高而增加。从图 7-18 中可以看出，当移动平均时期数取不同数值时，自相关系数 ρ 对库存牛鞭效应的影响和订货提前期的情形类似。然而，当移动平均时期数增加时，库存牛鞭效应会相应降低。换句话说，回收商可以通过增加移动平均时期数来降低库存牛鞭效应所产生的影响。

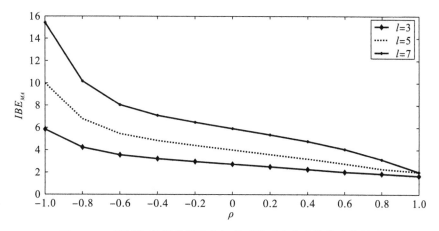

图7-17　不同订货提前期下自相关系数对库存牛鞭效应的影响

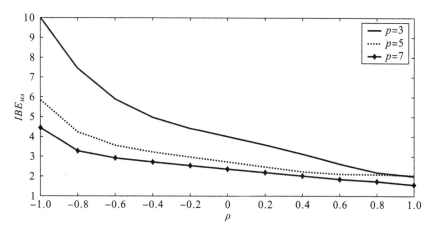

图7-18　不同移动平均时期数下自相关系数对库存牛鞭效应的影响

从图7-19中可以看出，当移动平均时期数在区间[1，4]之间变动时，逆向供应链中的库存牛鞭效应会降低。当其数值大于4时，库存牛鞭效应趋于稳定。此外，库存牛鞭效应会随着自相关系数 ρ 的增加而降低。从图7-20中可以看出，当移动平均时期数小于4时，库存牛鞭效应降低的速度很快，之后，库存牛鞭效应也同样趋于稳定。

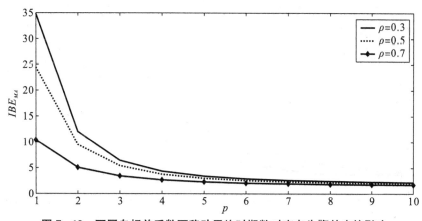

图7-19　不同自相关系数下移动平均时期数对库存牛鞭效应的影响

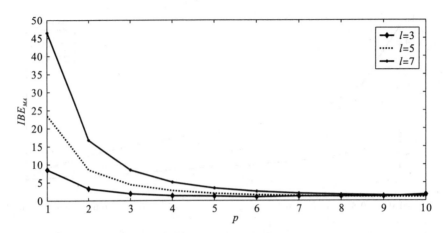

图 7-20 不同订货提前期下移动平均时期数对库存牛鞭效应的影响

从图 7-21 和图 7-22 中可以看出，当订货提前期 l 小于 4 时，库存牛鞭效应变化较小。但是，当订货提前期 l 大于 4 时，库存牛鞭效应迅速增大。换句话说，订货提前期 l 对库存牛鞭效应会产生积极影响。

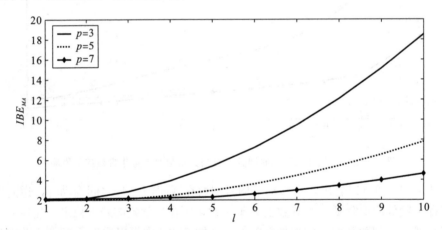

图 7-21 不同移动平均时期数下订货提前期对库存牛鞭效应的影响

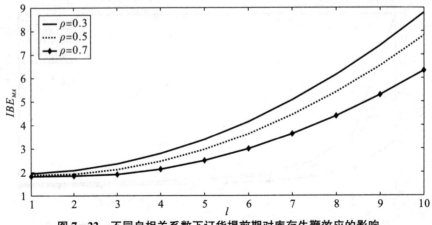

图 7-22 不同自相关系数下订货提前期对库存牛鞭效应的影响

7.2.3.2 指数平滑预测方法下相关因素对库存牛鞭效应的影响

图7-23～图7-28分析了指数平滑预测方法下相关因素对库存牛鞭效应产生的影响。图7-23和图7-24表明,当平滑指数在区间[0.1,0.4]发生变化时,逆向供应链中的库存牛鞭效应会不断降低。当平滑指数在区间[0.4,0.6]发生变化时,库存牛鞭效应相对稳定。然而,当平滑指数大于0.6时,库存牛鞭效应迅速增加。相对而言,订货提前期l对库存牛鞭效应会产生积极影响,与自相关系数ρ发生较小变化时,库存牛鞭效应会发生很大变化。

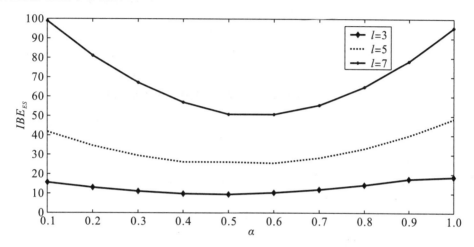

图7-23 不同订货提前期下平滑指数对库存牛鞭效应的影响

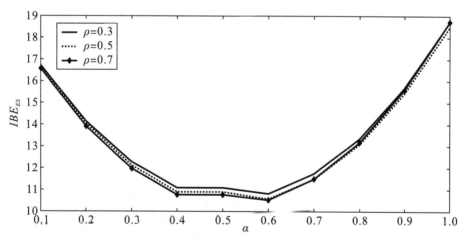

图7-24 不同自相关系数下平滑指数对库存牛鞭效应的影响

图7-25和图7-26表明,自相关系数ρ对逆向供应链中库存牛鞭效应能产生消极影响。同时,图7-27和图7-28表明,订货提前期l对库存牛鞭效应能产生积极影响。我们可以发现,在指数平滑预测技术情形下,订货提前期l和自相关系数ρ对库存牛鞭效应产生相反影响。

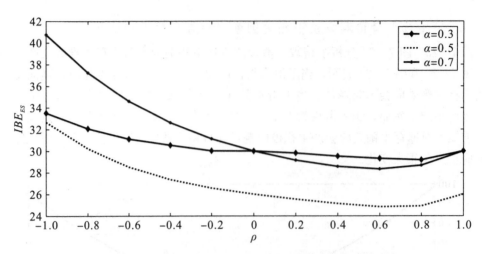

图 7-25　不同平滑指数下自相关系数对库存牛鞭效应的影响

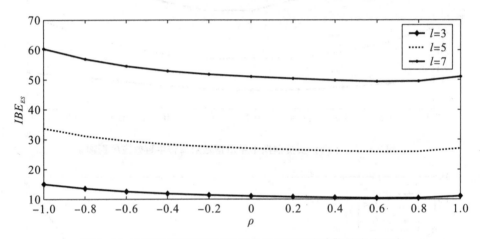

图 7-26　不同订货提前提下自相关系数对库存牛鞭效应的影响

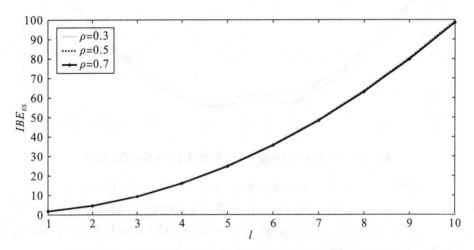

图 7-27　不同自相关系数下订货提前期对库存牛鞭效应的影响

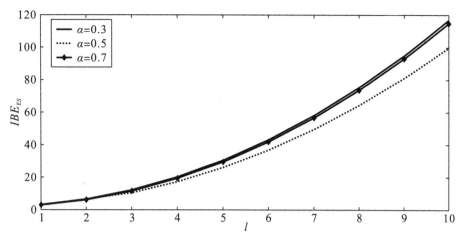

图 7-28　不同平滑系数下订货提前期对库存牛鞭效应的影响

7.2.3.3　均方误差预测方法下相关因素对库存牛鞭效应的影响

图 7-29 和图 7-30 表明，均方误差预测方法下相关因素对库存牛鞭效应的影响。从图 7-29 中可以看出，当自相关系数 ρ 的取值相对较低，订货提前期 $l \in (0, 1)$ 时，库存牛鞭效应逐渐降低，但是，当 l 大于 1 时，库存牛鞭效应迅速上升。从图 7-30 中可以看出，当自相关系数 $\rho \in (-1, 0.2)$ 时，库存牛鞭效应相对稳定；之后，库存牛鞭效应会迅速增加。上述结果与前两种预测技术不同。

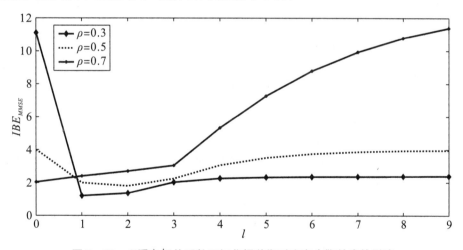

图 7-29　不同自相关系数下订货提前期对库存牛鞭效应的影响

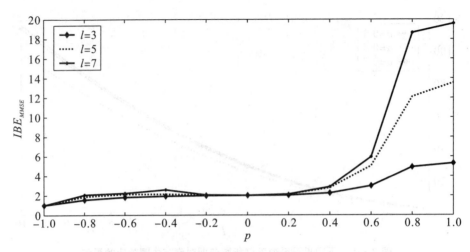

图7-30　不同订货提前期下自相关系数对库存牛鞭效应的影响

通过以上理论和仿真分析，我们可以得出如下管理启示：

管理启示1：当回收商运用移动平均预测方法预测废旧产品供应量时，自相关系数和移动平均时期数对库存牛鞭效应存在负相关关系，而订货提前期对库存牛鞭效应存在正相关关系。因此，回收商通过提高自相关系数和移动平均时期数或减少订货提前期降低牛鞭效应。

管理启示2：当回收商运用指数平滑预测技术预测废旧产品供应量，平滑指数在0.4至0.6之间时，库存牛鞭效应处于最低水平。因此，回收商应该选择一个合适的平滑指数有效地降低库存牛鞭效应产生的不利影响。

管理启示3：当自相关系数和订货提前期满足某些条件时，回收商应该采用均方误差预测方法预测废旧产品供应量，否则回收商应该采用移动平均预测技术才能有效地降低库存牛鞭效应产生的不利影响。

7.3　基于不同预测技术的两级逆向供应链现金流牛鞭效应研究

7.3.1　模型假设和符号说明

7.3.1.1　模型假设

为了使逆向供应链中现金流牛鞭效应的量化模型更具有实际意义，我们作出如下假设：

（1）回收商只回收一种废旧产品。

（2）回收商从消费者手中回收的废旧产品 r_t 服从 $AR(1)$ 自相关回归过程且表示为 $r_t = \mu + \rho r_{t-1} + \varepsilon_t$。其中，$\mu$ 是一个非负常数，ρ 是自相关系数且满足条件 $|\rho| < 1$，ε_t 是一个独立同分布的随机变量（均值为零，方差为 δ^2）。在任意 t 时期，我们可以得到：

$$E(r_t) = \frac{u}{1-\rho}, \ Var(r_t) = \frac{\delta^2}{1-\rho^2}$$

（3）本部分只关注回收商的现金流牛鞭效应量化模型，因此，我们假设回收商可以预测消费者提供的废旧产品数量，但是不会和再制造商共享这些信息。

（4）假设从回收商转移到再制造商的废旧产品回收量为 q_t，它和废旧产品供应量 r_t 之间存在量化关系：$q_t = r_t + (S_{t-1} - S_t)$。其中，$S_t$ 是 t 时期期末回收商的最高库存量，S_{t-1} 是 $t-1$ 时期期末回收商的最高库存量。它们可以通过回收商得到的废旧产品数量预测得到，$S_t = \hat{r}_t^l + z\hat{\delta}_t^l$。其中，$\hat{r}_t^l$ 是运用不同预测方法估计订货提前期废旧产品的供给量，z 是预期服务水平，$\hat{\delta}_t^l$ 是回收商在订货提前期 l 内预测误差的估计值。因此，再制造商的订货量表示为：

$$q_t = (\hat{r}_{t-1}^l - \hat{r}_t^l) + r_t + z(\hat{\delta}_{t-1}^l - \hat{\delta}_t^l)$$

（5）假设再制造商运用订货点策略向回收商订货，并且回收商具有充足的库存，即回收商不存在缺货情形。

（6）假设回收商和再制造商之间全部通过信用卡进行交易，所有销售活动形成的账款都通过应收账款收回。

7.3.1.2　符号说明

本部分相关符号说明如下：

r_t：废旧产品供应量；

q_t：废旧产品回收量；

ρ：自相关系数；

μ：非负常数；

ε_t：独立同分布的随机变量；

S_t：t 时期期末回收商的最高库存量；

S_{t-1}：$t-1$ 时期期末回收商的最高库存量；

ICD：库存周转周期；

$ARCD$：应收账款周转周期；

$APCD$：应付账款周转周期；

$\hat{r}_t^l$：运用不同预测技术估计订货提前期废旧产品的供给量；

AIL：平均库存水平；

C：单位产品的成本；

S：单位产品的销售价格；

z：期望服务水平；

$\hat{\delta}_t^l$：回收商在订货提前期 l 内预测误差的估计值；

p：移动平均时期数；

l：回收商的订货提前期；

α：回收商的平滑指数。

7.3.1.3　问题描述

本部分问题描述同 7.1.1.3 节。

7.3.2 现金流牛鞭效应量化模型

许多学者已经分析和探讨了不同预测方法对前向供应链中三类牛鞭效应（牛鞭效应、库存牛鞭效应和现金流牛鞭效应）的影响。和现有研究不同，本节我们将要分析不同预测方法对逆向供应链中现金流牛鞭效应产生的不同影响。在推导不同预测技术情形下逆向供应链中现金流牛鞭效应的量化模型之前，首先要对其概念进行界定和说明。在逆向供应链中，现金流牛鞭效应主要是指现金流从下游向上游传递过程中出现的逐级放大和扭曲。基于以上分析，本部分构建了不同预测技术情形下逆向供应链中现金流牛鞭效应的量化模型。

7.3.2.1 移动平均预测技术下逆向供应链现金流牛鞭效应

随着回收商所面临的市场上废旧产品供应量的不断增加，回收商自身的牛鞭效应也不断增加；同时，回收商的库存牛鞭效应也不断增加，结果使得回收商现金流的波动也不断增加。本部分借助财务管理中有关现金周转周期的概念，主要分析和探讨回收商废旧产品库存量的波动如何影响现金流的波动。现金周转周期可以表示为：

现金周转周期＝库存周转周期＋应收账款周转周期－应付账款周转周期

$$CCC = ICD + ARCD - APCD \tag{7.3.1}$$

在公式（7.3.1）中，ICD 表示库存周转周期，$ARCD$ 表示应收账款周转周期，$APCD$ 表示应付账款周转周期。库存周转周期可以表示为：

库存周转周期＝365×（单位产品的销售价格×平均库存水平）/（单位产品的成本×市场的平均需求量）

$$ICD = \frac{AIL}{CS/365} = 365\left(\frac{S}{C}\right)\left(\frac{AIL}{r}\right) \tag{7.3.2}$$

在公式（7.3.2）中，AIL 表示平均库存水平，C 表示单位产品的成本，r 表示市场的平均供应量，S 表示单位产品的销售价格。

在公式（7.3.1）中，应收账款周转周期可以表示为：

（1）当 $r \leqslant AIL$ 时：

应收账款周转周期＝（365×公司的收账政策）

$$ARCD = 365 \times B \tag{7.3.3}$$

（2）当 $r > AIL$ 时：

应收账款周转周期＝（365×公司的收账政策×平均库存水平）/市场的平均供应量

$$ARCD = (365 \times B \times AIL)/r \tag{7.3.4}$$

在公式（7.3.4）中，应付账款周转周期可以表示为：

应付账款周转周期＝（365×公司的付款方式×回收量）/市场的供应量

$$APCD = (365 \times N \times q)/r \tag{7.3.5}$$

在公式（7.3.5）中，N 表示企业的付款方式，$0 \leqslant N \leqslant 1$，本节假设 $N=1$，q 表示回收量。

基于以上分析，由于企业的库存水平、市场的供应量和回收量都是随机变量，因此，Mood 等人在 1974 年提出了任意两个随机变量相除的方差可以表示为：

$$Var\left(\frac{x}{y}\right) = \left(\frac{E(x)}{E(y)}\right)^2 \left[\frac{Var(x)}{E(x)^2} + \frac{Var(y)}{E(y)^2}\right] \quad (7.3.6)$$

基于以上分析，可以得到两级逆向供应链系统中，回收商的现金流牛鞭效应如下：

（1）当 $r \leqslant AIL$ 时：

$$\frac{Var(CFBE)}{Var(r)} = \frac{365^2}{Var(r)} \times \left(\frac{S}{C}\right)^2 \times Var\left(\frac{AIL}{r}\right) + \frac{365^2}{Var(r)} \times N^2 \times Var\left(\frac{q}{r}\right)$$

$$(7.3.7)$$

根据 Mood 等人的工作，可以得到：

$$\frac{Var(CFBE)}{Var(r)} = \frac{365^2}{E(r)^2} \times \left(\frac{S}{C}\right)^2 \times \left[\frac{Var(I)}{Var(r)} + \frac{E(I)^2}{E(r)^2}\right] + \frac{365^2}{E(r)^2} \times \left[\frac{Var(q)}{Var(r)} + \frac{E(q)^2}{E(r)^2}\right]$$

$$(7.3.8)$$

（2）当 $r > AIL$ 时：

$$\frac{Var(CFBE)}{Var(r)} = \frac{365^2}{Var(r)} \times \left(\frac{S}{C}\right)^2 \times Var\left(\frac{AIL}{r}\right) + \frac{365^2}{Var(r)} \times B^2 \times Var\left(\frac{AIL}{r}\right) +$$

$$\frac{365^2}{Var(r)} \times N^2 \times Var\left(\frac{q}{r}\right) \quad (7.3.9)$$

根据公式（7.3.7）和公式（7.3.9）可以分别得到两种不同情况下，两级逆向供应链系统中回收商的现金流牛鞭效应量化模型如下：

（1）当 $r \leqslant AIL$ 时：

$$\frac{Var(CFBE)}{Var(r)} = \frac{365^2}{E(r)^2}\left(\frac{S}{C}\right)^2\left[\frac{Var(q)}{Var(r)} + f(l,P,\rho) + g(z,\delta,r) + g\left(\frac{(z,\delta,r)}{Var(r)}\right) + \frac{E(I_1)^2}{E(r)^2}\right] +$$

$$\frac{365^2}{E(r)^2}\left[\frac{Var(q)}{Var(r)} + \frac{E(q)^2}{E(r)^2}\right] \quad (7.3.10)$$

（2）当 $r > AIL$ 时：

$$\frac{Var(CFBE)}{Var(r)} = \left[\frac{365^2}{Var(r)} \times \left(\frac{S}{C}\right)^2 + \frac{365^2}{Var(r)} \times B^2\right]\left[\frac{Var(q)}{Var(r)} + f(l,P,\rho) + \right.$$

$$\left. g(z,\delta,r) + g\left(\frac{(z,\delta,r)}{Var(r)}\right)\right] + \frac{365^2}{Var(r)} \times N^2 \times Var\left(\frac{q}{r}\right)$$

$$(7.3.11)$$

在第一种情形下，从公式（7.3.10）中能够得出：回收商的现金流牛鞭效应不仅与自身的订货提前期、自身的牛鞭效应、移动平均预测时期数、自身的相关系数存在函数关系，而且与库存期望值、顾客需求量的期望值、自身订货量的期望值、单位产品的成本以及单位产品的销售价格也存在函数关系。在第二种情形下，从公式（7.3.11）中可以看出：回收商的现金流牛鞭效应不仅与自身的订货提前期、自牛鞭效应、移动平均预测时期数、自身的相关系数存在函数关系，而与回收商的收账政策、回收商的付款政策、单位产品的成本以及单位产品的销售价格存在函数关系。

7.3.2.2 指数平滑预测方法下逆向供应链现金流牛鞭效应

本节主要分析当两级逆向供应链系统中下游的回收商采用指数平滑预测方法预测市场上废旧产品的供应量时，随着回收商所面临的市场上废旧产品供应量的增加，下游回收商自身的牛鞭效应不断增加,进而导致回收商的库存牛鞭效应不断增加,结果使得下游回收商的现金流牛鞭效应也不断增加。本节主要分析回收商的库存牛鞭效应如何影响其现金流牛鞭效应。

基于以上分析,在两级逆向供应链系统中,回收商的现金流牛鞭效应可以表示为:

(1) 当 $r \leqslant AIL$ 时:

$$\frac{Var(CFBE)}{Var(r)} = \frac{365^2}{Var(r)} \times \left(\frac{S}{C}\right)^2 Var\left(\frac{AIL}{r}\right) + \frac{365^2}{Var(r)} \times N^2 Var\left(\frac{q}{r}\right) \quad (7.3.12)$$

式 (7.3.12) 也可以转化为:

$$\frac{Var(CFBE)}{Var(r)} = \frac{365^2}{E(r)^2} \times \left(\frac{S}{C}\right)^2 \left[\frac{Var(I)}{Var(r)} + \frac{E(I)^2}{E(r)^2}\right] + \frac{365^2}{E(r)^2}\left[\frac{Var(q)}{Var(r)} + \frac{E(q)^2}{E(r)^2}\right] \quad (7.3.13)$$

(2) 当 $r > AIL$ 时:

$$\frac{Var(CFBE)}{Var(r)} = \frac{365^2}{Var(r)} \times \left(\frac{S}{C}\right)^2 Var\left(\frac{AIL}{r}\right) + \frac{365^2}{Var(r)} \times B^2 Var\left(\frac{AIL}{r}\right) + \frac{365^2}{Var(r)} \times N^2 Var\left(\frac{q}{r}\right) \quad (7.3.14)$$

公式 (7.3.14) 也可以转化为:

$$\frac{Var(CFBE)}{Var(r)} = \frac{365^2}{Var(r)} \times \left(\frac{S}{C}\right)^2 \left(\frac{E(AIL)}{E(r)}\right)^2 \left[\frac{Var(AIL)}{E(AIL)^2} + \frac{Var(r)}{E(r)^2}\right] + \frac{365^2}{Var(r)} \times B^2 \left(\frac{E(AIL)}{E(r)}\right)\left[\frac{Var(AIL)}{E(AIL)^2} + \frac{Var(r)}{E(r)^2}\right] + \frac{365^2}{Var(r)} \times N^2 \left(\frac{E(q)}{E(r)}\right)^2 \left[\frac{Var(q)}{E(r)^2} + \frac{Var(r)}{E(r^2)}\right] \quad (7.3.15)$$

根据公式 (7.3.13) 和公式 (7.3.15) 可以分别得到两种不同情形下,两级逆向供应链系统中回收商现金流牛鞭效应的量化模型如下:

(1) 当 $r \leqslant AIL$ 时:

$$\frac{Var(CFBE)}{Var(r)} = \frac{365^2}{E(r)^2}\left(\frac{S}{C}\right)^2\left[\frac{Var(q)}{Var(r)} + f(l,\alpha,\rho,n) + g(z,\alpha\delta,r) + g\left(\frac{(z,\alpha\delta,r)}{Var(r)}\right) + \frac{E(I)^2}{E(r)^2}\right] + \frac{365^2}{E(r)^2}\left[\frac{Var(q)}{Var(r)} + \frac{E(q)^2}{E(r)^2}\right] \quad (7.3.16)$$

(2) 当 $r > AIL$ 时:

$$\frac{Var(CFBE)}{Var(r)} = \left[\frac{365^2}{Var(r)}\left(\frac{S}{C}\right)^2 + \frac{365^2}{Var(r)}B^2\right]\left[\frac{Var(q)}{Var(r)} + f(l,\alpha,\rho,n) + g(z,\alpha\delta,r) + g\left(\frac{(z,\alpha\delta,r)}{Var(r)}\right)\right] + \frac{365^2}{Var(r)}N^2 Var\left(\frac{q}{r}\right) \quad (7.3.17)$$

通过对以上两种情况的对比分析可以看出,公式 (7.3.16) 和公式 (7.3.17) 分别表示现金流的波动大于废旧产品供应量的波动。

在第一种情形下,从公式 (7.3.16) 中可以看出:回收商的现金流牛鞭效应不仅与自身的订货提前期、牛鞭效应、平滑指数、自相关系数存在函数关系,而且与库存期望值、供应量期望值、时期数、订货量期望值以及单位产品的成本存在函数关系。

在第二种情形下，从式（7.3.17）中可以看出：回收商的现金流牛鞭效应不仅与自身的订货提前期、牛鞭效应、平滑指数、时期数、自相关系数存在函数关系，而且与回收商的收账政策、回收商的付款政策、单位产品的成本以及单位产品的销售价格存在函数关系。

7.3.2.3 均方误差预测技术下逆向供应链现金流牛鞭效应

针对以上分析和探讨，当两级逆向供应链系统中下游的回收商采用均方误差预测方法预测市场上废旧产品的供应量时，随着回收商面临的市场上废旧产品供应量波动的不断增加，回收商自身的牛鞭效应不断增大，导致回收商库存牛鞭效应不断增大，结果使得回收商的现金流牛鞭效应也不断增加。本节主要分析和探讨两级逆向供应链系统中回收商的库存牛鞭效应如何影响其现金流牛鞭效应。

根据以上分析，在两级逆向供应链系统中，回收商的现金流牛鞭效应可以表示为：

（1）当 $r \leqslant AIL$ 时：

$$\frac{Var(CFBE)}{Var(r)} = \frac{365^2}{Var(r)} \times \left(\frac{S}{C}\right)^2 Var\left(\frac{AIL}{r}\right) + \frac{365^2}{Var(r)} \times N^2 Var\left(\frac{q}{r}\right) \tag{7.3.18}$$

公式（7.3.18）也可以转化为：

$$\frac{Var(CFBE)}{Var(r)} = \frac{365^2}{Var(r)} \times \left(\frac{S}{C}\right)^2 \left(\frac{E(AIL)}{E(r)}\right)^2 \times \left[\frac{Var(AIL)}{E(AIL)^2} + \frac{Var(r)}{E(r)^2}\right] +$$
$$\frac{365^2}{Var(r)} \times N^2 \times \left(\frac{E(q)}{E(r)}\right)^2 \left[\frac{Var(q)}{E(q)^2} + \frac{Var(r)}{E(r)^2}\right] \tag{7.3.19}$$

（2）当 $r > AIL$ 时：

$$\frac{Var(CFBE)}{Var(r)} = \frac{365^2}{Var(r)} \times \left(\frac{S}{C}\right)^2 Var\left(\frac{AIL}{r}\right) + \frac{365^2}{Var(r)} \times B^2 Var\left(\frac{AIL}{r}\right) +$$
$$\frac{365^2}{Var(r)} \times N^2 Var\left(\frac{q}{r}\right) \tag{7.3.20}$$

公式（7.3.20）也可以转化为：

$$\frac{Var(CFBE)}{Var(r)} = \frac{365^2}{Var(r)} \times \left(\frac{S}{C}\right) \left(\frac{E(AIL)}{E(r)}\right)^2 \left[\frac{Var(AIL)}{E(AIL)^2} + \frac{Var(r)}{E(r)^2}\right] + \frac{365^2}{Var(r)} \times$$
$$B^2 \left(\frac{E(AIL)}{E(r)}\right) \left[\frac{Var(AIL)}{E(AIL)^2} + \frac{Var(r)}{E(r)^2}\right] +$$
$$\frac{365^2}{Var(r)} \times N^2 \left(\frac{E(q)}{E(r)}\right)^2 \left[\frac{Var(q)}{E(q)^2} + \frac{Var(r)}{E(r)^2}\right] \tag{7.3.21}$$

根据公式（7.3.19）和公式（7.3.21）可以分别得到两种不同情形下，两级逆向供应链系统中回收商现金流牛鞭效应的量化模型如下：

（1）当 $r \leqslant AIL$ 时：

$$\frac{Var(CFBE)}{Var(r)} = \frac{365^2}{E(r)^2} \left(\frac{S}{C}\right)^2 \left[\frac{Var(q)}{Var(r)} + f(l, \rho, \mu) + g\left(\frac{z, \delta}{Var(r)}\right) + \frac{E(I)^2}{E(r)^2}\right] +$$
$$\frac{365^2}{E(r)^2} \left[\frac{Var(q)}{Var(r)} + \frac{E(q)^2}{E(r)^2}\right] \tag{7.3.22}$$

（2）当 $r > AIL$ 时：

$$\frac{Var(CFBE)}{Var(r)} = \left[\frac{365^2}{E(r)^2}\left(\frac{S}{C}\right)^2 + \frac{365^2}{E(r)^2}B^2\right]\left[\frac{Var(q)}{Var(r)} + f(l,\rho,\mu) + g\left(\frac{z,\delta}{Var(r)}\right)\right] +$$

$$\frac{365^2}{Var(r)^2}N^2 Var\left(\frac{q}{r}\right)$$

$$(7.3.23)$$

通过对以上两种情况的对比分析可以看出：公式（7.3.22）和公式（7.3.23）表明现金流的波动大于顾客需求信息的波动。

第一种情形下，从公式（7.3.22）中可以看出：回收商的现金流牛鞭效应不仅与自身的订货提前期、牛鞭效应、自相关系数存在函数关系，而且与库存期望值、供应量期望值、时期数、订货量期望值、单位产品的成本以及单位产品的销售价格存在函数关系。

第二种情形下，从公式（7.3.23）也能够得到：回收商的现金流牛鞭效应不仅与自身的订货提前期、牛鞭效应、时期数、自相关系数存在函数关系，而且与移动平均时期数、回收商的收账政策、回收商的付款政策、单位产品的成本以及单位产品的销售价格存在函数关系。

7.3.3　数值分析

通过以上三种预测方法，我们推导出了两级逆向供应链中现金流牛鞭效应的量化模型，并得出了影响两级逆向供应链中现金流牛鞭效应的主要因素包括订货提前期、牛鞭效应、自相关系数、库存期望值、供应量期望值、时期数、订货量期望值、单位产品的成本以及单位产品的销售价格。本节主要分析不同预测方法下相关因素对现金流牛鞭效应产生的不同影响。

7.3.3.1　移动平均预测方法下相关因素对现金流牛鞭效应的影响

（1）情形Ⅰ中相关因素对回收商现金流牛鞭效应的影响。

在7.3.2节中，我们已经得出回收商现金流牛鞭效应的量化模型。本节通过仿真分析相关因素如何影响回收商的现金流牛鞭效应，能够更好地指导企业的实践活动，如图7-31~图7-35所示。

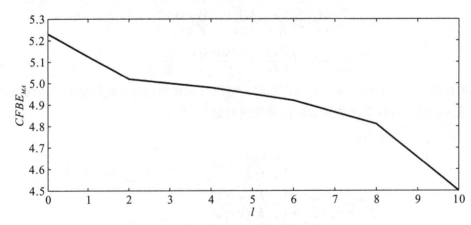

图7-31　l 对回收商现金流牛鞭效应的影响

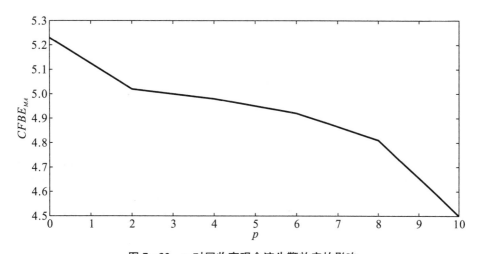

图 7-32 *p* 对回收商现金流牛鞭效应的影响

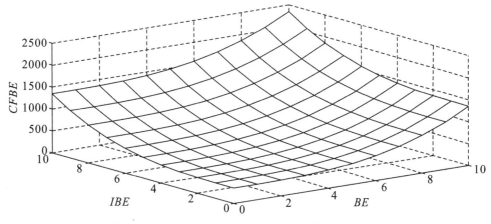

图 7-33 **BE** 和 **IBE** 对回收商现金流牛鞭效应的影响

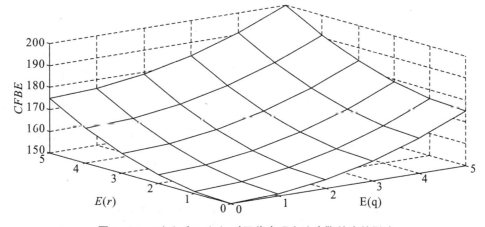

图 7-34 $E(r)$ 和 $E(q)$ 对回收商现金流牛鞭效应的影响

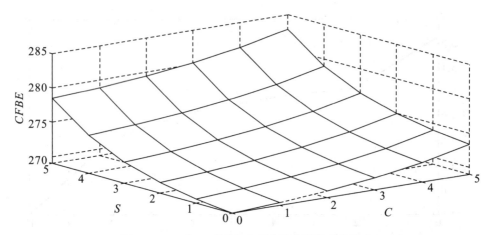

图 7—35　S 和 C 对回收商现金流牛鞭效应的影响

从图 7—31 中可以看出：回收商的现金流牛鞭效应是回收商订货提前期的减函数；从图 7—32 中可以看出：回收商的现金流牛鞭效应和移动平均时期数呈负向相关关系，随着回收商移动平均时期数的不断增大，现金流牛鞭效应不断减小。从图 7—33 中可以看出：回收商的现金流牛鞭效应和自身牛鞭效应呈正向相关关系。从图 7—34 中可以看出：回收商的现金流牛鞭效应和 $E(q)$ 以及 $E(r)$ 呈正向相关关系。从图 7—35 中可以看出：回收商的现金流牛鞭效应和单位产品的成本 C 以及单位产品的销售价格 S 呈正向相关关系。

（2）情形 II 中相关因素对回收商现金流牛鞭效应的影响。

在该种情形中，回收商的现金流牛鞭效应不仅是 $Var(q)/Var(r)$，p，ρ，l 的函数，而且是 B，C，N 和 S 的函数。本部分主要分析 B，C，N 和 S 四个因素对回收商现金流牛鞭效应所产生的不同影响，如图 7—36 和图 7—37 所示。

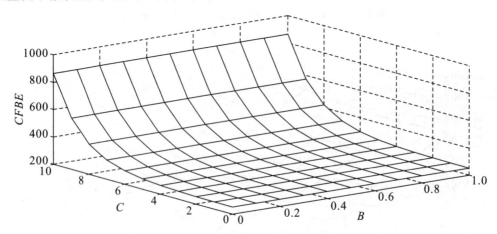

图 7—36　B 和 C 对零售商 1 现金流牛鞭效应的影响

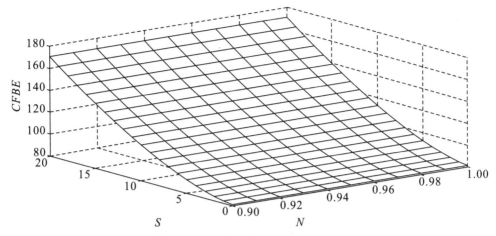

图7-37 N和S对零售商1现金流牛鞭效应的影响

从图7-36中可以看出：回收商的现金流牛鞭效应是C的增函数，因此，回收商能够通过降低C来降低现金流牛鞭效应。从图7-37中可以看出：回收商的现金流牛鞭效应是S的减函数，因此，回收商能够通过增加S来降低现金流牛鞭效应。

7.3.3.2 指数平滑预测方法下相关因素对现金流牛鞭效应的影响

（1）情形 I 中相关因素对回收商现金流牛鞭效应的影响。

在7.3.2节中，我们已经计算出了回收商现金流牛鞭效应的量化模型。本节主要通过仿真方法分析相关因素如何影响回收商的现金流牛鞭效应，能够更好地指导企业的实践活动。

和移动平均预测方法相比，当回收商运用指数平滑预测方法预测市场上废旧产品的供应量时，影响回收商现金流牛鞭效应不同的因素是平滑指数，其他影响因素都相同。因此，本节主要分析平滑指数以及其他重要因素对现金流牛鞭效应的影响情况，如图7-38和图7-39所示。

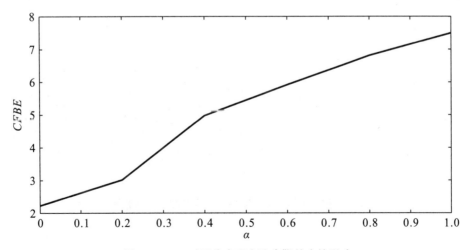

图7-38 α对回收商现金流牛鞭效应的影响

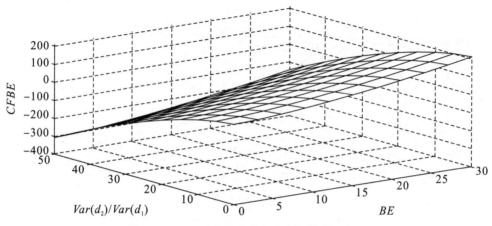

图7-39 BE 对回收商现金流牛鞭效应的影响

从图7-38中可以看出：回收商的现金流牛鞭效应是平滑指数的增函数，随着平滑指数的增加，回收商的现金流牛鞭效应也不断增大。由此，回收商应该进一步减少平滑指数，从而减少回收商现金流的波动。从图7-39中可以看出：回收商的现金流牛鞭效应和自身的牛鞭效应呈正相关关系，随着需求信息波动的不断增大，现金流的波动也会增大。

（2）情形Ⅱ中相关因素对回收商现金流牛鞭效应的影响。

在这种情形下，与移动平均预测方法相比，当下游的回收商运用指数平滑预测方法预测市场上废旧产品的供应量时，影响现金流波动的不同因素包括平滑指数 α、回收商的收账政策 B 以及单位产品的成本 C、单位产品的销售价格 S，其他影响因素都相同。本节主要分析以上因素对回收商现金流牛鞭效应的影响情况，如图7-40和图7-41所示。

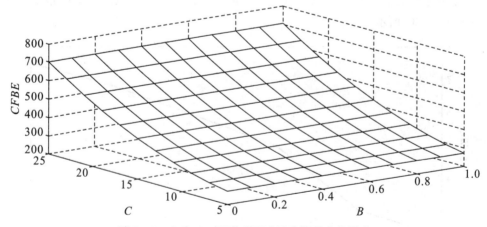

图7-40 B 和 C 对回收商现金流牛鞭效应的影响

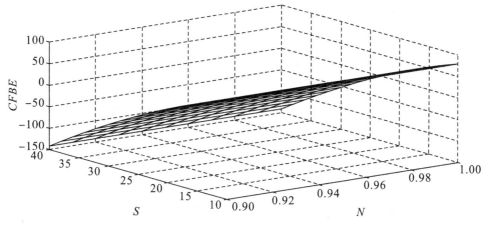

图7-41 N和S对回收商现金流牛鞭效应的影响

从图7-40中可以看出：回收商的现金流牛鞭效应是单位产品成本 C 的增函数，因此，回收商能够通过降低 C 来降低现金流牛鞭效应。从图7-41中可以看出：回收商的现金流牛鞭效应是单位产品的销售价格 S 的减函数，因此，回收商能够通过提高 S 来降低现金流牛鞭效应。

7.3.3.3 均方误差预测方法下相关因素对现金流牛鞭效应的影响

本节主要分析两级逆向供应链系统中哪些因素会影响回收商的现金流牛鞭效应。在7.3.2节中，回收商现金流牛鞭效应的量化模型分为两种情况，本节中也分两种情况对其影响因素分别进行讨论。

（1）情形 I 中相关因素对回收商现金流牛鞭效应的影响。

在7.3.2节中，我们已经计算出回收商现金流牛鞭效应的量化模型。本节主要通过仿真方法分析相关因素如何影响回收商的现金流牛鞭效应。和移动平均预测方法以及指数平滑预测方法相比，当回收商运用均方误差预测方法预测市场上废旧产品的供应量时，影响现金流牛鞭效应的因素主要包括自相关系数、订货提前期和牛鞭效应以及库存牛鞭效应。本节主要分析以上因素对回收商现金流牛鞭效应的影响情况，如图7-42和图7-43所示。

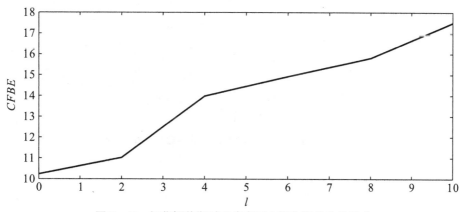

图7-42 订货提前期对回收商现金流牛鞭效应的影响

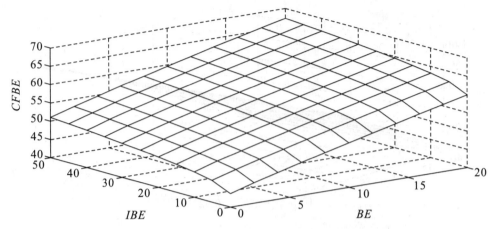

图 7-43　*BE* 和 *IBE* 对回收商现金流牛鞭效应的影响

从图 7-42 中可以看出：回收商的现金流牛鞭效应是订货提前期的增函数。随着订货提前期的增加，回收商的现金流牛鞭效应也不断增加。由此，回收商应该进一步减少订货提前期，从而降低回收商现金流的波动。从图 7-43 中可以看出：回收商的现金流牛鞭效应和回收商的牛鞭效应呈正相关关系，因此，随着需求信息波动的不断增大，现金流的波动也增大。

（2）情形 Ⅱ 中相关因素对回收商现金流牛鞭效应的影响。

在情形 Ⅱ 中，和移动平均预测方法以及指数平滑预测方法相比，当回收商运用均方误差预测方法预测市场上废旧产品的供应量时，影响现金流波动的因素包括回收商的收账政策 B、单位产品的成本 C 以及单位产品的销售价格 S，其他影响因素都相同。因此，本节主要分析以上因素对回收商现金流牛鞭效应的影响情况，如图 7-44 和图 7-45 所示。

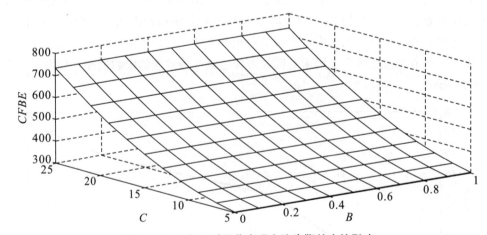

图 7-44　*B* 和 *C* 对回收商现金流牛鞭效应的影响

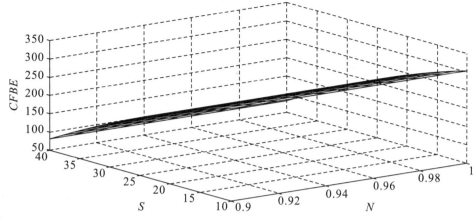

图 7-45 N 和 S 对回收商现金流牛鞭效应的影响

从图 7-44 中可以看出：回收商的现金流牛鞭效应是单位产品成本 C 的增函数，因此，回收商能够通过降低 C 来降低现金流牛鞭效应。从图 7-45 中可以看出：回收商的现金流牛鞭效应是单位产品销售价格 S 的减函数，因此，回收商能够通过提高 S 来降低现金流牛鞭效应。

7.4 小结

首先，在本章中我们研究了由一个回收商和一个再制造商构成的两级逆向供应链中不同预测技术对牛鞭效应的影响。我们给出了逆向供应链中牛鞭效应的量化模型，分析了自相关系数、订货提前期、移动平均时期数等因素对牛鞭效应的影响，分析了不同预测方法可以降低牛鞭效应的条件。我们得出以下结论：①当回收商运用移动平均预测方法预测市场上废旧产品供应量时，自相关系数和移动平均时期数对牛鞭效应存在负相关关系，而订货提前期对牛鞭效应存在正相关关系；②在某些情形下，当自相关系数位于-1 至 0.2 之间时，回收商运用均方误差预测方法时，牛鞭效应不存在，这与前向供应链中的结果有明显不同；③为了减少逆向供应链中的牛鞭效应，当自相关系数和订货提前期满足某些条件时，回收商应该采用均方误差预测方法预测市场上废旧产品的供应量，否则回收商应该采用移动平均预测方法预测废旧产品的供应量。

其次，在本章中我们研究了由一个回收商和一个再制造商构成的两级逆向供应链中不同预测方法对库存牛鞭效应的影响。我们给出了逆向供应链中库存牛鞭效应的量化模型，分析了自相关系数、订货提前期、移动平均时期数、平滑系数等因素对库存牛鞭效应的影响，分析了不同预测方法可以降低库存牛鞭效应的条件。我们得出以下结论：①当回收商运用移动平均预测方法预测废旧产品供应量时，自相关系数和移动平均时期数对库存牛鞭效应存在负相关关系，而订货提前期对库存牛鞭效应存在正相关关系，由此，回收商能够通过提高自相关系数和移动平均时期数或减少订货提前期来降低库存牛鞭效应；②当回收商运用指数平滑预测方法预测废旧产品供应量，平滑指数在 0.4 至 0.6 之间时，库存牛鞭效应处于最低水平，因此，回收商应该选择一个合适的平滑指数有效地降低库存牛鞭效应产生的不利影响；③当自相关系数和订货提前期满足某些条件时，回收商应该采用均方误差预测方法预测废旧产品供应量，否则回收商应该采用移动平均预测方法有效地降低库存牛鞭效应产生的不利影响。

最后，在本章中我们研究了由一个回收商和一个再制造商构成的两级逆向供应链中不同预测方法对现金流牛鞭效应的影响。我们给出了逆向供应链中现金流牛鞭效应的量化模型，分析了自相关系数、订货提前期、移动平均时期数等因素对现金流牛鞭效应的影响，分析了不同预测方法可以降低牛鞭效应的条件。我们得出以下结论：①回收商的现金流牛鞭效应是订货提前期的增函数。随着订货提前期的增加，回收商的现金流牛鞭效应也不断增大。由此，回收商应该进一步减少订货提前期，从而降低回收商现金流的波动。②回收商的现金流牛鞭效应和回收商的牛鞭效应呈正相关关系，因此，随着需求信息波动的不断增大，现金流的波动也增大。③为了减少逆向供应链中的现金流牛鞭效应，当自相关系数和订货提前期满足某些条件时，回收商应该采用均方误差预测方法预测市场上废旧产品的供应量，否则回收商应该采用移动平均预测方法预测废旧产品的供应量。

8 基于不同预测方法的两级供应链网络牛鞭效应仿真分析

由于本书研究对象结构的复杂性和所处环境的不确定性，为了更清楚地反映供应链分销网络内部结构运作的本质，本章主要运用系统仿真方法分析在不同层次和不同约束条件以及不同输入变量的情况下，真实再现供应链分销网络结构运作的机理，从而为研究复杂的多级供应链分销网络系统中的牛鞭效应、库存牛鞭效应以及现金流牛鞭效应提供一种有效的途径和方法。

本节在 3.4 节已经推导出的服从 $AR(1)$ 自相关随机需求过程下多级供应链分销网络牛鞭效应相关理论及分析的基础上，进一步建立两级供应链分销网络牛鞭效应的仿真模型并对模型进行调试和验证，分析相关参数对牛鞭效应的影响情况。本节构建仿真模型所运用的软件是由美国 Imagine That Inc 公司开发的 ExtendSim 通用仿真建模平台。

8.1 两级供应链分销网络牛鞭效应仿真分析

8.1.1 仿真建模

本节所构建仿真模型的对象是一个两级供应链分销网络。假设下游两个零售商表示为制造商的顾客。在 t_1 时期期末与 t_2 时期期末，两个零售商向制造商的订货量分别为 q_{1,t_1} 和 q_{2,t_2}。假设两个零售商的订货提前期长度分别为 l_1^1 和 l_2^1，由此可见，制造商会在时期 $l_1^1+t_1+1$ 期初和时期 $l_2^1+t_2+1$ 期初收到来自两个零售商的订单。下游两个零售商预测来自顾客的需求量分别为 d_{1,t_1}^1 和 d_{2,t_2}^1，并且两个零售商都有足够的库存，在任何情况下都能满足顾客的需求。

假设在这个两级供应链分销网络中各级成员相互之间共享需求信息。因此，各级节点企业都是根据下游节点企业以前期间的订货量来预测下游节点企业本期的需求量。同时，假设各级节点企业采用移动平均预测方法预测下游节点企业的需求量，并采用订货点方法（order—up—to）决定向上游节点企业的订货量。

根据以上假设构建的两级供应链分销网络牛鞭效应仿真模型如图 8－1～图 8－3 所示。

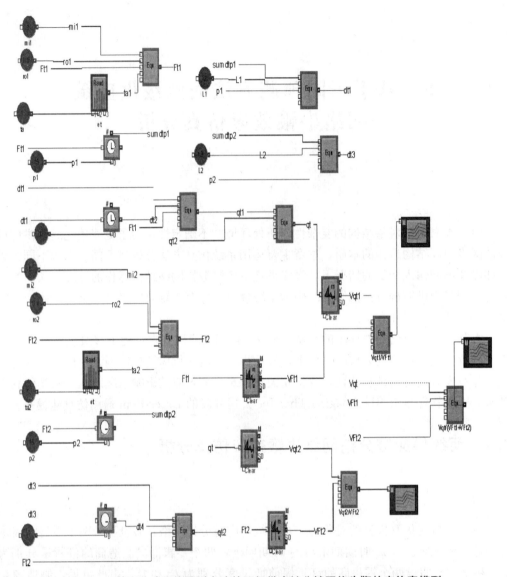

图 8-1　基于移动平均预测方法的两级供应链分销网络牛鞭效应仿真模型

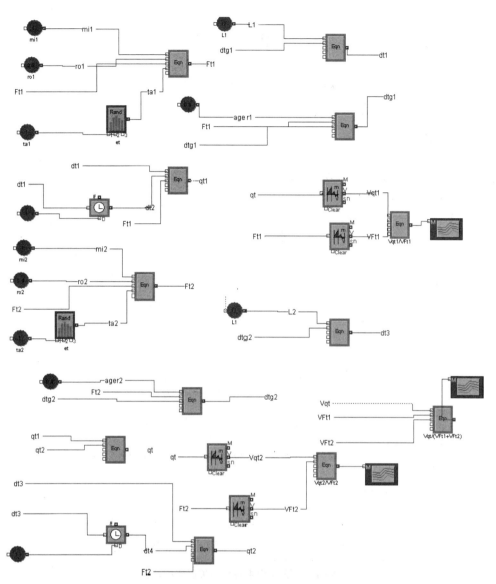

图 8-2　基于指数平滑预测方法的两级供应链分销网络牛鞭效应仿真模型

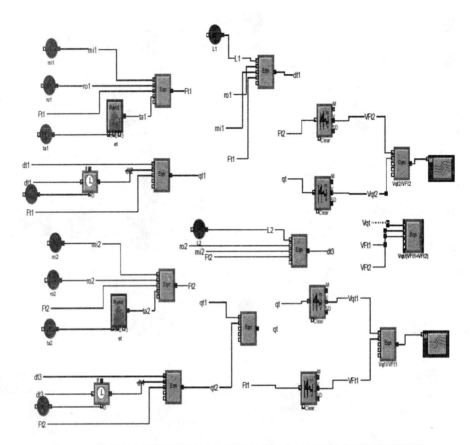

图 8-3　基于均方误差预测方法的两级供应链分销网络牛鞭效应仿真模型

8.1.2　模型验证和分析

根据以上所构建的 3 个仿真模型，本节设置 7 种仿真场景比较和分析 3 种不同预测方法对两级供应链分销网络中各个节点企业牛鞭效应的影响，具体见表 8-1 和 8-2。

表 8-1　仿真模型中各个相关因素的取值

因素/情景	L_1	L_2	P_1	P_2	ρ_1	ρ_2	α_1	α_2
情景 1	4	4	10	10	0.2	0.2	0.3	0.3
情景 2	8	8	15	15	0.4	0.4	0.6	0.6
情景 3	12	12	20	20	0.8	0.8	0.9	0.9
情景 4	4	4	10	10	−0.3	−0.1	0.3	0.3
情景 5	4	4	10	10	−0.2	0.2	0.3	0.3
情景 6	4	4	10	10	−0.2	0.2	0.3	0.3
情景 7	4	4	10	10	0.2	−0.2	0.6	0.6

表 8-2 仿真次数及其取值

1	1（4）	1（4）	1（10）	1（10）	1（0.2）	1（0.2）	1（0.3）	1（0.3）
2	2（8）	2（8）	2（15）	2（15）	1（0.2）	1（0.2）	2（0.6）	2（0.6）
3	3（12）	3（12）	3（20）	3（20）	1（0.2）	1（0.2）	3（0.9）	3（0.9）
4	1（4）	1（4）	1（10）	1（10）	2（0.4）	2（0.4）	1（0.3）	1（0.3）
5	2（8）	2（8）	1（10）	1（10）	2（0.4）	2（0.4）	2（0.6）	2（0.6）
6	3（12）	3（12）	1（10）	1（10）	2（0.4）	2（0.4）	3（0.9）	3（0.9）
7	1（4）	1（4）	1（10）	1（10）	3（0.8）	3（0.8）	1（0.3）	1（0.3）
8	2（8）	2（8）	2（15）	2（15）	3（0.8）	3（0.8）	2（0.6）	2（0.6）
9	3（12）	3（12）	3（20）	3（20）	3（0.8）	3（0.8）	3（0.9）	3（0.9）
10	1（4）	2（8）	1（10）	1（10）	1（0.2）	1（0.2）	1（0.3）	1（0.3）
11	1（4）	3（12）	1（10）	1（20）	1（0.2）	1（0.2）	1（0.3）	1（0.3）
12	2（8）	2（8）	2（15）	2（15）	1（0.2）	1（0.2）	1（0.3）	1（0.3）
13	3（12）	3（12）	3（20）	3（20）	3（0.8）	1（0.2）	3（0.9）	3（0.9）
14	3（12）	3（12）	3（20）	3（20）	3（0.8）	2（0.4）	3（0.9）	3（0.9）
15	4（4）	4（4）	4（10）	4（10）	4（-0.3）	4（-0.1）	4（0.3）	4（0.3）
16	5（4）	5（4）	5（10）	5（10）	5（-0.1）	5（-0.3）	5（0.3）	5（0.3）
17	6（4）	6（4）	6（10）	6（10）	6（-0.2）	6（0.2）	6（0.3）	6（0.3）
18	7（4）	7（4）	7（10）	7（10）	7（0.2）	7（-0.2）	7（0.6）	7（0.6）

设定初始值后，运行所构建的 3 种不同预测方法下两级供应链分销网络的仿真模型，把理论值和实验值进行对比，运行结果见表 8-3～表 8-6。

表 8-3 基于移动平均预测方法的仿真模型理论值和实验值对比分析

运行次数	1	2	3	4
$Var(q_t)/Var(d^1_{1,t_1})$ 的理论值	36.999	36.999	36.999	36.999
$Var(q_t)/Var(d^1_{2,t_2})$ 的理论值	36.100	36.100	36.100	36.100
运行 10^6 次 $Var(q_t)/Var(d^1_{1,t_1})$ 的实验值	36.978	36.892	36.435	35.931
运行 10^6 次 $Var(q_t)/Var(d^1_{1,t_1})$ 的实验值误差	0.021	0.107	0.564	1.068
运行 10^6 次 $Var(q_t)/Var(d^1_{2,t_2})$ 的实验值	36.068	36.013	36.357	35.749

续表8—3

运行次数	1	2	3	4
运行10^6次 $Var(q_t)/Var(d^1_{2,t_2})$ 的实验值误差	0.032	0.087	−0.257	0.351
运行10^8次 $Var(q_t)/Var(d^1_{1,t_1})$ 的实验值	36.469	36.598	36.679	36.045
运行10^8次 $Var(q_t)/Var(d^1_{1,t_1})$ 的实验值误差	0.530	0.401	0.320	0.954
运行10^8次 $Var(q_t)/Var(d^1_{2,t_2})$ 的实验值	35.983	35.993	35.504	35.835
运行10^8次 $Var(q_t)/Var(d^1_{2,t_2})$ 的实验值误差	0.117	0.107	0.596	0.265

表8—4　基于指数平滑预测方法的仿真模型理论值和实验值对比分析

运行次数	1	2	3	4
$Var(q_t)/Var(d^1_{1,t_1})$ 的理论值	67.372	67.372	67.372	67.372
$Var(q_t)/Var(d^1_{2,t_2})$ 的理论值	67.602	67.602	67.602	67.602
运行10^6次 $Var(q_t)/Var(d^1_{1,t_1})$ 的实验值	67.597	67.275	67.004	67.207
运行10^6次 $Var(q_t)/Var(d^1_{1,t_1})$ 的实验值误差	−0.225	0.097	0.368	0.165
运行10^6次 $Var(q_t)/Var(d^1_{2,t_2})$ 的实验值	67.612	67.643	67.603	67.599
运行10^6次 $Var(q_t)/Var(d^1_{2,t_2})$ 的实验值误差	−0.010	−0.041	−0.001	0.003
运行10^8次 $Var(q_t)/Var(d^1_{1,t_1})$ 的实验值	67.375	67.425	67.247	66.963
运行10^8次 $Var(q_t)/Var(d^1_{1,t_1})$ 的实验值误差	−0.003	−0.053	0.125	0.409
运行10^8次 $Var(q_t)/Var(d^1_{2,t_2})$ 的实验值	67.602	67.598	67.592	67.590
运行10^8次 $Var(q_t)/Var(d^1_{2,t_2})$ 的实验值误差	0.000	0.004	0.010	0.012

表8—5　基于均方误差预测方法的仿真模型理论值和实验值对比分析

运行次数	1	2	3	4
$Var(q_t)/Var(d^1_{1,t_1})$ 的理论值	3.400	3.400	3.400	3.400
$Var(q_t)/Var(d^1_{2,t_2})$ 的理论值	1.306	1.306	1.306	1.306
运行10^6次 $Var(q_t)/Var(d^1_{1,t_1})$ 的实验值	3.398	3.397	3.389	3.369
运行10^6次 $Var(q_t)/Var(d^1_{1,t_1})$ 的实验值误差	0.002	0.003	0.011	0.031

运行次数	1	2	3	4
运行10^6次$Var(q_t)/Var(d^1_{2,t_2})$的实验值	1.317	1.307	1.298	1.286
运行10^6次$Var(q_t)/Var(d^1_{2,t_2})$的实验值误差	-0.011	-0.001	0.008	0.020
运行10^8次$Var(q_t)/Var(d^1_{1,t_1})$的实验值	3.389	3.369	3.399	3.379
运行10^8次$Var(q_t)/Var(d^1_{1,t_1})$的实验值误差	0.011	0.031	0.001	0.021
运行10^8次$Var(q_t)/Var(d^1_{2,t_2})$的实验值	1.302	1.311	1.313	1.309
运行10^8次$Var(q_t)/Var(d^1_{2,t_2})$的实验值误差	0.004	-0.005	-0.007	-0.003

　　从表8-3~表8-5中可以看出，当两个零售商分别运用移动平均预测方法和指数平滑预测方法以及均方误差预测方法预测市场需求时，仿真模型的理论值和实验值之间的误差非常小，证实所构建的仿真模型正确。

表8-6　三种不同预测方法的仿真结果

次数	移动平均预测方法			指数平滑预测方法			均方误差预测方法		
	BE_1	BE_2	BE_3	BE_1	BE_2	BE_3	BE_1	BE_2	BE_3
1	99.030	99.030	89.030	156.200	253.800	120.000	1.023	1.012	0.835
2	568.000	568.000	548.000	712.300	1161.000	701.300	1.132	1.114	1.024
3	1156.000	1156.000	1056.000	1687.000	2731.000	1245.000	1.212	1.159	1.045
4	99.430	99.430	94.430	156.400	254.100	124.500	1.023	1.012	0.984
5	99.130	99.130	90.130	196.200	195.300	108.500	2.250	1.040	0.874
6	99.500	99.500	94.500	196.100	197.300	157.400	103.600	116.800	98.400
7	98.730	98.730	91.730	196.100	195.900	157.100	54.160	55.230	45.240
8	483.200	483.200	453.200	899.700	900.100	781.580	118.700	127.300	98.240
9	1156.000	1156.000	1056.000	2115.000	2117.000	2014.000	108.600	116.300	97.150
10	195.200	195.200	175.200	484.300	482.900	421.700	1.050	1.112	0.974
11	324.100	324.100	304.100	899.500	900.000	785.200	1.001	1.131	0.574
12	484.900	484.900	444.900	899.300	900.000	784.200	1.134	1.098	0.971
13	1001.000	1001.000	911.000	2116.000	2312.000	1245.700	1.910	35.950	0.947
14	1051.000	1051.000	951.000	1825.000	1923.000	1476.200	1.010	45.430	0.854

次数	移动平均预测方法			指数平滑预测方法			均方误差预测方法		
	BE_1	BE_2	BE_3	BE_1	BE_2	BE_3	BE_1	BE_2	BE_3
15	86.360	86.360	76.360	124.700	204.000	104.500	0.780	3.780	0.564
16	90.400	90.400	80.400	135.900	128.500	125.400	4.670	0.840	0.547
17	45.800	45.800	42.800	101.500	120.600	97.500	1.350	2.570	0.950
18	42.200	42.200	40.200	104.100	98.200	89.100	1.210	2.010	0.850

从表8—6中可以看出：

（1）从次数1~3中可以得出，当两个零售商的自相关系数非常低，两个零售商运用均方误差预测方法预测市场顾客的需求时，无论订货提前期多长，平滑指数有多大，牛鞭效应的值最小。

（2）从次数4~9中可以得出，当两个零售商的自相关系数相同且位于0.4和0.8之间时，两个零售商的牛鞭效应会受到订货提前期的影响。当订货提前期非常小，当两个零售商运用指数平滑预测方法预测市场顾客的需求时，牛鞭效应的值最小。

（3）从次数7~9中可以得出，当自相关系数相同且都大于0.8，两个零售商运用均方误差预测方法预测市场顾客的需求时，牛鞭效应的值最小。

（4）从次数1、10、11中可以得出，当两个零售商的自相关系数非常低，两个零售商运用移动平均预测方法预测市场顾客的需求，零售商2延长订货提前期时，牛鞭效应会越来越大。当两个零售商的自相关系数非常小，订货提前期取不同数值，两个零售商运用均方误差预测方法预测市场顾客的需求时，两个零售商得到的顾客需求的波动值最小。

（5）从次数10、14中可以得出，当零售商1的自相关系数非常高，零售商2的自相关系数非常低，两个零售商运用均方误差预测方法预测市场顾客需求时，零售商1得到的顾客需求的波动值不存在，零售商2得到的顾客需求的波动值存在。

（6）从次数15、16中可以得出，当零售商1和零售商2的自相关系数都为负数，且零售商1的自相关系数高于零售商2的自相关系数时，零售商1的牛鞭效应不存在；零售商2的自相关系数高于零售商1的当相关系数时，零售商2的牛鞭效应不存在。

（7）从次数17、18中可以得出，当零售商1和零售商2的自相关系数符号相反时，零售商1和零售商2的牛鞭效应都存在。

8.2　两级供应链分销网络库存牛鞭效应仿真分析

8.2.1　仿真建模

本节继续考虑由制造商和零售商构成的两级供应链分销网络。两个零售商是制造商的唯一买方，双方都只是交换一种产品，双方的交易发生在一个（$-\infty, \cdots, -1, 0,$

1，…，＋∞）的无限离散时期内，在 t_1 时期期末与 t_2 时期期末，两个零售商向制造商的订购货物数量分别为 q_{1,t_1} 与 q_{2,t_2}。假设两个零售商的订货提前期长度分别为 l_1^1 和 l_2^1，由此可见，制造商会在时期 $t_1+l_1^1+1$ 期初和时期 $t_2+l_2^1+1$ 期初收到来自两个零售商的订单。下游两个零售商预测来自顾客的需求量分别为 d_{1,t_1}^1 和 d_{2,t_2}^1，并且两个零售商都有足够的库存，在任何情况下都能满足顾客的需求。以上章节已经说明了 q_{1,t_1}，q_{2,t_2}，d_{1,t_1}，d_{2,t_2}，S_{1,t_1} 和 S_{2,t_2} 之间的关系，本节主要分析牛鞭效应和其他因素如何影响库存牛鞭效应。

根据以上的假设和相关分析构建的两级供应链分销网络库存牛鞭效应仿真模型如图8-4～图8-6所示。

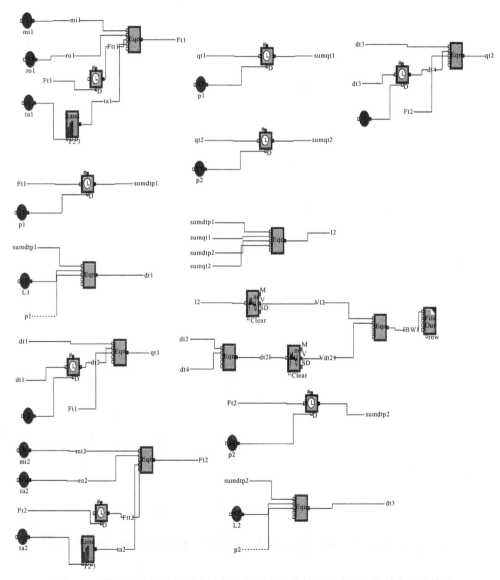

图8-4 基于移动平均预测方法的两级供应链分销网络库存牛鞭效应仿真模型

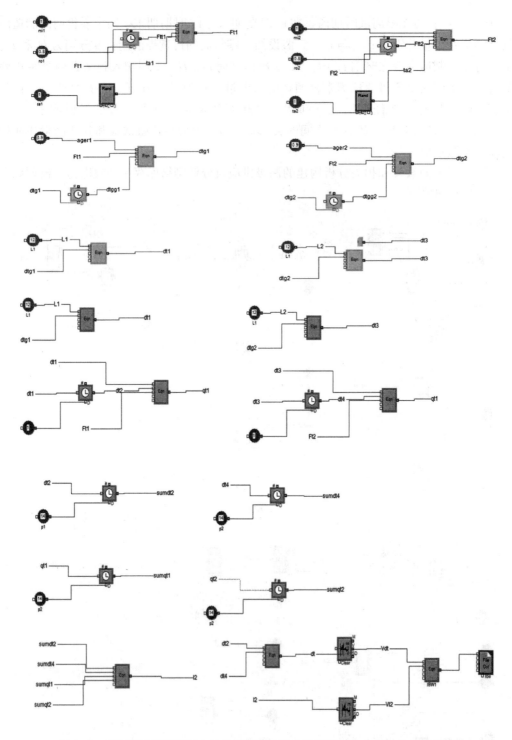

图 8-5　基于指数平滑预测方法的两级供应链分销网络库存牛鞭效应仿真模型

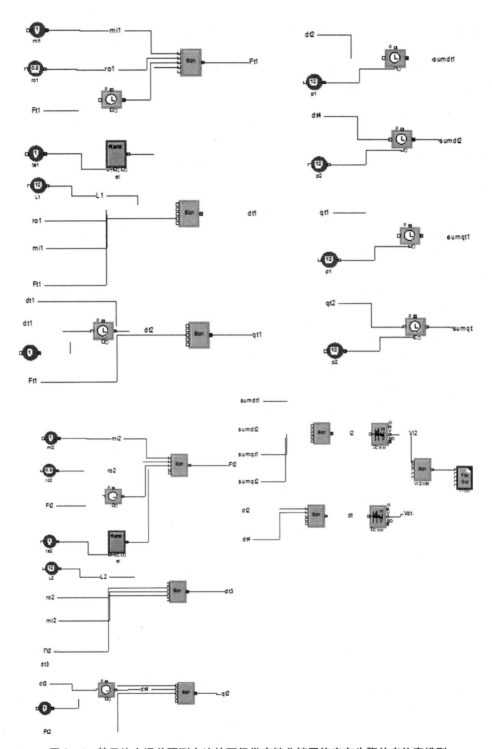

图 8-6　基于均方误差预测方法的两级供应链分销网络库存牛鞭效应仿真模型

8.2.2　模型验证和分析

基于上节建立的 3 个两级供应链分销网络库存牛鞭效应的仿真模型，本节中相关参数的取值和上节相同，同样也设置 7 种情景分析 3 种不同预测技术对两级供应链分销网络中上游制造商库存牛鞭效应的影响。

设定初始值后，运行库存牛鞭效应仿真模型，之前有学者已经探讨了供应链下游零售商库存牛鞭效应的变化情况。本节只考察中游制造商牛鞭效应的变化情况，运行结果见表 8-7～表 8-10。

表 8-7　基于移动平均预测方法的仿真模型理论值和实验值对比分析

运行次数	1	2	3	4
$Var(I_t)/Var(d^1_{1,t_1}+d^1_{2,t_2})$ 理论值	25.684	25.684	25.684	25.684
运行 10^6 次 $Var(I_t)/Var(d^1_{1,t_1}+d^1_{2,t_2})$ 的实验值	25.672	25.754	25.741	25.664
运行 10^6 次 $Var(I_t)/Var(d^1_{1,t_1}+d^1_{2,t_2})$ 的实验值误差	0.012	−0.070	−0.057	0.020
运行 10^8 次 $Var(I_t)/Var(d^1_{1,t_1}+d^1_{2,t_2})$ 的实验值	25.671	25.712	25.679	25.703
运行 10^8 次 $Var(I_t)/Var(d^1_{1,t_1}+d^1_{2,t_2})$ 的实验值误差	0.013	−0.028	0.005	−0.019

表 8-8　基于指数平滑预测方法的仿真模型理论值和实验值对比分析

运行次数	1	2	3	4
$Var(I_t)/Var(d^1_{1,t_1}+d^1_{2,t_2})$ 理论值	57.417	57.417	57.417	57.417
运行 10^6 次 $Var(I_t)/Var(d^1_{1,t_1}+d^1_{2,t_2})$ 的实验值	57.394	57.412	57.421	57.425
运行 10^6 次 $Var(I_t)/Var(d^1_{1,t_1}+d^1_{2,t_2})$ 的实验值误差	0.023	0.005	−0.004	−0.008
运行 10^8 次 $Var(I_t)/Var(d^1_{1,t_1}+d^1_{2,t_2})$ 的实验值	57.409	57.412	57.412	57.422
运行 10^8 次 $Var(I_t)/Var(d^1_{1,t_1}+d^1_{2,t_2})$ 的实验值误差	0.008	0.005	0.005	−0.005

表 8-9　基于均方误差预测方法的仿真模型理论值和实验值对比分析

运行次数	1	2	3	4
$Var(I_t)/Var(d^1_{1,t_1}+d^1_{2,t_2})$ 的理论值	3.124	3.124	3.124	3.124
运行 10^6 次 $Var(I_t)/Var(d^1_{1,t_1}+d^1_{2,t_2})$ 的实验值	3.120	3.128	3.119	3.127
运行 10^6 次 $Var(I_t)/Var(d^1_{1,t_1}+d^1_{2,t_2})$ 的实验值误差	0.004	−0.004	0.005	−0.003
运行 10^8 次 $Var(I_t)/Var(d^1_{1,t_1}+d^1_{2,t_2})$ 的实验值	3.120	3.119	3.128	3.129
运行 10^8 次 $Var(I_t)/Var(d^1_{1,t_1}+d^1_{2,t_2})$ 的实验值误差	0.004	0.005	−0.004	−0.005

表 8-10　3 种不同预测方法的仿真结果

次数	移动平均预测方法 IBE	指数平滑预测方法 IBE	均方误差预测方法 IBE
1	99.130	168.000	0.840
2	512.000	771.300	1.135
3	987.200	1241.000	1.127
4	90.430	125.500	0.957

次数	移动平均预测方法	指数平滑预测方法	均方误差预测方法
	IBE	*IBE*	*IBE*
5	89.130	119.500	0.884
6	86.500	146.100	94.570
7	89.730	129.900	44.150
8	447.200	741.300	95.410
9	98.600	198.500	96.140
10	187.200	401.600	0.957
11	324.100	754.500	0.516
12	457.200	742.200	0.994
13	901.000	1014.700	0.954
14	957.000	1412.200	0.864
15	74.140	124.500	0.554
16	78.100	135.100	0.514
17	51.700	99.200	0.920
18	52.400	79.200	0.780

从表8-7至表8-9中可以看出：当两个零售商分别运用3种不同预测方法预测市场需求时，仿真模型的理论值和实验值之间的误差非常小，证实所构建的仿真模型正确。

从表8-10中可以看出：

(1) 从次数1～3中可以得出，当两个零售商的自相关系数非常低，制造商运用均方误差预测方法预测市场顾客的需求时，无论订货提前期多长，平滑指数有多大，库存牛鞭效应的值最小。

(2) 从次数4～9中可以得出，当两个零售商的自相关系数相同且位于0.4和0.8之间时，制造商的库存牛鞭效应会受到订货提前期的影响。当订货提前期非常小，两个零售商运用指数平滑预测方法预测市场顾客的需求时，库存牛鞭效应的值最小。

(3) 从次数7～9中可以得出，当零售商1和零售商2的 $\rho_1 > 0.8$ 且 $\rho_2 > 0.8$，两个零售商运用均方误差预测方法预测市场顾客的需求时，制造商库存牛鞭效应的值最小。

(4) 从次数17、18中可以得出，当零售商1和零售商2的自相关系数符号相反时，制造商库存牛鞭也存在。

8.3 两级供应链分销网络现金流牛鞭效应仿真分析

8.3.1 仿真建模

和前两节相同，本节继续构建两级供应链分销网络仿真模型。第一个零售商和第二个零售商同样是制造商的唯一买方，它们和制造商相互都交换一种产品，这种交易都是发生在 $(-\infty, \cdots, -1, 0, 1, \cdots, +\infty)$ 无限离散时期内，在 t_1 时期期末与 t_2 时期期末，它们向制造商的订购货物数量分别为 q_{1,t_1} 与 q_{2,t_2}。假设两个零售商的订货提前期长度分别为 l_1^1 和 l_2^1，由此可见，制造商会在时期 $t_1 + l_1^1 + 1$ 期初和时期 $t_2 + l_2^1 + 1$ 期初收到来自于两个零售商的订单。下游两个零售商预测来自顾客的需求量分别为 d_{1,t_1}^1 和 d_{2,t_2}^1，并且两个零售商都有足够的库存，在任何情况下都能满足顾客的需求。以上章节已经说明了 q_{1,t_1}，q_{2,t_2}，d_{1,t_1}，d_{2,t_2}，S_{1,t_1} 和 S_{2,t_2} 之间的关系，本节主要分析牛鞭效应和库存牛鞭效应以及其他因素如何影响现金流牛鞭效应。

根据以上假设，本部分构建基于移动平均预测方法的两级供应链分销网络现金流牛鞭效应仿真模型如图 8-7～图 8-9 所示。

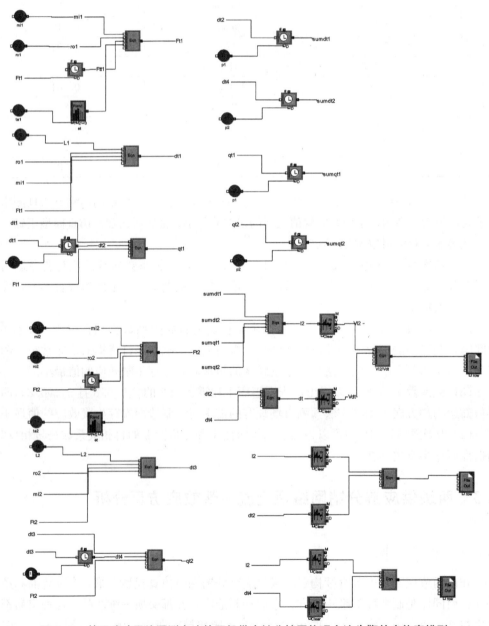

图 8-7　基于移动平均预测方法的两级供应链分销网络现金流牛鞭效应仿真模型

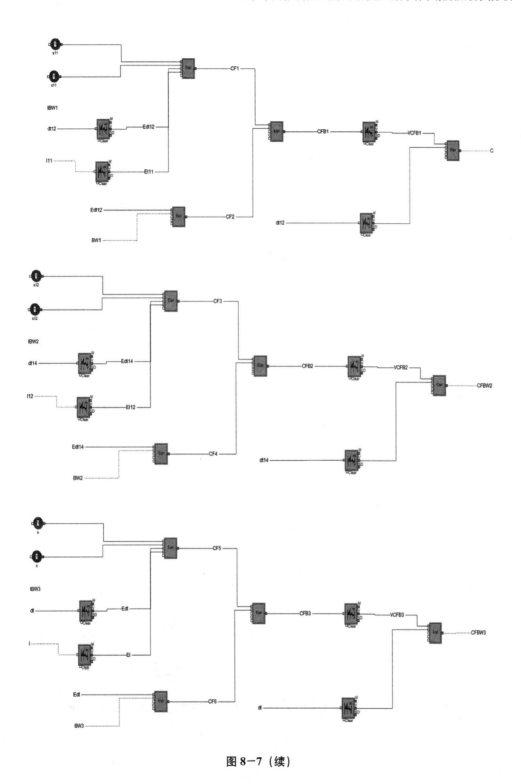

图 8-7 (续)

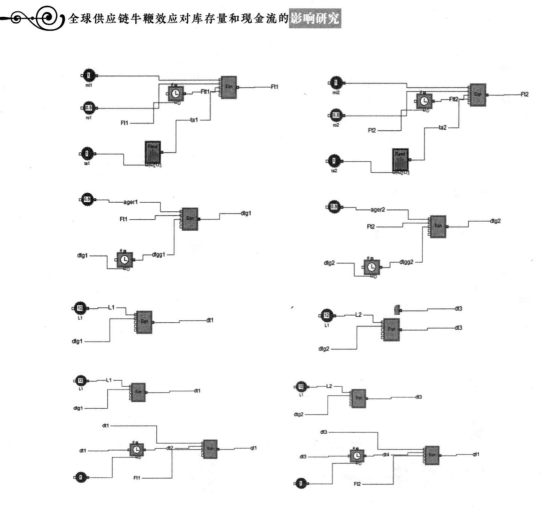

图 8-8　基于指数平滑预测方法的两级供应链分销现金流牛鞭效应仿真模型

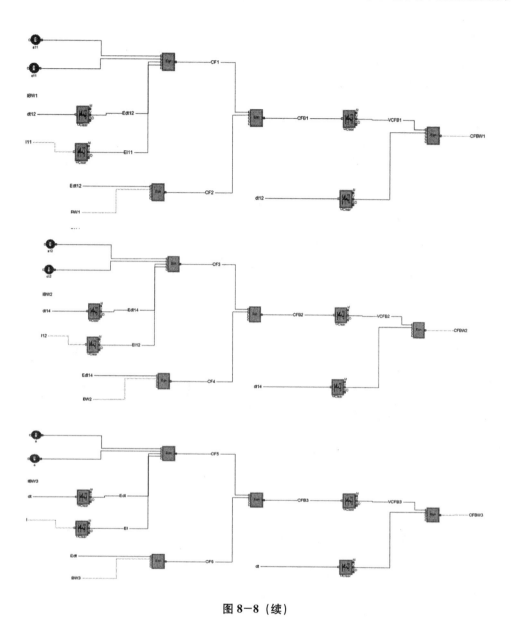

图 8-8（续）

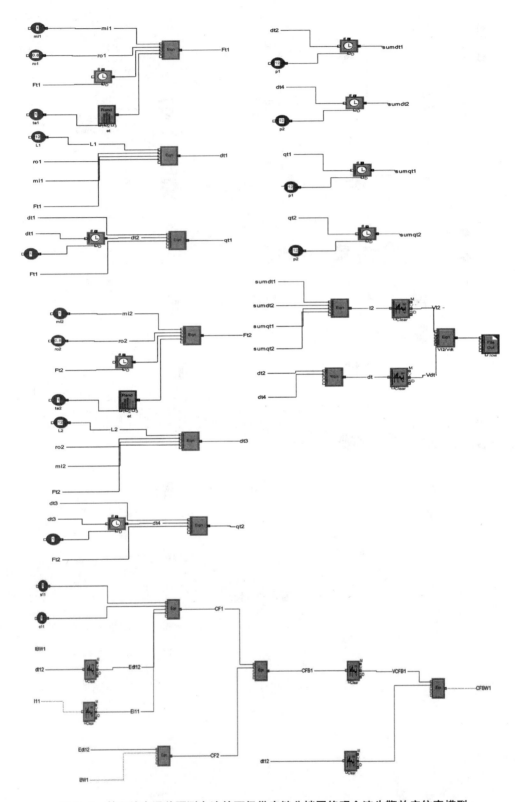

图8-9　基于均方误差预测方法的两级供应链分销网络现金流牛鞭效应仿真模型

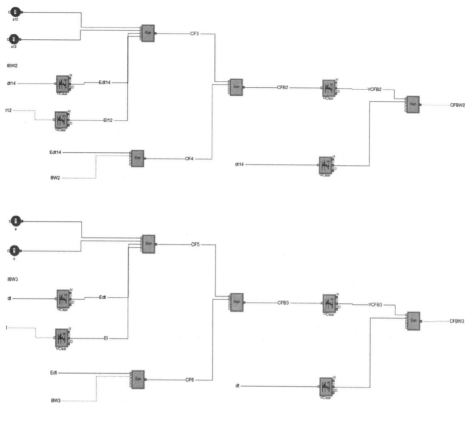

图 8-9（续）

8.3.2 模型验证和分析

基于上节建立的 3 个两级供应链分销网络现金流牛鞭效应的仿真模型，本节中自相关参数的取值和上节相同，同样也设置 7 种情景分析 3 种不同预测方法对两级供应链分销网络中上游制造商现金流牛鞭效应的影响。

设定初始值后，对构建的 3 种预测方法下的现金流牛鞭效应模型进行运行和分析，之前有学者已探讨两级供应链分销网络下游零售商现金流牛鞭效应变化情况。本节只考察中游制造商现金流牛鞭效应的变化情况，运行结果见表 8-11~表 8-14。

表 8-11　基于移动平均预测方法的仿真模型理论值和实验值对比分析

运行次数	1	2	3	4
$CFBE_1$ 的理论值	35.759	35.759	35.759	35.759
$CFBE_2$ 的理论值	36.148	36.148	36.148	36.148
$CFBE_3$ 的理论值	34.648	34.648	34.648	34.648
运行10^6 次 $CFBE_1$ 的实验值	35.751	35.756	35.761	35.765
运行10^6 次 $CFBE_1$ 的实验值误差	0.008	0.003	−0.002	−0.006

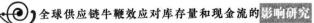

续表8-11

运行次数	1	2	3	4
运行10^6次$CFBE_2$的实验值	36.141	36.145	36.147	36.149
运行10^6次$CFBE_2$的实验值误差	0.007	0.003	0.001	-0.001
运行10^6次$CFBE_3$的实验值	34.641	34.645	34.651	34.657
运行10^6次$CFBE_3$的实验值误差	0.007	0.003	-0.003	-0.009
运行10^8次$CFBE_1$的实验值	35.754	35.758	35.764	35.766
运行10^8次$CFBE_1$的实验值误差	0.005	0.001	-0.005	-0.007
运行10^8次$CFBE_2$的实验值	36.142	36.144	36.152	36.158
运行10^8次$CFBE_2$的实验值误差	0.006	0.004	-0.004	-0.010
运行10^8次$CFBE_3$的实验值	34.641	34.649	34.651	34.653
运行10^8次$CFBE_3$的实验值误差	0.007	-0.001	-0.003	-0.005

表8-12 基于指数平滑预测方法的仿真模型理论值和实验值对比分析

运行次数	1	2	3	4
$CFBE_1$的理论值	57.332	57.332	57.332	57.332
$CFBE_2$的理论值	59.257	59.257	59.257	59.257
$CFBE_3$的理论值	49.824	49.824	49.824	49.824
运行10^6次$CFBE_1$的实验值	57.329	57.331	57.336	57.339
运行10^6次$CFBE_1$的实验值误差	0.003	0.001	-0.004	-0.007
运行10^6次$CFBE_2$的实验值	59.251	59.255	59.259	59.261
运行10^6次$CFBE_2$的实验值误差	0.006	0.002	-0.002	-0.004
运行10^6次$CFBE_3$的实验值	49.821	49.826	49.829	49.831
运行10^6次$CFBE_3$的实验值误差	0.003	-0.002	-0.005	-0.007
运行10^8次$CFBE_1$的实验值	57.329	57.331	57.336	57.340
运行10^8次$CFBE_1$的实验值误差	0.003	0.001	-0.004	-0.008
运行10^8次$CFBE_2$的实验值	59.251	59.256	59.259	59.261
运行10^8次$CFBE_2$的实验值误差	0.006	0.001	-0.002	-0.004
运行10^8次$CFBE_3$的实验值	49.821	49.824	49.820	49.829
运行10^8次$CFBE_3$的实验值误差	0.003	0.000	0.004	-0.005

表 8-13　基于均方误差预测方法的仿真模型理论值和实验值对比分析

运行次数	1	2	3	4
$CFBE_1$ 的理论值	2.412	2.412	2.412	2.412
$CFBE_2$ 的理论值	2.351	2.351	2.351	2.351
$CFBE_3$ 的理论值	1.247	1.247	1.247	1.247
运行10^6次 $CFBE_1$ 的实验值	2.410	2.409	2.413	2.416
运行10^6次 $CFBE_1$ 的实验值误差	0.002	0.003	−0.001	−0.004
运行10^6次 $CFBE_2$ 的实验值	2.350	2.348	2.354	2.355
运行10^6次 $CFBE_2$ 的实验值误差	0.001	0.003	−0.003	−0.004
运行10^6次 $CFBE_3$ 的实验值	1.242	1.245	1.249	1.252
运行10^6次 $CFBE_3$ 的实验值误差	0.005	0.002	−0.002	−0.005
运行10^8次 $CFBE_1$ 的实验值	2.405	2.411	2.414	2.416
运行10^8次 $CFBE_1$ 的实验值误差	0.007	0.001	−0.001	−0.004
运行10^8次 $CFBE_2$ 的实验值	2.350	2.348	2.354	2.356
运行10^8次 $CFBE_2$ 的实验值误差	0.001	0.003	−0.003	−0.005
运行10^8次 $CFBE_3$ 的实验值	1.241	1.245	1.246	1.249
运行10^8次 $CFBE_3$ 的实验值误差	0.006	0.002	0.001	−0.002

从表 8-11 至表 8-13 中可以看出：当两个零售商分别运用移动平均预测方法和指数平滑预测方法以及均方误差预测方法预测市场上顾客的需求时，上述构建的仿真模型理论值和实验值之间的误差非常小，证实所构建的仿真模型正确。

表 8-14　3 种不同预测方法的仿真结果

次数	移动平均预测方法			指数平滑预测方法			均方误差预测方法		
	$CFBE_1$	$CFBE_2$	$CFBE_3$	$CFBE_1$	$CFBE_2$	$CFBE_3$	$CFBE_1$	$CFBE_2$	$CFBE_3$
1	89.460	89.250	89.030	146.200	246.200	115.000	1.894	1.028	0.820
2	549.100	548.100	529.400	568.100	597.500	459.700	1.715	1.154	1.150
3	1048.000	1048.000	984.000	1579.000	1687.000	1158.300	1.561	1.118	1.050
4	98.870	98.870	94.650	145.700	157.400	118.700	1.025	1.048	0.915
5	98.470	98.470	89.460	187.200	194.300	118.700	2.354	1.049	0.487
6	98.460	98.460	89.570	179.800	187.500	148.300	10.250	10.690	9.210
7	94.700	94.700	90.480	175.200	189.400	145.700	9.540	9.570	5.561
8	394.500	394.500	349.200	754.600	816.700	517.900	98.460	95.460	94.580
9	1057.200	1057.200	994.200	1972.000	1971.000	1571.000	99.570	94.570	89.460

次数	移动平均预测方法			指数平滑预测方法			均方误差预测方法		
	$CFBE_1$	$CFBE_2$	$CFBE_3$	$CFBE_1$	$CFBE_2$	$CFBE_3$	$CFBE_1$	$CFBE_2$	$CFBE_3$
10	158.400	158.400	129.400	457.100	497.500	384.700	1.541	1.248	0.847
11	318.400	318.400	259.400	782.600	794.800	648.400	1.057	1.164	0.618
12	417.600	417.600	358.400	775.100	795.400	648.200	1.215	1.156	0.924
13	1140.500	1140.500	894.200	2019.000	1957.000	1159.700	1.841	3.549	0.847
14	984.200	984.200	784.600	1847.000	1764.000	948.500	1.051	4.579	0.816
15	75.600	75.600	51.200	121.600	134.900	105.200	0.584	3.597	0.519
16	84.500	84.500	71.540	126.700	131.800	115.700	4.278	0.541	0.516
17	49.400	49.400	26.400	108.800	125.400	89.400	1.316	1.547	0.597
18	31.800	31.800	19.700	115.300	94.500	74.600	1.251	2.164	0.816

从表8-14中可以看出：

（1）从次数1~3中可以得出，当两个零售商的自相关系数非常低，两个零售商运用均方误差预测方法预测市场顾客的需求时，无论订货提前期多长，平滑指数有多大，节点企业的现金流牛鞭效应的值最小。

（2）从次数7~9中可以得出，当零售商1和零售商2的$\rho_1 > 0.8$且$\rho_2 > 0.8$以及两者的取值都相同，订购提前期非常长，两者的平滑指数又非常大的情况下，两个零售商运用均方误差预测方法预测市场顾客的需求时，节点企业现金流牛鞭效应的值最小。

（4）从次数1、10、11中可以得出，当两个零售商的自相关系数非常低，两个零售商运用移动平均预测方法预测市场顾客的需求时，零售商2延长订货提前期，节点企业现金流牛鞭效应会越来越大。

（5）从次数10~14中可以得出，当零售商1的自相关系数非常高，零售商2的相关系数非常低，两个零售商运用均方误差预测方法预测市场顾客需求时，零售商1的现金流的波动非常小，零售商2的现金流的波动非常大。

（6）从次数15、16中可以得出，当零售商1和零售商2的自相关系数都为负数，零售商1的相关系数高于零售商2的相关系数时，零售商现金流的波动非常小；零售商2的相关系数高于零售商1的相关系数时，零售商2的现金流的波动非常小，其现金流牛鞭效应不存在。

（7）从次数17、18中可以得出，当零售商1和零售商2的自相关系数符号相反时，零售商1和零售商2的现金流牛鞭效应都存在。

8.4 小结

在本章中，首先构建了基于$AR(1)$自相关需求过程，基于不同预测方法和订货点库存策略下的两级供应链分销网络牛鞭效应、库存牛鞭效应以及现金流牛鞭效应仿真模型并对所构建的仿真模型进行验证和分析，得出以下主要的结论：

（1）当两个零售商的自相关系数非常低，两个零售商运用均方误差预测方法预测市场顾客的需求时，无论订货提前期多长，平滑指数有多大，节点企业的牛鞭效应、库存牛鞭效应以及现金流牛鞭效应取值都是最小的。

（2）当两个零售商的 ρ_1 和 ρ_2 两者的取值相等且两者的数值都非常大时，它们的订购提前期都非常长，两者的平滑指数也非常大，两个零售商运用均方误差预测方法预测市场顾客的需求时，节点企业的牛鞭效应、库存牛鞭效应以及现金流牛鞭效应的值最小。

（3）当两个零售商的自相关系数符号相反时，节点企业的牛鞭效应、库存牛鞭效应以及现金流牛鞭效应都存在。

（4）当两个零售商的自相关系数都为负数，零售商1的自相关系数高于零售商2的自相关系数时，零售商1的牛鞭效应、库存牛鞭效应以及现金流牛鞭效应都不存在；零售商2的自相关系数高于零售商1的自相关系数时，零售商2的牛鞭效应、库存牛鞭效应以及现金流牛鞭效应都不存在。

9 基于不同预测方法的多级供应链网络牛鞭效应仿真分析

本章在第 8 章构建基于不同预测方法的两级供应链分销网络仿真模型的基础上，把研究对象进行扩展构建基于不同预测方法的多级供应链分销网络仿真模型，以更好地研究和分析不同预测方法对多级供应链分销网络中各个节点企业的牛鞭效应、库存牛鞭效应和现金流牛鞭效应的影响。

9.1 多级供应链分销网络牛鞭效应仿真分析

9.1.1 仿真建模

本节所构建的仿真模型的对象是多级供应链分销网络。通常情况下，假定在多级供应链分销网络中，下游的所有零售商都作为制造商的顾客，相互之间都是交换一类商品。下游两个零售商预测到的来自顾客的需求量分别为 $d_{1,t_1}^{(1)}$ 和 $d_{2,t_2}^{(1)}$，并且两个零售商都有足够的库存，在任何情况下都能满足顾客的需求。在 t_1 时期期末与 t_2 时期期末，它们向中游制造商的订购货物的数量分别为 $q_{1,t_1}^{(1)}$ 与 $q_{2,t_2}^{(1)}$。假设两个零售商的订货提前期长度分别为 $l_1^{(1)}$ 和 $l_2^{(1)}$，则两个制造商会在时期 $t_1+l_1^{(1)}$ 期末和时期 $t_2+l_2^{(1)}$ 期末收到来自两个零售商的订货单。同时，两个制造商分别在时期 $t_1+l_1^{(1)}+1$ 期初和时期 $t_2+l_2^{(1)}+1$ 期初向上游供应商的订货量分别为 $q_{1,t_1}^{(2)}$ 和 $q_{2,t_2}^{(2)}$。假设两个制造商的订货提前期长度分别为 $l_1^{(2)}$ 和 $l_2^{(2)}$，则上游的供应商会在时期 $t_1+l_1^{(1)}+l_1^{(2)}$ 期末和时期 $t_2+l_2^{(1)}+l_2^{(2)}$ 期末收到来自两个制造商的订购单。

假设在多级供应链分销网络中各级节点企业相互之间共享需求信息。各级节点企业都根据其下游节点企业以前期间的订货量来预测下游节点企业本期的需求量。假设各级节点企业都分别采用移动平均预测方法预测其相关联的下游节点企业的需求量，并采用订货点方法确定向上游节点企业的订货量。

根据以上相关假设和分析，本节构建的基于移动平均预测方法的多级供应链分销网络牛鞭效应仿真模型如图 9-1~图 9-3 所示。

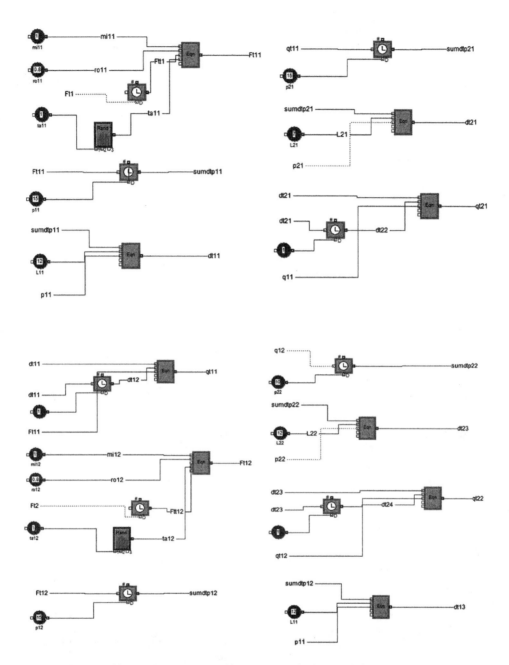

图 9-1 基于移动平均预测方法的多级供应链分销网络牛鞭效应仿真模型

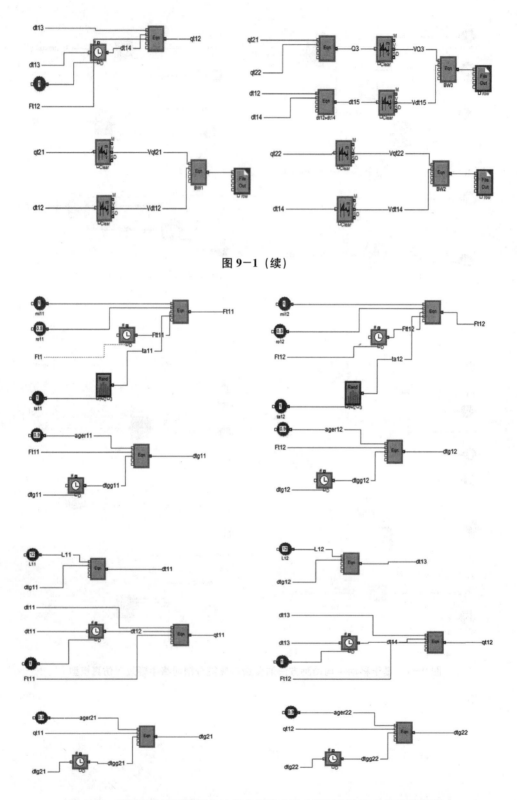

图 9-1（续）

图 9-2 基于指数平滑预测方法的多级供应链分销网络牛鞭效应仿真模型

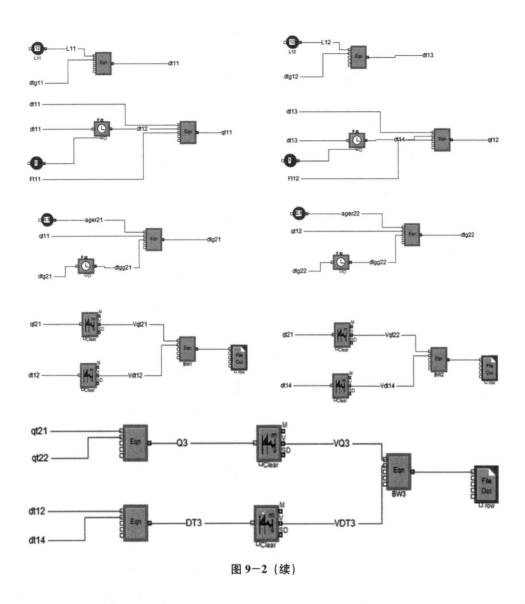

图 9-2 (续)

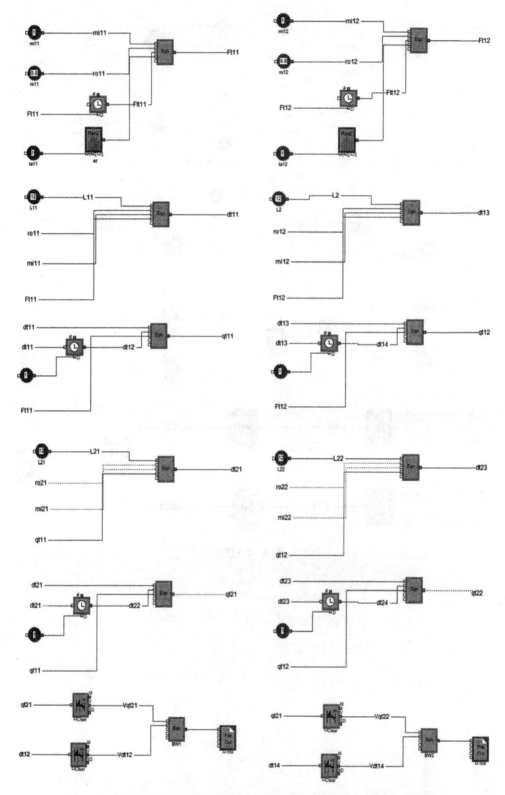

图9-3　基于均方误差预测方法的多级供应链分销网络牛鞭效应仿真模型

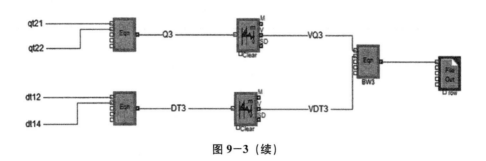

图 9-3（续）

9.1.2 模型验证和分析

根据以上所构建的 3 个仿真模型，本节设置 7 种仿真场景比较和分析 3 种不同预测方法对多级供应链分销网络中各个节点企业牛鞭效应的影响，见表 9-1 和表 9-2。由于在上一章节已经考察并且分析了两级供应链分销网络中，下游零售商和中游制造商牛鞭效应的变化和发展规律。本节主要分析和考察在多级供应链分销网络中，中游制造商与上游供应商牛鞭效应的变换和发展规律，这样能够有效地指导物流企业的生产和运作活动。

表 9-1　仿真模型中各个相关因素的取值

因素/情景	$l_1^{(1)}$	$l_2^{(1)}$	$l_1^{(2)}$	$l_2^{(2)}$	p_1	p_2	ρ_1	ρ_2	$\alpha_1^{(1)}$	$\alpha_2^{(1)}$	$\alpha_1^{(2)}$	$\alpha_2^{(2)}$
情景 1	4	4	3	3	10	10	0.2	0.2	0.3	0.3	0.2	0.2
情景 2	8	8	6	6	15	15	0.4	0.4	0.6	0.6	0.5	0.5
情景 3	12	12	10	10	20	20	0.8	0.8	0.9	0.9	0.8	0.8
情景 4	4	4	3	3	10	10	−0.3	−0.1	0.3	0.3	0.2	0.2
情景 5	4	4	3	3	10	10	−0.2	0.2	0.3	0.3	0.2	0.2
情景 6	4	4	3	3	10	10	−0.2	0.2	0.3	0.3	0.2	0.2
情景 7	4	4	3	3	10	10	0.2	−0.2	0.6	0.6	0.5	0.5

表 9-2　仿真次数及其取值

因素/次数	$l_1^{(1)}$	$l_2^{(1)}$	$l_1^{(2)}$	$l_2^{(2)}$	p_1	p_2	ρ_1	ρ_2	$\alpha_1^{(1)}$	$\alpha_2^{(1)}$	$\alpha_1^{(2)}$	$\alpha_2^{(2)}$
1	1 (4)	1 (4)	1 (3)	1 (3)	1 (10)	1 (10)	1 (0.2)	1 (0.2)	1 (0.3)	1 (0.3)	1 (0.2)	1 (0.2)
2	2 (8)	2 (8)	2 (6)	2 (6)	2 (15)	2 (15)	1 (0.2)	1 (0.2)	2 (0.6)	2 (0.6)	2 (0.5)	2 (0.5)
3	3 (12)	3 (12)	3 (10)	3 (10)	3 (20)	3 (20)	1 (0.2)	1 (0.2)	3 (0.9)	3 (0.9)	3 (0.8)	3 (0.8)
4	1 (4)	1 (4)	1 (3)	1 (3)	1 (10)	1 (10)	2 (0.4)	1 (0.2)	1 (0.3)	1 (0.3)	1 (0.2)	1 (0.2)
5	2 (8)	2 (8)	2 (6)	2 (6)	1 (10)	1 (10)	1 (0.2)	1 (0.2)	2 (0.6)	2 (0.6)	2 (0.5)	2 (0.5)

因素/次数	$l_1^{(1)}$	$l_2^{(1)}$	$l_1^{(2)}$	$l_2^{(2)}$	p_1	p_2	ρ_1	ρ_2	$\alpha_1^{(1)}$	$\alpha_2^{(1)}$	$\alpha_1^{(2)}$	$\alpha_2^{(2)}$
6	3 (12)	3 (12)	3 (10)	3 (10)	1 (10)	1 (10)	2 (0.4)	2 (0.4)	3 (0.9)	3 (0.9)	3 (0.8)	3 (0.8)
7	1 (4)	1 (4)	1 (3)	1 (3)	1 (10)	1 (10)	3 (0.8)	3 (0.8)	1 (0.3)	1 (0.3)	1 (0.2)	1 (0.2)
8	2 (8)	2 (8)	2 (6)	2 (6)	2 (15)	2 (15)	3 (0.8)	3 (0.8)	2 (0.6)	2 (0.6)	2 (0.5)	2 (0.5)
9	3 (12)	3 (12)	3 (10)	3 (10)	3 (20)	3 (20)	3 (0.8)	3 (0.8)	3 (0.9)	3 (0.9)	3 (0.8)	3 (0.8)
10	1 (4)	2 (8)	1 (3)	2 (6)	1 (10)	1 (10)	1 (0.2)	1 (0.2)	1 (0.3)	1 (0.3)	1 (0.2)	1 (0.2)
11	1 (4)	3 (12)	1 (3)	3 (10)	1 (10)	1 (20)	1 (0.2)	1 (0.2)	1 (0.3)	1 (0.3)	1 (0.2)	1 (0.2)
12	2 (8)	2 (8)	2 (6)	2 (6)	2 (15)	2 (15)	1 (0.2)	1 (0.2)	1 (0.9)	1 (0.9)	1 (0.2)	1 (0.2)
13	3 (12)	3 (12)	3 (10)	3 (10)	3 (20)	3 (20)	3 (0.8)	2 (0.4)	3 (0.9)	3 (0.9)	3 (0.8)	3 (0.8)
14	3 (12)	3 (12)	3 (10)	3 (10)	3 (20)	3 (20)	3 (0.8)	2 (0.4)	3 (0.9)	3 (0.9)	3 (0.8)	3 (0.8)
15	4 (4)	4 (4)	4 (3)	4 (3)	4 (10)	4 (10)	4 (−0.3)	4 (−0.1)	4 (0.3)	4 (0.3)	4 (0.2)	4 (0.2)
16	5 (4)	5 (4)	5 (3)	5 (3)	5 (10)	5 (10)	5 (−0.1)	5 (−0.3)	5 (0.3)	5 (0.3)	5 (0.2)	5 (0.2)
17	6 (4)	6 (4)	6 (3)	6 (3)	6 (10)	6 (10)	6 (−0.2)	6 (0.2)	6 (0.3)	6 (0.3)	6 (0.2)	6 (0.2)
18	7 (4)	7 (4)	7 (3)	7 (3)	7 (10)	7 (10)	7 (0.2)	7 (−0.2)	7 (0.6)	7 (0.6)	7 (0.2)	7 (0.2)

设定初始值后,运行所构建的3种不同预测方法下多级供应链分销网络仿真模型,把理论值和实验值进行对比,运行结果见表9-3~表9-6。

表9-3　基于移动平均预测方法的仿真模型理论值和实验值对比分析

运行次数	1	2	3	4
BE_1 的理论值	31.458	31.458	31.458	31.458
BE_2 的理论值	28.497	28.497	28.497	28.497
BE_3 的理论值	24.128	24.128	24.128	24.128
运行10^6次 BE_1 的实验值	31.451	31.456	31.459	31.462
运行10^6次 BE_1 的实验值误差	0.007	0.002	−0.001	−0.004
运行10^6次 BE_2 的实验值	28.492	28.499	28.496	28.501
运行10^6次 BE_2 的实验值误差	0.005	−0.002	0.001	−0.004
运行10^6次 BE_3 的实验值	24.126	24.129	24.131	24.133
运行10^6次 BE_3 的实验值误差	0.002	−0.001	−0.003	−0.005
运行10^8次 BE_1 的实验值	31.452	31.456	31.461	31.462

运行次数	1	2	3	4
运行10^8次BE_1的实验值误差	0.006	0.002	−0.003	−0.004
运行10^8次BE_2的实验值	28.490	28.495	28.501	28.503
运行10^8次BE_2的实验值误差	0.007	0.002	−0.004	−0.006
运行10^8次BE_3的实验值	24.123	24.125	24.130	24.132
运行10^8次BE_3的实验值误差	0.005	0.003	−0.002	−0.004

表9－4　基于指数平滑预测方法的仿真模型理论值和实验值对比分析

运行次数	1	2	3	4
BE_1的理论值	32.487	32.487	32.487	32.487
BE_2的理论值	24.671	24.671	24.671	24.671
BE_3的理论值	22.591	22.591	22.591	22.591
运行10^6次BE_1的实验值	32.481	32.484	32.489	32.491
运行10^6次BE_1的实验值误差	0.006	0.003	−0.002	−0.004
运行10^6次BE_2的实验值	24.665	24.669	24.672	24.676
运行10^6次BE_2的实验值误差	0.006	0.002	−0.001	−0.005
运行10^6次BE_3的实验值	22.584	22.589	22.592	22.594
运行10^6次BE_3的实验值误差	0.007	0.002	−0.001	−0.003
运行10^8次BE_1的实验值	32.481	32.486	32.489	32.492
运行10^8次BE_1的实验值误差	0.006	0.001	−0.002	−0.005
运行10^8次BE_2的实验值	24.665	24.673	24.675	24.679
运行10^8次BE_2的实验值误差	0.006	−0.002	−0.004	−0.008
运行10^8次BE_3的实验值	22.584	22.586	22.593	22.596
运行10^8次BE_3的实验值误差	0.007	0.005	−0.002	0.005

表9－5　基于均方误差预测方法的仿真模型理论值和实验值对比分析

运行次数	1	2	3	4
BE_1的理论值	39.457	39.457	39.457	39.457
BE_2的理论值	37.594	37.594	37.594	37.594
BE_3的理论值	30.648	30.648	30.648	30.648
运行10^6次BE_1的实验值	39.454	39.456	39.459	39.461

运行次数	1	2	3	4
运行10^6次BE_1的实验值误差	0.003	0.001	−0.002	−0.004
运行10^6次BE_2的实验值	37.591	37.596	37.598	37.599
运行10^6次BE_2的实验值误差	0.003	−0.002	−0.004	−0.005
运行10^6次BE_3的实验值	30.641	30.645	30.649	30.651
运行10^6次BE_3的实验值误差	0.007	0.003	−0.001	−0.003
运行10^8次BE_1的实验值	39.451	39.456	39.458	39.459
运行10^8次BE_1的实验值误差	0.006	0.001	−0.001	−0.002
运行10^8次BE_2的实验值	37.591	37.596	37.601	37.603
运行10^8次BE_2的实验值误差	0.003	−0.002	−0.007	−0.009
运行10^8次BE_3的实验值	30.642	30.649	30.650	30.653
运行10^8次BE_3的实验值误差	0.006	−0.001	−0.002	−0.005

表9-6 三种不同预测方法的仿真结果

次数	移动平均预测方法			指数平滑预测方法			均方误差预测方法		
	BE_1	BE_2	BE_3	BE_1	BE_2	BE_3	BE_1	BE_2	BE_3
1	103.650	103.650	98.430	205.760	298.600	202.970	1.531	1.372	0.905
2	764.000	764.000	629.000	890.500	1085.000	784.800	1.132	1.114	1.024
3	1428.000	1428.000	1183.000	1957.000	2742.800	1458.400	1.375	1.431	1.058
4	104.700	104.700	97.420	207.400	289.400	136.400	1.531	1.742	0.995
5	100.860	100.860	98.750	205.900	245.900	118.900	2.560	1.430	0.932
6	108.600	108.600	99.750	208.900	206.900	185.900	116.800	127.400	94.300
7	99.750	99.750	96.530	196.800	197.400	168.300	59.530	63.920	36.850
8	563.900	563.900	486.970	964.800	937.300	794.300	137.500	167.300	107.400
9	1286.900	1286.900	1164.900	2253.600	2658.900	1965.300	147.300	174.900	104.900
10	209.600	209.600	186.420	573.500	558.400	453.900	1.530	1.790	0.994
11	437.600	437.600	370.700	968.900	985.900	795.800	1.430	1.630	0.960
12	574.900	574.900	474.900	913.800	937.900	884.700	1.540	1.740	0.990
13	1187.900	1187.900	1097.600	2243.900	2476.800	1187.500	2.850	4.850	0.960
14	1294.300	1294.300	986.900	1963.600	2074.800	1476.200	1.430	3.750	0.980
15	143.900	143.900	86.940	158.300	196.900	146.800	0.790	3.890	0.690
16	98.740	98.740	89.740	158.400	186.900	137.400	4.940	0.950	0.590

次数	移动平均预测方法			指数平滑预测方法			均方误差预测方法		
	BE_1	BE_2	BE_3	BE_1	BE_2	BE_3	BE_1	BE_2	BE_3
17	75.390	75.390	64.950	136.900	143.700	126.900	1.850	2.850	0.980
18	57.430	57.430	46.930	129.500	119.500	108.500	1.530	2.960	0.890

从表9-6中可以看出：

（1）从次数1~3中可以得出，当两个零售商的自相关系数非常低，两个零售商运用均方误差预测方法预测市场顾客的需求时，无论订货提前期多长，两个零售商和两个制造商的平滑指数有多大，上游供应商和中游两个制造商牛鞭效应值最小。

（2）从次数4~9中可以得出，当两个零售商的自相关系数取值相同且位于0.4和0.8之间时，两个制造商的牛鞭效应会受到订货提前期的影响。当订货提前期比较短，两个零售商运用指数平滑预测市场顾客的需求时，中游两个制造商牛鞭效应的值最小。当订货提前期非常大，两个零售商运用移动平均预测方法预测市场顾客的需求时，中游两个制造商牛鞭效应的值最小。

（3）从次数7~9中可以得出，当零售商1和零售商2的$\rho_1 > 0.8$且$\rho_2 > 0.8$以及两者的取值都相同的情况下，订货提前期非常长，两个零售商以及两个制造商的α_1和α_2的取值非常大，两个零售商同时应用均方误差预测方法估计市场上消费者的需求量时，中游两个制造商牛鞭效应的值最小。

（4）从次数1、10、11中可以得出，当两个零售商的自相关系数非常低，两个零售商运用移动平均预测市场顾客的需求时，零售商2的订货提前期越长，中游两个制造商以及上游供应商的牛鞭效应都能逐渐增大。同时，两个零售商的自相关系数非常小，订货提前期取不同数值，两个零售商运用均方误差预测方法预测市场顾客的需求时，两个制造商的牛鞭效应取值是最小的。

（5）从次数14~18中可以得出，当两个零售商的自相关系数符号相反时，两个制造商以及供应商的牛鞭效应都存在。

9.2　多级供应链分销网络库存牛鞭效应仿真分析

9.2.1　仿真建模

以上构建的是两级供应链分销网络系统中库存牛鞭效应的仿真模型，在本节中，我们应该继续研究多级供应链分销网络系统中库存牛鞭效应的变化规律和形成原因。所有零售商都为制造商的购买方，双方都只交换同一类商品，发生在$(-\infty, \cdots, -1, 0, 1, \cdots, +\infty)$的无限离散闭区间内。以上章节已经说明了$q_{1,t_1}$，$q_{2,t_2}$，$d_{1,t_1}$，$d_{2,t_2}$，$S_{1,t_1}$和$S_{2,t_2}$之间的关系，本节主要分析牛鞭效应和其他因素如何影响库存牛鞭效应，如图9-4~图9-6所示。

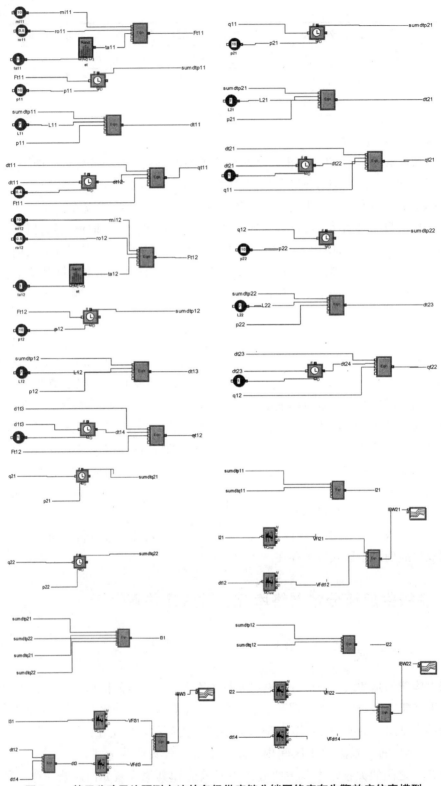

图 9-4　基于移动平均预测方法的多级供应链分销网络库存牛鞭效应仿真模型

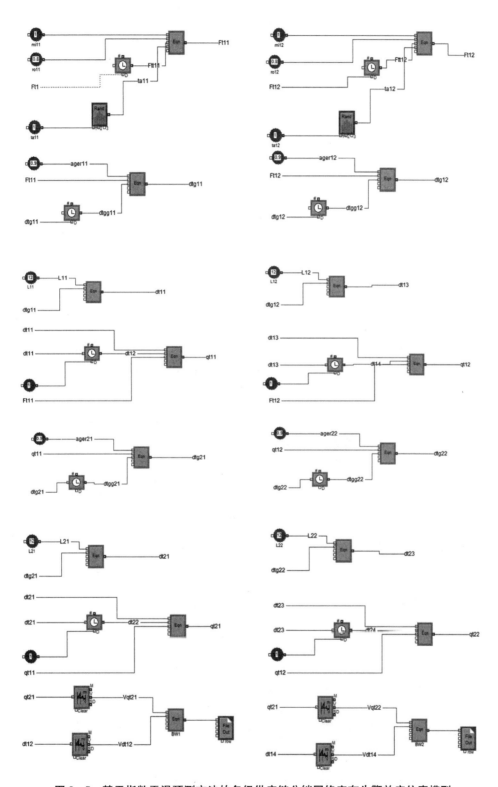

图9-5 基于指数平滑预测方法的多级供应链分销网络库存牛鞭效应仿真模型

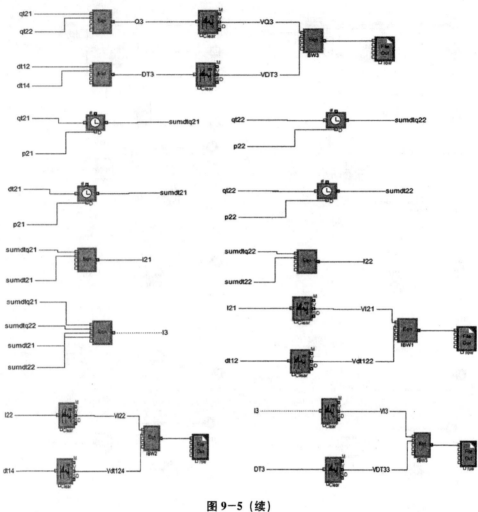

图 9-5 (续)

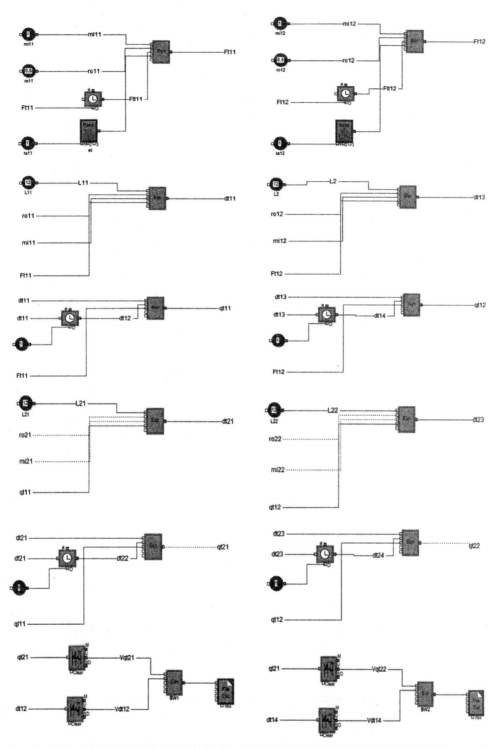

图9-6 基于均方误差预测方法的多级供应链分销网络库存牛鞭效应仿真模型

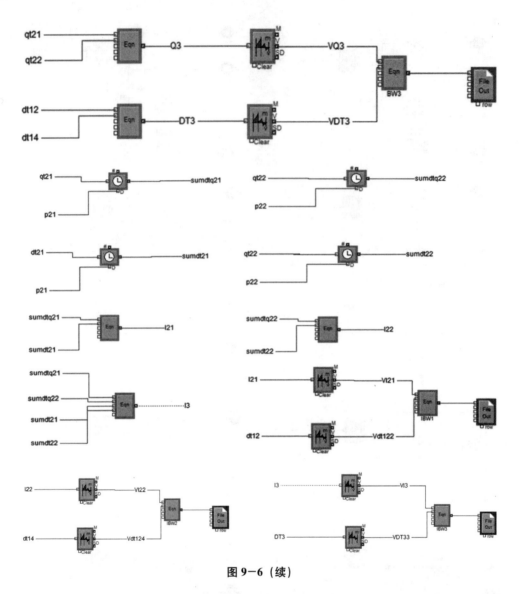

图 9-6 （续）

9.2.2 模型验证和分析

根据以上所构建的 3 个仿真模型，本节设置 7 种仿真场景，比较和分析 3 种不同预测方法对多级供应链分销网络中，中游两个制造商和上游供应商库存牛鞭效应的影响，见表 9-7~表 9-10。

表 9-7 基于移动平均预测方法的仿真模型理论值和实验值对比分析

运行次数	1	2	3	4
IBW_1 的理论值	24.566	24.566	24.566	24.566
IBW_2 的理论值	25.122	25.122	25.122	25.122
IBW_3 的理论值	24.377	24.377	24.377	24.377

运行次数	1	2	3	4
运行10^6次IBW_1的实验值	24.561	24.563	24.569	24.571
运行10^6次IBW_1的实验值误差	0.005	0.003	−0.003	−0.005
运行10^6次IBW_2的实验值	25.119	25.123	25.126	25.129
运行10^6次IBW_2的实验值误差	0.003	−0.001	−0.004	−0.007
运行10^6次IBW_3的实验值	24.371	24.375	24.377	24.379
运行10^6次IBW_3的实验值误差	0.006	0.002	0.000	−0.002
运行10^8次IBW_1的实验值	24.562	24.564	24.567	24.569
运行10^8次IBW_1的实验值误差	0.004	0.002	−0.001	−0.003
运行10^8次IBW_2的实验值	25.118	25.120	25.123	25.125
运行10^8次IBW_2的实验值误差	0.004	0.002	−0.001	−0.003
运行10^8次IBW_3的实验值	24.370	24.375	24.379	24.380
运行10^8次IBW_3的实验值误差	0.007	0.002	−0.002	−0.003

表9-8　基于指数平滑预测方法的仿真模型理论值和实验值对比分析

运行次数	1	2	3	4
IBE_1的理论值	31.549	31.549	31.549	31.549
IBE_2的理论值	29.151	29.151	29.151	29.151
IBE_3的理论值	26.457	26.457	26.457	26.457
运行10^6次IBE_1的实验值	31.546	31.548	31.551	31.553
运行10^6次IBE_1的实验值误差	0.003	0.001	−0.002	−0.004
运行10^6次IBE_2的实验值	29.145	29.149	29.152	29.153
运行10^6次IBE_2的实验值误差	0.006	0.002	−0.001	−0.002
运行10^6次IBE_3的实验值	26.452	26.455	26.461	26.463
运行10^6次IBE_3的实验值误差	0.005	0.002	−0.004	−0.006
运行10^8次IBE_1的实验值	31.543	31.547	31.550	31.552
运行10^8次IBE_1的实验值误差	0.006	0.002	−0.001	−0.003
运行10^8次IBE_2的实验值	29.147	29.149	29.150	29.153
运行10^8次IBE_2的实验值误差	0.004	0.002	0.001	−0.002
运行10^8次IBE_3的实验值	26.451	26.454	26.459	26.461
运行10^8次IBE_3的实验值误差	0.006	0.003	−0.002	−0.004

表9-9　基于均方误差预测方法的仿真模型理论值和实验值对比分析

运行次数	1	2	3	4
IBE_1 的理论值	32.418	32.418	32.418	32.418
IBE_2 的理论值	30.591	30.591	30.591	30.591
IBE_3 的理论值	28.458	28.458	28.458	28.458
运行10^6次 IBE_1 的实验值	32.412	32.416	32.419	32.421
运行10^6次 IBE_1 的实验值误差	0.006	0.002	−0.001	−0.003
运行10^6次 IBE_2 的实验值	30.584	30.586	30.588	30.593
运行10^6次 IBE_2 的实验值误差	0.007	0.005	0.003	−0.002
运行10^6次 IBE_3 的实验值	28.451	28.455	28.459	28.461
运行10^6次 IBE_3 的实验值误差	0.007	0.003	−0.001	−0.003
运行10^8次 IBE_1 的实验值	32.412	32.416	32.417	32.421
运行10^8次 IBE_1 的实验值误差	0.006	0.002	0.001	−0.003
运行10^8次 IBE_2 的实验值	30.584	30.586	30.589	30.593
运行10^8次 IBE_2 的实验值误差	0.007	0.005	0.002	−0.002
运行10^8次 IBE_3 的实验值	28.454	28.456	28.459	28.461
运行10^8次 IBE_3 的实验值误差	0.004	0.002	−0.001	−0.003

表9-10　3种不同预测方法的仿真结果

次数	移动平均预测方法			指数平滑预测方法			均方误差预测方法		
	IBE_1	IBE_2	IBE_3	IBE_1	IBE_2	IBE_3	IBE_1	IBE_2	IBE_3
1	165.900	165.900	108.600	236.900	309.700	219.700	1.946	1.835	0.982
2	793.000	793.000	594.800	974.900	1297.900	807.600	1.650	1.570	1.170
3	1835.600	1835.600	964.700	2095.200	2693.800	1587.900	1.470	1.530	1.120
4	114.900	114.900	89.500	238.500	348.600	198.500	1.580	1.790	0.980
5	103.500	103.500	94.810	258.500	238.500	98.400	2.860	1.580	0.990
6	118.300	118.300	98.480	238.600	229.500	153.900	118.500	129.700	98.560
7	105.920	105.920	97.630	229.600	237.400	148.900	79.500	69.500	48.950
8	596.400	596.400	397.900	986.300	958.300	794.300	158.600	179.400	118.400
9	1386.900	1386.900	1295.900	2487.300	2486.900	1963.900	168.400	189.500	118.400
10	242.800	242.800	197.600	595.900	694.600	487.900	1.850	1.950	0.970
11	453.800	453.800	387.900	926.900	996.410	694.700	1.850	1.790	0.940
12	594.800	594.800	483.700	996.300	953.800	784.900	1.950	1.850	0.980

次数	移动平均预测方法			指数平滑预测方法			均方误差预测方法		
	IBE_1	IBE_2	IBE_3	IBE_1	IBE_2	IBE_3	IBE_1	IBE_2	IBE_3
13	1295.800	1295.800	1186.300	1986.800	2185.800	1649.400	2.970	5.170	0.990
14	1537.500	1537.500	995.300	1846.200	1958.400	1385.800	1.850	4.180	0.890
15	185.400	185.400	86.940	179.400	189.800	158.200	0.950	4.180	0.780
16	108.400	108.400	92.600	196.800	174.600	129.500	5.830	0.740	0.690
17	89.530	89.530	69.500	175.900	159.300	119.600	1.930	2.930	0.670
18	58.640	58.640	56.850	148.200	169.400	97.900	1.830	3.640	0.830

从表9-10中可以看出：

（1）从次数1~6中可以得出，当两个零售商的自相关系数都小于0.4，两个零售商分别用均方误差预测方法预测市场上顾客的需求时，两个零售商的订货提前期和两个制造商的订货提前期无论长短，上游供应商和中游两个制造商的库存牛鞭效应的值最小。

（2）从次数7~9中可以得出，当两个零售商的自相关系数的符号相同且都大于0.8，两个零售商运用均方误差预测市场顾客的需求时，两个零售商的订货提前期和两个制造商的平滑指数无论长短，上游供应商和中游两个制造商的库存牛鞭效应的值最小。

（3）从次数10~11中可以得出，当两个零售商的相关系数都小于0.2，两个零售商和两个制造商的平滑指数都小于0.3的情况下，两个零售商分别运用移动平均预测方法预测市场顾客的需求时，随着两个零售商和两个制造商的订货提前期不断延长，制造商和供应商的库存牛鞭效应的值会逐渐增大。

（4）从次数12~14中可以得出，当两个零售商的自相关系数逐渐增大，两个零售商和两个制造商的订货提前期逐渐变长，两个零售商和两个制造商的平滑指数逐渐增大，零售商的移动平均期数逐渐增大，两个零售商分别采用移动平均预测方法预测市场顾客的需求时，中游两个制造商和上游供应商的库存牛鞭效应逐渐增大，而两个零售商分别采用指数平滑预测方法和均方误差预测方法预测市场顾客的需求时，中游两个制造商和上游供应商的库存牛鞭效应先增大后逐渐减小。

（5）从次数15~18中可以得出，当两个零售商的自相关系数符号相反时，中游两个制造商和上游供应商的库存牛鞭效应都存在。

9.3 多级供应链分销网络现金流牛鞭效应仿真分析

9.3.1 仿真建模

与以上相关章节相同，本节继续构建供应商和制造商以及零售商构成多级供应链分销网络。零售商同样看成是制造商的唯一购买方，零售商和制造商都相互交换同一类商品，发生在（$-\infty, \cdots, -1, 0, 1, \cdots, +\infty$）的无限离散的闭区间内。本节主要分析许多非常重要的相关要素对现金流牛鞭效应会产生怎样的影响。根据以上相关的假设和分析构建基于不同估计方法的多级供应链分销网络系统中现金流牛鞭效应的仿真模型，如图9-7~图9-9所示。

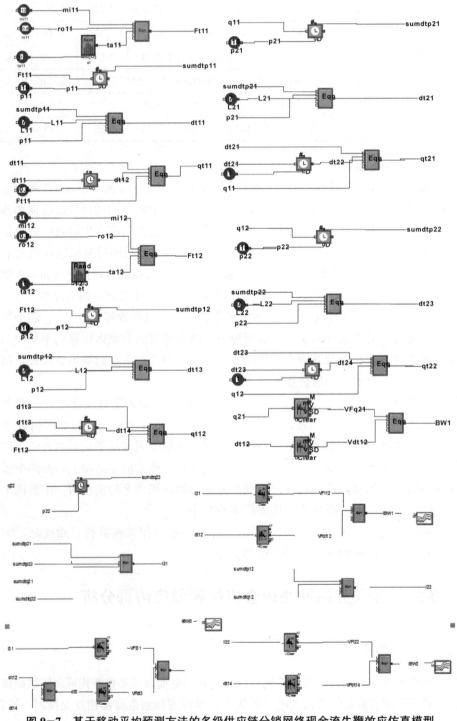

图9-7 基于移动平均预测方法的多级供应链分销网络现金流牛鞭效应仿真模型

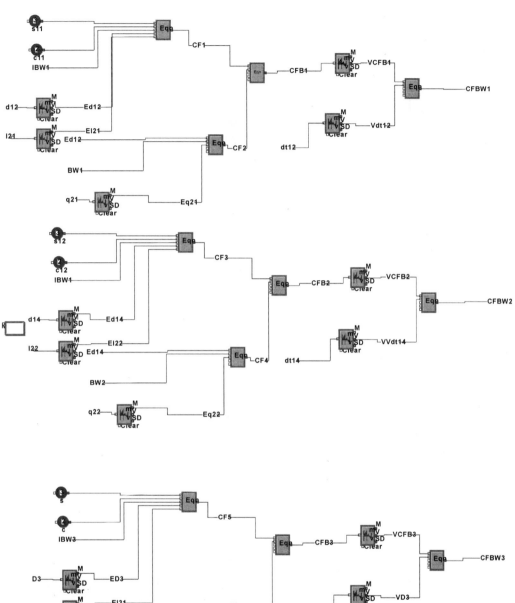

图 9-7（续）

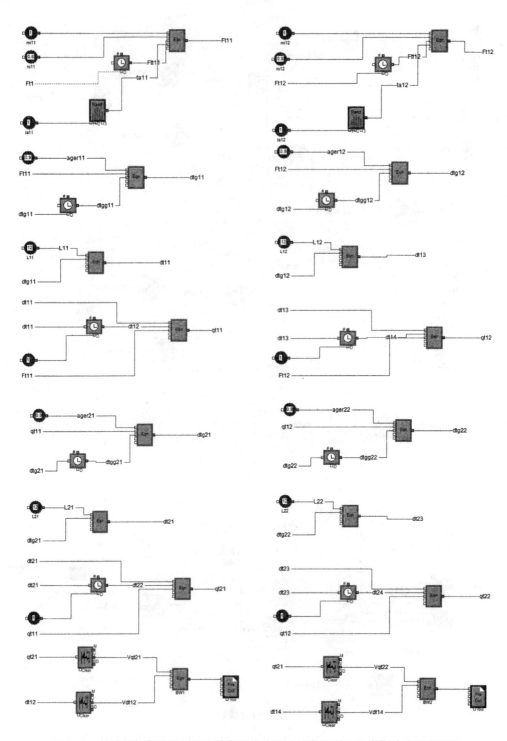

图 9—8 基于指数平滑预测方法的多级供应链分销网络现金流牛鞭效应仿真模型

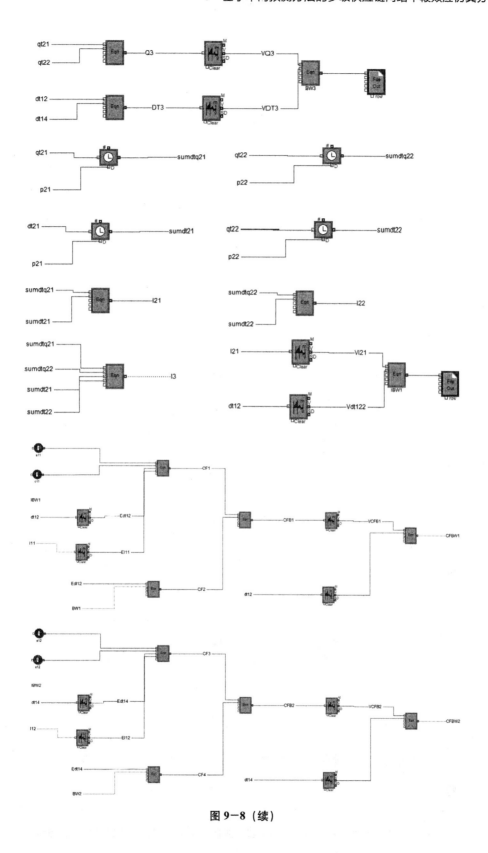

图 9-8（续）

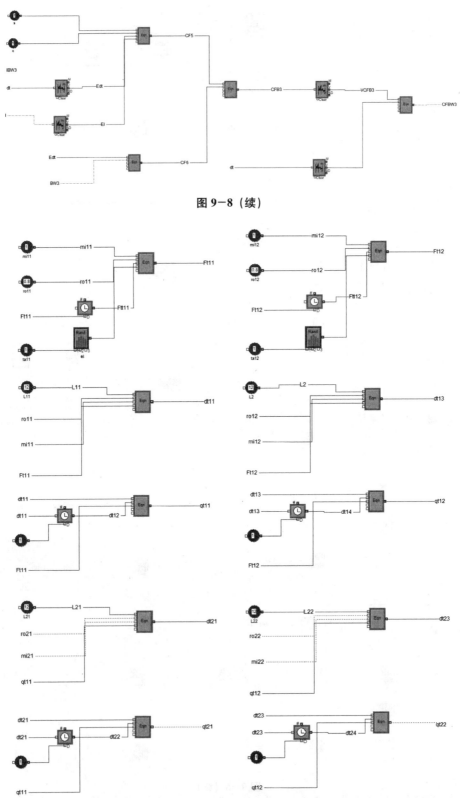

图 9-8（续）

图 9-9　基于均方误差预测方法的多级供应链分销网络现金流牛鞭效应仿真模型

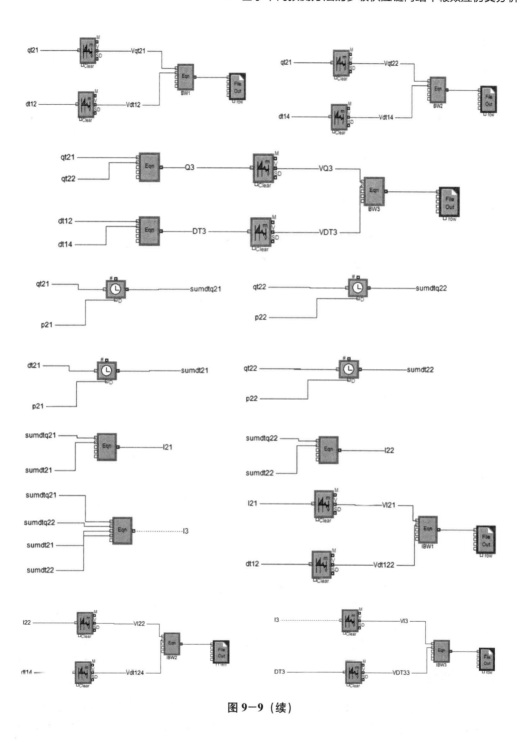

图 9—9（续）

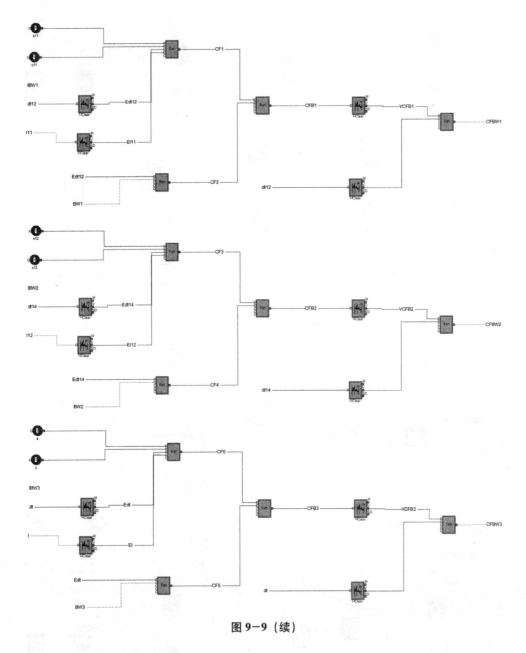

图 9-9（续）

9.3.2　模型验证和分析

本节在前两节构建的多级供应链分销网络牛鞭效应和库存牛鞭效应仿真模型的基础上，构建多级供应链分销网络中现金流牛鞭效应的仿真模型，对所构建的仿真模型进行数据的验证以证实构建模型的有效性，并对仿真模型的结果进行对比和分析，从而说明不同预测方法对上游供应商和中游两个制造商现金流牛鞭效应的影响。对不同预测方法下多级供应链分销网络现金流牛鞭效应仿真模型的验证结果见表 9-11～表 9-14。

表 9-11 基于移动平均预测方法仿真模型理论值和实验值对比分析

运行次数	1	2	3	4
$CFBE_1$ 的理论值	16.463	16.463	16.463	16.463
$CFBE_2$ 的理论值	15.327	15.327	15.327	15.327
$CFBE_3$ 的理论值	14.358	14.358	14.358	14.358
运行10^6次 $CFBE_1$ 的实验值	16.459	16.461	16.462	16.465
运行10^6次 $CFBE_1$ 的实验值误差	0.004	0.002	0.001	−0.002
运行10^6次 $CFBE_2$ 的实验值	15.321	15.323	15.326	15.329
运行10^6次 $CFBE_2$ 的实验值误差	0.006	0.004	0.001	−0.002
运行10^6次 $CFBE_3$ 的实验值	14.352	14.355	14.359	14.361
运行10^6次 $CFBE_3$ 的实验值误差	0.006	0.003	−0.001	−0.003
运行10^8次 $CFBE_1$ 的实验值	16.456	16.459	16.460	16.462
运行10^8次 $CFBE_1$ 的实验值误差	0.007	0.004	0.003	0.001
运行10^8次 $CFBE_2$ 的实验值	15.322	15.325	15.326	15.329
运行10^8次 $CFBE_2$ 的实验值误差	0.005	0.002	0.001	−0.002
运行10^8次 $CFBE_3$ 的实验值	14.350	14.352	14.356	14.359
运行10^8次 $CFBE_3$ 的实验值误差	0.008	0.006	0.002	−0.001

表 9-12 基于指数平滑预测方法仿真模型理论值和实验值对比分析

运行次数	1	2	3	4
$CFBE_1$ 的理论值	15.349	15.349	15.349	15.349
$CFBE_2$ 的理论值	14.491	14.491	14.491	14.491
$CFBE_3$ 的理论值	13.153	13.153	13.153	13.153
运行10^6次 $CFBE_1$ 的实验值	15.342	15.345	15.350	15.352
运行10^6次 $CFBE_1$ 的实验值误差	0.007	0.004	−0.001	−0.003
运行10^6次 $CFBE_2$ 的实验值	14.483	14.486	14.489	14.493
运行10^6次 $CFBE_2$ 的实验值误差	0.008	0.005	0.002	−0.002
运行10^6次 $CFBE_3$ 的实验值	13.149	13.151	13.152	13.154
运行10^6次 $CFBE_3$ 的实验值误差	0.004	0.002	0.001	−0.001
运行10^8次 $CFBE_1$ 的实验值	15.343	15.346	15.348	15.352
运行10^8次 $CFBE_1$ 的实验值误差	0.006	0.003	0.001	−0.003
运行10^8次 $CFBE_2$ 的实验值	14.483	14.485	14.492	14.495

续表9-12

运行次数	1	2	3	4
运行10^8次$CFBE_2$的实验值误差	0.008	0.006	−0.001	−0.004
运行10^8次$CFBE_3$的实验值	13.148	13.149	13.152	13.155
运行10^8次$CFBE_3$的实验值误差	0.005	0.004	0.001	−0.002

表9-13　基于均方误差预测方法仿真模型理论值和实验值对比分析

运行次数	1	2	3	4
$CFBE_1$的理论值	5.416	5.416	5.416	5.416
$CFBE_2$的理论值	4.564	4.564	4.564	4.564
$CFBE_3$的理论值	3.597	3.597	3.597	3.597
运行10^6次$CFBE_1$的实验值	5.411	5.413	5.415	5.418
运行10^6次$CFBE_1$的实验值误差	0.005	0.003	0.001	−0.002
运行10^6次$CFBE_2$的实验值	4.558	4.559	4.562	4.565
运行10^6次$CFBE_2$的实验值误差	0.006	0.005	0.002	−0.001
运行10^6次$CFBE_3$的实验值	3.591	3.593	3.595	3.598
运行10^6次$CFBE_3$的实验值误差	0.006	0.004	0.002	−0.001
运行10^8次$CFBE_1$的实验值	5.412	5.414	5.415	5.418
运行10^8次$CFBE_1$的实验值误差	0.004	0.002	0.001	−0.002
运行10^8次$CFBE_2$的实验值	4.561	4.563	4.566	4.568
运行10^8次$CFBE_2$的实验值误差	0.003	0.001	−0.002	−0.004
运行10^8次$CFBE_3$的实验值	3.591	3.593	3.595	3.599
运行10^8次$CFBE_3$的实验值误差	0.006	0.004	0.002	−0.002

表9-14　3种不同预测方法的仿真结果

次数	移动平均预测方法			指数平滑预测方法			均方误差预测方法		
	$CFBE_1$	$CFBE_2$	$CFBE_3$	$CFBE_1$	$CFBE_2$	$CFBE_3$	$CFBE_1$	$CFBE_2$	$CFBE_3$
1	163.900	163.900	138.300	274.600	302.400	218.400	1.730	1.470	0.940
2	793.800	793.800	673.200	903.500	1193.600	843.500	1.480	1.370	1.240
3	1739.200	1739.200	1178.400	1945.700	2846.200	1503.600	1.470	1.580	1.040
4	126.900	126.900	93.920	224.900	307.400	164.800	1.730	1.780	0.940
5	114.700	114.700	99.730	265.900	286.200	128.400	2.840	1.530	0.960
6	119.400	119.400	103.900	212.500	228.400	169.300	127.400	128.300	96.400

次数	移动平均预测方法			指数平滑预测方法			均方误差预测方法		
	$CFBE_1$	$CFBE_2$	$CFBE_3$	$CFBE_1$	$CFBE_2$	$CFBE_3$	$CFBE_1$	$CFBE_2$	$CFBE_3$
7	101.600	101.600	97.430	206.200	209.400	178.400	60.400	65.300	38.500
8	653.900	653.900	497.200	983.500	957.300	806.300	148.300	175.300	118.400
9	1385.900	1385.900	983.900	2385.400	2646.900	2015.300	169.300	185.300	117.300
10	385.900	385.900	197.300	693.500	604.800	486.200	1.640	1.840	0.980
11	638.600	638.600	398.300	974.600	994.600	805.300	1.640	1.740	0.970
12	598.300	598.300	435.800	938.600	957.300	904.600	1.740	1.850	0.980
13	1263.900	1263.900	1125.300	2364.700	2593.400	1284.600	3.040	5.370	0.970
14	1289.300	1289.300	998.300	2014.600	2195.300	1573.600	1.740	4.060	0.980
15	173.900	173.900	98.470	168.400	2042.500	146.800	0.890	4.830	0.740
16	103.900	103.900	98.430	174.700	194.600	153.600	5.040	0.950	0.740
17	89.300	89.300	67.400	148.200	146.300	137.200	1.950	2.980	0.970
18	68.200	68.200	50.790	137.500	129.300	103.600	1.840	3.050	0.920

从表9-14中可以看出:

(1) 从次数1~3中可以得出,当两个零售商的自相关系数都小于0.2,两个零售商分别用均方误差预测方法预测市场上顾客的需求时,两个零售商的订货提前期和两个制造商的订货提前期无论长短,上游供应商和中游两个制造商现金流牛鞭效应的值最小。

(2) 从次数4~6中可以得出,当两个零售商的自相关系数在0.2和0.4之间,随着两个零售商和两个制造商的订货提前期逐渐延长,零售商和制造商的α_1和α_2也不断变大,两个零售商分别采用均方误差预测方法预测消费者的需求时,上游供应商以及两个制造商的现金流牛鞭效应的值最小。

(3) 从次数7~9中可以得出,当两个零售商的$\rho_1 > 0.8$且$\rho_2 > 0.8$的情况下,两个零售商以及两个制造商的平滑指数逐渐增大,两个零售商分别运用指数平滑预测方法估计消费者的需求时,两个制造商以及供应商的现金流牛鞭效应也会逐渐增大。

(4) 从次数10~11中可以得出,当两个零售商的自相关系数和平滑指数以及两个制造商的平滑指数都非常低,两个零售商分别运用均方误差预测方法预测市场顾客的需求时,中游两个制造商以及上游供应商的现金流牛鞭效应的值最小。

(5) 从次数12~14中可以得出,当两个零售商的自相关系数逐渐增大,两个零售商和两个制造商的订货提前期逐渐变长,两个零售商和两个制造商的平滑指数逐渐增大,两个零售商的ρ_1以及ρ_2变得越来越大时,两个零售商分别采用移动平均预测方法预测市场顾客的需求时,中游两个制造商以及上游供应商的现金流牛鞭效应也会逐渐增大,而两个零售商分别采用指数平滑预测方法和均方误差预测方法预测市场顾客的需求时,中游两个制造商和上游供应商的现金流牛鞭效应先增大后逐渐减小。

（6）从次数 15~18 中可以得出，当两个零售商的自相关系数符号相反时，中游两个制造商和上游供应商的现金流牛鞭效应都存在，而当两个零售商的自相关系数符号相同时，中游两个制造商和上游供应商的现金流牛鞭效应是否存在有待进一步验证和分析。

9.4　小结

在本章中，首先构建了基于 $AR(1)$ 自相关需求过程，基于不同预测技术和订货点库存策略下的多级供应链分销网络牛鞭效应和库存牛鞭效应以及现金流牛鞭效应仿真模型，得出以下主要结论：

（1）在多级供应链分销网络中，当两个零售商的自相关系数取值非常小，两个零售商分别用均方误差预测方法预测市场上顾客的需求时，两个零售商的订货提前期和两个制造商的订货提前期无论长短，上游供应商和中游两个制造商的牛鞭效应、库存牛鞭效应以及现金流牛鞭效应的值都最小。

（2）在多级供应链分销网络中，当两个零售商的自相关系数非常大，两个零售商分别运用指数平滑预测方法预测市场顾客的需求时，两个零售商和两个制造商的平滑指数逐渐增大，中游两个制造商和上游供应商的牛鞭效应以及现金流牛鞭效应也会逐渐增大。

（3）在多级供应链分销网络中，当两个零售商的自相关系数和平滑指数以及两个制造商的平滑指数都非常低，两个零售商分别运用均方误差预测方法预测市场顾客的需求时，中游两个制造商和上游供应商的牛鞭效应、库存牛鞭效应以及现金流牛鞭效应的值最小。

（4）在多级供应链分销网络中，当两个零售商的 ρ_1 和 ρ_2 取值符号反对的情形下，中游所有制造商以及上游供应商的牛鞭效应、库存牛鞭效应以及现金流牛鞭效应都存在，而两个零售商的自相关系数都为负数时，中游所有制造商和上游供应商的牛鞭效应、库存牛鞭效应以及现金流牛鞭效应是否存在有行进一步验证和分析。

10 新能源汽车市场牛鞭效应实证分析

众所周知，供应链中的牛鞭效应会导致供应链产生巨大的效率损失：它可以误导生产计划使得供应链上游企业无法准确地把握市场上的需求信息，难以制订出合理的企业能力需求计划和生产计划；它可以导致生产能力过剩、库存产品过多或缺货，并能够使得整个供应链的成本过高，运作效率和消费者满意度降低；它可以导致无效运输，使得现金流波动逐渐增大。

现有对供应链牛鞭效应的实证研究大多集中于传统产品，如传统家电产品、计算机、食品、工业产品、农产品等，很少有学者对新能源汽车产业的牛鞭效应问题进行分析和探讨。相对而言，新能源汽车产业作为一种新兴产业，代表着世界汽车产业的发展方向。发展新能源汽车是一项国家战略，在国家和地方政府配套政策的支持下，经过了十多年的研究开发和示范运行，我国的新能源汽车行业已经逐步形成了从原材料供应、动力电池、整车控制器等关键零部件研发生产，到整车设计制造、充电基础设施的配套建设等完整的产业链，具备了产业化的基础。由此，本章试图揭示新能源汽车产业中牛鞭效应所导致的库存过剩或缺货、现金流波动等一系列新问题，分析和探讨降低新能源汽车产业中牛鞭效应的相关措施。

10.1 新能源汽车供应链

在我国经济不断发展的今天，低碳经济已经成为我国未来发展的主要方向，在此背景下，新能源汽车应运而生，新能源汽车具有节能减排、保护环境等多方面的优点。新能源汽车是指除了使用汽油、柴油、天然气等石化能源作为发动机燃料之外所有的其他能源汽车，包括纯电动汽车、混合动力汽车、燃料电池汽车和太阳能汽车等。总体来说，新能源汽车具有环保、省钱、舒适、节能等诸多特点。

和传统供应链结构类似，新能源汽车供应链包括供应商、制造商、经销商、消费者等主要节点企业。为了推动新能源汽车更好的发展，我国政府对新能源汽车采取了许多补贴和扶持政策，主要包括对汽车制造商和消费者进行直接经济补贴或者投资建设新能源汽车配套设施（如建设新能源汽车充电桩、扶持新能源电池行业等），以及对生产燃油汽车的企业进行征税来限制燃油汽车的发展。汽车制造商主要生产新能源汽车。经销商对新能源汽车进行销售，其策略空间是以传统经销渠道销售新能源汽车，或者选择跟汽车制造商联盟销售新能源汽车，消费者主要应该决策是在传统经销渠道/新型经销渠道中购买新能源汽车。新能源汽车供应链的简单线性结构如图10-1所示。

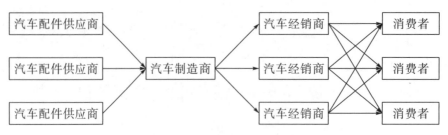

图 10-1 新能源汽车供应链

10.2 新能源汽车供应链中的牛鞭效应

10.2.1 新能源汽车供应链牛鞭效应的界定及现象

对于传统供应链中的有形产品，供应链中的牛鞭效应主要是指产品需求订货量的波动程度远远大于产品实际市场销售量的变化程度，并且沿着供应链向上游放大的现象。相对而言，在新能源汽车供应链中，其牛鞭效应不仅表现为新能源汽车市场需求的波动向上游传递导致的新能源汽车供给波动的不断增大，再向上游传递至新能源汽车零部件的供应商，而且还会表现在直接的下游需求的波动。

根据上述我们对新能源汽车供应链的定义，本部分主要以新能源汽车为例，分析和探讨其中的牛鞭效应现象。这种牛鞭效应主要是指供应链下游新能源汽车的市场需求量的波动会造成新能源汽车供应链上游供应量的更大波动，从而使得整个新能源汽车供应链的市场需求量向上游不断放大的现象。表 10-1 以及图 10-2 中都显示出了 2012—2020 年我国新能源动力电池供应量和新能源汽车供应量以及新能源汽车市场需求量及其增长的情况。

表 10-1 我国新能源动力电池供应和新能源汽车供应以及新能源汽车市场需求增长量

年份	新能源汽车需求量增长率	新能源汽车供应量增长率	新能源电池供应量增长率
2012	56.77%	55.44%	52.9%
2013	36.81%	35.38%	34.4%
2014	327.21%	346.01%	333.8%
2015	342.85%	333.72%	354.1%
2016	53.12%	51.84%	54.4%
2017	−3.35%	−4.16%	−4.8%
2018	156.32%	148.53%	187.1%
2019	−1.11%	−0.78%	−5.5%
2020	9.82%	8.41%	9.94%

数据来源：中国汽车工业协会统计信息网

通过表10-1可以计算出我国新能源汽车市场需求量和新能源汽车供应量之间的相关系数为0.74，我国新能源汽车市场需求量和新能源动力电池供应量之间的相关系数为0.54，我国新能源汽车供应量和新能源动力电池供应量之间的相关系数为0.62。以上数据可以说明新能源汽车供应量、市场需求量、动力电池供应量之间存在着密切的相关关系，能够说明新能源汽车的供需链状况。

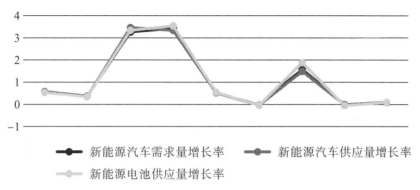

　　图10-2　我国新能源动力电池供应和新能源汽车供应以及新能源汽车市场需求增长情况

通过表10-1和图10-2我们可以看出：从2012年至2020年，我国新能源汽车的市场需求量增长率的波动比较平稳，最高为342.85%，最低为-3.35%；新能源汽车供应量增长率的波动相对比较大，最高为346.01%，最低为-4.16%；而新能源动力电池增长率的波动更大，最高为354.1%，最低为-4.8%。这可以说明新能源汽车供应链存在明显的需求放大现象，即牛鞭效应。

10.2.2　新能源汽车供应链牛鞭效应的量化形式

表10-1和图10-2能够非常清晰地反映出新能源汽车供应链的需求信息具有放大和扭曲现象，即牛鞭效应可以用量化指标——相邻两个指标供需变化之间的比值来进行表示，即新能源汽车供应量增长率除以新能源汽车需求量增长率，新能源电池供应量增长率除以新能源汽车供应量增长率，计算结果见表10-2。

表10-2　新能源汽车供应链中的牛鞭效应

年份	新能源汽车需求量增长率（1）	新能源汽车供应量增长率（2）	牛鞭效应=(2)/(1)（3）	新能源电池供应量增长率（4）	牛鞭效应=(4)/(2)（5）
2011	1.5%	1.6%	1.06	1.4%	0.87
2012	56.77%	55.44%	0.97	52.9%	0.95
2013	36.81%	35.38%	0.96	34.4%	0.97
2014	327.21%	346.01%	1.05	333.8%	0.96
2015	342.85%	333.72%	0.97	354.1%	1.06
2016	53.12%	51.84%	0.97	54.4%	1.05

年份	新能源汽车需求量增长率（1）	新能源汽车供应量增长率（2）	牛鞭效应=(2)/(1)（3）	新能源电池供应量增长率（4）	牛鞭效应=(4)/(2)（5）
2017	−3.35%	−4.16%	1.24	−4.8%	1.15
2018	156.32%	148.53%	0.95	187.1%	1.26
2019	−1.11%	−0.78%	0.78	−5.5%	7.05
2020	9.82%	8.41%	0.89	9.94%	1.18

从表10—2可以看出：第三列中所有的数据大部分都大于1，第五列中绝大部分数据都大于1。由此，我们可以看出在新能源汽车供应链中存在着明显的牛鞭效应。

10.3　新能源汽车供应链中牛鞭效应的危害

新能源汽车供应链中存在的牛鞭效应带来的直接结果就是导致我国新能源汽车的供应量过剩，表10—3给出了我国从2011年至2020年新能源汽车的供应量情况。从表10—3中可以看出：由于新能源汽车供应链中牛鞭效应的存在，新能源汽车市场上的供需差变得越来越大。

表10—3　我国从2011年至2020年新能源汽车的供应量情况

年份	新能源汽车需求量（辆）	新能源汽车供应量（辆）	新能源汽车供需差（辆）
2011	8159	8363	204
2012	12791	13000	209
2013	17500	17600	100
2014	74763	78499	3736
2015	331092	340471	9379
2016	507000	517000	10000
2017	490000	511000	21000
2018	1256000	1270000	14000
2019	1242000	1260000	18000
2020	1364000	1366000	2000

数据来源：中国汽车工业协会统计信息网。

10.4　新能源汽车供应链中牛鞭效应的成因分析

Lee等（1997a，1997b）将牛鞭效应产生的原因归纳为需求预测方法的使用、订货批量、价格波动、备货期、定量供应下的短缺博弈，他们讨论的主要是传统产品的牛鞭效应问题。本部分结合新能源汽车产业的特点和前期对牛鞭效应的相关研究，将新能源汽车供应链中牛鞭效应的原因归纳为以下几个方面。

10.4.1 对新能源汽车产品需求的预测

新能源汽车供应链中牛鞭效应的产生很大程度上是由新能源汽车本身的需求特性决定的。新能源汽车是一种具有潜在性市场需求的产品。对于很多工薪族来说，它的价格不是能轻易担负得起的，而且由于新能源汽车替代品的存在，如公交、地铁、轻轨等，使人们出行更加便利快捷，无形中使消费者有了多种不同的选择。另外，汽油价格的上涨也影响着消费者的选择，为了避免因汽油价格上涨提高使用成本，人们可能会趋向于购买混合动力、纯电动、天然气等新能源汽车，而非传统动力汽车。

除此之外，消费者对新能源汽车的购买往往由年龄、职业、个性、自我概念、生活方式等个人因素主导。对于年轻人来说，新能源汽车是时尚的，他们追求流行，追求汽车的外观、动力等，更看重汽车的配置及其他性能；而年龄稍大的消费者，他们最多考虑的是汽车的操作方便性、汽车的能耗，甚至于汽车的使用寿命。在职业分布上，高级管理人员选择产品时会主要考虑到汽车的品牌、舒适度等。他们可能会长时间地在路途上奔波，舒适度会是他们着重考虑的因素。品牌是身份的象征，对于管理人员来说，有足够强的身份象征才能显示出个人的成就。而对于普通工薪阶层会把汽车作为主要的代步工具，主要考虑的还是性价比因素，价格实惠，质量上不必过分担心，外观符合大众审美即可。消费者的行为观念和消费模式也受个性的影响，从而形成了各色各样的行事模式。他们在选择购买新能源汽车时所关注的侧重点也不尽相同。但产品的安全、健康、环保是主要考虑的因素。环保意识高的人往往会选择购买新能源汽车，并热衷于向周围的亲朋好友推广新能源汽车。

10.4.2 新能源动力电池相关技术影响

新能源动力电池技术主要包括能源密度、安全性和充电技术。如果新能源汽车的充电时间短、利用效率更高，那么新能源汽车的需求量会更加稳定。随着我国新能源汽车产销量不断增长，我国动力电池装车量也在不断攀升，动力电池的产业结构也在不断优化。早期，我国动力电池行业分散式布局比较严重，动力电池生产企业良莠不齐，动力电池的质量难以保证，由此，新能源汽车的市场需求量波动相对比较大。经过许多年的不断发展，我国动力电池排名前十的企业市场占比已经达到了 91.9%。随着动力电池技术发展越来越完善，动力电池的使用寿命逐渐延长，随之而来的新能源汽车的销售量也不断增加。

10.4.3 定量供应和短缺博弈

当新能源汽车的需求大于供给时，新能源汽车企业也会面临短缺博弈下的客户订单激增的现象。在供应短缺时，如果新能源汽车企业按照订货量的比例分配定额，例如，如果整个新能源汽车供应量只能满足 60% 的需求量，则所有的客户只能拿到 60% 的订货量，鉴于此，如果客户提前知道新能源汽车企业在缺货时会这样做，则客户在订货是为增大其出货量就会夸大他们的真实需求。随后，当需求下降时，订单量会突然消失或者存在大量要取消的订单。这样一来，表面上是客户对于逾期供应短缺的过度反应，但是实质是组织和个人做决策时的理性经济决策与短缺博弈的结果。短缺博弈的结果是新能源汽车企业的订单很少给企业提供真实需求方面的信息。

10.5　降低新能源汽车供应链中牛鞭效应的措施

了解新能源汽车供应链中牛鞭效应产生的原因可以更好地帮助决策者找到减少它的相应措施。事实上，新能源汽车企业已经采取了许多相应的措施来降低牛鞭效应带来的影响，如新能源汽车企业之间建立的联盟等。针对上述产生牛鞭效应的原因可以采取相应的措施，而这些措施可以归纳为 3 种类型：信息共享、渠道联盟和提高运作效率。

需求信息的共享使需求信息及时从下游企业传递到上游企业，渠道联盟是使供应链上下游企业之间在价格、运能、运输计划、所有权等方面的合作配合，提高运作效率是指提高整个新能源汽车供应链绩效的相关活动。我们用下面这种框架来讨论控制新能源汽车市场中牛鞭效应的方法，见表 10—4。

表 10—4　新能源汽车供应链协调的框架结构

牛鞭效应的成因	信息共享	渠道合作	提高运作效率
市场需求预测的调整	（1）理解系统动态变化 （2）使用电子数据交换 （3）计算机辅助订货	（1）直接与供应商接触，或与供应商联盟 （2）为获得共享信息而打折	降低新能源汽车生产周期
批量订货	（1）使用电子数据交换 （2）网络订货		提高作业效率
价格波动			天天低价
短缺博弈	共享供应商、制造商库存量方面的数据信息	按以前的实际订货量分配额度	

10.5.1　避免多次需求预测的调整

通常情况下，供应链中的每一个成员都要为计划做一些预测，例如，新能源汽车企业要制订货运计划、生产计划等。供应链成员为做预测要处理来自它最近的下游企业的需求信息。供应链成员从它最近的下游企业取得的需求信息是由下游企业从它的下游企业得到的信息进行预测后的结果，这时牛鞭效应就产生了。

为了避免这种对需求的多次预测处理，其中一个非常重要的措施就是让需求信息在新能源汽车供应链上下游成员之间共享，这样一来，上下游企业在更新预测时使用的是相同的原始数据。为了达到上述目的，首先，必须让新能源汽车供应链渠道的所有成员理解供应链系统动态变化的原因，使信息共享能够被所有成员理解。其次，可以采用电子数据交换系统来共享数据；或者是在无法直接从下游企业直接获取需求信息时，通过采用迂回方法绕过下游企业直接获取需求信息。最后，通过制造商的技术进步降低新能源汽车的生产周期，以提高运作效率来降低由多次预测更新带来的高变动的需求。因此，在新能源汽车市场中采用 JIT 补货策略也是一种减少牛鞭效应的有效方法。

10.5.2　打破订货批量实现联盟合作

针对新能源汽车市场中由于批量订货和运输的不平衡性引起的牛鞭效应，一种有效的策略就是要进行小批量的运输，这对一些国内汽车市场中的短距离运输采用小批量运输是非常可行的。但是对于国际市场来说，由于短距离运输的成本上升，采用小批量运输不太可行。这时，新能源汽车市场中的节点企业应该通过运输线路共享、货运共享、设备互换、签订共同服务协议等方式达到控制成本的目的。

10.5.3　稳定价格

为了更好地控制由于价格波动引起的消费者提前购买行为，最简单的方法就是减少大批量运输的折扣水平和频率，可以采用天天低价策略，稳定价格，减少消费者提前购买的欲望。在货流不平衡性较大及季节性波动大的情况下，然而，这种策略可能很难让新能源汽车企业所接受，但是新能源汽车企业必须意识到采用高－低定价的策略所付出的库存过剩或不足所带来的风险，也就是说由价格波动引起的牛鞭效应问题。

10.5.4　控制短缺博弈

新能源汽车企业要注意由供应短缺和定量配给引起的需求波动现象，新能源汽车企业面临供应短缺时，可以按照过去的实际需求量的记录分配定额，而不是按照订单量进行分配定额。这时供应商夸大订单的动机就会相应地降低。此外，和供应商共享库存量、需求量等方面的信息，也会相应地减轻制造商或供应商的焦虑，从而减轻他们从事博弈的可能性。

10.6　小结

本章首先在分析新能源汽车产品特点的基础上定义了新能源汽车产品的供应链，结合供应链牛鞭效应的定义，对新能源汽车产品市场中的牛鞭效应进行了界定。其次，研究了新能源汽车产品市场中牛鞭效应的量化形式和牛鞭效应的危害。最后，对新能源汽车产品市场中牛鞭效应的成因进行了分析并提出了降低的措施。

本章的研究揭示了新能源汽车市场中也同样存在着牛鞭效应问题。结合新能源汽车产品的特点和前面章节中关于供应链牛鞭效应的理论研究，本章分析了新能源汽车产品市场牛鞭效应产生的主要原因为：对新能源汽车产品的需求预测、新能源汽车产品的生产周期的影响、批量运输、定量供应和短缺博弈等。为了减少牛鞭效应带来的影响，本章建立了一个控制新能源汽车产品市场牛鞭效应的协调运作框架结构。通过避免多次需求预测的调整、打破订货批量实现联盟合作、稳定价格、控制短缺博弈等相关措施能够有效地降低牛鞭效应带来的不利影响。

11 总结与展望

11.1 总结

本书在对国内外相关研究成果进行综述的基础上，以 Lee 提出的基于 $AR(1)$ 自相关随机模型为理论依据并对其工作进行横向和纵向的拓展。本书主要的理论性拓展工作包括：第一，把传统的两级供应链拓展为两级供应链分销网络，构建了基于不同预测方法的牛鞭效应、库存牛鞭效应以及现金流牛鞭效应的量化模型并对其影响因素进行分析；第二，把传统多级的供应链拓展为多级供应链分销网络，构建了在不同预测方法下的牛鞭效应、库存牛鞭效应以及现金流牛鞭效应的数学模型，并分析和说明了其影响因素；第三，考虑链与链之间的竞争关系和市场份额，构建了基于不同预测方法的牛鞭效应、库存牛鞭效应以及现金流牛鞭效应的量化模型，并对其影响因素进行分析；第四，考虑由单个回收商和再制造商构成的逆向供应链，构建了基于不同预测方法的牛鞭效应、库存牛鞭效应以及现金流牛鞭效应的量化模型，并对其影响因素进行分析；第五，利用 Extendsim 仿真软件分别建立基于不同预测方法的两级供应链分销网络和多级供应链分销网络牛鞭效应、库存牛鞭效应以及现金流牛鞭效应仿真模型，对影响牛鞭效应、库存牛鞭效应、现金流牛鞭效应的需求相关系数、零售商备货期、平滑指数、预测时期数等参数进行仿真和模拟，得出了一些非常有意义的结论。

通过以上问题的深入分析和探讨，本书得出以下重要的结论：

第一，在两级供应链分销网络中，每个节点企业运用移动平均预测方法、指数平滑预测方法以及均方误差预测方法预测顾客的市场需求时，牛鞭效应的主要影响因素包括来自顾客的需求相关系数、两个零售商的移动平均时期数、两个零售商的平滑指数、两个零售商的订货提前期、两个制造商的订货提前期等；库存牛鞭效应除了受以上因素影响外，还要受到每个节点企业自身牛鞭效应的影响；同样地，现金流牛鞭效应还会受到其他相关因素的影响。

第二，在两级供应链分销网络中，当两个零售商的自相关系数都为负数，且零售商1的自相关系数高于零售商2的自相关系数时，零售商1的牛鞭效应、库存牛鞭效应以及现金流牛鞭效应都不存在；零售商2的自相关系数高于零售商1的自相关系数时，零售商2的牛鞭效应、库存牛鞭效应以及现金流牛鞭效应都不存在。

第三，在多级供应链分销网络中，每个节点企业运用移动平均预测方法、指数平滑预测方法以及均方误差预测方法预测顾客的市场需求时，各个节点企业牛鞭效应、库存牛鞭效应以及现金流牛鞭效应不仅会受到自身订货提前期、需求相关系数、移动平均预测时期数、平滑指数等因素的影响，还会受到同级的其他节点企业的订货提前期、需求相关系数、移动平均预测时期数以及平滑指数等因素的影响。

第四，在两级供应链分销网络和多级供应链分销网络中，每个节点企业运用移动平均预测方法、指数平滑预测方法以及均方误差预测方法预测顾客的市场需求时，各个节点企业应该通过降低移动平均预测时期数、降低平滑指数、降低订货提前期、降低单位产品的价格、提高库存周转次数等来降低自身的牛鞭效应，同时还应该进一步降低牛鞭效应带来的影响，才能使得节点企业更好地降低库存牛鞭效应以及现金流牛鞭效应。

第五，在考虑两个制造商和两个零售商构成的两级平行供应链网络系统中，当价格自敏感系数小于7时，在均方误差预测方法下零售商的库存牛鞭效应会达到最低水平；相反，当价格自敏感系数大于7时，在移动平均预测方法下零售商的库存牛鞭效应会达到最低水平；当价格自回归系数小于0.8时，在均方误差预测方法下零售商的库存牛鞭效应达到最低水平。均方误差预测方法能够最大限度地降低订货提前期内的需求预测误差，零售商的库存牛鞭效应可以达到最低水平。同时，随着价格交叉敏感系数的增加，现金流牛鞭效应也不断增大。当自相关系数小于0.5时，现金流牛鞭效应随着市场份额的增加而不断增大；当自相关系数大于0.5时，现金流牛鞭效应随着市场份额的增加而不断降低。在需求模型中同时引入市场份额和价格交叉敏感系数可以进一步放大零售商的现金流牛鞭效应。当价格交叉敏感系数为非负常数时，协方差会增加零售商的现金流牛鞭效应；否则，协方差对零售商的现金流牛鞭效应有抑制作用。

第六，在考虑由一个回收商和一个再制造商构成的两级逆向供应链系统中，当回收商运用移动平均预测方法预测市场上废旧产品供应量时，自相关系数和移动平均时期数对牛鞭效应具有负相关关系，而订货提前期对牛鞭效应具有正相关关系。为了减少逆向供应链中的牛鞭效应，当自相关系数和订货提前期满足某些条件时，回收商应该采用均方误差预测方法预测市场上废旧产品的供应量；否则，回收商应该采用移动平均预测方法预测废旧产品的供应量。回收商的现金流牛鞭效应是订货提前期的增函数。随着订货提前期的增加，回收商的现金流牛鞭效应也不断增大。由此，回收商应该进一步减少订货提前期从而降低回收商现金流的波动。为了减少逆向供应链中的现金流牛鞭效应，当自相关系数和订货提前期满足某些条件时，回收商应该采用均方误差预测方法预测市场上废旧产品的供应量；否则，回收商应该采用移动平均预测方法预测废旧产品的供应量。

第七，在考虑由一个制造商和两个零售商构成的两级供应链分销网络中，运用Extendsim仿真平台，构建了3种牛鞭效应仿真模型。通过数值仿真方法分析了移动平均时期数、订货提前期、平滑指数等因素对3种牛鞭效应产生的不同影响。为了降低牛鞭效应带来的不利影响，企业应该适当采用均方误差预测方法预测市场需求，有些情况下也可以运用移动平均预测方法预测市场需求。

11.2 展望

本书虽然对两级供应链分销网络和多级供应链分销网络以及逆向供应链中的牛鞭效应、库存牛鞭效应以及现金流牛鞭效应做了比较系统的理论研究，但是仍然可以从以下几个方面进行进一步的研究：

（1）本书仅讨论了 $AR(1)$ 随机需求过程下两级供应链分销网络和多级供应链分销网络中的牛鞭效应和库存牛鞭效应以及现金流牛鞭效应问题。因此，在今后的研究中，应该考虑 $ARMA(1,1)$ 或者是 $ARIMA(1,1,1)$ 等随机需求过程下多级供应链分销网络中的牛鞭效应、库存牛鞭效应以及现金流牛鞭效应问题。

（2）本书仅分析和探讨两级供应链分销网络和多级供应链分销网络中各个节点企业相互之间只交易一种产品情况下的牛鞭效应、库存牛鞭效应以及现金流牛鞭效应，在今后的工作中，应该讨论节点企业相互之间效应多种产品情况下的牛鞭效应、库存牛鞭效应以及现金流牛鞭效应问题。

（3）本书仅探讨和分析了两级和多级供应链分销网络中各个节点企业均采用订货点库存策略下，不同预测技术和不共享市场需求信息等情况下，各个节点企业的牛鞭效应、库存牛鞭效应以及现金流牛鞭效应问题，在今后的工作中，应该进一步考虑其他订货点策略对各个节点企业的牛鞭效应、库存牛鞭效应以及现金流牛鞭效应的影响问题。

参考文献

[1] Lee H L，Padmanabhan V，Whang S. The bullwhip effect in supply chains [J]. Sloan Management Review，1997，38（3）：93—102.

[2] Lee H L，Padmanabhan V，Whang S. Information distortion in a supply chain：The bullwhip effect [J]. Management Science，1997，43（4）：546—558.

[3] Towill D R. Dynamic analysis of an inventory and order based production control system [J]. International Journal of Production Research，2000，15（3）：369—383.

[4] Sterman J D. Modeling managerial behavior：Misperceptions of feedback in a dynamic decision making experiment [J]. Management Science，1989，35（3）：321—339.

[5] Stewart G. Supply chain performance benchmarking study reveals keys to supply chain excellence [J]. Logistics Information Management，1995，8（2）：38—45.

[6] Moss J D，Stine B. Cash conversion cycle and firm size：A study of retail firms [J]. Managerial Finance，1993，19（8）：25—38.

[7] Gallinger G. The current and quick ratios：Do they stand up to scrutiny，Drip the current ratio—pick up the C2C [J]. Business Credit，1997，99（5）：22—23.

[8] Lancaster C，Stevens J L，Jennings J A. Corporate liquidity and the significance of earnings versus cash flow [J]. Journal of Applied Business Research，1998，14（4）：27—38.

[9] Schilling G. Working capital's role in maintaining corporate liquidity [J]. TMA Journal，1996，16（5）：4—8.

[10] Soenen L A. Cash conversion cycle and corporate profitability [J]. Journal of Cash Management，1993，13（4）：53—58.

[11] Farris M T，Hutchison P D. Cash—to—cash：The new supply chain management metric [J]. International Journal of Physical Distribution and Logistics Management，2002，32（4）：288—298.

[12] Lambert D M，Pohlen T L. Supply Chain Metrics [J]. International Journal of Logistics Management，2001，12（1）：1—19.

[13] Slater J. The effectiveness of different representations for managerial problem solving：Comparing maps and tables [J]. Decision Sciences，2000，28（2）：

391−420.

[14] Emery D H. The psychology of waiting lines [J]. The Service Encounter, 1984, 12 (1): 322−331.

[15] Hager D, Wagner H. Strategic analysis of integrated production−distribution systems: Models and methods [J]. Operational Research, 1976, 36 (1): 216−228.

[16] Knott K, Sury R. A study of work−time distributions on unpacked tasks [J]. IEEE Transactions, 1987, 19 (3): 50−55.

[17] Larson J R, Callahan C. Performance monitoring: How it affects work productivity [J]. Journal of Applied Psychology, 1990, 75 (5): 530−538.

[18] Gitman H, Sandefur C A. Deescalation of commitment in oil exploration: When sunk costs and negative feedback coincide [J]. Journal of Applied Psychology, 1974, 75 (1): 721−727.

[19] Sachdeva G, Stewart G. The prediction of operator performance on the basis of performance and biological measures [J]. IEEE Transactions, 1982, 7 (4): 379−387.

[20] Lancaster C, Stevens J L, Jennings J. A. Corporate liquidity and the significance of earnings versus cash flow [J]. Journal of Applied Business Research, 1998, 14 (4): 27−38.

[21] Bradley A S. Retail inventory investment and business fluctuations [J]. Brookings Papers on Economic Activity, 1998, 72 (7): 443−505.

[22] Helming W J. Human resource issues in cellular manufacturing: A social−technical analysis [J]. Journal of Operations Management, 1998, 10 (1): 138−159.

[23] Tsai S. Waiting for service: The relationship between delays and evaluations of service [J]. Journal of Marketing, 2008, 58 (2): 56−69.

[24] Ellram L M, Liu B. The financial impact of supply management [J]. Supply Chain Management Review, 2002, 21 (2): 30 − 37.

[25] 汤谷良, 朱蕾. 自由现金流量与财务运行体系 [J]. 会计研究, 2002 (4): 34−35.

[26] 杨经洲. 财务管理是增加企业价值的一种管理活动 [J] 山西财经大学学报, 2007 (1): 158−159.

[27] 田德录. 乡镇企业财务分先的机制与控制研究 [D]. 北京: 中国农业大学, 2004.

[28] Forrester J W. Industrial Dynamics [M]. New York: MIT Press and John Wiley & Sons Inc, 1961.

[29] Baganha M, Cohen M. The stabilizing effect on inventory in supply chain [J]. Operational Research, 1998, 46 (3S): 568−574.

［30］ Chen F，Drezner Z，Ryan J K，et al. Quantifying the bullwhip effect in a simple supply chain：The impact of forecasting，lead times and information ［J］. Management Science，2000，46（3）：436－443.

［31］ Kim H K，Ryan J K. The cost impact of using simple forecasting techniques in a supply chain ［J］. Naval Research Logistics，2003，50（5）：388－411.

［32］ Holland W，Sodhi M S. Quantifying the effect of batch size and order errors on the bullwhip effect using simulation ［J］. International Journal of Logistics Research and Applications，2004，7（3）：251－261.

［33］ Chatfield D C，Kim J G，Harrison T P，et al. The bullwhip effect impact of stochastic lead time，information quality，and information sharing ［J］. Production and Operations Management，2004，13（4）：340－353.

［34］ Zhang X. Delayed demand information and the dampened bullwhip effect ［J］. Operations Research Letters，2005，33（3）：289－294.

［35］ Zhang X. The impact of forecasting methods on the bullwhip effect ［J］. International Journal of Production Economics，2004，88（1）：15－27.

［36］ Costantino F D，Gravio G D，Shaban A，et al. SPC forecasting system to mitigate the bullwhip effect and inventory variance in supply chains ［J］. Expert Systems with Applications，2015，42（3）：1773－1787.

［37］ Ingalls R G，Foote B L，Krishnamoorthy A. Reducing the bullwhip effect in supply chains with control－based forecasting ［J］. International Journal of Simulation& Process Modeling，2005，12（1）：90－110.

［38］ Hosoda T，Disney S M. On variance amplification in a three－echelon supply chain with minimum mean square error forecasting ［J］. Omega，2006，34（4）：344－358.

［39］ Liu H，Wang P. ARMA（1，1）based on the needs of multi－level supply chain bullwhip effect simulation ［J］. Journal of System Simulation，2008（6）：3253－3257.

［40］ Zhao X，Xie J. Forecasting errors and the value of information sharing in a supply chain ［J］. International Journal of Production Research，2002，40（2）：311－335.

［41］ Wright D，Yuan X. Mitigating the bullwhip effect by ordering policies and forecasting method ［J］. International Journal of Production Economics，2008，113（2）：587－597.

［42］ Bayraktar E，Koh S C L，Gunasekaran A. The role of forecasting on bullwhip effect for E－SCM applications ［J］. International Journal of Production Economics，2008，113（1）：193－204.

［43］ 刘红，王平. 基于 ARMA（1，1）需求的多级供应链牛鞭效应仿真 ［J］. 系统仿真学报，2008（6）：3253－3257

[44] Holland W, Sodhi M. Quantifying the effect of batch size and order errors on the bullwhip effect using simulation [J]. International Journal of Logistics: Research&Applications, 2004, 7 (3): 251−261.

[45] Chatfield D C, Kim J G, Harrison T P, et al. The bullwhip effect impact of stochastic lead time, information quality, and information sharing: A simulation study [J]. Production & Operations Management, 2004, 13 (4): 340−353.

[46] Lee H L, Padmanabhan V, Whang S. The bullwhip effect in supply Chains [J]. Sloan Management Review, 1997, 38 (3): 93−102.

[47] Lee H L, Padmanabhan V, Whang S. Information distortion in a supply chain: The bullwhip effect [J]. Management Science, 1997, 43 (4): 546−558.

[48] 刘红, 王平. 基于不同预测技术的供应链牛鞭效应分析 [J]. 系统工程理论与实践, 2007 (7): 26−33.

[49] Chen F, Drezner Z, Ryan J K. Quantifying the bullwhip effect in a simple supply chain: The impact of forecasting, lead times, and information [J]. Management Science, 2000, 46 (3): 436−443.

[50] Chen F, Ryan J K, Simchi−Levi D. The impact of exponential smoothing forecasts on the bullwhip effect [J]. Naval Research Logistics, 2000, 47 (4): 269−286.

[51] Zhang X L. The impact of forecasting methods on the bullwhip effect [J]. Internat−ional Journal of Production Economics, 2004, 88 (1): 15−27.

[52] Hosoda T, Disney S M. On variance amplification in a three−echelon supply chain with minimum mean square error forecasting [J]. Omega−International Journal of Management Science, 2006, 34 (4): 344−358.

[53] Kim H K, Ryan J K. The cost impact of using simple forecasting techniques in a supply Chain [J]. Naval Research Logistics, 2003, 50 (5): 388−411.

[54] 廖诺, 徐学军. 降低牛鞭效应的供应链信息共享模式研究 [J]. 软科学, 2007, 21 (3): 9−19.

[55] 刘红, 王平. 基于ARMA (1, 1) 需求的多级供应链牛鞭效应仿真 [J]. 系统仿真学报, 2008 (6): 3253−3257.

[56] Holland W, Sodhi M. Quantifying the effect of batch size and order errors on the bullwhip effect using simulation [J]. International Journal of Logistics: Research & Applications, 2004, 7 (3): 251−261.

[57] Chatfield D C, Kim J G, Harrison T P, et al. The bullwhip effect−impact of stochastic lead time, information quality, and information sharing: A simulation study [J]. Production & Operations Management, 2004, 13 (4): 340−353.

[58] Gaalman G, Disney S M. State space investigation of the bullwhip problem with ARMA (1, 1) demand processes [J]. International Journal of Production Economics, 2006, 104 (2): 327−339.

[59] Sodhi M M S, Tang C S. The incremental bullwhip effect of operational deviations in an arbor scent supply chain with requirements planning [J]. European Journal of Operational Research, 2011, 215 (2): 374−382.

[60] Hussain M, Shome A, Lee D M. Impact of forecasting methods on variance ratio in order − up − to level policy [J]. The International Journal of Advanced Manufacturing Technology, 2012, 59 (1−4): 413−420.

[61] Trapero J R, Kourentzes N, Fildes R. Impact of information exchange on supplier Forecasting performance [J]. Omega, 2012, 40 (2): 738−747.

[62] Akkermans H, Voss C. The service bullwhip effect [J]. International Journal Operational Production and Management, 2013, 33 (6): 765−788.

[63] Jaipuria S, Mahapatra S S. An improed demand forecasting method to reduce bullwhip effect in supply chains [J]. Expert systems with Application, 2014, 41 (1): 2395−2408.

[64] Amin M A, Karim M A. A time−based quantitative approach for selecting lean strategies for manufacturing organizations [J]. International Journal of Production Research, 2013, 51 (4): 1146−1167.

[65] Udenio M, Fransoo J C, Peels R. Destocking, the bullwhip effect, and the credit crisis: Empirical modeling of supply chain dynamics [J]. International Journal of Production Economics, 2015, 160 (2): 34−46.

[66] Russell H, Jill H, Douglas H. A metacognitive perspective on decision making in supply chains: Revisiting the behavioral causes of the bullwhip effect [J]. International Journal of Production Economics, 2017, 184 (1): 7−20.

[67] Ma J H, Bao B S. Research on bullwhip effect in energy − efficient air conditioning supply chain [J]. Journal of Cleaner Production, 2017, 143 (1): 854−865.

[68] Forrester J W. Industrial Dynamics [M]. New York: MIT Press and John Wiley & Sons Inc, 1961.

[69] Burbridge J L. Automated production control with a simulation capability [J]. Proceeding of the International Federation for Information Processing Conference, WG5−7 Copenhange, 1984: 1−11.

[70] Sterman J D. Modeling managerial behavior: Misperceptions of feedback in a dynamic decision making experiment [J]. Management Science, 1989, 35 (3): 321−339.

[71] Cachon G P, Lariviere M A. Capacity allocation using past sales: When to turn−and−earn [J]. Management Science, 1999, 45 (5): 685−703.

[72] Cachon G P, Lariviere M A. Capacity choice and allocation: Strategic behavior and supply chain per formance [J]. Management Science, 1999, 45 (8): 1091−1108.

[73] Kelle P，Milne A. The effect of ordering policy on the supply chain [J]. International Journal of Production Economics，1999 (59)：113－122.

[74] Disney S M，Towill D R. The effect of vendor managed inventory (VMI) dynamics on the bullwhip effect in supply chains [J]. International of Production Economics，2003 (85)：199－215.

[75] Kim J G，Chatfield D，Harrison T P，et al. Quantifying the bullwhip effect in a supply chain with stochastic lead time [J]. European Journal of Operational Research，2006 (173)：617－636.

[76] Zhang X，Burke G J. Analysis of compound bullwhip effect causes [J]. European Journal of Operational Research，2010，210 (3)：514－526.

[77] 张钦，达庆利，沈厚才. 在 ARIMA (0，1，1) 需求下的牛鞭效应与信息共享评价 [J]. 中国管理科学，2001，9 (6)：1－6.

[78] 石小法，张丽清，杨东援. 信息对供应链的影响研究 [J]. 系统工程，2002，20 (3)：37－40.

[79] 路应金，唐小我，张勇. 供应链中牛鞭效应的分形特征研究 [J]. 系统工程学报，2006，21 (5)：463－469.

[80] 万杰，李敏强，寇纪淞. 供应链中分配机制对牛鞭效应的影响研究 [J]. 系统工程学报，2002，17 (4)：340－348.

[81] 唐宏祥，何建敏，刘春林. 非对称需求信息条件下的供应链信息共享机制 [J]. 系统工程学报，2004，19 (6)：589－595.

[82] Cachon G P. Managing supply chain demand variability with scheduled ordering policies [J]. Management Science，1999，45 (6)：843－856.

[83] 傅烨，郑绍濂. 供应链中的"牛鞭效应"——成因及对策分析 [J]. 管理工程学报，2002，16 (1)：82－83.

[84] 何红渠，谭丽. 供应链管理中的"牛鞭效应"及最优委托权安排 [J]. 中南大学学报 (社会科学版)，2005，11 (5)：632－635.

[85] Holt C C，Modigliani F，Muth J，et al. Planning Production，Inventories and the Work Force [M]. Upper Saddle River：Prentice Hall，1960.

[86] Holt C C，Modigliani F，Shelton J P. The transmission of demand fluctuations through distribution and production systems [J]. Canadian Journal Economics，1968，14 (29)：718－739.

[87] Blinder A S. Retail inventory investment and business fluctuations [J]. Bookings paper on Economics Activity，1981a，2 (43)：443－505.

[88] Blinder A S. Inventories and the structure of macro models [J]. American Economic Review，1981b：71 (21)，11－16.

[89] Abel A B. Inventories, stock outs and production smoothing [J]. Review of Economics Studies，1985，23 (4)：283－293.

[90] Kahn J. Inventories and the Volatility of Production [M]. Cambridge：

Mimeograph MIT, 1985.

[91] Cachon G, Fisher M. Campbell soup's continuous replenishment program: Eval uation and enhanced inventory decision rules [J]. Production and Operations Management, 1997, 6 (3): 266—276.

[92] Holmstrom J, Framling K, Kaipia R, et al. Collaborative planning forecasting and replenishment: New solutions needed for mass collaboration [J]. Helsinki Universigy of Technology, 2000, 12 (3): 13—17.

[93] Mason J R. Information enrichment: Designing the supply chain for competitive advantage [J]. Supply Chain Management, 1997, 2 (4): 137—148.

[94] Lambrecht M R, Dejonckheere J A. Bullwhip effect explorer, research report 9910 [D]. Leuven, Belgium: Department of Applied Economics, Katholieke University, 1999.

[95] Lambrecht M R, Dejonckheere J. Extending the beer game to include real—life supply chain characteristics [J]. Proceedings of EUROMA International Conference on Managing Operations Networks, 1999: 237—243.

[96] Van A, Larsen E R, Morecroft J. Systems thinking and business process redesign: An application to the Beer Game [J]. European Management Journal, 1993, 11 (4): 412—423.

[97] Waller M, Johnson M E, Davis T. Vendor managed inventory in the retail supply chain [J]. Journal of Business Logistics, 1999, 20 (1): 183—203.

[98] Kaminsky P, Simchi—Levi D. A new computerized beer game: A tool for teaching the value of integrated supply chain management [J]. Production and Operations Management Society, 1998, 1 (1): 216—225.

[99] Chen F, Drezner Z, Ryan J K, et al. Quantifying the bullwhip effect in a simple supply chain: the impact of forecasting, lead times and information [J]. Management Science, 2000, 46 (3): 436—443.

[100] Lee H L, So K C, Tang C S. The value of information sharing in a two—level supply chain [J]. Management Science, 2000, 46 (5): 626—643.

[101] Baganha M, Cohen M. The stabilizing effect on inventory in supply chains [J]. Operational Research, 1998, 46 (13): 572—583.

[102] Levine R. A Geography of Time [M]. New York: Harper Collins Publishers, 1995.

[103] Rubin J, Tarnow J D. The DARPA packet radio network protocols [J]. Proceedings of the IEEE, 1987, 75 (1): 156—167.

[104] Leiner B M, Nielson D L, Tobagi F A. Issues in packet radio network design [J]. Proceedings of the IEEE, 1987, 75 (1): 134—145.

[105] Riddals L, Beneft J Y, Giordano S. A location—based routing method for mobile and hoc networks [J]. IEEE Transactions on Mobile Computing, 2005,

4 (2)：97—110.

[106] Gunasekaran A. Agile manufacturing：A framework for research and development [J]. International Journal of Production Economics，1999，62 (2)：87—105.

[107] Monden Y. Toyota management system：Linking the seven key functional areas [J]. ProductivityPress，Portland，1993，45 (2)：23—27.

[108] Cachon G，Zipkin P. Competitive and cooperative inventory policies in a two stage supply chain [J]. Management Science，1999，45 (7)：936—953.

[109] Frohlich M，Westbrook R. Arcs of integration：An international study of supply chain strategies [J]. Journal of Operations Management，2001 (19)：185—200.

[110] Zhang Y，Dilts D. System dynamics of supply chain network organization structure [J]. Information System and Business Management，2004，2 (2)：187—206.

[111] 黄小原，卢震. 分销中心供应链模型及其牛鞭效应 H_∞ 控制 [J]. 中国管理科学，2003，11 (1)：42—47.

[112] 达庆利，张钦，沈厚才. 供应链牛鞭效应问题研究 [J]. 管理科学学报，2003，6 (3)：86—93.

[113] 刘春玲，孟波，黎继子. 动态需求下集群式供应链牛鞭效应的 H_∞ 控制 [J]. 系统仿真学报，2007，19 (10)：2308—2312.

[114] 封云，马军海. 基于 O—S 反馈控制牛鞭效应问题研究 [J]. 工业工程，2008，11 (4)：50—56.

[115] 王冬冬，达庆利. 基于模糊 Petri 网的供应链牛鞭效应的成因与控制建模分析 [J]. 系统管理学报，2007，16 (1)：6—11.

[116] 郑国华，李艺，郭世明. 线性回归预测模型在供应链牛鞭效应控制中的应用 [J]. 铁道科学与工程学报，2007，4 (6)：88—92.

[117] 徐家旺，黄小原. 市场供求不确定供应链的多目标鲁棒运作模型 [J]. 系统工程理论与实践，2006，26 (6)：35—40.

[118] 代宏砚，周伟华，陈志康. 多级供应链中库存不准确性对牛鞭效应的影响 [J]. 中国管理科学，2013，27 (2)：195—201.

[119] Man S，Tang C S. The incremental bullwhip effect of operational deviations in an arborescent supply chain with requirements planning [J]. European Journal of Operational Research，2011 (215)：374 —382.

[120] Dai H Y，Zhou W H. A study on the bullwhip effect with inventory inaccuracy [J]. Working paper，2012.

[121] Stock G，Greis N P，Kasarda J D. Logistics，strategy and structure：A conceptual framework [J]. International Journal of Operations ＆ Production Management，1998，18 (1)：37—52

[122] Fehr E，Gächter S. Altruistic punishment in humans [J]. Nature，2002

(415)：137-140.

[123] Fehr E，Schmidt K M. A theory of fairness，competition，and cooperation [J]. Quarterly Journal of Economics，1999 (114)：817-868.

[124] Croson R，Donohue K，Katok E，et al. Order stability in supply chains：Coordination risk and the role of coordination Stock [J]. Operations Management，2004：45-49.

[125] Gino F，Pisano G. Toward a theory of behavioral operations [J]. Manufacturing Service Operations Management，2008，10 (4)：676-691.

[126] Huber V L，Brown K A. Human resource issues in cellular manufacturing：Technical analysis [J]. Journal of Operation Management，1991，10 (1)：138-159.

[127] Bendoly E，Donohue K，Schultz K. Behavioral operations management：assesing recent findings and revisiting old assumptions [J]. Operations Management，2006，24 (6)：737-752.

[128] Loch C，Wu Y. Behavioral operations management foundations trends technology information [J]. Operations Management，2005，1 (3)：121-232.

[129] Carter C R，Kaufmann L，Michel A. Behavioral supply management：A taxonomy of judgment and decision-making biases [J]. International Journal of Physical Distribution & Logistics Management，2007，37 (8)：631-669.

[130] Croson R，Donohue K. Behavioral causes of the bullwhip and the observed value of inventory information [J]. Management Science，2006，52 (3)：323-336.

[131] Oliva R. Behavioral causes of demand amplification in supply chains [J]. "Satisficing" policies with limited information cues，2005：1-29.

[132] Niranjan T，Wagner S M，Bode C. An alternative theoretical explanation and empirical insights into over ordering behavior in supply chains [J]. Decision Science，2011，42 (2)：859-888.

[133] Su X. Bounded rationality in newsvendor models [J]. Manufacturing Service Operations Management，2008，10 (4)：566-589.

[134] Wu D，Katok E. Learning，Communication and the bullwhip effect [J]. Journal of Operations Management，2006，24 (6)：839-850.

[135] Ozer O，Zheng Y，Chen K Y. Trust in forecast information sharing [J]. Management Science，2011，57 (6)：1111-1137.

[136] Kaboli A，Cheikhrouhou N，Darvish M，et al. An experimental study of the relationship between trust and inventory replenishment in triadic supply chain [J]. The 4th Production and Operations Management World Conference，Amsterdam，Netherlands，2012：1-10.

[137] Metters R. Quantifying the bullwhip effect in supply chains [J]. Journal of Operational Management, 1997, 15 (1): 89-100.

[138] Fransoo J C, Wouters M. Measuring the bullwhip effect in the supply chain [J]. Supply Chain Management, 2000, 34 (5): 78-89.

[139] Bray R L, Mendelson H. Information transmission and the bullwhip effect: An Empirical investigation [J]. Management Science, 2012, 58 (3): 860-875.

[140] Chen L, Lee H L. Bullwhip effect measurement and its implications [J]. Operational Research, 2012, 60 (3): 771-784.

[141] Holweg M, Bicheno J. Supply chain simulation — a tool for education, enhancement and endeavor [J]. International Journal of Production Economics, 2002, 78 (2): 163-175.

[142] Hieber R, Hartel I. Impacts of SCM order strategies evaluated by simulation-based "Beer Game" approach: The model, concept, and initial experiences [J]. Production, Plan and Control, 2003, 14 (2): 122-134.

[143] 马新安, 张列平, 田澎. 长鞭效应实质与弱化措施 [J]. 中国管理科学, 2000 (5): 38-45.

[144] 马新安, 张列平, 田澎. 供应链中的时滞 [J]. 系统工程理论与实践, 2002 (5): 34-38.

[145] 刘希龙, 季建华, 李金龙. 基于系统动力学仿真的供应网络组织结构 [J]. 系统工程, 2006, 24 (6): 40-45.

[146] Paik S K, Bagchi P K. Understanding the causes of the bullwhip effect in a supply chain [J], 2007, 35 (4): 308-324.

[147] Alonso F. A new efficient encoding procedure for the design of a supply chain network with genetic algorithms [J]. Computers & Industrial Engineering, 2010, (59): 986-999

[148] Gupta Y P, Gupta M. Integration of financial statement analysis in the optimal design of supply chain networks under demand uncertainty [J]. International Journal of Production Economics, 2010, (129): 262-276.

[149] Anderson J, Pinar M O, Gulay A. Setting order promising times in a supply chain network using hybrid simulation-analytical approach: An industrial case study [J]. Simulation Modeling Practice and Theory, 2011 (19): 1967-1982.

[150] 万振, 李昌兵. 基于系统动力学的闭环供应链中的牛鞭效应 [J]. 计算机集成制造系统, 2012, 18 (5): 1093-1098.

[151] Turrisi M, Bruccoleri M, Canella S. Impact of reverse logistics on supply chain performance [J]. International Journal of Physical, Distribution and Logistical Management, 2013, 43 (7): 564-585.

[152] Cannella S, Barbosa-Povoa P K, Framinan J M, et al. Metrics for bullwhip effect analysis [J]. Journal of Operational Research Society, 2013, 64 (3):

1—16.

[153] 张玉春，郭宁. 基于系统动力学的闭环供应链中回收商行为 [J]. 系统工程，2014，32（6）：99—105.

[154] 张争艳，周志强，董敏. 基于系统动力学的供应链牛鞭效应仿真研究 [J]. 物流技术，2014，33（2）：164—167.

[155] Udenio M，Jan C F，Robert R. Destocking，the bullwhip effect，and the credit crisis：Empirical modeling of supply chain dynamics [J]. International Journal of Production Economics，2015，160（1）：34—46.

[156] Ma J H，Bao B H. Research on bullwhip effect in energy－efficient air conditioning supply chain [J]. Journal of Cleaner Production，2017，143（1）：854—865.

[157] Tsia P M，Ozfirat G A. Setting order promising times in a supply chain network using hybrid simulation－analytical approach：An industrial case study [J]. Simulation Modeling Practice and Theory，2008，（19）：1967—1982.

[158] Banomyong R. Measuring the cash conversion cycle in an international supply chain [J]. Proeeding of the Annual Logistics Research Network Conference，2005，32（4）：29—34.

[159] Disney S M，Towill D R. On the bullwhip and inventory variance produced by an ordering policy [J]. The International Journal of Management Science，2003，31（3）：157—167.

[160] Chen F，Drezner Z，Ryan J K，et al. Quantifying the bullwhip effect in a simple supply chain：The impact of forecasting，lead times，information [J]. Management Science，2000，46（3）：436—443.

[161] Rattachut T，Vittaldas P. Modeling and analysis of cash－flow bullwhip in supply chain [J]. International Journal of Production Economic，2013，145（1）：431—447.

[162] Marziye G，Makvandi P，Saen R F，et al. What are causes of cash flow bullwhip effect in centralized and decentralized supply chains？ [J]. Applied Mathematical Modelling，2017，44（1）：640—654.

[163] Geary S，Disney S M，Towill D R. On bullwhip in supply chains —historical review，present practice and expected future impact [J]. International Journal of Production Economics，2006，101（1）：2—18.

[164] Wangphanich P，Kara S，Kayis B. Analysis of the bullwhip effect in mult－product multi－stage supply chain systems—a simulation approach [J]. International Journal of Production Research，2010，48（15）：450—451.

[165] Corbett C J，De G X. A supplier's optimal quantity discount policy under asymmetric information [J]. Management Science，2000，46（3）：444—450.

[166] Savaskan R C，Bhattacharyas V W. Closed－loop supply chain models with

product remanufacturing ［J］. Management Science, 2004, 50 (2): 2392 － 2531.

［167］ 顾巧论, 季建华. 基于模糊回收价格的逆向供应链定价策略研究 ［J］. 信息与控制, 2006, 35 (4): 417－422.

［168］ 顾巧论, 陈秋双, 不完全信息下逆向供应链中制造商的最优合同 ［J］. 计算机集成制造系统, 2007, 13 (3): 596－601.

［169］ 王玉燕, 李帮义, 申亮. 供应链、逆向供应链系统的定价策略模型 ［J］. 中国管理科学, 2006, 14 (4): 40－45.

［170］ 孔令丞, 骆唐杰. 基于合同理论的逆向供应链定价策略研究 ［J］. 管理学报, 2012, 9 (4): 594－602.

［171］ 李锦飞, 刘坪, 贡文伟. 考虑政府奖惩的逆向供应链定价策略研究 ［J］. 工业工程与管理, 2013, 18 (4): 109－116.

［172］ 陈志刚, 骞明. 策略性信息泄露情形下的逆向供应链回收定价策略 ［J］. 计算机集成制造系统, 2014, 20 (8): 2000－2007.

［173］ 王喜刚. 逆向供应链中电子废弃产品回收定价和补贴策略研究 ［J］. 中国管理科学, 2016, 24 (8): 107－115.

［174］ Tsay A A, Lovejoy W S. Quantity flexibility contracts and supply chain performance ［J］. Manfacturing & Service Operations Management, 1999, 1 (2): 89－111.

［175］ Glenn D W, Puterman M L. Product return guarantees for less optimistic retailers ［R］. Working Paper, University of British Columbia, 2002.

［176］ Guide J R, Wassenhove L N. Managing product returns for remanufacturing ［J］. Production and Operations Management, 2001, 10 (2): 142－155.

［177］ 葛静燕. 闭环供应链契约协调问题研究 ［D］. 上海: 上海交通大学, 2006.

［178］ 包晓英, 蒲云. 不对称信息下逆向供应链激励合同研究 ［J］. 计算机集成制造系统, 2008, 14 (9): 1717－1722.

［179］ 黄凌, 达庆利. 基于 BSC－ANP 的逆向供应链绩效评价 ［J］. 东南大学学报, 2009, 11 (1): 75－79.

［180］ 李枫, 孙浩, 达庆利. 不完全信息下再制造逆向供应链的定价与协调研究 ［J］. 中国管理科学, 2009, 17 (3): 72－80.

［181］ Savaskan R C, Van W. Reverse channel design: the case of competing retailer ［J］. Management Science, 2006, 52 (1): 1－14.

［182］ 王玉燕, 李帮义, 申亮. 供应链、逆向供应链系统的定价策略模型 ［J］. 中国管理科学, 2006, 14 (4): 40－45.

［183］ 钟磊钢, 曲文波, 刘肖芹, 张翠华. 暴利品的闭环供应链企业合作模型及利润分配分析 ［J］. 东北大学学报 (自然科学版), 2007, 28 (6): 887－890.

［184］ 孙多青, 马晓英, 俞百印, 等. 多零售商参与下的逆向供应链激励机制研究 ［J］. 物流技术, 2008, 27 (12): 113－116.

[185] 汪翼，孙林岩，杨洪焦，等. 不同回收法律下的再制造供应链决策与合作研究[J]. 管理科学，2009，22（1）：2−8.

[186] Gauder G，Pierre L，Long V. Real investment decisions under adjustment costs and asymmetric information [J]. Journal of Economics Dynamics and Control，1998，23（1）：71−95.

[187] Lau A H L，Lau H S，Zhou Y W. Considering asymmetrical manufacturing cost information in a two−echelon system that uses price−only contracts [J]. IEEE Transactions，2006，38（3）：253−271.

[188] Corbett C，Groote X. A supplier's optimal quantity discount policy under asymmetric information [J]. Management Science，2000，46（3）：444−450.

[189] Yue X H，Raghunathan S. The impacts of the full returns policy on a supply chain with information asymmetry [J]. European Journal of Operational Research，2007（180）：630−647.

[190] Esrnaeili M，Zeephongsekul P. Seller − buyer models of supply chain management with an asymmetric information structure [J]. International Journal of Production Economics，2010，123：146−154.

[191] 张翠华，黄小原. 非对称信息下供应链的质量预防决策 [J]. 系统工程理论与实践，2004，24（12）：95−99.

[192] Yu Y，Jin T D. The return policy model with fuzzy demands and asymmetric information [J]. Applied Soft Computing，2011，11（2）：1699−1678.

[193] 刘枚莲，王媛媛. 回收质量不确定下的废旧电子产品三级逆向供应链定价模型研究 [J]. 工业技术经济，2016，（4）：109−116.

[194] 唐元宁，包晓英. 基于回收再制造的逆向供应链的契约研究 [J]. 世界科技研究与发展，2008，30（6）：822−825.

[195] 包晓英，蒲云. 不对称信息下逆向供应链激励合同研究 [J]. 计算机集成制造系统，2004，14（9）：1717−1722.

[196] 李枫，孙浩，达庆利. 不完全信息下再制造逆向供应链的定价与协调研究 [J]. 中国管理科学，2009，17（3）：72−80.

[197] 贡文伟，李虎，葛翠翠. 不对称信息下逆向供应链契约设计 [J]. 工业工程与管理，2011，16（5）：27−32.

[198] 贡文伟，段雯雯，李虎. 考虑双方信息不完全的逆向供应链协调机制探讨 [J]. 统计与决策，2013，（23）：37−41.

[199] 马本江，徐晨，周雄伟. 不对称信息下电子产品逆向供应链的激励机制设计 [J]. 统计与决策，2014，（3）：20−30.

[200] 李芳，单大亚，洪佳. 不对称信息为连续类型的逆向供应链激励契约设计 [J]. 计算机集成制造系统，2016，22（7）：1726−1732.